MEINHARD STARK

„Ich muß sagen, wie es war"

Deutsche Frauen des GULag

Reihe

DOKUMENTE – TEXTE – MATERIALIEN

Veröffentlicht vom Zentrum für Antisemitismusforschung
der Technischen Universität Berlin

Band 29

Die Serie ist Themen der deutsch-jüdischen Geschichte, der Antisemitismus- und Holocaustforschung gewidmet; sie dient der Veröffentlichung von Texten aller wissenschaftlich-literarischen Gattungen: Quellen von der Autobiographie, dem Tagebuch, dem subjektiven Bericht bis zur Edition amtlicher Akten. Hilfsmittel wie Bibliographien sind ebenso eingeschlossen wie Essays zu aktuellem Anlaß oder wissenschaftliche Monographien, aber auch Materialsammlungen, die einen ersten Überblick oder Annäherungen an komplexe Fragestellungen erleichtern sollen. Das Anliegen der Reihe ist die Förderung des deutsch-jüdischen Diskurses in Wissenschaft und Öffentlichkeit.

29

Meinhard Stark

„Ich muß sagen, wie es war"

Deutsche Frauen des GULag

METROPOL

Die Deutsche Bibliothek – CIP-Einheitsaufnahme

Stark, Meinhard:
„Ich muß sagen, wie es war" : deutsche Frauen des GULag / Meinhard Stark. –
Berlin : Metropol, 1999
  (Reihe Dokumente, Texte, Materialien / Zentrum für Antisemitismusforschung
  der Technischen Universität Berlin ; Bd. 29)

ISBN 3-932482-07-7

Die Forschungen zu diesem Buch wurden von
der Heinrich-Böll-Stiftung gefördert.

Umschlagbild: Fingerabdrücke von Brunhilde Hebel,
aufgenommen in NKWD-Haft, Engels 1939.

© 1999 Metropol Verlag
Kurfürstenstr. 135
10785 Berlin
Alle Rechte vorbehalten
Druck: H & H Russ GmbH, Berlin

Inhalt

Danksagung

Am Zustandekommen dieses Buches haben viele Menschen Anteil, bei denen ich mich herzlich bedanken möchte. Die ehemaligen GULag-Häftlinge haben mit mir viele Stunden gesprochen und geduldig ihre Lebensgeschichten erzählt. Ohne ihre Bereitschaft, sich all des Erlebten zu erinnern, eingedenk des Risikos, vernarbte Wunden wieder aufzureißen, wäre diese Arbeit überhaupt nicht denkbar gewesen. Den Frauen, die unterdessen weit über 80 Jahre alt sind, gilt meine besondere und herzliche Dankbarkeit. Mit besonderer Anteilnahme denke ich an die Frauen, die bereits verstorben sind.

Mein Dank gilt Dietrich Mühlberg, der meine Arbeit über Jahre begleitete und jederzeit mit Rat und konstruktiver Kritik zur Verfügung stand, ebenso wie Lutz Niethammer, der frühzeitig auf mein Vorhaben aufmerksam wurde und sich engagiert und kritisch für dessen Fortentwicklung einsetzte. Bedanken möchte ich mich bei all denen, die mit Hinweisen halfen, Manuskripte lasen, mit mir diskutierten und meine Einsichten erweiterten. Stellvertretend möchte ich hier nennen Lisa Coch (Berlin), Peter Erler (Berlin), Ulrich Herbert (Freiburg), Ilse Münz (Berlin), Hans Schafranek (Wien) und Carola Tischler (Kassel). Ohne Irina Scherbakowa, Asja Steiner (beide Moskau) und Walter Ruge (Potsdam) hätten meine Archivrecherchen in Moskau kaum so erfolgreich sein können. Die Übersetzung zahlreicher Dokumente nahm Tiggo Eichler vor. Mein Dank gilt im besonderen den Frauen und Männern im Archiv und der Bibliothek der Stiftung Archiv der Parteien und Massenorganisationen der DDR im Bundesarchiv, den Mitarbeitern des Russischen Zentrums für die Aufbewahrung und Erforschung von Dokumenten der neuesten Geschichte in Moskau sowie den Mitarbeitern der Rehabilitierungsgruppe der Verwaltung des Ministeriums für Sicherheit der Russischen Föderation für die Stadt und das Gebiet Moskau. Mein Dank gilt Frau Tigges, die als Mitarbeiterin des Instituts für Geschichte und Biographie der Fernuniversität Hagen einen beträchtlichen Teil der Transkription leistete, und dessen Leiter Alexander von Plato für die Archivierung des Quellenbestandes im Archiv „Deutsches Gedächtnis".

Berlin, im Herbst 1998   Meinhard Stark

Einleitung

Begegnungen

Eine ältere Freundin empfing mich an der Tür und führte mich in die Wohnung. Augenblicke später kam mir Klara D. entgegen, eine kleine, hagere Frau mit einem offenen und freundlichen Gesicht. Ihre grauen Haare waren glatt nach hinten gekämmt. Äußerlich schien sie gefaßt und ruhig. Ich stellte mich vor und erzählte von meinem Vorhaben, über Frauen zu schreiben, die den GULag erlebt hatten. Tage zuvor hatte sie das Buch „In den Fängen des NKWD"[1] erhalten, das mehr als 1100 Kurzbiographien von deutschen Exilanten und Facharbeitern, Frauen wie Männern, dokumentiert. Sie alle sind in der Sowjetunion während der großen „Säuberung" 1936 bis 1938 oder späterer Jahre erschossen worden oder kamen wie Klara für Jahre in den GULag. Viele Namen, sagte sie, seien ihr bekannt. Beim Durchblättern weist sie immer wieder auf Männer und Frauen, von denen sie seit ihrer eigenen Verhaftung am 7. Februar 1938 nichts mehr gehört hat. Ich bitte Klara, mir ihre Lebensgeschichte zu erzählen. Später würde ich dann Fragen stellen.

Kaum hatte ich das Mikrofon aufgestellt, begann Klara mit ihren Erinnerungen, vor allem über ihre frühe Kindheit, Jugend und die Zeit in Moskau, spärlicher über Haft und Lager. Die 1903 Geborene erzählte unaufhörlich. Sie schaute mich dabei nicht an. Eigentlich brauchte ich gar nicht anwesend zu sein. Der Gedächtnisfilm lief unaufhaltsam ab, hier, jetzt, in diesem Augenblick oder in den ungezählten schlaflosen Nächten, von denen Klara am Rande sprach. Manchmal lachte sie kurz, freudig oder sarkastisch, je nachdem. Dann schaute sie zu mir auf. Aber das war selten. Nach dreieinhalb Stunden stockte Klara, unterbrach ihre Erzählung und sagte: „Alles weitere haben bestimmt schon die anderen Frauen erzählt."

Was nun in ihrer Lebensgeschichte folgt, wollte sie nicht erzählen. Sie hatte Angst, große Angst. Ich bat sie fortzufahren, mir ihre Geschichte vom Lager und der Verbannung zu erzählen. Klara schwieg und begann dann mit den Worten: „Gorkis ‚Nachtasyl‘ war ein Salon dagegen." Es folgten erschütternde Erinnerungen über Untersuchungshaft und Lager. Traumatisch die Erinnerung an ihr Verhör, das fünf Nächte hintereinander währte und bei dem sie geschlagen wurde. Details läßt sie aus. Bisher hatte Klara darüber noch nie gesprochen.

---

1 In den Fängen des NKWD. Deutsche Opfer des stalinistischen Terrors in der UdSSR, hrsg. vom Institut für Geschichte der Arbeiterbewegung, Berlin 1991.

Bei unserem zweiten Treffen, vier Wochen später, schilderte die alte Frau ihre Unruhe nach unserem ersten Gespräch. Die aufgewühlten Erinnerungen beschäftigten Klara mehrere Tage und Nächte. „Es ist nicht angenehm, das im Kopf zu haben", sagte sie.

Klara lebte ein zurückgezogenes Leben in einer großen Stadt in Thüringen. Nach acht Jahren GULag und neun Jahren Verbannung in Sibirien durfte sie 1956 die Sowjetunion verlassen. Da war sie 53 Jahre alt. Mit ihren Geschwistern hatte sie sich auseinandergelebt. Neue Freunde zu finden war schwierig, fast unmöglich. „Ostern habe ich drei Tage kein Wort gesprochen. Es war niemand da, der mich besucht hat." Mit wem sollte sie auch sprechen? Angehörige, Kinder, Freunde gab es nicht, außer einer guten Bekannten. Sie war es gewohnt, allein auszukommen. Zu viele Enttäuschungen hatte sie verarbeiten müssen. Und von ihrer Leidensgeschichte in der Sowjetunion sollte offiziell niemand etwas erfahren.

Ihre kleine Einzimmerwohnung, die drei große Schränke in zwei kleine Räume teilen, beherbergt meist ältere, wohl zusammengestückelte Möbel. Einfach und bescheiden, für heutige Verhältnisse fast ärmlich. Ein Farbfernsehgerät scheint der größte materielle Reichtum zu sein. Wichtig sind ihr die Fotografien von Danzig, ihrer Heimatstadt, die sie in den 70er Jahren besuchte. Daneben steht ein kleines Porträt des russischen Dichters Lermontow. Einige Bücher aus DDR-Verlagen stehen in einem Regal. Wieder in Reichweite liegt das Buch „In den Fängen des NKWD". Persönliche Fotos besitzt Klara nicht, nicht von ihrer Mutter, nicht von ihren Geschwistern, nicht von sich selbst. Ihre spärliche Habe nahmen ihr die Soldaten des Volkskommissariats für Innere Angelegenheiten (NKWD) bei ihrer Verhaftung ab, als Beweisstücke.

Bei unserem zweiten Treffen drängt Klara ohne große Vorrede auf die Fortsetzung des Interviews. „Nun, fangen wir gleich an!" Ich sollte nur den Endpunkt der letzten Erzählung geben. Von neuem begann ein anhaltender Erzählstrom. Wenn Klara den Faden ihrer Erinnerungen gefunden hatte, fixierte sie ihren Blick auf einen Punkt des Tisches und verharrte so fast regungslos, während sie unaufhörlich sprach. Gelegentlich wurden Tätigkeiten oder Körperbewegungen durch Gesten beschrieben. Der Blick blieb auch dabei fixiert. Annähernd fünf Stunden erzählte sie beinahe ununterbrochen über ihr Leben und Leiden. Dann stellte ich meine Fragen. Nun sprach die alte Frau mit mir, schaute mich an, folgte meinen Fragen und tauchte wieder in ihre Erinnerungen.

Das war im Sommer 1991. Klara war meine elfte Interviewpartnerin, die ich zum GULag sowie über ihr Leben davor und danach befragte. Fünf Frauen sollten in den nächsten Jahren noch folgen. Sie gehören zu den frühen Opfern der sowjetischen Terrorpolitik der 30er Jahre, die als „Jeshowtschina"[2] oder große „Säuberung" in die Geschichte der UdSSR eingehen sollte. Die dazu vorliegende, zumeist in den 40/50er Jahren verfaßte Erinnerungsliteratur deutscher GULag-Frauen widerspiegelt vornehmlich die Reflexionen von Intellektuellen und bezieht sich fast

2 Benannt nach dem zwischen 1936/1938 tätigen Volkskommissar für Innere Angelegenheiten der UdSSR Nikolaj Jeshow.

ausschließlich auf die eigentliche Haft- und Lagerzeit.[3] Wesentliche biographische Erfahrungen und Prägungen der Kindheit und Jugend, des Lebens in der UdSSR der 30er Jahre sowie der Umgang der Erzählenden mit dem Lagertrauma blieben verschlossen. Die hier vorgelegten Erinnerungstexte von betroffenen Frauen versuchen nicht nur, diese zeitliche und lebensgeschichtliche Lücke zu schließen, sondern vertreten auch eine andere soziale Gruppe, vornehmlich die der einfachen Leute aus der Arbeiter- und Bauernschaft, teils aus dem Mittelstand. Diese Frauen repräsentieren ein anderes Agieren in der Geschichte und differieren gegenüber den Intellektuellen in der Wahrnehmung wie in ihrer rückblickenden Erzählung. Das Gespräch, das Erzählen ist ihre „Kulturtechnik", im Gegensatz zum reflektierenden Schreiben der Intellektuellen.

Mehrheitlich waren die Interviewpartnerinnen Mitglieder oder Sympathisantinnen der Kommunistischen Partei Deutschlands (KPD). In der Entwicklung der UdSSR sahen sie *die* Alternative zum Kapitalismus in Deutschland, dessen historischer und kultureller Niedergang nach Weltkrieg und Wirtschaftskrise aus ihrer Perspektive unausweichlich war. Die krassen sozialen Ungerechtigkeiten nahmen die Interviewpartnerinnen nicht nur an sich selbst wahr. Ihr politischer Enthusiasmus basierte auf durchaus verständlichen Hoffnungen und Visionen von einer gerechteren Welt. In der kommunistischen Partei sahen sie das Instrument zu deren Verwirklichung. Dem einleuchtenden Ideal verpflichtet, entwickelten sie eine bis zur Unterwerfung reichende Treue zu ihrer politischen Gruppe. Die Belange der Bewegung machten sie zum Maßstab aller persönlichen Überlegungen und Handlungen. Die Frauen wurden schließlich Opfer der politischen und militanten Prinzipien ihrer eigenen Partei.

Gedächtnis

In der DDR war den ehemaligen GULag-Häftlingen von der SED-Führung untersagt worden, über ihre Erfahrungen in der UdSSR zu sprechen. Um nach all den Lagerjahren, den menschlichen Verlusten, der Zerstörung der Familie und der eigenen Lebenszeit überhaupt weiterleben zu können, mußten die Frauen aber auch selbst vergessen können. Jeder Rückblick, jede Erinnerung schmerzte. Nun, nach Jahren, ein tiefgründiges lebensgeschichtliches Interview. Niemals zuvor, das bestätigten alle Gesprächspartnerinnen, wurde in dieser Offenheit und Ausführlichkeit die eigene biographische Vergangenheit geschildert. Das wechselseitige

---

3 Die bekanntesten frühen Titel ehemaliger weiblicher GULag-Häftlinge sind: Irene Cordes, ... laßt alle Hoffnung fahren, Berlin 1942 (d. i. Waltraud Nicolas, Die Kraft das Ärgste zu ertragen. Frauenschicksale in Sowjetgefängnissen, 3. Aufl. Bonn 1958). Marta Rudzka, Workuta. Weg zur Knechtschaft, Zürich 1948. Margarete Buber-Neumann, Als Gefangene bei Stalin und Hitler, München 1949. Elinor Lipper, Elf Jahre in sowjetischen Gefängnissen und Lagern, Zürich/Konstanz 1950. Susanne Leonhard, Gestohlenes Leben. Schicksal einer politischen Emigrantin in der Sowjetunion, Frankfurt a. M. 1956.

Miteinander zwischen den Frauen und mir schuf mit der Zeit eine Vertrautheit, die nicht nur die Freilegung und verantwortungsvolle Einbeziehung privater und intimer, sondern auch bis dato völlig verkapselter Erinnerungen ermöglichte.

Grenzen und Funktionsweisen des Gedächtnisses sowie die Formung und Darstellung der Erinnerungen als heutige Konstruktion lebensgeschichtlicher Vergangenheit gebieten einen angemessenen Umgang mit den subjektiven Zeugnissen.[4] Allerdings lassen sich gute Gründe für die besondere Verläßlichkeit der Zeitzeuginnen anführen. Die autobiographische Erstproduktion scheint mir der wichtigste zu sein. Die biographische Kommunikation der Frauen war zumindest seit Mitte der 30er Jahre gestört, ihr Inhalt mußte für die staatliche Bürokratie und eine mißtrauische Öffentlichkeit ständig neu selektiert und verschachtelt werden. Das später von der SED-Führung verordnete Schweigen und die Untersagung einer öffentlichen Thematisierung wirkten auf die Betroffenen weithin deprimierend. Biographische Öffnungen Fremden gegenüber waren ausgeschlossen und wurden durch interne Selbstverständigungen ersetzt. Insofern „ruhte" die bisherige Lebensgeschichte und konnte nunmehr relativ „ungestört" reproduziert werden. Auch das vorangeschrittene Lebensalter der Interviewten dürfte aktuellen Verklärungen und Stilisierungen entgegengewirkt haben. Sie standen keineswegs unter Profilierungszwang, brauchten an keiner vordergründigen Opferlegende zu stricken. Die Erzählungen der betroffenen Frauen weisen gleichermaßen den Glauben und das eigene Handeln für ein politisches Ideal wie dessen verbrecherische Realität aus, deren Opfer sie wurden. Die Widersprüche in ihren Biographien sind den Frauen bewußt. Gerade der Umstand, daß heute ihr Leben von einer desillusionierten bzw. mehrheitlich uninteressierten Öffentlichkeit als gescheitert und damit vergebens interpretiert wird, hätte sie zu biographischen Stilisierungen und Umwertungen veranlassen können. Das trat jedoch nicht ein. Auch die ungewohnte Offenheit der Interviewpartnerinnen in politischen, privaten und teils durchaus intimen Fragen bekräftigt die Annahme besonderer biographischer Verläßlichkeit. Die Frauen ermöglichten mir nicht nur Einsicht in private Fotos, Briefe und andere Dokumente, sondern per Vollmacht auch in biographische Akten, deren Umfang und Inhalt historisch interessant und erschreckend zugleich sind. Zu diesen schriftlichen Quellen zählen die Kaderakten der KPD, die von den Kaderorganen der Moskauer KPD- oder Komintern-Führung angelegt wurden, die NKWD-Untersuchungsakten, in der DDR geführte SED-Kaderakten, VdN-Akten[5] sowie in Einzelfällen Akten des Ministeriums für Staatssicherheit der DDR. Die „Ministerien für Liebe und Wahrheit", wie George Orwell[6] diese Machtinstitutionen bereits 1949 genannt hat, produzierten über die

---

4   Vgl. Martin Osterland, Die Mythologisierung des Lebenslaufes. Zur Problematik des Erinnerns, in: Soziologie: Entdeckungen im Alltäglichen, hrsg. von Martin Baethge/Wolfgang Eßbach, Frankfurt a. M./New York 1983, S. 279 ff.

5   VdN: „Verfolgte des Naziregimes". In den Akten sind die Unterlagen zur Feststellung des Rentenbezugs abgelegt.

6   George Orwell, 1984, Frankfurt a. M./Berlin 1990 (zuerst 1949).

an der Peripherie jeglicher Herrschaft lebenden Frauen Hunderte Seiten an Informationen. Niemals zuvor hatten die Frauen diese Unterlagen zu Gesicht bekommen, obgleich darin zahlreiche Informationen über sie abgelegt sind. Über
das alltägliche Leben und Leiden dieser Frauen berichten uns die Akten nur vermittelt. Ein tatsächlicher Zusammenhang stellt sich nur über die Erinnerungen
der Frauen her.

Umbrüche

Geboren sind sie wenige Jahre nach 1900. Ihre mündlichen Erinnerungen lassen
erkennen, wie auffällig die Frauen den gesellschaftlichen und politischen Umbrüchen im 20. Jahrhundert ausgeliefert waren. Sechs massive Brüche und Einschnitte prägten ihre Biographien.

Der erste Umbruch vollzog sich vom Kaiserreich zur Weimarer Republik. Emotional eindringlich erlebten sie als Kinder und Jugendliche den Ersten Weltkrieg,
die Revolution von 1918 und die Nachkriegskrise. Familie, Kirche, Schule, Partner und schließlich die „Partei" waren für die meisten Frauen die Autoritäten, die
sie prägten und unbewußt zu Anpassung und Unterwerfung erzogen. In Konfliktsituationen suchten sie, gleich ihren Müttern, meist die Schuld bei sich, ohne
die Autoritäten grundsätzlich in Frage zu stellen. Selbstbestimmung und persönliche Souveränität fanden bei den Heranwachsenden nur in Ausnahmefällen
biographischen Niederschlag. Allerdings entfaltete sich in den Jugendjahren der
Frauen, die sie meist in der Weimarer Republik erlebten, ein beachtliches Reservoir von Abwehr- und Alternativstrategien. Vornehmlich in diesen Jahren
formten sich die Denk-, Verhaltens- und Handlungsmuster, die als „biographische Erfahrung" immer wieder in die nachfolgende Lebensgestaltung einflossen
und diese beeinflußten.

Sehr bewußt wurde die Machtübernahme des Nationalsozialismus – der zweite Umbruch – erlebt, den sie als Gefahr für die gesellschaftliche Entwicklung in
Deutschland betrachteten und der für die Kommunistinnen und Jüdinnen eine
existentielle Gefährdung heraufbeschwor. Um zu überleben, mußten sie Deutschland verlassen oder konnten nicht dorthin zurückkehren.

Der dritte Umbruch, die Übersiedlung bzw. Emigration in die UdSSR, schien
zwar den politischen Intentionen der meisten Frauen zu entsprechen, löste dennoch ungeahnte kulturelle Erschütterungen aus. Nicht nur die Sprache war ihnen
fremd und schwer zu erlernen. Hinzu kamen ein veränderter Alltag, eine fremde
Arbeitswelt, Versorgungs- und Wohnungsprobleme einschließlich einer ungeahnten Abhängigkeit von sowjetischen Stellen. Zudem waren die deutschen Emigrantinnen und Emigranten während der 30er Jahre den extremen politischen Entwicklungen in der UdSSR ausgesetzt. Ihrem politischen Selbstverständnis nach konnten
sie diese zwar billigen, ahnten jedoch deren grausame Konsequenzen nicht. Skepsis kam nur vereinzelt, und wenn, dann spät auf. So wurden sie zwangsläufig,

bewußt oder unbewußt, Teil und Akteur, schließlich Opfer einer totalitär struktu-
rierten und funktionierenden Gesellschaft.

In diesem Zusammenhang stellt sich die Frage nach den realen Erkenntnis-
möglichkeiten, Handlungsspielräumen und der moralischen Verantwortung von
Individuen in „geschlossenen" Gesellschaften, zumal solchen, die ein humanisti-
sches Ideal suggerieren und dieses als Bindemittel zwischen dem Großteil der Bevölkerung und der Führung einsetzen. Die Frage, die in den Gesprächen bewußt
oder unausgesprochen immer wieder aufgeworfen wird, muß offen bleiben. „In
einem totalitären Regime", so Primo Levi, „treffen Erziehung, Propaganda und
Information auf keinerlei Hindernisse: sie verfügen über eine grenzenlose Macht,
von der sich jemand, der in einem pluralistischen System aufgewachsen ist, nur
schwer eine Vorstellung machen kann."[7]

Der vierte Umbruch, die eigene Verhaftung, meist nach und in Folge der Verhaftung der Ehemänner bzw. Lebensgefährten, verursachte schockartige Zustände. Gefängnishaft, GULag und Verbannung ließen die Fähigkeit der Frauen zu
einer produktiven Anpassung, aber auch die Effizienz ihrer Überlebensstrategien
zur direkten Frage von Leben oder Sterben werden. Nach den Jahren der Lagerhaft wurden die Frauen nicht in die Freiheit, sondern in eine Verbannung „auf
ewig" in entfernte Gebiete der Sowjetunion entlassen. Das Ringen um die alltägliche Existenz, die anhaltende Überwachung durch den Kommandanten und eine
langwierige Eingliederung als „Lagernitza", als Lagerfrau, in eine verängstigte
Gesellschaft prägten die Verbannungsjahre. Politische Reflexionen über das Geschehene erübrigen sich unter diesen Umständen, wie im Lager, meist von selbst.

Mit der Übersiedlung in die DDR, dem fünften Umbruch, ging für die ehemaligen GULag-Frauen zwar eine spürbare Verbesserung des materiellen Lebens-
niveaus, aber auch ein erneuter kultureller und politischer Anpassungsstreß einher. Die SED-Führung verfügte über diese Menschen. Sie verordnete Schweigen,
eine systemgerechte „Legende" und nötigte die Frauen zur Lüge. Gerade die Lagererfahrungen, die den Frauen das Gefühl der Selbstachtung der Überlebenden
vermittelten, wurden offiziell entwertet, ja vergewaltigt. Die einzigen Belege ihrer
Unschuld und jahrelangen Haft, das offizielle sowjetische Rehabilitierungsdoku-
ment, konfiszierte die Kaderabteilung des ZK der SED. In Lebensläufen sollten
fortan die GULag-Jahre als „Arbeit in verschiedenen Gebieten der UdSSR" beschrieben werden.

Der sechste Umbruch: In fortgeschrittenem Lebensalter erlebten die Frauen die
politische Wende in der DDR und deren Anschluß an die Bundesrepublik Deutschland. Der Fall des SED-Regimes im Jahr 1989 wurde von den Interviewpartnerinnen
wohl begrüßt, wie der Verlust der DDR im darauffolgenden Jahr gleichermaßen be-
dauert wurde. Die zunehmenden gesundheitlichen Belastungen des hohen Alters
gingen einher mit einschneidenden gesellschaftlichen Veränderungen, die die Frauen
mittelbar betrafen und sie teils bis heute mehr oder minder stark beeinflussen.

---

7   Primo Levi, Die Untergegangen und die Geretteten, München/Wien 1990, S. 123.

Zeit zum Sprechen

Die Gespräche fanden zwischen dem 16. November 1989 und dem 17. Januar 1997 statt, davon 13 bis Ende 1991. Bereits vor 1989 nahmen GULag-Frauen die ersten Veröffentlichungen historischer Aspekte des Stalinismus im Zeichen von „Glasnost" und „Perestroika" im „Sputnik", einem in der DDR verlegten Digest der sowjetischen Presse, mit großer Aufmerksamkeit auf. Sie waren gelegentlich Anlaß für biographische Öffnungen gegenüber guten Bekannten und Freunden oder Selbstverständigungen über eigene Lebenserfahrungen. Der anfangs ungetrübte Rückhalt für Honecker nahm bei den Interviewpartnerinnen zugunsten Gorbatschows immer mehr ab und fand seinen Tiefpunkt wohl nach dem Verbot des „Sputnik" in der DDR im Herbst 1988. Die ehemaligen GULag-Häftlinge mußten dies als erneute Ausgrenzung ihrer biographischen Erfahrungen gegenüber einer sich gerade interessierenden Öffentlichkeit erleben. Freilich erzürnte mehr noch die Selbstherrlichkeit, mit der Honecker das Erscheinen einer sowjetischen Zeitschrift in der DDR unterband. Dem wachsenden inneren und äußeren Druck versuchte die SED-Führung dadurch auszuweichen, daß sie im „Neuen Deutschland" vom 12. Januar 1989 bzw. der Zeitschrift „Beiträge zur Geschichte der Arbeiterbewegung", Heft 4, 1989, erstmals Informationen über das Schicksal deutscher Opfer des Stalinterrors publizieren ließ, in denen es letztendlich um die Aufwertung des KPD-Vorsitzenden Wilhelm Pieck ging, weniger um die Rehabilitierung der Verhafteten.[8] In dem Text tauchte auch der Name des Ehemanns von Antonie Satzger, einer Interviewpartnerin, auf. Für sie war es die erste offizielle Nachricht über das Schicksal ihres Mannes seit 1954.

Nach der Wende vom Herbst 1989 standen die ehemaligen deutschen GULag-Häftlinge, vor allem die Kommunisten, als Opfergruppe kurzzeitig im Mittelpunkt des öffentlichen Interesses. Eine führende, noch die Öffentlichkeit dominierende Rolle spielte die „Arbeitsgruppe Opfer des Stalinismus", die im Institut für Geschichte der Arbeiterbewegung, dem vormaligen Institut für Marxismus-Leninismus beim ZK der SED, im Herbst 1989 installiert wurde. Am 2./3. Dezember 1989 veröffentlichte das „Neue Deutschland", noch als „Zentralorgan der SED", unter dem Titel „… unter falschen Anschuldigungen verhaftet" weitere Namen von deutschen Opfern der „Säuberung" 1936/38 in der UdSSR.[9] Mitte 1990 ebbte das öffentliche Interesse an den in der Sowjetunion verfolgten Kommunistinnen und Kommunisten schnell ab. Die frühen Opfer des stalinistischen Terrors wurden von denjenigen verdrängt, deren Verfolgung und Verhaftung unmittelbar nach 1945 bzw. in der 40jährigen Geschichte der DDR stattfanden. Diese Frauen und Männer kamen meist nicht aus dem kommunistischen Milieu, sondern standen oft von Anfang an in direkter Opposition zum SED-System.

---

8   Vgl. H. Kühnrich, Zum Brief Wilhelm Piecks an Manuilski (1939), in: Neues Deutschland, 12. Januar 1989, und Briefe Wilhelm Piecks an Georgi Dimitroff und D. S. Manuilski aus den Jahren 1937 bis 1942, in: Beiträge zur Geschichte der Arbeiterbewegung (BzG) 31 (1989), S. 488 ff.
9   Neues Deutschland, 2./3. Dezember 1989.

Das Erscheinen des 1991 vom Institut für Geschichte der Arbeiterbewegung herausgegebenen Buches „In den Fängen des NKWD", das über 1100 deutsche Opfer der 30er Jahre biographisch erfaßte, gab den Überlebenden des GULag erneut eine öffentliche Anregung zur biographischen Öffnung. Auch einige Dokumentationen des Fernsehens widmeten sich 1990/91 diesem Thema.[10] Doch bald schon waren die Betroffenen mit ihren Lebensgeschichten wieder unter sich, meist aber allein. Ihre publizistische Rolle war abgelaufen. Man hatte sie mehrheitlich aufgewühlt, verbraucht und erneut abgestellt.

In dieser Situation einer „abgebrochenen Brücke" traf ich auf die ehemaligen GULag-Frauen. Das erste Interview fand mit Frieda Siebenaicher am 16. November 1989 statt. Eine ihrer Freundinnen, die mir aus einem anderen Interviewprojekt bekannt war, vermittelte den Kontakt. Zehn weitere Gespräche kamen durch die Vermittlung der Interviewpartnerinnen selbst zustande. Ohne den glaubhaften Nachweis meiner eigenen Involvierung in die Geschichte der DDR, meiner Desillusionierung nach deren Scheitern und der Suche nach Antworten auf die verschiedensten historischen Fragen wäre der Zugang zu den kommunistisch orientierten Interviewpartnerinnen kaum denkbar gewesen. Die Vermittlung durch bekannte Leidensgefährten war von einem Vertrauensbonus begleitet, der die Interviewsituation schnell entspannte.[11] In 14 Fällen wurde die Bereitschaft für umfassende lebensgeschichtliche Interviews postwendend erklärt. Gertrud Platais schrieb mir Ende 1990: „Im Grunde freue ich mich, daß sich endlich mal jemand berufen fühlt, sich für die Vergangenheit so vieler Unglücklicher zu interessieren. In einem Monat werde ich 80 Jahre, aber bis zu meinem Tode werde ich mit diesen Erinnerungen geplagt sein." Nicht allen fiel die Entscheidung zum Gespräch so leicht. Mit zwei Frauen habe ich Monate korrespondiert, um sie für das Interview zu gewinnen. Negativ reagierten auf meinen Gesprächswunsch 13 Frauen. Sie fühlten sich durch die zu erwartenden psychischen und politischen Belastungen überfordert.

Insofern ist die Zusammensetzung der Interviewgruppe sicher zufällig. Ihre Erfahrungen können jedoch gerade deshalb als kennzeichnend für die Mehrheit der einfachen Frauen im sowjetischen Exil bzw. in der DDR bezeichnet werden. Im Verlauf mehrjähriger Zusammenarbeit und Kontakte hat sich der Großteil der Interviewpartnerinnen entschlossen, den Klarnamen preiszugeben, sicher nicht ohne Beklemmungen. Bei dem kleineren Teil der Frauen waren die Erfahrungen und Ängste über jähe politische Wendungen sowie ungerechtfertigte Schmähungen und Verfolgungen so groß, daß sie sich nicht zum Schritt in die Öffentlichkeit entscheiden konnten.

Die langwierigen Interviews und Gespräche öffneten manche Wunde, ließen schmerzhafte Erinnerungen aufleben oder lange vergessen Geglaubtes aus dem

---

10 Gemeint sind u. a. „Deutsche Kommunisten im GULag", „Carola Neher. Todesursache unbekannt", „Totgesagt. Trude Richter", Produktionen 1990/91.

11 Fünf Adressen stellte dankenswerterweise Peter Erler von der „Arbeitsgruppe Opfer des Stalinismus" zur Verfügung.

Unterbewußten hervorholen. Ende Oktober 1991, wenige Wochen nach dem Interview, nahm Eva B. in einem Brief an mich Bezug auf ihre Befindlichkeit. Sie schrieb: „Wenn ich bedenke, daß ich im April 1991 den ersten Brief von Ihnen erhielt und in der Folge nun schon sieben Monate mit kleinen Unterbrechungen in meiner Erinnerung die tragischen Ereignisse der Emigration immer wieder belebt und diskutiert werden – hätte ich besser dem Rat meiner Tochter gefolgt und dem Vorhaben abgesagt."

Kollektive Biographie

Die lebensgeschichtlichen Interviews währten zwischen 4,5 und 20, durchschnittlich 12,5 Stunden und waren auf mehrere Zusammenkünfte verteilt. Die Übereinstimmung wesentlicher biographischer Ereignisse, die gemeinsame Spezifik des „äußeren" Verlaufs der Biographien, die verwandte soziale und kulturelle Herkunft der Interviewpartnerinnen gestatten es, Aussagen zu treffen, in denen Züge einer kollektiven Biographie deutlich werden. Bausteine dieser gemeinsamen Biographie sind folgende:

1. Die 17 Frauen wurden zwischen 1903 und 1914 (Ausnahme Eva B. 1898) geboren. Ihr Alter betrug zum Zeitpunkt des Interviews zwischen 77 und 88 (Eva B. 92) Jahre.
2. Sieben Frauen stammten aus dem großstädtischen Arbeitermilieu, acht aus dem Mittelstand und zwei aus dem minderbemittelten bäuerlichen Milieu. 14 wuchsen in Großstädten auf (davon sieben in Berlin, zwei in München), drei auf dem Lande.
3. Acht Frauen waren vor 1933 Mitglied der KPD, von 15 Frauen waren die Ehemänner bzw. Lebensgefährten Mitglieder der KPD bzw. der KPdSU. Auch die Frauen, die nicht Mitglied der KPD waren, tolerierten das politische Handeln ihrer Männer und sympathisierten mit deren politischen Erklärungen und Visionen. Desinteresse politischen Fragen gegenüber äußerten zwei Frauen.
4. Von den acht Mitgliedern der KPD waren drei seit Mitte der 20er Jahre als bezahlte Mitarbeiterinnen (Stenotypistin bzw. Sachbearbeiterin) des Parteiapparates in Dresden, Danzig und beim ZK der KPD in Berlin bzw. zuletzt in Moskau tätig. Die anderen fünf Frauen arbeiteten ehrenamtlich in Straßenbzw. Ortszellen an der Parteibasis. Nach der nationalsozialistischen Machtübernahme beteiligten sich alle Kommunistinnen am illegalen Widerstand. Zwei Frauen sind 1933 in Haft geraten: die Kommunistin Anna Etterer und die Parteilose Käte L., die als Geisel ihres kommunistischen Lebensgefährten verhaftet wurde.
5. Vier Frauen folgten Ende der 20er, Anfang der 30er Jahre ihren ausländischen Lebensgefährten in die UdSSR. Drei Frauen übersiedelten zur gleichen Zeit als Angehörige von Vertragsarbeitern. Zehn Frauen flüchteten vor politischer oder rassischer Verfolgung der Nazidiktatur nach 1933.

6. Während ihres Aufenthaltes in der UdSSR lebten 13 Frauen ständig oder wenigstens längere Zeit in Moskau, dem „Schaufenster des sozialistischen Aufbaus". Die anderen vier Frauen lebten und arbeiteten in Engels, der Hauptstadt der Deutschen Wolgarepublik,[12] in Tscheljabinsk (Ural) bzw. Smolensk.

7. Während der „Großen Säuberung" zwischen 1936 und 1938 wurden 13 Frauen verhaftet: 1937 Eva Schneider, Erna Kolbe, Eva B., Mimi Brichmann, Alice S.; 1938 Brunhilde Hebel, Frieda Siebenaicher, Gertrud Platais, Julie Bevern, Klara D., Adele Schiffmann, Käte L., Anna Etterer. Das NKWD gab folgende Haftgründe an: „antisowjetische Agitation", „Spionage", „sozial gefährliches Element" oder „Mitglied der Familie eines Feindes des Volkes". Unmittelbar nach dem Überfall Deutschlands auf die Sowjetunion wurden zwei Frauen verhaftet: Ruth Z. und Irmgard Schünemann. Antonie Satzger wurde 1944 wegen „antisowjetischer Agitation" und Elly B. 1949 wegen eines vorgeschobenen Wirtschaftsvergehens verhaftet. Die Urteile für die Inhaftierten beliefen sich auf eine Lagerhaft von fünf bis zehn Jahren.

8. Ihre Strafen verbüßten 15 Frauen in verschiedenen Lagern Sibiriens, Kasachstans, der ASSR der Komi oder anderen entfernten Gebieten der UdSSR. Die Fünfjahresfristen erhöhten sich auf Grund des Krieges und „besonderer Verordnungen" meist auf acht bzw. neun Jahre. Lediglich Anna Etterer und Brunhilde Hebel wurden 1939 bzw. 1940 vorzeitig aus dem Lager oder der Untersuchungshaft entlassen. Hintergrund hierfür war die Ablösung des Sicherheitsministers Jeshow im Dezember 1938, die mit der Entlassung und „Rehabilitierung" einer geringen Anzahl von Häftlingen das Ende des Massenterrors einleitete.

   Die Kommunistin Erna Kolbe und die Jüdin Adele Schiffmann saßen 1940 annähernd ein Jahr im Moskauer Butyrka-Gefängnis und standen vor ihrer Auslieferung an Deutschland – die dann schließlich doch ausgesetzt wurde.

9. Von den 16 Ehemännern und Lebensgefährten der Frauen wurden 15 erschossen oder kamen in den Lagern um. Nur ein einziger Ehemann überlebte. Von den 15 Kindern der zehn Mütter verbrachten zehn die Haftzeit in Kinderheimen, fünf bei Angehörigen. Während der Haft verstarb ein Kind, ein weiteres ist bis heute verschollen.

10. Die 15 Frauen, die ihre Haftzeit absitzen mußten, wurden, je nach dem Datum ihrer Verhaftung, zwischen 1946 und 1956 nach acht bis zehn Jahren aus dem GULag entlassen.

11. Zwölf Frauen – Eva Schneider, Frieda Siebenaicher, Erna Kolbe, Gertrud Platais, Julie Bevern, Klara D., Adele Schiffmann, Eva B., Ruth Z., Irmgard Schünemann, Alice S., Käte L. und Antonie Satzger – wurden nach der Lagerhaft erneut und ohne Gerichtsurteil zur „Verbannung auf ewig" verurteilt. Verbannungsorte waren das Gebiet Karaganda und verschiedene Ansiedlungen

---

12 Eigentlich Autonome Sozialistische Sowjetrepublik der Wolgadeutschen (ASSRdWD).

in Sibirien. Erst in der Verbannung, nach zehn, in Einzelfällen nach 15 und mehr Jahren Trennung, sahen sich Kinder und Mütter wieder.

Brunhilde Hebel konnte 1940, Anna Etterer 1946 mit Genehmigung des NKWD und der KPD-Führung nach Deutschland zurückkehren. Als einziger Frau, die neun Jahre im Lager verbrachte, ist es Mimi Brichmann auf offiziellem Wege gelungen, bereits 1948 die UdSSR in Richtung Deutschland zu verlassen.

12. Die Entlassung aus der Verbannung erfolgte 1954/55. Damit waren erstmals Möglichkeiten vorhanden, untereinander Briefe und Erfahrungen auszutauschen, und Chancen gegeben, nach Deutschland zurückzukehren. Die Remigration wurde in erster Linie von den Betroffenen selbst organisiert. Voraussetzungen waren die Ausreisebewilligung der sowjetischen und eine Einreisebewilligung der DDR-Behörden.

13. Zwischen 1956 und 1959 gestattete man den Frauen die Ausreise aus der UdSSR. Alle entschieden sich für eine Übersiedlung in die DDR. Frieda Siebenaicher und Eva Schneider übersiedelten aus privaten Gründen erst 1966 bzw. 1977.

14. Das Alter der Frauen belief sich bei der Übersiedlung auf 44 bis 59 Lebensjahre. Ihre Gesundheit war stark angegriffen und erforderte teils langwierige Behandlungen und Kuren. Elf Frauen nahmen eine Erwerbsarbeit auf: drei davon in ihren gelernten Berufen (Physiotherapeutin, Lehrerin, Lektorin), vier in angelernten Tätigkeiten (Übersetzerin, Pförtnerin, Raumpflegerin, Lagerarbeiterin) und drei in unteren Leitungsebenen (Betriebskaderleiterin, Heimleiterin, Mitarbeiterin in der Verwaltung der Gesellschaft für Deutsch-Sowjetische Freundschaft). Sechs Frauen wurden aus Alters- und gesundheitlichen Gründen sofort pensioniert.

15. Sieben der ehemaligen KPD-Mitglieder – Erna Kolbe, Klara D., Mimi Brichmann, Antonie Satzger, Elly B., Adele Schiffmann und Anna Etterer – traten nach ihrer Ankunft in der DDR in die SED ein. Zwei Frauen, Ruth Z. und Irmgard Schünemann, die vor 1933 nicht politisch organisiert waren, wurden ebenfalls Mitglied der SED. Sieben Frauen blieben parteilos, darunter als einzige ehemalige Kommunistin Brunhilde Hebel. Alle Frauen wurden auf Veranlassung der SED-Führung offiziell zu „Verfolgten des Naziregimes" erklärt und erhielten auf diese Weise eine vergleichsweise großzügige materielle Unterstützung.

*

„Das Leben ist schwer für den, der sich an alles erinnert", heißt ein russisches Sprichwort. Siebzehn Frauen haben sich erinnert, an ihre Kindheit und Jugend, ihre Hoffnungen und Enttäuschungen in der Sowjetunion, ihr Leiden im GULag und in der Verbannung, an ihr Leben danach. Sie haben ihre Geschichte nicht mit ins Grab genommen, sondern uns hinterlassen.

Kindheit und Jugend in Deutschland

„Die ersten Eindrücke haben die Tendenz, sich als *natürliches Weltbild* festzusetzen. Infolgedessen orientiert sich jede spätere Erfahrung an dieser Gruppe von Erlebnissen, mag sie als Bestätigung und Sättigung dieser ersten Erfahrungsschicht, oder aber als deren Negation und Antithese empfunden werden", formulierte 1928 der Soziologe Karl Mannheim.[13] Zum Verständnis der langfristigen lebensgeschichtlichen Verläufe ist eine Bestandsaufnahme und Analyse der frühen biographischen Erfahrungen unerläßlich. Erst durch dieses Wissen werden spätere politische und soziale Entscheidungen, Wahrnehmungen, Deutungen und Reaktionen verstehbar. Von besonderer Bedeutung sind in diesem Zusammenhang familiäre und soziale Ausgangslagen, Erziehungsmuster und -maximen, politische Erlebnisse sowie Bedrohungserfahrungen gegenüber dem eigenen Geschlecht wie auch die wechselseitige Abhängigkeit und Durchdringung dieser Sphären.[14]

Soziale Erfahrungen

Mit Ausnahme von Eva B. (1898) sind alle Frauen zwischen 1903 und 1913 geboren. Ihre Kindheit und Jugend fiel in die Zeit des Kaiserreiches, des Ersten Weltkrieges und der Weimarer Republik. Sie erlebten kaum die Zeiten bescheidenen Wohlstandes nach der Jahrhundertwende, jedoch in vollem Umfang die Mangelzeiten des Krieges und Nachkrieges sowie der Weltwirtschaftskrise.

Im großstädtischen Arbeitermilieu sind Anna Etterer, Erna Kolbe, Irmgard Schünemann, Brunhilde Hebel und Elly B. aufgewachsen.[15] Ihre Väter waren Lohnarbeiter (Schlosser, Dreher, Rohrleger, Kontorist), die Mütter Hausfrauen und meist nebenerwerbstätig mit Aufwartungen oder Heimarbeit beschäftigt.

13 Karl Mannheim, Das Problem der Generationen, in: Kölner Vierteljahreshefte für Soziologie 7 (1928). Zit. nach Soziologie des Lebenslaufes, hrsg. von Martin Kohli, Darmstadt/Neuwied 1978, S. 47.

14 Vgl. Karen Hagemann, Frauenalltag und Männerpolitik. Alltagsleben und gesellschaftliches Handeln von Arbeiterfrauen in der Weimarer Republik, Bonn 1990.

15 Vgl. dazu aus der breiten Palette der zeitgenössischen Literatur u. a. Otto Rühle, Das proletarische Kind, München 1911, völlig neu bearb. Aufl. 1922. Ders., Zur Psychologie des proletarischen Kindes, hrsg. von Lutz van Werder/Reinhard Wolff, Darmstadt 1969. Felix Kanitz, Das proletarische Kind in der bürgerlichen Gesellschaft, Jena 1925. Ruth Weiland, Die Kinder der Arbeitslosen, Eberswalde/Berlin 1933. Günther Dehn, Proletarische Jugend. Lebensgestaltung und Gedankenwelt der großstädtischen Proletarierjugend, Berlin 1930.

Auch Klara D. und Eva Schneider lebten in der Großstadt, allerdings als Kinder erfolgloser und minderbemittelter Schneider bzw. Lumpensammler. Nur Erna Kolbe und Irmgard Schünemann wuchsen in Kleinfamilien mit einem bzw. zwei Geschwistern auf, die sich nach der Jahrhundertwende auch in der Arbeiterschaft durchsetzten. In allen anderen Familien war mit jeweils sechs bis 14 Kindern eine überdurchschnittliche Geburtenrate zu verzeichnen.[16]

Wenn der Vater als Hauptverdiener früh starb oder finanziell unzuverlässig war (unregelmäßiges Einkommen, Trunkenheit etc.), wurden die sozialen Verhältnisse weiter spürbar belastet. Ernährung, Kleidung und Unterbringung der Familien waren Quell ständiger Unsicherheit. Damit einher gingen anhaltende, teils heftige Auseinandersetzungen um die finanzielle Absicherung und Gestaltung des Haushalts. In den kinderreichen Familien konnten nur die bereits erwachsenen Kinder für eine leidliche Entspannung der materiellen Situation sorgen. Darüber hinaus berichten fast alle Frauen von eigener, frühzeitiger Erwerbsarbeit als Kinder. Eskalierend auf die sozialen Probleme wirkte der Erste Weltkrieg, zuerst durch die Einberufung des Ernährers, dann durch die ökonomischen Folgen der Kriegs- und Nachkriegszeit. Der permanente Mangel an Kleidung, Nahrung oder Spielsachen und beengte und unhygienische Wohnverhältnisse gehörten für die meisten dieser Kinder zum normalen Alltag. Die Bedrückung wuchs, da materielles Wohlergehen, ja Reichtum im Umfeld anderer sozialer Schichten durchaus wahrgenommen werden konnte. Alle Frauen, die in der Arbeiter- bzw. Bauernschaft aufwuchsen, betonen in ihren Erinnerungen ausdrücklich die wirtschaftlichen Nöte ihrer Kindheit und frühen Jugend.

Klara D. beginnt ihre Lebensgeschichte unmittelbar mit den Worten: „Ich hatte eine sehr schwere Kindheit, schon von Geburt an." Sie wurde mit ihren Eltern und weiteren vier Geschwistern um 1910 – die Mutter war zu diesem Zeitpunkt schwanger – als unerwünschter Sozialfall von der Meininger Stadtverwaltung nach Danzig abgeschoben: „Wir sind nach Danzig ganz arm gekommen. Wir hatten gar nichts. Ich weiß nur, daß wir in Danzig in einer sehr schlechten Wohnung gewohnt haben. Es gab nur Stube und Küche. Es war schrecklich. Und der Vater hat kaum gearbeitet. Mutter hatte wenig Geld, und wir haben sehr knapp gewirtschaftet. Der Vater war ein jähzorniger Mann. Er hat uns sehr geschlagen, alle Kinder geschlagen, die Frau geschlagen. Es war schlimm."

Selbst ihre Verschickung während des Ersten Weltkrieges nach Westpreußen, wo sie als junges Mädchen schwere landwirtschaftliche Arbeit zu leisten hatte, schildert Klara als Befreiung aus der familiären Unterdrückung. Diese Bündelung an sozialer Not, extremer Gewalt und angestrengter Arbeit stellte unter den biographischen Schilderungen durchaus einen Extremfall dar. Ihre Armut, besonders den Mangel an ansprechender Kleidung, empfand Klara gerade während der Pubertät als gesellschaftlichen Makel, der ihre soziale Aktivität gegenüber Gleich-

---

16 Zum Geburtenrückgang nach der Jahrhundertwende vgl. Walter Jaide, Generationen eines Jahrhunderts. Wechsel der Jugendgenerationen im Jahrhunderttrend. Zur Sozialgeschichte der Jugend in Deutschland 1871–1985, Opladen 1988, S. 44 ff.

altrigen erheblich einschränkte und ihr Selbstwertgefühl schmälerte. Vergleichsweise ähnliche Alltagssymptome, wenn auch nicht derart drastisch, waren in den
anderen proletarischen Großfamilien aufzufinden, die maßgeblich die Lebenswelt
der Kinder und Jugendlichen prägten.

Brunhilde Hebel wurde als jüngstes von zehn Geschwistern geboren und
konnte vom Bonus des jüngsten Kindes zehren. Durch die finanzielle Unterstützung der älteren Geschwister und die Umsicht ihrer Mutter war sie vor drasti-
schen Versorgungsnöten weitgehend verschont geblieben. „Wir hatten keinen guten Vater", erinnert sich Brunhilde, „aber eine so gute Mutter und so gute Schwe-
stern, daß sie mir die Kraft gegeben haben, all das Schlimme, was ich später mal
durchmachen mußte, zu überstehen. Zu Hause war immer viel los, viele Menschen. Die Nachbarn dachten immer, wir feiern Feste. Die Geschwister brachten
noch ihre Freundinnen und Freunde mit. Jeder konnte zu uns kommen, wer wollte. Einen Teller Suppe hatte meine Mutter auch immer noch übrig für die Arbeitslosen, die es ja in den 20er Jahren gab. Wir lebten arm, aber recht fröhlich. Das
muß ich wirklich sagen. Ich erinnere mich gern an meine Kindheit. Von mir aus
gesehen – trotz Armut und Hunger, der Krieg war ja schließlich da, aber wir sind
nicht verhungert, waren nur ein bißchen hungrig – war es schön."

Auch an den besser situierten Kleinfamilien der gelernten Facharbeiter waren
die sozialen Belastungen der Kriegs- und Nachkriegszeit keineswegs vorbeigegan-
gen. Erna Kolbe erinnert sich: „Ich kenne meine ganze Kindheit nur so, daß wir
hungrig waren und daß wir furchtbar wütend auf unseren Bruder waren. Der war
der Älteste. Und meine Eltern hatten die Auffassung, der Junge müßte mal arbeiten. Daß die Mädchen später auch arbeiten würden, war nicht im Gespräch.
Dann wurden sonntags zwei Koteletts gekauft. Als Verdiener der Familie bekam
Vater ein ganzes Kotelett. Das andere wurde geteilt. Eine Hälfte hat mein Bruder
bekommen, und was übrig blieb, wurde unter uns zwei Mädels und der Mutter
aufgeteilt."[17]

Lediglich dem Vater von Irmgard Schünemann als gelerntem Dreher gelang es,
der vierköpfigen Familie Hunger auch während der Kriegszeit zu ersparen und
ein erträgliches wirtschaftliches Auskommen in den folgenden Jahren, bis auf die
periodisch auftretenden Zeiten der Arbeitslosigkeit, zu gewährleisten.

In den meisten Arbeiterfamilien, auch bei den sozialdemokratisch bzw. kommunistisch orientierten, spielten sogenannte Sekundärtugenden wie Gehorsam-
keit und Disziplin, Redlichkeit und Ordnung eine allgegenwärtige Rolle. Die befragten Frauen erlebten diese Wertorientierungen als langfristig wirkende Erziehungsmaximen.[18] Verstöße wurden konsequent, auch mit körperlicher Züchtigung geahndet. Dazu kam die fast ungebrochene Reproduktion patriarchalischer
Familienstrukturen, die die Frauen und Töchter an Zurücksetzung und Benach-
teiligung gewöhnte. Erziehung war überwiegend ein spontaner Prozeß der Ein-

---

17 Erinnerungen Erna Kolbes, in: „Wenn Du willst Deine Ruhe haben, schweige". Frauenbiographien
    des Stalinismus, hrsg. von Meinhard Stark, Essen 1991, S. 81, 83.
18 Vgl. dazu Alice Miller, Am Anfang war Erziehung, Frankfurt a. M. 1980.

Abb. 1
Jugendweihe Brunhilde Hebel,
Berlin 1923.

flußnahme, ausgerichtet auf das „Funktionieren" der Kinder im Tagesgeschehen der öffentlichen und privaten Räume wie Schule, Pflichten im Haushalt bzw. jüngeren Geschwistern gegenüber, Erwerbsarbeit usw. Zur Kindheit gehörten aber auch gemeinsam gestaltete Freizeiterlebnisse, insbesondere Ausflüge und Wanderungen, Sport- und Kulturveranstaltungen sowie Feste und Feiern.

Unter dem Eindruck der erlebten sozialen Nöte hat die Mehrheit der interviewten Frauen aus dem Arbeitermilieu ihre Kindheit negativ bewertet, und nur vereinzelt „schwer, aber schön" beschrieben. Auch angesichts des nachfolgenden Lagertraumas wollten die Zeitzeuginnen nicht im nachhinein ihre Kindheit idealisieren. Nur Brunhilde Hebel betont, ihre „Kindheit als ausgesprochen schön" empfunden zu haben.

Ähnliche Erfahrungen mit sozialer Deklassierung mußten Frieda Siebenaicher und Antonie Satzger machen, die auf dem Lande aufwuchsen. In ihrer fünfköpfigen Bauernfamilie fand Frieda Siebenaicher zwar ein bescheidenes Auskommen, das aber nur durch die frühzeitige Einbeziehung der Kinder als Arbeitskräfte gesichert werden konnte. Sie resümiert: „Schön war's manchmal in der Kindheit. Aber so wenig Schönes und so kurz."[19]

19 Erinnerungen von Frieda Siebenaicher, in: Stark, Frauenbiographien, S. 14.

„An die Kindheit möchte ich nicht zurückdenken", faßt Antonie Satzger ihre Erinnerungen an die frühe Jugend zusammen. Sie wuchs in einer katholischen Großfamilie mit zwölf Geschwistern in einem Dorf am Bodensee auf. Der Vater war Tagelöhner, später Streckenwärter bei der Eisenbahn, die Mutter Brottträgerin des ortsansässigen Bäckers. Körperliche Zärtlichkeiten blieben ihr, wie den meisten anderen Interviewpartnerinnen, unbekannt. Gleich zu Beginn des Interviews betont sie: „Wir waren die Ärmsten im Dorf, ärmer als wir war niemand." Sie schildert in vielen eindringlichen Geschichten die erlittene Armut: die Schuhe, die nur zum Kirchgang getragen werden durften, oder die eigene Erwerbsarbeit beim Großbauern für ein paar Butterbrote. Wegen der herbstlichen Kälte auf den Weiden wärmte sie ihre nackten Füße in frischen Kuhfladen, während sie ihre Hände ans warme Euter hielt. Antonie Satzger erinnert sich des Neides, den sie gerade bei der Essenverteilung gegenüber den anderen Geschwistern empfunden hatte, und der gespannten Aufmerksamkeit bei der gerechten Verteilung des Brotes und der Suppe. Sie beneidete auch die anderen Kinder um ihr Spielzeug, wenn sie mit ihren Lumpenpuppen und -bällen spielte. Mit wachsendem Alter wurden besonders Eintönigkeit und Mangel an Kleidung wahrgenommen. Neue Bedrückkung erwartete sie durch die Konfrontation mit den wohlhabenden Schülerinnen auf der höheren Schule, die sie aufgrund ihrer Leistungen besuchen durfte.

Besonders restriktiv waren in diesem Milieu die praktizierten Erziehungsmuster. Den Rahmen bildeten vornehmlich öffentliche und religiöse Regeln und die eigenen Erziehungserfahrungen der Eltern. Erziehung verstand sich auch hier als Reaktion auf Verstöße, nicht als überlegter und perspektivisch gestalteter Prozeß. Disziplin, Gehorsam und Ehrlichkeit, oft religiös bemäntelt, waren angestrebte Erziehungsziele. In der körperlichen Züchtigung sah man ein gewohntes und wichtiges Erziehungsmittel. Insbesondere gegen Unehrlichkeit wurde mit drakonischer Härte vorgegangen. Antonie Satzger mußte beispielsweise einmal auf einem Kantholz kniend etliche Vaterunser laut vorbeten.

Wegen des Diebstahls von zwei Pfennigen wurde Frieda Siebenaicher schlimm geschlagen.[20] Derartige Erlebnisse setzten sich in der Dorfschule fort. Die öffentliche Züchtigung der Mitschüler wirkte auf alle Anwesenden. An die wiederholte Bestrafung des Bruders und ihre Wahrnehmung des Exzesses erinnert sich Frieda mit den Worten: „Ich hab' geheult auf meinem Platz, ich hab' mir die Augen zugehalten und geheult."[21]

Auch in den Familien des Mittelstandes gab es körperliche Züchtigungen oder subtilere Formen der Disziplinierung. Mimi Brichmann beispielsweise verehrte ihren Vater in besonderer Weise. Er sorgte sich engagiert um eine vielfältige natur- und geisteswissenschaftliche Bildung seiner Kinder in und außerhalb der Schule.

---

20 Helmut von Bracken kommt 1926 in seiner Studie Die Prügelstrafe in der Erziehung. Soziologische, psychologische und pädagogische Untersuchungen, Dresden 1926, zu dem Schluß, die Prügelstrafe sei „ein beherrschender Punkt in der Gedankenwelt" der Kinder. Vgl. Die Kinder klagen uns an. Kinderbriefe über die Prügelstrafe, Wien 1925.

21 Stark, Frauenbiographien, S. 14.

Abb. 2
*„Hände auf den Tisch!" Schulfoto. Unterrichtet wurden vier Klassenstufen gleich-
zeitig, hier 47 Kinder, in einem Raum, Gemeinde am Bodensee 1917/18. Antonie
Satzger: rechter Sektor, vorletzte Bankreihe, zweite von links.*

Nie hatte er sie geschlagen. Mimi, von Natur aus zurückhaltend und schüchtern,
fühlte sich dennoch durch das universelle Wissen ihres Vaters überfordert und
durch eine seiner Erziehungspraktiken nachhaltig bedrückt. „Nicht unterbre-
chen, wenn du was auf dem Herzen hast", hieß es immer wieder gegenüber den
Kindern, „warte, bis der andere ausgeredet hat. Oder paß einen Augenblick ab,
wenn er nicht redet." Mimi fährt fort und deutet auf die Konsequenzen hin, die
sich bei ihr langfristig ergaben: „Ich weiß nicht, ich glaube, ich hatte Angst vor
meiner eigenen Stimme. Ich mochte, ich konnte mich nicht sprechen hören. Ich
hatte auch schreckliche Angst, in der Schule Vorträge zu halten. Ich habe immer
versagt. Das hing mir an. Während meiner ganzen beruflichen Tätigkeit, meiner
ganzen Arbeitszeit. Ich hab' mich nicht überwinden können."
    Die permanente Unterwerfung unter von außen gesetzte Normen machte lang-
fristig abhängig von den Urteilen der verkündenden Autoritäten und ließ die heranwachsenden Mädchen Eigenes nur schwer entfalten. „Die totale Unterwerfung
der Kinder unter den Willen der Erwachsenen", schlußfolgert die Psychologin
Alice Miller, „wirkte sich nicht erst in der späteren politischen Hörigkeit aus […],
sondern vorher schon in der inneren Bereitschaft zur neuen Unterwerfung, sobald
der Jugendliche aus dem Haus kam."[22] Das Ergebnis kann die mehr oder weniger

22 Miller, Erziehung, S. 89.

Abb. 3
Familienbild Bevern:
Vater Kunstmaler, Mutter
Hausfrau. Julie Bevern auf
dem Schoß ihres Vaters,
München um 1908.

„perfekte Anpassung" des Menschen in vollster Harmonie sein, „ein ‚Nein' den Mächtigeren gegenüber erscheint ihm für immer lebensgefährlich".[23]

Dennoch kam es immer wieder auch zu emanzipatorischen Handlungen der jungen Frauen, die im frühen Verlassen des Elternhauses, wie bei Käte L. und Gertrud Platais, gipfelten. Im Regelfall lernten die Heranwachsenden von früh an die Hierarchien familiärer und öffentlicher Sphären kennen und anerkennen. Ob der Vater, die dominierende Mutter, die älteren Geschwister, der Großbauer, der Dorfschullehrer oder der Pastor – allen Autoritäten hatten die Kinder mehr oder weniger Untertan zu sein und oft bedingungslos zu gehorchen. Befreiung aus der permanenten Unterordnung gab es in dieser Hinsicht auch für sie als Jugendliche kaum, sie ließ sich nur in der Ferne denken.

Für die Frauen aus proletarischem und bäuerlichem Milieu verbesserten sich die sozialen Lebensgrundlagen erst nach dem Ende der Nachkriegskrise 1923 und mit der Aufnahme einer eigenen Erwerbstätigkeit. Frühzeitig versuchten die Heranwachsenden, den sozialen Nöten zu entfliehen. Immerhin fünf von neun Mädchen (Brunhilde Hebel, Antonie Satzger, Eva Schneider, Klara D., Elly B.) schafften aufgrund überdurchschnittlicher Leistungen den Sprung von der Gemeinde- bzw. Volksschule zu einer weiterführenden Lehranstalt. Eine höhere Schulbildung war für sie der erste Schritt aus der sozialen Begrenztheit. Ihre Erwerbsarbeit nach der Schule verlegten sie folgerichtig in Branchen, die sich von denen ihrer Eltern deutlich unterschieden. Ihre Tätigkeiten als Stenotypistin, Bürokraft oder Friseuse waren durchaus kein Zufall. Nur Frieda Siebenaicher und Antonie Satzger arbeiteten traditionsgemäß als Dienstmädchen, jedoch auch nur zeitweilig und zur Überbrückung. Der Aufstieg aus den beruflichen Traditionen der Elterngeneration fiel zeitlich mit dem ökonomischen Aufschwung nach der Inflation zusammen und war bei allen jungen Frauen erfolgreich. Dieser berufliche Werdegang basierte auf Fähigkeit wie Engagement und stellte eine beachtliche Leistung der heranwachsenden Frauen unter den damaligen gesell-

23 Ebenda, S. 104.

Abb. 4
Familienbild Platais:
Vater pensionierter Gendarm,
Stiefmutter Hausfrau.
Gertrud Platais in der Mitte,
Lauban, Schlesien 1928.

schaftlichen Bedingungen dar. Der Ausbruch der Weltwirtschaftskrise Ende 1929 gefährdete den weiteren Fortgang dieser erfolgreichen Entwicklung und rief bei den jungen Frauen erhebliche soziale Befürchtungen und Assoziationen an die Vergangenheit hervor. Das förderte die Anziehungskraft alternativer gesellschaftlicher Konzepte. Nicht zufällig gerieten sie in den Bann der Arbeiterbewegung, die soziale Gerechtigkeit versprach.

Acht der 17 Frauen stammen aus dem Mittelstand. Ihre Väter waren Beamter, Möbelfabrikant, Musiker, Maler, Arzt, Gendarm oder Vertreter. Ihre Töchter und Söhne besuchten höhere Schulen, lernten Fremdsprachen und erhielten eine musische Ausbildung. Sie kannten kaum wirtschaftliche Not, aber ebensowenig überschwenglichen Luxus. Aber auch hier war der Haushalt Thema immer wiederkehrender Debatten und Auseinandersetzungen, wenn es um die Ausgaben- und Verteilungsstruktur ging. Der Erste Weltkrieg und seine Auswirkungen verunsicherten auch die wirtschaftliche Existenz dieser Familien, im Einzelfall verschlechterte sie sich kurzfristig.

Die Erfahrungen, die bei den heranwachsenden Mädchen letztlich zu alternativem Denken und Handeln führten, im Einzelfall auch eine Trennung von der Familiengemeinschaft einschlossen, lagen bei dieser Interviewgruppe weniger in den materiellen Gegebenheiten als in den Familienkonstellationen selbst. Gemeinsam war den Mädchen eine teils religiöse, oft äußerst autoritäre und disziplinierende Erziehung, deren Träger Vater wie Mutter sein konnten. An alltäglich praktizierten Erziehungsmaximen werden vor allem Gehorsam, Disziplin und Ordnung genannt, die mit Strenge und körperlicher Züchtigung durchgesetzt wurden. Dem Gesetz nach noch unmündig, verließen Käte L. und Gertrud Platais die elterlichen Haushalte. Julie Bevern wechselte nach der frühen Scheidung ihrer Eltern jahrelang zwischen Mutter, Pflegemutter, Waisenhaus und Stiefmutter hin und her. Schließlich sah sie als kaum 14jährige nur in der Flucht und einer Anstellung als Dienstmädchen einen Ausweg aus seelischer und körperlicher Unterdrückung. Zumindest für diese Frauen waren die Familienbeziehungen dauerhaft geschädigt und konnten kaum mehr als Bindemittel dienen. Anderseits waren sie gegen-

Abb. 5
Mimi Brichmann, Berlin 1929.

über Alternativen aufgeschlossen, wozu auch die Fähigkeit gehörte, früh und selbstbewußt ein eigenständiges Leben zu gestalten. Eine „standesgemäße" berufliche Entwicklung konnten von den Frauen, die aus dem Mittelstand kamen, nur Eva B. und Gertrud Platais als Erzieherin bzw. Lithographin einschlagen. Julie Bevern arbeitete als Hausmädchen und Kinderschwester, Ruth Z. und Adele Schiffmann wechselten zwischen Büroarbeit und Arbeitslosigkeit, Käte L. arbeitete als Kontoristin, später auch als Industriearbeiterin. Mimi Brichmann konnte aus materiellen Gründen ihr Studium nicht fortsetzen und blieb vorerst ungelernt.

Geschlechtliche Erfahrungen[24]

Die Frauen waren – ob als Mädchen, Jugendliche oder Erwachsene – stets offenen oder subtilen Benachteiligungen, Diskriminierungen und Bedrohungen gerade ihres Geschlechts wegen ausgesetzt. Die mangelhafte Versorgung mit Nahrung, ihre frühzeitige Einbeziehung in die umfangreichen Pflichten des Haushalts oft neben eigener Erwerbstätigkeit, besondere Erwartungen an Bildung, Betragen und ihre moralische Integrität waren geschlechtsspezifische Züge ihres Alltags. Zusätzlich bedrückten die Erfahrungen, die die Mehrheit der Interviewpartnerinnen während ihrer Kindheit und Jugend auf sexuellem Gebiet sammeln mußte. Besonderen Schutz konnten die Mädchen nur selten bei ihren Müttern finden. Bereits der Eintritt in die Geschlechtsreife und die erste Menstruation wurden für die jungen Mädchen oft zum psychischen Fiasko. Kaum eine der Frauen ist darauf vorbereitet oder über Ursache und Verlauf der Regel unterrichtet worden. Antonie Satzger erzählt: „Schrecklich war das. Als ich die erste Menstruation bekommen habe, bin ich zu meiner Mutter gerannt und hab' gesagt: ‚Mutter guck mal, bei mir kommt da Blut, was ist das?' Da sagte sie dann: ‚Na, da mußt du sterben.' Ich habe darauf gewartet, daß ich sterbe, und das kam nicht. Wohl oder übel

---

24 Ausführlich dazu Hagemann, Frauenalltag, S. 220 ff.

hab' ich dann gesagt: ‚Mutter, das hat nicht aufgehört bei mir, was soll ich denn machen, das ist schon alles schmutzig hier.' Es war ekelhaft, die erste und auch die zweite noch. Sie war die erste Zeit unregelmäßig, und ich konnte mich nicht darauf einrichten. Mit 14 oder 15 hab' ich sie gekriegt. Und dann sagte die Mutter: ‚Konntest du dich nicht einrichten?' Es wurde auch nicht gesagt, du kriegst sie alle vier Wochen, das kommt jetzt, damit mußt du jetzt rechnen, bis es eben wieder aufhört. Das hat mir nicmand gesagt. Meine Mutter sagte nichts. Ich hab' von ihr nichts erfahren."

Ähnliches, wenn auch nicht so drastisch, berichten die meisten Frauen. Aber nicht nur diese biologischen Vorgänge waren tabuisiert. Ebenso fehlten Eltern, Müttern wie Vätern, der Mut und wohl auch das Wissen für eine notwendige sexuelle Aufklärung. Selbst in der vergleichsweise offenen und belesenen Familie Mimi Brichmanns konnte von sexueller Aufklärung keine Rede sein. „Soweit war ich aufgeklärt", erinnert sie sich, „daß ich ganz genau wußte, was ein Hahn mit 'ner Henne macht, aber nicht, wie das beim Mann und bei der Frau vor sich geht." Aufschluß über sexuelle Rätsel erhielten die Frauen oft in der Phantasie- und Gedankenwelt gleichaltriger Freundinnen. Wenn es Aufklärung von den Eltern gab, dann als strenge Unterweisung über das anerkannte Dogma, daß allein die Frau für nicht gewollte bzw. voreheliche Kinder verantwortlich sei. Julie Bevern erinnert sich der wiederholten Ermahnungen ihrer Mutter: „‚Mach mir keine Schande!' Da habe ich sie gefragt, ‚aber womit denn?' ‚Ach, das wirst du dann im Leben schon erfahren, aber mach mir keine Schande!'"

Darüber hinaus berichten die Zeitzeuginnen über direkte sexuelle Belästigungen und Nötigungen, die sie als Heranwachsende oder junge Frauen zu erleiden hatten. Gertrud Platais, die als Lithographin in der Männerwelt einer Druckerei arbeitete, war vielfältigen sexuellen Zudringlichkeiten und Erpressungen von Kollegen, insbesondere von ihrem Arbeitgeber, ausgesetzt. Auch von jungen Männern, die sie begehrten, fühlte sie sich in den meisten Fällen als Lustobjekt mißbraucht. Julie Bevern wurde als Kleinkind von ihrem Pflegevater aufgefordert, an seinem Geschlechtsteil „herumzuspielen". Als Halbwüchsige wäre sie fast vergewaltigt worden. Ihre leibliche Mutter diskreditierte diese Erlebnisse als „Kinderphantasien". Als junge Frau erlitt Julie eine Fehlgeburt. Ihr Kinderwunsch blieb, nicht nur durch den Lageraufenthalt, zeitlebens unerfüllt. Bei Irmgard Schünemann verursachten sexuelle Übergriffe, die sie als 12jährige von einem Lehrer erleben mußte, nachhaltige Angst vor Sexualität überhaupt. Mimi Brichmann entging im gleichen Alter einem sexuellen Mißbrauch durch einen Onkel nur durch Zufall. Adele Schiffmann berichtet über sexuelle Belästigungen in ihrer Arbeitsstelle. Erna Kolbe blieb zwar davon verschont, war aber durch ihre Erziehung im Elternhaus so sehr geprägt, daß sie zeitlebens eine betonte „Voreingenommenheit gegen Sexualität" begleitete, die nie Erfüllung zuließ.

Das bestehende Verbot des Schwangerschaftsabbruchs und die gesellschaftliche Ächtung alleinstehender Mütter in den 20er Jahren waren für die Betroffenen ein Alptraum, der ihr sexuelles Lebensgefühl maßgeblich tangierte. Völlig unwissend wurde Frieda Siebenaicher 16jährig schwanger, ohne genau zu wissen, wie dies geschehen war und wie eine Geburt verlaufen würde. Aus Angst vor ihrem Vater und der öffentlichen Demütigung in ihrem Heimatdorf übersiedelte sie, um abzutreiben, nach Berlin. Die junge Frau entging nur durch Zufall einem Kurpfuscher und entband schließlich völlig einsam und verängstigt ihre Tochter. Ähnliche Beweggründe veranlaßten Käte L., einen Schwangerschaftsabbruch zu initiieren. Eine uneheliche Schwangerschaft ließ bei Gertrud Platais Selbstmordgedanken reifen. Nur der illegale Abort, der ohne Unterstützung durch ihren Partner, von ihr allein organisiert werden mußte, verhinderte den Suizid. Lange Zeit löste sie bei auftretenden Unregelmäßigkeiten, aus Angst vor erneuter Schwangerschaft, die Menstruation mit einem Federhalter selbst aus.[25] Ruth Z. berichtet von drei Abbrüchen, die sie trotz ihres Kinderwunsches unternehmen mußte, da ihr Lebensgefährte unnachgiebig darauf bestand.

Besondere Erfahrungen hatte Antonie Satzger mit der katholischen Kirche noch bis Ende der 20er Jahre in ihrem Heimatdorf am Bodensee gemacht. Sexualität war dort völlig aus dem öffentlichen Bewußtsein verdrängt: „Über sexuelle Fragen zu reden war schon eine Sünde". Die zurückhaltenden sexuellen Selbstentdeckungen oder Erkenntnisse – allein zu der Frage, wo denn nun die Kinder herkommen –, die Antonie Satzger mit Freundinnen heimlich teilte, fanden auf dem Beichtstuhl ihre Offenbarung: „Damals mußten wir noch in den Beichtstuhl gehen und dem Pfarrer sagen, ich hab' heute so einen Traum gehabt. Das ist das Schreckliche. Ich mußte alles ganz genau erzählen. Der Pfarrer hat alles vollständig ausgefragt, und als Strafe hattest du dann soundsoviel Vaterunser oder irgendwas im Gebetbuch zu lesen und dann hast du deine Verzeihung der Sünden bekommen. Du mußtest aber haarklein alles erzählen, wie das war."

Aber nicht nur Gedanken über Sexualität wurden von der katholischen Kirche stigmatisiert, sondern überhaupt der geschlechtliche Verkehr, wenn er nicht der „Zeugung" diente. Damit einher gingen zwangsläufig Unsicherheit, Selbstkontrolle und Selbstdisziplinierung wie eine allgemeine Scham vor Sexualität. Antonie Satzger erfuhr auch die allgegenwärtige Kontrolle durch katholische Moralhüter. 16jährig war sie eingehakt bei einem Mann, von den Feldern kommend, gesehen worden. Dieser Mann, ein Mitbewohner und Freund der Familie, hatte sie zu einer ambulanten Mandeloperation in die Stadt begleitet und stützte sie nun auf dem Heimweg. Der Pfarrer wurde am nächsten Tag bei der Familie vorstellig und zwang Antonie, einen schriftlichen Beleg des Frauenarztes über den Erhalt ihrer „Unschuld" zu erbringen. Sie verstand in keinster Weise, was ihr geschah. Der ungewohnte Besuch beim Frauenarzt gehörte zur bedrückendsten Pein ihrer Jugend. Der besagte Mann war Magnus Satzger. Er heiratete schließlich gegen den Willen seiner Eltern wenige Monate später die diffamierte junge Frau – wohl das größte Glück, das ihr in dieser Situation widerfahren konnte. Aber auch nach der Heirat nahm der Pfarrer die Beaufsichtigung der jungen Eheleute mittels der

25 Stark, Frauenbiographien, S. 181.

Beichte gewissenhaft wahr. Antonie Satzger entsinnt sich: „Du mußtest genau erzählen, Bettvorgang und so weiter." 1928 ist sie mit ihrem Ehemann aus der Kirche ausgetreten. Dieser Akt ist sechs Wochen lang in abfälliger Weise von der
Kanzel der Gemeindekirche verkündet worden.

Neben der gesellschaftlichen Tabuisierung von Sexualität hatten die geschilderten Erfahrungen ganz unterschiedlicher sexueller Übergriffe meist lebensgeschichtliche Langzeitwirkung auf das Geschlechter- und Partnerschaftsver-
hältnis. Die erlebten Bedrohungen und ausgelösten Ängste wurden auf die Ge-
samtheit der sexuellen Vorstellungen und deren Praxis übertragen. Sinnliche
Erfüllung kam auch in den oft als sehr emotional geschilderten Paarbeziehungen
nur in Ausnahmen vor. Einzig die männliche Sexualität dominierte, sie galt es zu
befriedigen. Den Frauen war damit Erfüllung und Stabilisierung weitgehend
verwehrt geblieben. Die überkommenen geschlechtlichen Muster sind nahezu
ungebrochen tradiert worden. Die geschilderten Erlebnisse tangierten nicht nur
die Sexualität schlechthin, sondern den Gesamtkontext der Geschlechterbeziehungen. Trotz ihrer Erfahrungen brachten die teils entwürdigten Frauen eine
überdurchschnittliche Dankbarkeit und Hingabe ihren Partnern entgegen, die
ihrer eigenen Souveränität nur im Einzelfall Raum ließ. Insofern wurden die
Frauen auch über den Bereich der Sexualität und Geschlechterbeziehungen
langfristig auf ihre herabgesetzte Stellung in der patriarchalischen Gesellschaft
orientiert.

Politische Erfahrungen

Acht der Interviewpartnerinnen wandten sich in einem oft längeren politischen
Prozeß kommunistischen Vorstellungen zu und organisierten sich in der Kommunistischen Partei Deutschlands. Aber auch die Frauen, die im Gegensatz zu
ihren Männern selbst nicht den Schritt in die KPD machten, entwickelten im
Laufe der Zeit mehr oder weniger ausgeprägte Sympathien für die kommunistisch
orientierte Arbeiterbewegung.[26] Der Prozeß politischer Meinungsbildung war
ein Wechselspiel individueller Erfahrungen sowie selbst- und fremdbestimmter
Erklärungen und Reaktionen. Die Herkunftsfamilie, der Freundeskreis oder der
Ehemann konnten Orientierungspunkte sein.

Elly B. und Irmgard Schünemann wuchsen in bereits kommunistisch orientierten Arbeiterfamilien auf. Ihre Väter, später auch andere Familienmitglieder,
traten der KPD unmittelbar nach deren Gründung bei. Als Kinder sind sie in das
politische Handeln der Eltern und die Organisationsformen der KPD eingewiesen

---

26 Vgl. die empirische Studie über Selbstzeugnisse von Kommunisten und Ex-Kommunisten von
    Konrad Löw, Warum fasziniert der Kommunismus? Eine systematische Untersuchung, Köln 1980.
    Und zum Vergleich mit weiblichen SPD-Mitgliedern Hagemann, Frauenalltag, S. 561 ff. Die Au-
    torin benannte als Hauptmotiv politischen Handelns bei sozialdemokratischen Frauen die „bes-
    sere Zukunft in einer sozialistischen Gesellschaft" (S. 573).

Abb. 6
*Irmgard Schünemann mit
ihrem Bruder Werner, Berlin
1930. Die Aufnahme war für
den Vater angefertigt worden,
der sich seit einigen Monaten
als Facharbeitskraft in der
Sowjetunion aufhielt.
Werner wurde 1938 in der
UdSSR erschossen.*

und einbezogen worden. Bereitwillig traten sie kommunistischen Kinder-, Jugend-
oder Sportorganisationen bei. Die Vision einer Verbesserung des Lebens der Arbeiterschaft durch die Beseitigung der Ausbeutung und die Errichtung einer gerechteren Gesellschaft war überzeugend und logisch, entsprach den wenigen eigenen
Erfahrungen und wurde bereitwillig übernommen. Bestandteil dieser Erziehung
war nicht nur die Vermittlung eines engen Weltbildes, sondern auch ein organisa-
tionsspezifisches Verhalten, welches konspirative Elemente, zumindest das Schweigen über Partei- oder Organisationsangelegenheiten gegenüber „Fremden", so
Irmgard Schünemann, einschloß.

Die kommunistischen Eltern Mimi Brichmanns – der Vater war städtischer
Beamter – praktizierten dagegen eine offenere politische Erziehung. Sie erklärten
den Kindern ihr politisches Handeln, ließen sie an politischen Debatten teilhaben
oder nahmen sie zu Demonstrationen mit. Die Erwartungen der Eltern an die
politische Willensbildung und die politische Organisiertheit von Mimi bzw. ihrer
jüngeren Schwester blieben jedoch zurückhaltend. Den Jugendlichen wurde frei-
gestellt, sich politisch zu artikulieren und zu organisieren. Mimi selbst hatte kein
ausgesprochenes Interesse an Politik. Sie malte und zeichnete leidenschaftlich
gern, und ihr Vater förderte sie dabei.

Im Gegensatz zu ihrer Schwester, die bereits als Jugendliche Mitglied des
Kommunistischen Jugendverbandes Deutschlands (KJVD) wurde, trat Mimi erst
22jährig auf Anregung einer Kommilitonin der Berliner Humboldt-Universität
und angesichts der Weltwirtschaftskrise in den Sozialistischen Studentenbund und
im Januar 1932 in die KPD ein.

„Ich bin mehr oder weniger gefühlsmäßig in die KPD gegangen", erinnert sich
Mimi Brichmann, „naja, doch, ich war überzeugt. Die KPD will eine neue Ordnung in der Welt errichten, und da mußt du auch deinen Teil beitragen. Aber ich
hatte keine klaren Vorstellungen." Von Anbeginn ihrer Mitgliedschaft an fühlte
Mimi gegenüber der KPD eine ausgesprochen bindende Verpflichtung. Gemeinsam mit anderen arbeitete sie in einer Parteizelle an einer Zeitung für das umlie-

Abb. 7
*Ortsgruppe der
Freien Sozialistischen Jugend,
Berlin-Neukölln 1919.
Erna Kolbe 1. Reihe, 1. von
rechts, mit weißer Strickjacke.*

gende Wohnviertel. Auch nach der Errichtung der NS-Diktatur setzte die Gruppe ihre Agitationsarbeit fort, zuletzt mit einem Flugblatt gegen den Reichstagsbrandprozeß. In der KPD-Zelle lernte sie auch Fritz Wirgien, ihren späteren Mann kennen: „Wir waren derart der Partei verbunden, daß wir glaubten, jede freie Minute, die wir für uns hatten, der Partei gestohlen zu haben. Ein ganz schlechtes Gewissen hatten wir dann. Wir waren verpflichtet, uns ganz in ihren Dienst zu stellen, alle Aufgaben zu erfüllen. Wir Jungen haben immer die illegalen, die risikoreichen Sachen übernommen, immer freiwillig, damit die Alten das nicht zu übernehmen brauchten."

Die praktische Parteiarbeit, die Aktion dominierte. „Es ging um die rein praktischen Dinge. So hab' ich es in Erinnerung." Vorstellungen über Politik und deren Gestaltung oder über die Beschaffenheit einer kommunistischen Gesellschaft waren nebulös. An Debatten über die Politik der KPD kann sie sich nicht erinnern. Auf die Frage nach ihren politischen Vorstellungen antwortet Mimi Brichmann: „Daß der Kommunismus siegen wird, nicht der Sozialismus, sondern der Kommunismus, daß man dabei ist, ihn in der Sowjetunion zu verwirklichen. Das war für uns das gelobte Land."

Erna Kolbe[27] wuchs in einer sozialdemokratischen Arbeiterfamilie auf. Eine Quelle ihrer politischen Entwicklung war ihre gewandelte Wahrnehmung des Ersten Weltkrieges. Anfangs noch bewunderte die 10jährige die vorbeimarschierenden Soldaten, später war sie entsetzt über den Tod von bekannten Menschen. Gerade deshalb wuchs bei der Jugendlichen Skepsis gegenüber der SPD, der ihr Vater angehörte. „Kämpfer war Vater nicht. Er hatte überhaupt keine richtigen Vorstellungen von allem, von der Welt. Zum Zahlabend ist er gegangen, hat seinen Beitrag gezahlt und mit anderen Bier getrunken und ist wieder nach Hause."

---

27 Vgl. Stark, Frauenbiographien, S. 80 ff., sowie ders., Über Leben im Stalinismus. Biographische Reflexionen zweier „Lager-Frauen", in: BIOS. Zeitschrift für Biographieforschung und Oral History 2 (1991), S. 205 ff.

Schließlich ist Erna mit ihren zwei Geschwistern über Conrad Blenkle[28], einen Jugendfreund aus dem „Kiez", 1919 zur Freien Sozialistischen Jugend (FSJ), dem späteren Kommunistischen Jugendverband, gekommen.[29]

Erna Kolbe resümiert: „Mein bewußtes Leben fing eigentlich erst durch den Jugendverband an." Neben der bewußten Wahrnehmung der zeitgeschichtlichen Umstände dürften bei Erna Kolbe auch die Ablehnung des väterlichen Partei- und Politikverständnisses sowie die Überzeugung von der Notwendigkeit eigenen aktiven Handelns und radikaler gesellschaftlicher Veränderungen ausschlaggebend gewesen sein. Im Kommunistischen Jugendverband fand sie Freundinnen und Freunde, eine gleichgesinnte Gemeinschaft, Bildung und Aufklärung, soziales Engagement, politische Parteinahme und eine kommunistische Weltsicht. 1923, mit 19 Jahren, trat sie der KPD bei. Von 1921 bis 1928 arbeitete Erna als Sekretärin für das ZK des KJVD, in den Jahren 1927/28 als dessen Mitarbeiterin auch in Moskau und anschließend bis 1933 im ZK der KPD. Erna Kolbe war von den Visionen der KPD und deren praktischer Politik überzeugt. Zweifel kamen bei der hauptamtlichen Parteiarbeiterin nicht auf. Den Kontakt zu ihrer Schwester, die zeitweilig der Kommunistischen Partei Opposition (KPO)[30] angehörte, brach sie ab, reaktivierte ihn aber nach dem Machtantritt der Nationalsozialisten. Durch ihre Schwester war es Erna möglich, aktiv am illegalen Widerstandskampf der KPD teilzunehmen, bis sie schließlich im September 1933 emigrieren mußte. In dieser Zeit erkrankte ihr Sohn schwer und starb, für Erna Kolbe ein in mehrfacher Hinsicht traumatisierendes Erlebnis.

Brunhilde Hebel wurde maßgeblich von ihren älteren Geschwistern politisch angeregt. Auch deren politisches Grundkonzept war von den Erfahrungen des Ersten Weltkrieges bestimmt. Sie spürte das bewußte Bekenntnis der älteren Geschwister zu ihrer sozialen Klasse und deren politischen Vertretungen. Offen blieb vorerst die Fraktion. Vor dem Hintergrund der Debatten innerhalb der Familie, dem Aufkommen der Krise sowie der Suche nach politischer Sinngebung und eigener Aktivität trat sie 1928 der KPD bei. „Wir haben die gleichen Auffassungen

---

28 Conrad Blenkle (1901–1943), nach Volksschule und Bäckerlehre in Berlin-Neukölln Arbeit als Bäckergeselle. Ab 1919 Mitglied und Funktionär des KJVD bzw. der KPD. 1928 bis 1930 jüngster Abgeordneter des Reichstages. Ab 1933 illegaler Widerstandskampf gegen die NS-Diktatur in Deutschland und vom Ausland her. 1941 in Kopenhagen verhaftet, am 20. Januar 1943 in Deutschland hingerichtet.

29 Die Freie Sozialistische Jugend (FSJ) ist aus der sozialistischen Arbeiterjugendbewegung hervorgegangen und im Oktober 1918 gegründet worden. Anfang 1919 bekannte sie sich zur Gründung der KPD, nannte sich ab September 1920 Kommunistische Jugend Deutschlands (KJD), ab 1925 Kommunistischer Jugendverband Deutschlands (KJVD).

30 Kommunistische Partei Opposition (KPO, auch KPD-O): im Prozeß der „Bolschewisierung" der KPD Ende 1928 entstandene kommunistische Gruppe von ausgeschlossenen und ausgetretenen ehemaligen Mitgliedern der KPD, die sich der ultralinken Politik der KPD-Führung und dem direkten Einfluß der Komintern entzogen. Zentralorgan „Gegen den Strom". Bekanntester Vertreter Heinrich Brandler (1881–1967). Vgl. Theodor Bergmann, „Gegen den Strom". Die Geschichte der Kommunistischen-Partei-Opposition, Hamburg 1987.

gehabt, wollten was tun, wollten, daß es der Arbeiterschaft besser geht", beschreibt Brunhilde ihre Motive und ihre damaligen Parteifreunde als „wirklich gute Genossen und Idealisten". In der Partei lernte sie auch ihren späteren Ehemann Rudolf Hebel kennen, einen hauptamtlichen Parteifunktionär des Berliner Unterbezirkes Süd-West. In seinem Bücherschrank standen nicht nur die Werke von Lenin und Stalin, sondern neben klassischer Belletristik auch Bücher von Marx und Engels, Luxemburg, Schopenhauer, Kautsky, Nietzsche, Kant u. a. Auch wenn er in das strikte Organisationssystem der KPD eingebunden war, handelte er doch, wie auch Brunhilde, selbständig und offen. Dies zeigte sich u. a. in einem entspannten Verhältnis zu Sozialdemokraten sowie in der freien Diskussion um verschiedene politische Konzepte. Widerspruch gegen die eigene Parteilinie war darin durchaus eingeschlossen.

Die Parteiarbeit innerhalb der KPD erlebte auch Brunhilde primär in Form von Aktionen. Vorrangige Betätigungsfelder waren Zeitungsverkauf, Flugblattherstellung, Geldsammlungen, Agitationseinsätze, Großveranstaltungen, Wahlkämpfe und Demonstrationen. Sie und ihre Genossinnen und Genossen machten die „Kleinarbeit" und nannten sich selbstironisch „Treppenterrier". Aktionismus wurde in den Krisenzeiten Ende der 20er Jahre durchaus als adäquate Reaktion auf die sich zuspitzenden Verhältnisse akzeptiert. Die festgefügten Organisationsformen der KPD machten die meist jungen Parteimitglieder im Laufe der Zeit allerdings zu bloßen Werkzeugen einer von „oben" herausgegebenen Parteilinie und führten zwangsläufig zur Gewöhnung an Disziplin und die hierarchischen Parteistrukturen. „Man war in der Partei", resümiert Brunhilde, „und tat mehr oder weniger, was die Partei befahl. Obwohl wir uns zu Hause auch oft anders unterhalten haben. Ich billigte nicht immer alles, was die Partei sagte."

Einige Interviewpartnerinnen sind durch ihre Lebensgefährten politisch interessiert und angeregt worden. Die geradlinige Haltung ihres Mannes, eines neun Jahre älteren qualifizierten Industriearbeiters und Kommunisten, führte Antonie Satzger in relativ kurzer Zeit zur Übernahme seiner politischen Einstellung: „Was er gesagt hat, dachte ich, das ist schon richtig. Ich hatte ja niemand anderes gehabt. Er war meine einzige Seele, mit dem ich wirklich über alle Probleme reden konnte. Ich möchte sagen, ich hab' eine große Hilfe gehabt. Ein guter Lehrer war mein Mann, der mir alles auseinandergesetzt hat. Ich hab' widerspruchsvolle Fragen gestellt, und er hat sie mir dann auf seine politische Art erklärt. Dann mußt' ich eben sagen, ,ja, du hast recht'. In der Beziehung hab' ich ihn unterstützt. Er hat ja Parteifunktionen gehabt. Und wo ich ihm helfen konnte, hab' ich's gemacht. Ich hab' auch dann die Zeitungen verkauft, die AIZ[31] und auch andere Zeitungen. Ich bin auch ihm zuliebe in den Arbeitersamariterbund eingetreten. Für alle Fälle, daß man, wenn irgendwas passiert, seine eigenen Sanitäter hat. Hab' ich auch mit absolviert. In dieser Beziehung sind wir sehr konform gegangen, da gab's keine Gegensätze. Ich hab' ihn einfach vergöttert."

---

31 Arbeiter-Illustrierte-Zeitung: Wöchentliches Bild-Text-Journal der KPD.

Die Erklärungen ihres Mannes, wie das bestehende soziale Unrecht zu besei-
tigen wäre, schienen Antonie Satzger einleuchtend und versprachen ja auch die
Lösung ihrer eigenen Probleme. Das Paradies auf Erden hieß auch für sie Kommunismus. In der Sowjetunion begann es bereits Wirklichkeit zu werden, so ihre
gemeinsamen Hoffnungen. Ihren ersten Sohn nannten sie nach Stalin Josef. Auf
dem Höhepunkt der Weltwirtschaftskrise, 1932, trat Antonie Satzger 21jährig in
die KPD ein.

Bisherige soziale und politische Erfahrungen, insbesondere der Ausbruch und
die Zuspitzung der Krise Ende der 20er Jahre, nahmen die Frauen zum Anlaß, sich
politisch zu artikulieren. In dieser Zeit traten sechs Frauen der KPD bei: Brunhilde Hebel und Elly B. 1928, Adele Schiffmann 1930, Anna Etterer 1931, Antonie
Satzger und Mimi Brichmann 1932. Erna Kolbe und Klara D. waren bereits während der Nachkriegskrise 1921 bzw. 1923 der KPD beigetreten. Ihr Eintritts-
alter lag zwischen 18 und 25 Jahren. Die jungen Frauen glaubten den Elan einer
kommenden Ära zu spüren, wollten mit Vergangenem brechen und Neues wagen.
Sie waren vor allem mitmenschlich orientiert. Ihre politischen Visionen, die sie
allerdings nur sehr allgemein formulieren konnten, drehten sich um die Verbesserung der sozialen Situation der Arbeitenden, um die Herstellung sozialer Gerechtigkeit. Genau das entsprach ihren biographischen Erfahrungen. Weg und
Ziel hießen für sie „Sowjetdeutschland" oder „Diktatur des Proletariats". Die
klassischen demokratischen Grundrechte hatten für die Befragten kaum Bedeutung. Ihr Sinn blieb den meisten in der kurzen Zeit von Weimar fremd, und sie ran-
gierten verständlicherweise weit hinter den akuten sozialen Nöten. Wenn es auch
an der Basis kollegiale, teils demokratische Umgangsformen und Debatten über
die Umsetzung der Parteibeschlüsse gab, stand doch immer auch die Frage der
Parteidisziplin.

Die innerparteilichen Auseinandersetzungen, die mit der „Stalinisierung"
der KPD bis Ende der 20er Jahre einen ersten Abschluß fanden, sind von den Interviewpartnerinnen nur vereinzelt wahrgenommen worden.[32] Vor dem Hintergrund sozialer Bedrängnisse, politischer Unerfahrenheit und teils intellektueller
Barrieren zogen die Frauen, wie viele andere KPD-Mitglieder, den langwierigen
theoretischen Debatten und Auseinandersetzungen die klaren und einfachen
Lösungen vor. Brunhilde Hebel entsinnt sich einer diesbezüglichen Erklärung
ihres Mannes: „Ach, das sind die Linken. Da mußt du nicht drauf hören." Eine
andere politische Auffassung wurde zum diffamierenden Schlagwort und schnell
zum Etikett einer Fraktion, die anfangs verurteilt und isoliert, später diszipliniert oder ausgeschlossen wurde. Einer breiten politischen Debatte, Toleranz
und Nebeneinander wurde die disziplinarische Abrechnung entgegengestellt.
Auch die Parteibasis sah in einem monolithisch und einheitlich handelnden
Block eher eine Erfolgsgarantie als in einer demokratisch orientierten Massen-

---

32 Zu den wesentlichen Fraktionen in der KPD bis 1933 vgl. Hermann Weber, Die Wandlung des
    deutschen Kommunismus. Die Stalinisierung der KPD in der Weimarer Republik. Bd. 1, Frank-
    furt a. M. 1969, S. 13 ff.

partei. Die sozialen und politischen Zuspitzungen während der Weltwirtschaftskrise und die Auseinandersetzungen mit der SPD und der NSDAP vergrößerten
noch den Bedarf der Parteiführung an „eiserner" Parteidisziplin, aber auch die
Bereitschaft der Basis dazu. Der Glaube an die Unfehlbarkeit der Partei sowie
die Idealisierung der Sowjetunion und deren Führer verschränkte den Blick für
die realen Verhältnisse und bahnte den Weg in die politische Hörigkeit. Damit
wurden Selbstwertgefühl, Kritik- und Konfliktfähigkeit, Toleranz und Zivilcou-
rage bei den Mitgliedern und der Gesamtpartei blockiert. Die Integration verlief
auch deshalb problemlos, da das bisherige Leben besonders in Familie, Schule
und Kirche gleichfalls an Autoritäten und Hierarchien, Disziplin und Gehor-
samkeit gewöhnt hatte. Die Unterordnung unter eine Parteiführung, die die Lösung der sozialen und damit auch der persönlichen Probleme suggerierte, wurde
um so bereitwilliger und bewußter vollzogen.

Einige Frauen, wie Eva B. und Ruth Z., beschrieben sich als politisch interessiert und aufgeschlossen, wurden aber nicht Mitglied kommunistischer Organisationen.

Eva B. ist als Halbwaise in einer musischen Umgebung aufgewachsen, in
der Politik keinerlei Rolle spielte. Allerdings gewann sie als Studentin, später als
Erzieherin, über ihre Bekanntschaft mit reformpädagogischen Bestrebungen
durchaus ein differenziertes Bild von der Weimarer Republik und ihren demokratischen Veränderungen. Dennoch beschrieb sie sich selbst als politische
„Schulanfängerin", ein Terminus, der gern in der KPD benutzt wurde. Ihr politischer Lehrer wurde schließlich ihr Ehemann Karl B., der seit 1930 Mitglied der
KPD war. Eva resümiert: „Ich hab' das von meinem Mann als seine Interessen
mit angenommen und ließ mich davon beeinflussen. Bloß, das ging nicht so, daß
ich sofort sagte, ich bin überzeugt vom Kommunismus und trete in die Partei ein.
Wenn mein Mann ein Wort gesagt hätte – ich lehnte jeden Zwang ab – da hätte
ich gleich rebelliert."

In diesem Zusammenhang verweist Eva B. auf die Existenz einer besonderen
„politischen Disziplin", die von ihrem Ehemann praktiziert und auch von ihr in
Elementen übernommen wurde: „Mein Mann hat zu mir gesagt, ‚jetzt hör doch
auf mit deiner Mitteilsamkeit. Nichts verraten'. Ich habe nichts verraten. Mein
Mann hatte eine bestimmte Absicht. Das war eine politisch vernünftige Disziplin.
Eine Disziplin der Kommunisten, möglichst wenig Aussagen zu machen. Und die
Angehörigen waren absolut verpflichtet, auch wenn sie politisch überhaupt nicht
dachten, möglichst wenig Aussagen über sich zu machen. Er wollte das nicht, und
ich habe das auch strikt eingehalten."

Vier Interviewpartnerinnen beschrieben ihr politisches Desinteresse als junge
Frauen. Eva Schneider erinnert sich: „Die Familie war absolut apolitisch, von
Politik war überhaupt nie die Rede. Die Rede war nur von Sorgen, wie meine
Mutter uns alle satt kriegt." In ihrer Jugend zeigte Eva keine ausdrücklichen poli-
tischen Aktivitäten, wohl aber „vielleicht ein bißchen Sympathie" für linke Grup-
pen. Ihr Leben galt hauptsächlich der Sicherung des materiellen Einkommens und

der Bewältigung eines anstrengenden Arbeitsalltags. Für politische Betätigung ließ der Arbeitsalltag keine Zeit und Kraft. Als Jüdin blieb ihr jedoch der sich mit dem Aufkommen des Nationalsozialismus ausbreitende Antisemitismus nicht verborgen. Eva war mehrfach Zeugin gewalttätiger Ausschreitungen.

Ebenso spielte im Elternhaus von Käte L., Tochter eines kleinen Fabrikanten, Politik keine vordergründige Rolle.

Die katholische Erziehung verlor in Kätes Familie im Verlaufe des wirtschaftlichen Aufschwungs nach dem Krieg mehr und mehr zugunsten geschäftlicher Interessen an Bedeutung. Kennzeichnend dafür waren die Abschaffung des Tischgebets und der Leitspruch über dem Telefonapparat „Zeit ist Geld, das merke Dir, nur geschäftlich komm zu mir!" Das blieb nicht ohne Wirkungen auf Käte. Sie ließ sich ihren kommunistischen Freund nicht von der Mutter verbieten und kehrte aufgrund anhaltender Konflikte auch deshalb dem Elternhaus den Rücken. Seine Politik interessierte sie jedoch genauso wenig: „Mich interessierte nur der Mann, aber nicht seine Politik." Politik betrachtete Käte generell als Männersache.

Vorstellungen über die Sowjetunion

Die Vorstellungen der eher unpolitischen Frauen über die Sowjetunion waren meist verschwommen. „Niemand wußte eigentlich Näheres über Moskau oder die Sowjetunion", entsinnt sich Gertrud Platais. Und Frieda Siebenaicher: „Wußte ich, wo Moskau liegt? Gar nichts wußte ich."

Julie Bevern wollte sich „vom Leben überraschen lassen", sie „wollte raus und vorwärts kommen". Aus der Sicht dieser Frauen spielte die Neugier auf etwas Neues und Unbekanntes, der Reiz von Ferne und Fremde ebenso eine Rolle wie die individuelle Enttäuschung über die bisherigen Lebenserfahrungen in Deutschland. Gertrud Platais: „Und dann spielte auch noch eine Rolle, daß ich dahin fuhr, wo noch keiner von meinen Bekannten je war, oder im Leben daran gedacht hätte hinzukommen." Kurz vor der Abreise gab sie folgende Verlobungsanzeige in der örtlichen Zeitung auf: „Verlobung geben bekannt: Gertrud Ulbricht und Karl Platais, Köthen und Moskau."[33]

Für die kommunistisch orientierten Frauen war die UdSSR das Land, in dem das ersehnte Ziel verwirklicht zu werden schien, das Land ohne Krisen und Arbeitslosigkeit. Die Sowjetunion wurde für die befragten Frauen zum Inbegriff ihrer eigenen Ideale und zum Vorbild eines zukünftigen Deutschlands. Darin bestand Übereinstimmung. Antonie Satzger erinnert sich: „Wir haben gedacht, da wird jetzt der Sozialismus und der Kommunismus aufgebaut, davon waren wir hundertprozentig überzeugt. Und wir sind mit Begeisterung dahin gefahren." „Unser Vorbild war immer die Sowjetunion", so Erna Kolbe, „wir wollten dieselben Zustände erkämpfen." Und Adele Schiffmann meint: „Ja, unsere Sowjet-

---

33 Stark, Frauenbiographien, S. 184 f.

Abb. 8
*Frieda Siebenaicher
und ihr späterer Le-
bensgefährte Eduard
Lepinlausk, Berlin
1928. Wenig später
übersiedelte die
Zwanzigjährige mit
ihm nach Moskau.
Ihre Tochter ließ sie
auf dem Lande bei
den Eltern.*

union. Das war das Vaterland der Werktätigen!" Auf dieses Land richteten sich in erster Linie die Projektionen der kommunistisch orientierten Frauen, wenn an die Zukunft der sozialen Befreiung gedacht wurde. Dabei mischte sich eigenes, auch erklärliches Wunschdenken mit der einseitigen, ausnahmslos anerkennenden und glorifizierenden Berichterstattung in der kommunistische Presse und Publizistik. Die suggestive Wirkung auf die Leserschaft erhöhte sich noch dadurch, daß die Entwicklung in der UdSSR als erfolgreiche Alternative zu Deutschland und dessen aktuellen Krisenerscheinungen präsentiert wurde.[34] Zweifelnde oder kritische Meinungen aus Sympathisantenkreisen der KPD oder aus der Sozialdemokratie sowie unbequeme Pressestimmen und Reiseberichte sind nicht wahrgenommen worden oder man verdrängte und verteufelte sie.[35] Brunhilde Hebel dazu: „Wir haben eigentlich nur Gutes über die Sowjetunion gehört. Es gab sehr schöne Filme, die uns stark beeindruckt haben. Sagen wir, die interessanten Filme. Da war zuerst ‚Patjiomkin' oder ‚Der Weg ins Leben', wo einem klargemacht wurde, daß es dort nicht immer alles gab; zwar wußten wir das auch, aber das war so dargestellt, daß es erträglich war. Nicht diese wirklich schweren Verhältnisse, davon haben wir hier nichts gehört. Da hätte man die andere Presse lesen müssen. Und das haben wir nicht. Einmal deshalb,

34 Beispielhaft dafür die Darstellungen in der Arbeiter-Illustrierte-Zeitung (AIZ), Der Rote Stern und Der Rote Aufbau über den Aufbau in der UdSSR, vor allem 1931 und 1932. Vgl. außerdem Ernst Gläser/F. C. Weiskopf, Der Staat ohne Arbeitslose, Berlin 1931. Hermann Remmele, Die Sowjetunion, Berlin 1932.

35 Max Hodann schreibt im Vorwort zur zweiten Auflage über die Reaktionen auf sein Buch Sowjetunion. Gestern – Heute – Morgen, Berlin 1931: „Von der begeisterten Zustimmung bis zur sozialdemokratischen Feststellung des Mangels jeglichen marxistischen Wissens oder der kommunistischen Erklärung meiner Person zu einem Renegaten der Arbeiterbewegung fehlt keine Spur." Vgl. Bernhard Furler, Augen-Schein. Deutschsprachige Reisereportagen über Sowjetruß-land 1917–1939, Frankfurt a. M. 1987. Wolfgang Metzger, Bibliographie deutschsprachiger Sowjetunion-Reiseberichte, -Reportagen und -Bildbände 1917–1990, Wiesbaden 1991.

weil wir kein Geld hatten. Wir haben gerade die ‚Rote Fahne' halten können, und da stand ja nur Positives, eine andere Zeitung hab' ich ja nicht gelesen. Insofern haben wir alles geglaubt, was die Partei sagte. Wirklich. Da braucht man gar nicht dumm zu sein. Aber wenn man nichts erfährt und nichts davon hört, kann man es doch nicht wissen. Und man glaubt. Vor allen Dingen war man ja gläubig. Anders kann man das gar nicht bezeichnen."[36]

36 Zu den in Deutschland gezeigten und in Arbeiterkreisen stark beachteten „Russenfilmen" gehörten u. a.: „Panzerkreuzer Potjemkin" von Sergej Eisenstein (1925), „Zehn Tage, die die Welt erschütterten", „Sturm über Asien", „Turksib", „Der Weg ins Leben", „Das Alte und das Neue". Vgl. Film. Kleine Enzyklopädie, Leipzig 1966, S. 581. Eine ausgewählte Sammlung von zeitgenössischen Pressestimmen dazu findet sich in: Film und revolutionäre Arbeiterbewegung in Deutschland 1918–1932. Dokumente und Materialien zur Entwicklung der Filmpolitik der revolutionären Arbeiterbewegung und zu den Anfängen einer sozialistischen Filmkunst in Deutschland, hrsg. von Gertraude Kühn/Karl Tümmler/Walter Wimmer, Berlin 1978.

Leben in der UdSSR bis Mitte der 30er Jahre[37]

Zwischen 1928 und 1935 verließen die befragten Frauen Deutschland. Frieda Siebenaicher, Gertrud Platais, Julie Bevern und Ruth Z. versuchten, der familiären Enge zu entfliehen. Sie übersiedelten aus „privaten" Motiven mit sowjetischen Freunden bzw. Lebensgefährten (Julie Beverns Lebensgefährte war Italiener), wollten in der UdSSR eine Familie gründen und ein neues Leben beginnen. Für sie wurde die UdSSR zu einem eher zufälligen Ort, aber auch zur erhofften Alternative zu bisherigen Lebensformen und -umständen. Ähnlich ging es der Kommunistin Mimi Brichmann, die 1934 auf legalem Wege der Einladung ihres Freundes in das sowjetische Exil folgte.

Als Angehörige von Vertragsarbeitern, sogenannter Spezialisten, übersiedelten Anfang der 30er Jahre Eva B., Irmgard Schünemann und Elly B. Die Spezialisten, die vielfach der KPD angehörten oder mit ihr sympathisierten, gingen meist auf Anwerbung der Sowjetischen Handelsvertretung in Deutschland für einen vereinbarten Zeitraum in die UdSSR.[38] Dazu gehörte auch Klara D., der eine Arbeit in einer Moskauer Filiale des Volkskommissariats für Außenhandel angeboten wurde. Die Vertragsarbeiterinnen und -arbeiter versuchten, bereits erfahrener oder drohender Arbeitslosigkeit in Deutschland zu entgehen, vor allem aber am Aufbau „einer anderen Welt" teilzuhaben. Nach dem Ablauf der geschlossenen

---

37 Vgl. Carola Tischler, Flucht in die Verfolgung. Deutsche Emigranten im sowjetischen Exil 1933 bis 1945, Münster 1996. Ulla Plener, Leben mit Hoffnung in Pein. Frauenschicksale unter Stalin, Frankfurt/Oder 1997. Barry McLoughlin/Hans Schafranek/Walter Szevera, Aufbruch, Hoffnung, Endstation. Österreicherinnen und Österreicher in der Sowjetunion 1925–1945, Wien 1997.

38 Vgl. dazu Frida Rubiner, Der deutsche Arbeiter am sozialistischen Aufbau, Moskau 1932. Die Autorin (1879–1952) leitete 1931/32 im Auftrag des ZK der KPdSU die politische Arbeit unter den deutschen Spezialisten in der Sowjetunion. Frühe Berichte deutscher Spezialisten sind: Unser Leben und unsere Arbeit in der Sowjetunion. Eine Sammlung von Aufsätzen deutscher Arbeiter, die in dem Metallwerk von Nadeshdinsk beschäftigt sind, Moskau 1932. F. Pose/E. Matté/E. Wittenberg, Berliner Proleten vom Moskauer Elektrosawod erzählen, Moskau 1932. Hans Klemm/ Max Mielke, Deutsche Proleten bauen in Moskau, Moskau 1932. Max Mielke, geboren 1906, seit 1926 Mitglied des KJVD und seit 1929 der KPD. Er ging 1930 in die UdSSR und arbeitete als Maurer beim Aufbau der Metro. Am 7. September 1937 wurde er vom NKWD verhaftet, am 26. Dezember 1937 zum Tode verurteilt und am gleichen Tag erschossen. Hans Biefang, Ruhrkumpels in Sowjetschächten, Moskau 1932. Achtung! Hier sprechen deutsche Kumpels über die Sowjetunion, Moskau 1933. Außerdem die Tagebuchaufzeichnungen und Briefe von Max Hoelz über die Situation der deutschen Spezialisten in Kusnezk 1931/32 und seine Auseinandersetzungen mit den örtlichen und zentralen Parteibehörden. SAPMO im BArch, Berlin, NL 51/6.

Ein- oder Zweijahresverträge wurde der Aufenthalt nicht selten verlängert. Nach der Errichtung der nationalsozialistischen Diktatur in Deutschland 1933 entschlossen sich viele, vorerst in der UdSSR zu bleiben, und wurden quasi unfreiwillige Exilanten.

Erna Kolbe, Antonie Satzger, Brunhilde Hebel, Adele Schiffmann, Eva Schneider, Käte L. und Anna Etterer flohen zwischen 1933 und 1935 vor unmittelbarer politischer oder rassistischer Verfolgung durch die NS-Diktatur. KPD-Mitglieder hatten dafür die Zustimmung ihrer Parteiorganisation einzuholen, für die das Exil auch als „Frontabschnitt des Kampfes" galt.

Die in der KPD-Anhängerschaft betriebene Idealisierung der Sowjetunion wirkte sich auf den Anpassungsprozeß der Exilantinnen und Exilanten in der Sowjetunion eher kontraproduktiv aus. Frida Rubiner, zuständig für die deutschen Arbeiter, schreibt 1932: „Die meisten gehen nach der Sowjetunion in der Meinung, hier bereits das Land des vollendeten Sozialismus vorzufinden. So kann es vorkommen, daß solche Arbeiter bei der Begegnung mit der ersten Schwierigkeit in der UdSSR zunächst enttäuscht werden, während – so paradox es klingt – der Mann, der die Sowjetunion nur aus der feindlichen Presse kennt, durch das, was er in der Sowjetunion vorfindet, nur angenehm überrascht wird."[39]

An der sowjetischen Grenze in Negoreloje, so wird vielfach berichtet, erfüllten sich noch die Erwartungen der Einreisenden: Sie erinnern sich an Rotarmisten in langen Mänteln mit Budjonnykappen und Sowjetstern, das Gewehr mit aufgepflanztem Bajonett, an das Transparent „Proletarier aller Länder vereinigt Euch!" und an den festlichen Empfang mit Blaskapelle und Bewirtung. „Wir verließen das westliche Ausland und fuhren in die Sowjetunion ein", erinnert sich Mimi Brichmann ihrer Eindrücke im Frühjahr 1934. „Es war für mich ein sehr großer Augenblick. Ich verließ eine Welt und war auf dem Weg in eine neue Welt, die ich nicht kannte, von der ich aber glaubte, sie sei die bessere."

Die nächsten Eindrücke bei der Ankunft in Moskau oder in anderen Städten der UdSSR dagegen waren oft verwirrend und ernüchternd. Brunhilde Hebel wurde von ihrem Ehemann in Leningrad mit den Worten begrüßt: „Also, du kommst in ein Land der Möglichkeiten und Unmöglichkeiten. Darüber mußt du dir klar sein." Ihre innere Reaktion: „Als Idealist sagst du dir, das schaffst du schon, das überwindest du. Man hat ja keine Vorstellung davon, wie schlimm das in Wirklichkeit ist." Das Wichtigste aber, und das verband sie mit den meisten anderen jungen Frauen: „Wir sind mit der Vorstellung in die Sowjetunion gefahren, daß wir helfen wollen." Und Mimi Brichmann sagt: „Ich wußte nicht, was mich dort erwartet, wie das Land beschaffen ist. Was für mich feststand, war, daß man dort Menschen braucht, die arbeitswillig sind. Und ich wollte ja arbeiten. In Deutschland hatte ich wie mein Mann keine Arbeit bekommen. Ich wollte arbeiten, wenn ich auch absolut keine praktische Vorstellung hatte, was ich dort hätte tun können. Aber das war mir vorerst egal."

---

39 Rubiner, Arbeiter, S. 3.

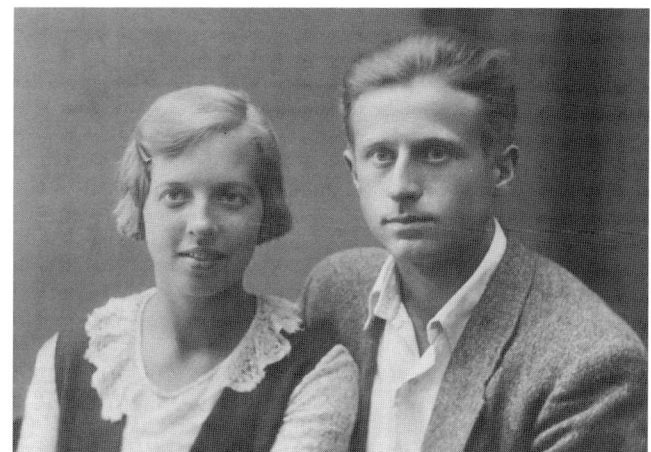

Abb. 9
*Mimi Brichmann
mit ihrem Lebensge-
fährten Fritz Wirgien,
1934 in Engels.
Fritz Wirgien wird
Anfang 1936 verhaftet
und 1937 erschossen.*

Alltag im sowjetischen Exil

Bis Mitte der 30er Jahre lebten mehrere Tausend Deutsche, zum Teil mit ihren Kindern, in verschiedenen Regionen der UdSSR, insbesondere den industriellen Aufbauzentren und Städten. Die Angabe exakter Zahlen bleibt nach wie vor schwierig. Max Hoelz, Anfang der 30er Jahre als Instrukteur der Kommunistischen Internationale (KI) unter den Spezialisten tätig, schätzte, daß 1933 allein in Moskau annähernd 5000 Deutsche gearbeitet haben.[40] Die KPD-Führung bezifferte die Anzahl der deutschen politischen Flüchtlinge, die 1936 in der UdSSR lebten, auf 4600.[41] Die Schätzungen über die Spezialistinnen und Spezialisten und ihre Angehörigen sind unsicher, zumal diese Gruppe auch nach 1933 immer wieder durch freiwillige Rückreisen oder durch Ausweisungen dezimiert wurde. Mit großer Wahrscheinlichkeit umfaßte auch sie mehrere Tausend.[42] Für Mitte der 30er Jahre können möglicherweise noch 8000 deutsche Frauen und Männer in der Sowjetunion vermutet werden.

Eigentlich konnten die Frauen davon ausgehen, daß ihre bisherigen biographischen Erfahrungen ihr Einleben in der UdSSR begünstigten. Doch blieben auch für sie die sozialen bzw. kulturellen Veränderungen und Anpassungszwänge des

---

40 SAPMO im BArch, Berlin, NL 51/6 (Tagebucheintragung vom 8. Juni 1933).

41 Vgl. Georg Lukács/Johannes R. Becher/Friedrich Wolf, Die Säuberung. Moskau 1936. Stenogramm einer geschlossenen Parteiversammlung, hrsg. von Reinhard Müller, Reinbek 1991, S. 18.

42 Nach der Darstellung in Exil in der UdSSR, hrsg. von Simone Barck/Klaus Jarmatz, Leipzig 1989, 2. völlig neu bearb. und erw. Aufl., sollen sich 1932 beispielsweise 20 000 ausländische Spezialisten in der UdSSR aufgehalten haben (S. 27). Die Zahl der Deutschen, die seit Mitte der 30er Jahre die UdSSR verlassen haben bzw. dies mußten, betrug annähernd 5000. Vgl. BArch, Abteilung Potsdam, ZB 22 90, A. 1.

Exils nicht ohne Wirkung.[43] Dazu zählte insbesondere der Verlust von Heimat, so
wie ihn Eva Schneider beschreibt: „Die Umgebung, die man hatte, wo man geboren ist, die Familie, die Freunde, die Sprache, die Mentalität". Dieses anhaltende
Defizit war in jedem Fall mehr oder weniger bedrückend. Frieda Siebenaicher
berichtet: „Ich hab' die ersten Monate nur geheult. Das einzig Gute war, daß ich
einen Hund hatte. Mit ihm habe ich geredet, als ob es mein Kind wäre. Der hat mir
über alles hinweg geholfen. Für mich war es so, als ob ich mit einem Menschen
reden würde, als ob er mich verstünde. Der Hund hat mich angeguckt und mitge-
heult, wenn ich geheult habe."

Im allgemeinen ist der Sowjetalltag bis Mitte der 30er Jahre von den Interviewpartnerinnen zwar als schwierig und widersprüchlich, jedoch als durchaus erträglich geschildert worden. Alle gingen von einer mehr oder weniger erfolgreichen Entwicklung der Verhältnisse aus und projizierten immense Hoffnungen
in die Zukunft. Der Erfahrungszeitraum zwischen der Einreise und der eigenen
Verhaftung betrug ja oft nur wenige Jahre (bei Adele Schiffmann nur zwei, im
Durchschnitt sechs Jahre). Anfangs wurden besonders die politischen Flüchtlinge
als Helden und Märtyrer des antifaschistischen Kampfes propagandistisch wir-
kungsvoll begrüßt und herzlich aufgenommen. Doch schon bald verbreiteten
auch KPD-Funktionäre Mißtrauen unter den Exilanten. Bereits in einem streng
vertraulichen Schreiben vom 30. März 1933 stellte der „Bevollmächtigte der deutschen Partei für die Polit-Emigranten" Rogalla gegenüber der Komintern, der Kaderabteilung und der KPD-Vertretung in Moskau unmißverständlich seine Auffassung dar: „Es ist [...] dringend erforderlich, dieser neuen Art der Ankunft von
Flüchtlingen sofort eine organisatorische Richtung zu geben, um nach Möglichkeit politischen Schädigungen vorzubeugen oder zu liquidieren. Man muß gewiß
sein, daß mindestens 90% dieser Flüchtlinge keine direkten Politemigranten sind,
sondern aus anderen Gründen (als Spezialisten, Deserteur, Abenteurer, Spitzel,
Provokateure) in die Sowjet-Union kommen."[44]

Die meisten Frauen lebten ständig bzw. überwiegend in Moskau, das nicht nur
Machtzentrum der UdSSR und Sammelpunkt vieler Emigranten war, sondern neben den großen industriellen Aufbauzentren des Landes vor allem auch Spiegel-
bild der Erfolge sein sollte.[45]

---

43 Vgl. die zeitgenössische Untersuchung über das jüdische Exil in Frankreich, die aber durchaus
    allgemeine Züge trägt: Erich von Stern, Die Emigration als psychisches Problem, Paris 1937.

44 SAPMO im BArch, Bestand Berlin, I 2/3/346. Hervorhebungen im Original. Rogalla wurde 1937
    selbst verhaftet und ist verschollen.

45 Vgl. exemplarisch für den Zeitgeist der 30er Jahre in der UdSSR und dessen Darstellung Julius
    Fucik, Im geliebten Land. Reportagen aus der UdSSR, Berlin 1957. Darin u. a. über die Moderni-
    sierung Moskaus und den Bau der Metro. Außerdem Alfred Kurella, Ich lebe in Moskau, Berlin
    1947. Dagegen steht beispielsweise der autobiographische Roman von A. Rudolf, Abschied von
    Sowjetrußland. Tatsachenroman, Zürich 1936. Für die literarisch-dokumentarische Darstellung
    der Zeit von 1934/36 Anatolij Rybakow, Jahre des Terrors, München 1992. Vgl. auch Ervin
    Sinkó, Roman eines Romans. Moskauer Tagebuch, Köln 1962. Der Autor beschreibt und analy-
    siert seine Moskauer Eindrücke 1935–1937.

Für die Exilantinnen und Exilanten lösten sich jedoch auch in Moskau die Probleme nicht von allein, sondern es mußten Ansprüche auf Wohnraum, Arbeit, Aufenthaltsgenehmigung, Lebensmittelkarten, Parteimitgliedschaft u. ä. gegenüber der Internationalen Roten Hilfe (MOPR) bzw. sowjetischen Behörden geltend gemacht werden. Zusätzliche Probleme und Konflikte ergaben sich aus den offensichtlichen kulturellen Unterschieden, die in der allgemeinen Arbeits- und Lebensweise bestanden. Für die oft besser als die sowjetische Bevölkerung versorgten deutschen Emigranten waren die ungenügenden Wohnbedingungen, die mangelhafte Versorgung und Unsauberkeit die kritikwürdigsten Realitäten. Dadurch kam es nicht selten zu Auseinandersetzungen zwischen den Flüchtlingen selbst oder zwischen ihnen und deutschen Parteistellen bzw. sowjetischen Behörden. Die mangelnde Kenntnis der Landessprache war eine zudem einschränkende Hemmnis. Der Ausschluß aus der Alltagskommunikation, der Verlust an Informationen und Nachrichten, der beeinträchtigte Genuß kultureller Angebote förderte im Laufe der Zeit die Isolierung der deutschen Emigrantinnen und Emigranten.

Die kommunistisch orientierten Frauen konnten diese Spannungen zumindest oberflächlich ausgleichen, denn sie fühlten sich vorerst im „Vaterland der Werktätigen" sicher und gut aufgehoben, sahen in jedem Russen, wie Erna Kolbe sagte, einen „Kommunisten und Revolutionär" und nahmen ideell und praktisch regen Anteil an der gesellschaftlichen Entwicklung. Sie standen eigenen Veränderungen und Anpassungen durchaus offen gegenüber, verbanden sie doch den „Aufbau des Sozialismus" auch mit der Notwendigkeit der „Schaffung des neuen Menschen".[46]

„Wir mußten umlernen", schreibt die Exilantin Franziska Rubens in ihren Erinnerungen, „mußten lernen, uns darauf einzustellen, daß wir nicht nur für kurze Zeit im Sowjetland verweilende Gäste waren, sondern daß wir als Sowjetbürger

---

46 In zeitgenössischen Schriften von bzw. über deutsche Arbeiter in der UdSSR Anfang der 30er Jahre wurde die „Schaffung des neuen Menschen" u. a. als „Prozeß der sozialistischen Umgestaltung des Menschen", als „Umschmelzungsprozeß", als „Umstellung" und „Anpassung an die neuen Verhältnisse" benannt, in: Deutsche Kumpels, S. 3, 47; Berliner Proleten, S. 27. Julius Fucik 1934: „[...] der Mensch – das ist nicht nur der Stoßarbeiter beim Moskauer Metrostroj, das ist auch der Trunkenbold, [...] der Mensch – das ist auch der Dieb, [...] das ist auch der Betrüger, [...] auch der Analphabet, der mit dem Worte ‚nitschewo' abwinkt, wenn eine Maschine in Brüche gegangen ist, das ist auch der Neidhammel, der Gerüchtemacher und Lügner – aber all das sind nicht verschiedene Menschen, sondern nur *ein* Mensch, eine Persönlichkeit, ein unendlich komplizierter Stoff aus positiven und negativen Elementen, die entweder vorherrschen oder unterliegen. Die starke Glut des sozialistischen Aufbaus reinigt diesen Stoff, der elektrische Strom des Sozialismus fügt seine Moleküle in die magnetischen Reihen des neuen Menschen – aber das ist keine leichte Arbeit. Den Menschen in eine sozialistische Persönlichkeit umwandeln, daß heißt seine guten und schlechten Eigenschaften tonnenweise auf einer Apothekerwaage abwiegen. Was für genaue Instrumente hat das Sowjetland, welche Kraft und Festigkeit hat das Land der Bolschewiki, wenn schon heute an den Menschen und *überall zu sehen ist*, daß so eine Arbeit vollbracht wurde." Julius Fucik, Nach vier bis fünf Jahren (1934), in: ders., Reportagen, S. 33. Camus bemerkt: „Das Reich (gemeint ist die Sowjetunion) setzt eine Verneinung und eine Gewißheit voraus: die Gewißheit der unendlichen Formbarkeit des Menschen und die Verneinung der menschlichen Natur." Albert Camus, Der Mensch in der Revolte, Reinbek 1991 (zuerst 1953).

zu leben und zu arbeiten hatten – das war unser Recht, das uns die sowjetischen Genossen gewährten – das war aber vor allem unsere Pflicht."[47]

Die politischen Strukturen des Sowjetsystems wurden von den meisten Exilanten und Spezialisten als gegeben und endgültig hingenommen. Die ins Auge fallenden gesellschaftlichen Probleme wurden oft genug verdrängt, ihre Existenz der Vergangenheit oder der „Schädlingsarbeit" kapitalistischer „Agenten" und „Saboteure" angelastet. Die Erfüllung der Hoffnungen vertagte man auf die Zukunft. Selbstbestimmte Gedanken und Überlegungen, gar politische Korrekturen oder Wendungen waren nur wenigen starken Persönlichkeiten möglich. Schon ein gewöhnlicher Ortswechsel innerhalb der UdSSR war nur mit Genehmigung von Partei- und Sowjetbehörden möglich. Eine Alternative gab es faktisch nicht. Der Nationalsozialismus schloß eine Rückkehr nach Deutschland aus. Dorthin ging man nur als illegaler Widerstandskämpfer oder als Verräter. Diejenigen, die – aus welchen Gründen auch immer – die Sowjetunion verließen, wurden offiziell als „Deserteure" und „Fahnenflüchtige", auch als „offene Feinde der Diktatur des Proletariats", als „Faschisten und Sozialfaschisten" diffamiert.[48] Insofern befanden sich die Exilantinnen und Exilanten in der UdSSR in einer quasi alternativ- und ausweglosen Lage und waren vollkommen von der „Partei" bzw. den sowjetischen Instanzen und ihrem Wohlwollen abhängig.

Die Frauen, die Deutschland aus politischen Gründen verlassen mußten, erhielten meist, jedoch nicht immer, den Status „Politemigrant". Adele Schiffmann und ihrem Mann, beide Juden und Kommunisten, verweigerte man in einem Schreiben von Anfang 1936 diesen wichtigen Status und die damit verbundene wirtschaftliche Unterstützung, „weil nicht genügender Grund zur Emigration vorlag".[49]

Für die Betreuung der Exilantinnen und Exilanten war die sowjetische Sektion der Internationalen Roten Hilfe verantwortlich.[50] Dazu gehörte im allgemeinen die Zuweisung von Arbeitsstelle, Wohnung und Verpflegung. Die jeweiligen Arbeitsstellen wurden nach „kaderpolitischen" Gesichtspunkten der KI bzw. KPD und in Abstimmung mit den sowjetischen Behörden angewiesen. Bevorzugte Einsatzgebiete für „Kader" waren alle Arten von Parteidienststellen wie der Apparat der Komintern, deren deutsche Sektion, die Deutsche Zentral-Zeitung (DZZ), die Verlagsgenossenschaft ausländischer Arbeiter in der UdSSR sowie „Kaderschulen" (z. B. Leninschule, Kommunistische Universität der Na-

47 SAPMO im BArch, Bestand Berlin, EA 0787.
48 Vgl. dazu Unser Leben, S. 10 ff., Deutsche Proleten, S. 18 ff., Deutsche Kumpels, S. 24 f., Berliner Proleten, S. 19 ff. Biefang, Ruhrkumpels, S. 15.
49 Russisches Zentrum für die Aufbewahrung und das Studium von Dokumenten der neuen Geschichte (RCCHIDNI) 495/205/14 131 und 495/205/14 130.
50 Carola Tischler, Vom Helfer zum Verräter? Reaktionen der Internationalen Roten Hilfe auf die Massenverhaftungen deutscher Emigranten in der Sowjetunion 1936 bis 1938, in: Kommunisten verfolgen Kommunisten. Stalinistischer Terror und „Säuberungen" in den kommunistischen Parteien Europas seit den dreißiger Jahren, hrsg. von Hermann Weber/Dietrich Staritz, Berlin 1993, S. 293 ff.

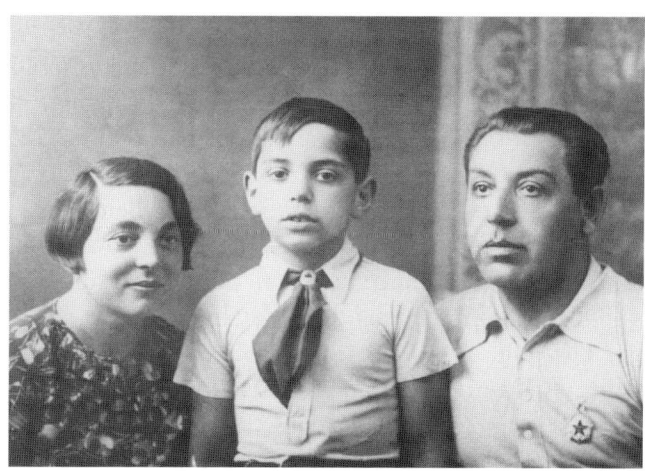

Abb. 10
*Adele und Julius
Schiffmann mit ihrem
Sohn Gerhard, Ende
1935 in Moskau.*

tionalen Minderheiten des Westens, KUNMS). Diese Exilantinnen und Exilanten gehörten zweifellos zum besonderen Kaderreservoire der KPD. Ihnen sollten in der Zukunft besondere Aufgaben zufallen, sei es im illegalen antifaschistischen Kampf in Deutschland oder in potentiellen Exilländern. Ein anderer Teil wurde in verschiedensten staatlichen Institutionen, etwa Ministerien und Wirtschaftsverwaltungen sowie nachgeordneten Parteiinstituten, beschäftigt. Überwiegend wohnte diese Gruppe in zentralisierten Unterkünften wie den bekannten Hotels „Lux" oder „Metropol", im Emigrantenwohnheim „Weltoktober" oder in Internaten der jeweiligen Parteischule.

Zunehmend drängten die Behörden auf die Übernahme der sowjetischen Staatsbürgerschaft. Zwischen 1933 und 1937 nahmen 15 der 17 Frauen die sowjetische Staatsbürgerschaft an, überwiegend freiwillig, nicht selten von Ehrgefühl begleitet. Den mentalen Kontext bildete nicht nur die mehr oder weniger ausgeprägte Akzeptanz der sowjetischen Entwicklung, sondern ebenso die Festigung des Nationalsozialismus in Deutschland. Elly B. bringt den damaligen Entschluß auf die einfache Formel: „Wir sagten uns vom faschistischen Deutschland los und nahmen die sowjetische Staatsbürgerschaft an." Auch Mimi Brichmann initiierte selbständig die Übernahme der sowjetischen Staatsbürgerschaft. Im April 1934 kam sie in die UdSSR, im Juni 1934 war sie Sowjetbürgerin. „Ich war mächtig stolz darauf", entsinnt sie sich, „akzeptierte alles, was im Lande vor sich ging." An anderer Stelle betont sie: „Wir wollten uns ja dort einleben und nicht als Fremdkörper betrachtet werden. Wir wollten so sein wie die dort Lebenden." Ab Mitte der 30er Jahre verlangte die sowjetische Administration ultimativ die Übernahme der sowjetischen Staatsbürgerschaft. „1935 wurde plötzlich die Frage gestellt", entsinnt sich Eva B., „entweder Rückkehr in das faschistische Deutschland oder Annahme der russischen Staatsbürgerschaft. Das wäre für meinen Mann als Mitglied der KPD unmöglich gewesen. Und so entschlossen wir uns, die Staatsbürgerschaft anzunehmen." Unter Zwang hatte auch Frieda Siebenaicher auf ihre deutsche Staatsbürgerschaft verzichten müssen. Brunhilde Hebel erinnert sich an eine

Kampagne, die unter den „Reichsdeutschen" in der UdSSR mit dem Ziel betrieben wurde, die Staatsangehörigkeit der UdSSR zu übernehmen. Sie war die einzige Interviewpartnerin, die sich dem Wechsel erfolgreich entzog: „Ganz einfach, weil ich gesehen habe, was los war. Das haben wir doch gleich gesehen. Obwohl wir uns vieles nicht erklären konnten, sind wir trotzdem doch nicht gleich Gegner geworden. So ist das nicht zu verstehen, aber die Zweifel waren da. Nie und nimmer hätte ich die sowjetische Staatsbürgerschaft angenommen. Dann wäre ich ja auch nicht wieder rausgekommen."

Obgleich der Wechsel der Staatsbürgerschaft von den sowjetischen Behörden in die Wege geleitet wurde, entsprach dies auch den Interessen der Moskauer KPD-Führung. Damit entledigte sie sich eines Großteils ihrer Verantwortung, die sie zumindest für die Mitglieder der KPD zu tragen gehabt hätte. Lediglich diejenigen deutschen Parteimitglieder, die für die illegale Arbeit in und außerhalb Deutschlands vorgesehen waren, wie beispielsweise Erna Kolbe bzw. „leitende Genossen" der KPD, behielten die deutsche Staatsbürgerschaft bei.

Die Übernahme der sowjetischen Staatsbürgerschaft hatte weitreichende Folgen, insbesondere die allgemeine Unterstellung der betreffenden Personen nicht nur unter das politische, sondern vor allem unter das juristische Regime der UdSSR. Gleichzeitig ging die deutsche Staatsangehörigkeit verloren. Bei Ablehnung der ultimativen Forderung verfügten die sowjetischen Behörden insbesondere ab 1936/37 die Ausweisung binnen Tagen.[51] Nicht nur, daß dies oft einen erheblichen materiellen Schaden für die Ausgewiesenen bedeutete. Auch die Bedrohungen, denen die „Rückkehrer" mit großer Sicherheit im nationalsozialistischen Deutschland ausgesetzt sein würden, kümmerten die verantwortlichen Stellen in der UdSSR nicht.[52]

Die meisten deutschen Exilanten waren in ihren traditionellen Arbeiterberufen in einen sowjetischen Betrieb abkommandiert worden. Sie bekamen mit ihren Familien meist ein Zimmer in einer „kommunalen Wohnung", einer Gemeinschaftswohnung. In besonderen Geschäften, den INSNAB,[53] konnten die Flüchtlinge sich mit den notwendigsten Lebensmitteln und Kleidung versorgen. Unterkunft und Versorgung waren fortwährende Probleme. Noch schlechter erging es denjenigen, die privat einreisten und keiner offiziellen Unterstützung gewiß sein konnten.

Eva Schneider hatte auf Einladung von Freunden ihre Ausreise aus Deutschland völlig alleine durchgeführt. Sie war über das Baltikum in die UdSSR eingereist, galt als „Privatperson" und war von jeglicher offizieller Unterstützung ausgeschlossen. Über ihre frühen Eindrücke spricht sie ungern. „Die Erinnerungen sind so schrecklich, daß ich darüber gar nicht reden mag." Doch sie weiß es auch

---

51 Vgl. BArch, Abteilung Potsdam, ZB 22 90, A. 1.

52 Hans Schafranek, Zwischen NKWD und Gestapo. Die Auslieferung deutscher und österreichischer Antifaschisten aus der Sowjetunion an Nazideutschland 1937–1941, Frankfurt a. M. 1990, S. 25 ff.

53 INSNAB (Inostranoje Snabschenije) gleich „Versorgung für Ausländer".

zu schätzen, daß die Sowjetunion sie als Jüdin überhaupt aufgenommen hat. Nach der polizeilichen Anmeldung und Registrierung stellte die Suche nach einer Unterkunft das größte und dauerhafteste Problem dar. Die ersten Nächte verbrachte Eva im Freien, auf Parkbänken und auf der Straße. Dann folgte ein Zimmer, in dem sie sich eine Ecke als Schlafstelle mieten konnte. Schließlich verbesserten sich ihre materiellen Bedingungen erheblich durch die Bekanntschaft mit einem jugoslawischen Exilanten, der bei der Komintern angestellt war: „Wir haben ein Zimmer in einer Gemeinschaftswohnung gehabt, und die zweieinhalb Jahre, die ich bis zur Verhaftung dort verlebt habe, waren sehr schön, trotz Hunger, trotz Kartensystem. Und wenn's so weitergegangen wäre, wär' ich überhaupt nicht traurig gewesen. Die Wohnungsnot war immer sehr groß in der Sowjetunion. In Deutschland kennt man keine Gemeinschaftswohnungen. Dort hat man nur in Gemeinschaftswohnungen gewohnt. Das war natürlich für uns Europäer sehr schwer. Wir waren fünf oder sechs Parteien, sechs Zimmer und sechs verschiedene Familien. Es gab nur eine kleine Küche. Man mußte es immer einteilen, bis man einen Kochplatz bekam. Ich bin mit allen sehr gut ausgekommen. Russisch sprechen konnte ich überhaupt nicht, auch mit den Nachbarn nicht. Aber sie waren sehr lieb und sehr nett. Ich hab' mich nur mit Engländern, Franzosen oder Deutschen unterhalten. Allerdings fiel es mir sehr schwer, in einer Wohnung zu leben, wo so viele Personen wohnten."

Derartige Erfahrungen in Gemeinschaftswohnungen gehörten zur Erlebniswelt vieler Emigranten. Gewiß waren sie, was den Wohnkomfort betrifft, keineswegs verwöhnt, aber eben auch nicht mehr anspruchslos. Die Preisgabe von Individualität und Privatheit, die „Kollektivierung" des Wohnalltags, die Konflikte über Fragen der Lebensweise, der Hygiene u. ä. – all dies ließ sich kaum vermeiden und wirkte auf Dauer lästig.[54] Kaum zu übersehen waren auch die bestehenden sozialen Mißstände.

Käte L. und ihr Mann erhielten Arbeit in einer Nadelfabrik in Kunzewo bei Moskau. Ohne die Verklärung und Vernebelung einer idealisierten Weltsicht nahm die parteilose Käte den sowjetischen Alltag realistisch wahr und konstatierte: „Die Russen waren ärmer als wir. Die haben uns beneidet. Es war schlechter als in Deutschland."

Eva B., deren Mann als Ingenieur und Konstrukteur im Moskauer Automobilwerk „Stalin" arbeitete und gut verdiente, berichtet über die privilegierte Versorgung der ausländischen Arbeitskräfte: „Für jede Familie und für jede Person war ein so ausreichendes Kontingent eingeplant, daß wir das nie ausnutzen konnten. Man durfte aber den Laden nur mit einem besonderen Ausweis betreten. Unter der Hand gaben wir einigen befreundeten Mitarbeitern meines Mannes, jüdischen Russen, manchmal den Ausweis, daß sie sich dort was holen konnten, weil wir das gar nicht ausnutzen konnten. Das war allerdings untersagt."

---

54 Eine anschauliche Beschreibung des Lebens in einer „Kommunalwohnung", allerdings für das Ende der 40er Jahre, gibt Boris Jampolski, Kommunalka. Ein Moskauer Roman, Leipzig 1991.

Abb. 11
Käte L. mit ihrem
Ehemann Peter Ziert
am Fenster ihres
Zimmers in einem
Moskauer Vorort.
Peter Ziert verhaftete
das NKWD im August
1937. Sein weiteres
Schicksal ist unbe-
kannt.

Ähnliche Erfahrungen machte auch Antonie Satzger: „Es war furchtbar. Das, was wir dort auf unsere Karte zu bekommen hatten, konnten wir uns finanziell gar nicht leisten. Einige Wohnblöcke weiter lebte eine russische Frau, die hatte vier Kinder und lebte sehr armselig. Die Kinder sahen schlecht aus, auch die Frau. Sie kam mal zu mir und fragte, ob sie nicht bei mir putzen könnte. Da habe ich gesagt: ‚Wissen Sie was, ich kann nicht alle Lebensmittel gebrauchen, wenn Sie wollen, bring ich Ihnen etwas mit für den Preis, den wir dort bezahlen.‘ Und da hat sie zu mir gesagt: ‚Ich kann das ja nicht bezahlen für diesen Preis.‘ Sie hat 110 Rubel im Monat gehabt. Sie war die Putzfrau für die ganzen Häuser dort.“

Die meisten Spezialisten sahen in der INSNAB-Versorgung ein Zugeständnis an ihre Arbeitsleistungen und die Trennung von der Heimat. Unverständnis über die Verschwendung angesichts allgemeiner Not oder Skrupel gegenüber der minderbemittelten Sowjetbevölkerung über diese Art der Versorgung wurden meist verdrängt. Vor dem Hintergrund des mannigfachen Systems von Sonderzuteilungen und Privilegien in der UdSSR, in das auch die Moskauer Funktionäre der KPD eingebunden waren, betrachteten viele deutsche Arbeiter ihre Sonderversorgung als völlig legitim. Allerdings war eine erträgliche Existenz einer (deutschen) Familie, die möglicherweise vollständig im Arbeits- oder Ausbildungsprozeß stand, unter Umständen kleine Kinder zu ernähren hatte, mittels der landesüblichen Versorgung schwerlich zu gewährleisten. Dies bezog sich auf die Qualität und Quantität der Lebensmittel, die kaum den Gewohnheiten entsprachen, sowie die zeitaufwendige Beschaffung der notwendigen Versorgungsgüter.

Mimi Brichmann lebte 1934 bis 1936 mit ihrem Mann Fritz Wirgien in Engels. Die wenigen, aber stattlichen Steinhäuser in der Hauptstadt der Deutschen Wolgarepublik beherbergten die Partei- und Regierungsinstitutionen. Überwiegend fanden sich kleine Blockhäuser, mit je zwei Fenstern zur Straßenfront. Die jungen Leute hatten ein Zimmer in einem dieser Häuser gemietet. Mimi Brichmann richtete das Zimmer, so gut es ging, mit viel Liebe und Improvisationsgeist wohnlich ein. „Man mußte sich einstellen“, sagt sie heute über diese Zeit. Beide waren

Abb. 12
Wohnblock, in dem die vier-
köpfige Familie Satzger ein
Zimmer hatte (mit Kreuz ge-
kennzeichnet), Moskau, Mitte
der 30er Jahre. Im Vordergrund
ihr Mann Magnus, der nach
Verhaftung 1938 und Frei-
lassung 1939 kurz nach Kriegs-
beginn 1941 erneut interniert
wurde und im GULag starb.

Abb. 13
Küche der Dreizimmerwohnung der Familie Schünemann in Tscheljabinsk, um
1935. Irmgard Schünemann Dritte von links. Ihr Vater (rechts) und ihr Ehemann,
Konstantin Raitsch, werden Anfang 1938 verhaftet und später erschossen.

berufstätig, sie als Redakteurin, ihr Mann als Schweißer. Da die jungen Leute sich ganz bewußt assimilieren wollten, verzichteten sie auf die INSNAB-Versorgung und hatten sich wie die Russen bzw. Wolgadeutschen über Lebensmittelkarten zu versorgen. Das reichte jedoch nicht aus, um die reduzierten Ansprüche abzudecken, so daß sie sich zusätzlich über den „Basar", einen mehr oder weniger freien Markt, versorgen mußten. Dort kaufte Mimi Brichmann, meist zu überhöhten Preisen, was es auf Karten nicht gab: „In der Hauptsache Kraut, ein paar Kartoffeln, Fisch, Butter, auch Fleisch, wenn wir uns das leisten konnten." Sie resümiert: „Wir hatten unser Auskommen, aber es war ziemlich dürftig." Auf das Paar in den 20er Lebensjahren wirkte das aber keineswegs deprimierend, sondern wurde als zeitweiliger Zustand begriffen, der sich in absehbarer Zeit auch mit ihrer Hilfe verbessern sollte. „Wir sahen das alles in der Entwicklung begriffen und waren überzeugt, man wird dann zu einem guten Leben kommen, wenn man besser arbeitet. Das war unsere feste Überzeugung."

Deprimierende Einblicke in die wirtschaftliche Situation in Gebieten der UdSSR außerhalb Moskaus und den industriellen Aufbauzentren machte Brunhilde Hebel. Ende 1933 lebte sie mit Mann und Tochter in Odessa. Über ihre Eindrücke aus der Stadt erzählt sie: „Dort habe ich Menschen gesehen, die vor Hunger aufgeschwollen und sehr dick waren. Ich sehe den einen Mann noch heute vor mir sitzen. Eine andere Frau war wie ein Skelett. Sie hat ein weißes Laken umgehabt. Wie ein Gespenst saß sie da. Und Bettler überall, auch Popen saßen da und bettelten. In den Geschäften gab es nichts zu kaufen. Es war wirklich eine große Armut. Und wir wohnten in der Karl-Marx-Straße." Trotz INSNAB-Versorgung konstatierte Brunhilde für ihre Familie: „Wir lebten mehr als primitiv dort. Die Umstellung war wirklich nicht einfach."

Im Jahr 1935 kam es zur Aufhebung der Lebensmittelrationierung, in deren Folge sich besonders in der Hauptstadt Moskau eine spürbarer Besserung der allgemeinen Versorgung abzeichnete. Engpässe und Versorgungsnöte in anderen Regionen blieben bestehen oder verschärften sich noch. Zudem wurde das Kartensystem durch beträchtliche Preissteigerungen abgelöst und regulierte entsprechend den Verbrauch. Dennoch wurde diese Maßnahme propagandistisch von den meisten Emigrantinnen und Emigranten, besonders aber von Parteifunktionären, dem erfolgreichen Aufbau des Sozialismus in der UdSSR zugeschrieben. Auf der Unionsberatung der Stachanowleute am 17. November 1935 verkündete Stalin den bekannten Ausspruch: „Es lebt sich jetzt besser, Genossen. Es lebt sich jetzt froher."[55]

Den desillusionierenden Wahrnehmungen der Straße – Bettler, verwahrloste Kinder und Jugendliche, die sogenannten Besprisornis, verdeckte Prostitution, Menschen in abgerissener Kleidung, überfüllte Verkehrsmittel, ungepflasterte Straßen, die ungewohnte Dominanz der Holzhäuser, allgemeine Unordnung, Verwahrlosung – stellte man tatsächliche und künftige Aufbauleistungen gegenüber

---

55 J. Stalin, Rede auf der ersten Unionsberatung der Stachanowleute, 17. November 1935, in: Stalin,
    Fragen des Leninismus, Berlin 1954, S. 679. Eine andere, wohl bekanntere (umgangssprachliche)
    Übersetzung lautet: „Genossen, das Leben ist besser, das Leben ist fröhlicher geworden."

und verdrängte sie als Übergangserscheinungen. Dabei bildete stets der Zarismus und seine Hinterlassenschaft, weniger das kulturelle Niveau Westeuropas den Bezugspunkt der Bewertung. „Ein neues System kann nicht ohne Fehler sein, es wird immer Fehler machen, und aus den Fehlern lernt man", erklärt Elly B. Mit der „Schwere des Aufbaus" hat Irmgard Schünemann die Armut der sowjetischen Bevölkerung erklärt. „Ich akzeptierte alles, was im Lande vor sich ging", resümiert Mimi Brichmann, „ich erklärte mir die Probleme aus der ungeheuren Rückständigkeit, in der sich das Land befunden hatte, und der kurzen Zeitspanne von 1917 bis 1934, gemessen an der Menschheitsentwicklung ein minimaler Zeitraum. Da konnte man noch nicht viel erwarten."

Alles in allem bewahrten sich die Frauen noch einen realistischeren Blick auf den Alltag in der UdSSR als ihre Männer. Die Frauen und Mütter waren es, die – der traditionellen Arbeitsteilung folgend – oft nach eigener Erwerbsarbeit oder Studium den Haushalt und die Kinder zu versorgen hatten. In erster Linie waren sie es, die die Umstellung der Ernährung und der Wohnkultur bewerkstelligten und gestalteten. Die Lebensgefährten dagegen nahmen vornehmlich ihre Arbeitsaufgaben außer Haus wahr und schützten emphatisch Zukunftsoptimismus vor. „Das ist vorläufig. Sieh, was der Zarismus hinterlassen hat", erklärte Magnus Satzger seiner Frau Antonie. Die Beschwichtigung ihres Lebensgefährten: „Wenn der zweite Fünfjahrplan zu Ende ist, werden wir leben wie im Paradies", verlor bei Käte L. allerdings bald an Glaubwürdigkeit.

Für etliche Frauen eröffneten sich berufliche Entwicklungswege, an die sie in Deutschland kaum hatten denken können. Von den 17 Interviewpartnerinnen waren in der Sowjetunion nur zwei als Hausfrauen tätig. Einige arbeiteten in ihrem angestammten Beruf (Eva Schneider, Erna Kolbe, Anna Etterer und Elly B.) als Sekretärin, meist in politischen Behörden. Irmgard Schünemann kam als Friseuse, Käte L. als Arbeiterin unter. Als private Deutschlehrerin besserte Adele Schiffmann das Haushaltsbudget auf. Gertrud Platais wirkte wie in Deutschland als Lithographin, nunmehr allerdings als Freischaffende. Eine Tätigkeit als Schwester in einem Kinderkrankenhaus fand Julie Bevern. Mimi Brichmann arbeitete als Korrektorin bzw. Redakteurin im deutschsprachigen Verlag in Engels. Antonie Satzger, Brunhilde Hebel und Ruth Z. erhielten die Möglichkeit, Lehrgänge an „Pädagogischen Instituten" zu belegen und als Lehrerinnen für deutsche Sprache zu arbeiten. Eine landwirtschaftliche Hochschule besuchte Klara D. Derartige Aufstiegsmöglichkeiten wären in Deutschland undenkbar gewesen und eröffneten neue kulturelle Horizonte. Ruth Z. schildert ein 1933 zufällig mit einem russischen Ehepaar geführtes Gespräch, das ihre Zukunftshoffnungen weiter nährte: „Ich fragte sie, was sie arbeitet. Da hat sie mir gesagt, ich bin Ingenieur, Hydroingenieur. Da blieb mir der Atem stehen. Sie war zwei Jahre jünger als ich und schon Hydroingenieur. Das hat mich fasziniert. Solche Gespräche gab es bei uns gar nicht zu Hause, von wegen studieren. Aus dem Milieu, aus dem ich komme und studieren! ‚Du lernst Stenografie und Schreibmaschine und mußt dann sehen, daß du im Büro eine Arbeit kriegst!' So hieß es. Das hat mir nie gefallen, im

 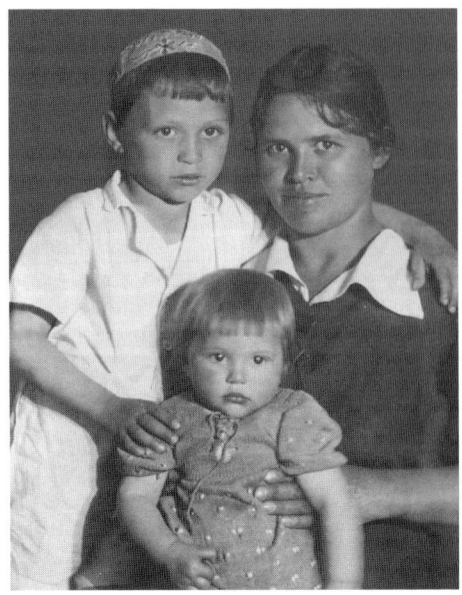

Abb. 14 und 15
*Mehrere Frauen bringen während ihres Exils in den 30er Jahren Kinder zur Welt, so
Käte L. und Irmgard Schünemann. Hier Anna Etterer (links) und Antonie Satzger
mit ihren Kindern 1937 und 1938 in Moskau.*

Büro sitzen und arbeiten. Aber das war plötzlich etwas ganz anderes. Ganz andere Gespräche waren das. Ich habe dann meinem Mann davon erzählt, und da sagte er: ‚Du kannst hier lernen und studieren, was du willst‘.“

Als Bereicherung der allgemeinen Lebenssituation trug auch die Inanspruch-
nahme eines kulturellen Angebots bei, das den Frauen in Deutschland weitgehend
versperrt war. Besonders Frauen, die in Moskau lebten, berichten durchweg über
den Besuch von herausragenden Theater-, Konzert- und Kinoveranstaltungen.
Ein besonderes Angebot offerierten die „Klubs der ausländischen Arbeiter“, die es
in Moskau und anderen Städten gab. Hier fanden u. a. politische Zusammenkünfte und Versammlungen, Dichterlesungen, Gesangsabende, Kino, Theater-
und Kabarettvorstellungen statt. Eine Bibliothek stand meist ebenso zur Verfügung wie verschiedene Räume für Zirkelarbeit.

Die sozialen Kontakte der meisten deutschen Emigrantinnen und Emigranten
waren, einhelligen Erinnerungen zufolge, auf andere Deutsche, teils auf Ausländer, aber kaum auf die sowjetische Bevölkerung ausgerichtet. Zu intensiven und
anhaltenden Freundschaften mit russischen Menschen bzw. Familien kam es in
diesen Jahren nur in wenigen Einzelfällen. Gewiß war neben den kulturellen Dis-
krepanzen das Sprachproblem die Hauptursache. Kaum jemand versuchte, wie
Klara D., mit einer Lehrerin Russisch zu erlernen, und niemand berichtete über
den Besuch von Sprachkursen, obgleich auch diese sporadisch angeboten wurden.
Die mangelhafte Beherrschung der russischen Sprache brachte zwangsläufig eine

beachtliche Ausgrenzung aus der Sowjetgesellschaft mit sich. Das betraf die offiziellen Medien wie informelle Gespräche und Gerüchte. Für die Beseitigung der nicht zu übersehenden Isolation wurde scheinbar von offiziellen Institutionen wie der Komintern, der KPD oder der MOPR wenig unternommen. Auch die sowjetische Seite war wenig an spontanen und unkontrollierten Kontakten zwischen der einheimischen Bevölkerung und Ausländern interessiert. Mehr und mehr trat an die Stelle euphorischer Begrüßung nicht nur Isolation, sondern es kamen Gefühle der Mißgunst, wachsenden Mißtrauens, ja der Angst auf. Ausnahmslos alle Ausländer stammten ja aus dem kapitalistischen, also dem „feindlichen" Ausland. So konnte jeder durchaus ein „Feind" sein, zumindest im Namen der Feinde Propaganda betreiben. „Die Russen waren ängstlich, mit uns Kontakt aufzunehmen", berichtet Käte L., „wenn die irgendwo ihr Häufchen gemacht haben, da guckten die noch, ob sie das nicht verraten könnte. So ungefähr. Die Russen haben immer in Angst gelebt."

„Bolschewisierung"

Die eher unpolitischen Frauen blieben auch in der Sowjetunion politischen Angelegenheiten gegenüber verschlossen. Eva B. fühlte sich „vollständig von ihrem gemeinsamen Eheleben ausgefüllt" und hatte deshalb für Politik keine Zeit, „weil das Leben so primitiv ablief". Desinteresse an politischen Fragen, mangelnde Sprachkenntnisse, traditionelle Ausgrenzung der Frau aus der Politik und die aufwendige Haushaltung behinderten wesentlich eine Hinwendung zu politischen Fragen. Die umfassende und allgegenwärtige Propaganda über die Resultate der Industrialisierung in den 30er Jahren verfing allerdings auch bei den weniger politisch interessierten Frauen. In Moskau wurde insbesondere der Bau der Metro zum Inbegriff des erfolgreichen „sozialistischen Aufbaus" stilisiert und auch so wahrgenommen. Julie Bevern: „Ich bin da nicht kalt geblieben. Mich hat jedes bißchen, was am Aufbau gelungen ist, bewegt. Diese großen, wunderschönen Metro-Stationen, die sie gebaut haben. Das waren herrliche Bauten. Das kann einen nicht kalt lassen und da hat man Bewunderung empfunden."

Wirkung hinterließen bei den deutschen Exilantinnen nicht nur Radio und Wochenschauen sowie zahlreiche Printmedien, etwa die landesweit verbreitete Deutsche Zentral-Zeitung, sondern auch die sorgsam inszenierten Großdemonstrationen, Kundgebungen und Paraden am 1. Mai, am Tag der Roten Armee, der Jugend, der Revolution und anderen „sozialistischen Feiertagen". Emma Tromm[56] hielt ihre damaligen Empfindungen in einem Tagebuch fest: „2. September 1935: Der Festtag der Jugend ist vorbei. Die Züge mit ihren herrlichen Transparenten, frischen Blumen und die Begeisterung der Jugend stimmten auch mich sehr froh.

---

56 Emma Tromm: geboren 1896, 1914 SPD, seit 1920 KPD, tätig im Literatur- und Verlagsbetrieb der KPD, 1933–1947 Exil in der UdSSR, 1953 Pensionierung in der DDR, 1991 verstorben.

Ich dachte an den Jugendtag 1916 im Solinger Wald [...]. Großes Polizeiaufgebot beim Rückmarsch – Jagd nach den Roten Fahnen. Zwei Welten, was ich auch vergleiche, es springt in die Augen."

„16. Februar 1936: Tag der ‚Roten Armee'! Mein Lautsprecher bringt den ganzen Tag Reden, Berichte, Märsche. Und auch, ohne daß ich alles verstehe, fühle ich die Stärke, die in den Reden liegt. Heute abend überall große Feiern. Im Deutschen Klub ist Film und großes Konzert."[57]

In der UdSSR hatten die politischen, organisatorischen und disziplinarischen Prinzipien der kommunistischen Partei nicht mehr nur für diese allein Gültigkeit, sondern für einen gesamten Staat und sein Volk, für den Alltag jedes einzelnen. Dieser Umstand verlangte auch von den deutschen Kommunisten und Parteilosen, gewollt oder nicht, besondere Anpassungsleistungen. Dem kam zwar der mentale Verhaltenskodex entgegen, der sich teils in der Kindheit und Jugend, teils in der kommunistischen Bewegung bewußt und unbewußt ausgeprägt hatte: die Bereitschaft zu Disziplin, Unterordnung und Treue gegenüber der Partei, kommunistischer „Kampfgeist" und die Überzeugung vom historischen Sieg des Kommunismus. Dennoch war die abverlangte Angleichung nicht immer problemlos, selbst wenn man ihr aufgeschlossen gegenüberstand. Im Einzelfall hat der Kontrast zwischen der idealisierten und tatsächlichen Beschaffenheit der UdSSR Verwirrung und Skepsis gegenüber der eingeschlagenen Entwicklung hervorgerufen. Selbstbestimmte und individuell ausgeprägte Persönlichkeiten konnten unabhängig von der stringenten Parteipolitik und der schönenden Propaganda eher als andere die Entfernung der Realität von ihren persönlichen Vorstellungen vom Sozialismus erkennen. Bei diesen Menschen stießen die offiziellen Erklärungen und die vorgeschriebenen Verhaltens- und Handlungsmuster zunehmend auf innere Ablehnung und Gegenwehr.

Brunhilde Hebel und ihr Mann gehörten zu den wenigen Mitgliedern der KPD, die ihre Urteilsfähigkeit auch im sowjetischen Exil weitgehend bewahrt hatten. Ihre Vorstellungen vom Sozialismus deckten sich wenig mit der erlebten Wirklichkeit in der UdSSR, „nicht wegen der schlechten wirtschaftlichen Verhältnisse allein", so Brunhilde Hebel, sondern „weil man ja auch nichts sagen durfte. Es gab keine Freiheit. So hab' ich mir das nicht vorgestellt. Und, daß die Leute, die helfen wollten, gar nicht helfen konnten."

Unter den Interviewpartnerinnen äußerte sie als einzige derartige Gedanken. Der größte Teil der deutschen Exilantinnen und der kommunistisch orientierten Spezialistinnen sah sich mit den politischen Verhältnissen sowie den Organisations- und Machtstrukturen generell im Einklang. Für sie bestand die installierte Herrschaftsform in der UdSSR, die sie als „Diktatur des Proletariats" wähnten, völlig zu Recht und wurde als einzig mögliche Reaktion auf den „imperialistischen Staat" und die „kapitalistische Einkreisung" anerkannt. „Einer Diktatur muß man eine Diktatur entgegensetzen, man kann nicht human sein", argumen-

---

57 SAPMO im BArch, Bestand Berlin, EA 1293.

Abb. 16
Ansichtskarte vom Roten Platz mit Kremlmauer und -türmen sowie dem Lenin-
mausoleum im Mittelpunkt. Diese Karte schickte Käte L. 1935 mit folgendem
Text an ihre Angehörigen nach Deutschland: „Liebe Eltern und Geschwister! Von
unserer ersten U-Bahnfahrt (Metro) in Moskau die herzlichsten Grüße. Die U-Bahn
ist wirklich wie ein Märchenpalast. Alles in Marmor, jeder Bahnhof andere Farbe
und Stil. Natürlich Polsterklasse, keine Holzbänke. Einfach großartig. Bis 60 Me-
ter unter der Erde. Sonst ist bei uns alles gesund. Grüße Eure Käte."

tiert Elly B. im Interview. Recht, Moral und Kultur wurden den „Klasseninteres-
sen" untergeordnet. Das Eigentum an Fabriken und Werksanlagen, an Grund und
Boden war den einstigen Besitzern entrissen und schien in der Hand des Volkes.
Diese weitgehende politische Übereinstimmung, eingedenk des verbreiteten Un-
vermögens zur Artikulation von Widerspruch und Kritik gegenüber der eigenen
Partei, bedingte wesentlich die Wahrnehmung und das Verhalten der emigrierten
deutschen Frauen und Männer in den 30er Jahren.
   Frühzeitig begann man damit, die ausländischen Spezialisten und später die
Exilanten in das politische System der Sowjetunion einzugliedern und keine au-
tonomen Entwicklungen aufkommen zu lassen. Dazu gehörte die Integration in
Massenorganisationen wie die Internationale Rote Hilfe, die „Organisation für
Landesverteidigung und Förderung der Chemie und Flugzeugindustrie" (Osoa-
viachim), den „Bund der Gottlosen", die „Gesellschaft für proletarische Touristik"
(OPTE) oder die „Organisation zur Förderung der sanitären Hilfe im Krieg und in

der Friedenszeit".[58] Von Anfang an legte die sowjetische Seite besonderen Wert
darauf, daß die deutschen Parteimitglieder keine eigenen Parteiorganisationen in
der UdSSR gründeten, sondern in die KPdSU „überführt" wurden.[59] Als deutsche
Mitglieder der KPdSU erlebten sie das Parteileben schließlich in der „Betriebszel-
le" bzw. „Parteiorganisation" ihrer Arbeitsstelle. „Die verantwortliche Rolle der
Parteiorganisation findet ihren Ausdruck in der Rolle des einzelnen Kommunisten
im Betrieb", so Frida Rubiner 1932, „jeder einzelne Kommunist im Betrieb, ob er
an der Maschine steht oder im Kontor sitzt, muß in allen Fällen ein Vorbild der
Disziplin, der Pflichterfüllung und Verantwortlichkeit sein."[60] In ähnlicher Weise
verstanden sich die deutschen Bergarbeiter, die 1933 über ihre Arbeit und ihr
Leben im Donezbecken berichteten: „Die Bolschewisierung der ausländischen
Kommunisten kann nur in engstem Kontakt und in gemeinsamer Arbeit mit den
russischen Arbeitern am Arbeitsplatz selbst erfolgen. Nur in dieser engsten Gemeinschaft wird es ihnen möglich sein, die Kinderkrankheiten, die sozialdemokratischen Traditionen der europäischen Arbeiterbewegung abzustreifen und als
richtige Bolschewiki kühn und entschlossen an die Lösung der Aufgaben des sozialistischen Aufbaus heranzutreten, als gleichberechtigte, aber auch gleichver-
antwortliche Glieder der ruhmreichen KPdSU(B) an der Spitze und als Vorbild
aller Werktätigen für die Vollendung des Sozialismus, für die Errichtung der klas-
senlosen Gesellschaft zu kämpfen."[61] Besonders an der „Front der Arbeit" galt es,
sich als Kommunist zu beweisen. Unter diesen Bedingungen fiel es schwer, besondere Interessen zu wahren, die auf die Verbesserung der Arbeitsorganisation wie
der Lebensbedingungen gerichtet waren und den kulturellen und politischen Erfahrungen der deutschen Kommunisten entsprachen. Soweit es dennoch gerade in
den ersten Monaten des Aufenthaltes zu offenen oder internen Kritiken über die
vorgefundenen Arbeits- und Lebensbedingungen kam, wurde meist beschwich-
tigt und auf die Zukunft vertröstet. Gegenüber sowjetischen Instanzen verhinder-
ten oft die sprachlichen Barrieren sowie die unterschiedlichen Arbeitserfahrungen
konstruktive Auseinandersetzungen, vor allem aber auch die landesüblichen Ge-
pflogenheiten im Umgang mit Eingaben und Kritik.

Klara D. machte beispielsweise Anfang der 30er Jahre gemeinsam mit zwei
deutschen KPD-Mitgliedern eine Eingabe an den zuständigen Parteisekretär ihrer
Dienststelle, in der sie sich über die Arbeitsweise und die Unfähigkeit ihres sowjetischen Vorgesetzten beschwerten: „Der Parteisekretär übergab das dem Direktor.
Dann kam es zur Versammlung. Wir werden gerufen und müssen rein. Und der

---

58 Vgl. Rubiner, Aufbau, S. 15.

59 Vgl. Beschluß über die Arbeit unter den deutschen Emigranten und ihre organisatorische Erfas-
    sung in den Bruderparteien vom 21. Mai 1933 und den entsprechenden Brief des Sekretariats an
    die Parteileitungen der Emigrationsländer. Dort wurde die „Erfassung in den Bruderparteien"
    und das Verbot von „Fraktionen oder fraktionsähnlichen Gruppen" unter den Emigranten de-
    kretiert, in: SAPMO im BArch, Bestand Berlin, I 2/3/346.

60 Rubiner, Aufbau, S. 14 f.

61 Deutsche Kumpels, S. 49.

Direktor spricht und spricht, und alle machen bedrückte Gesichter. Ich weiß gar nicht, was los ist. Ich versteh' ja gar nicht, was da gesprochen wird. Schließlich und endlich sagt der: In Anbetracht dessen, daß wir noch nicht lange da sind und nicht genau die Gesetze kennen, wollen sie uns das nicht so sehr anrechnen. Aber es darf nicht sein, es darf keine Beschwerde durch eine Gruppe geführt werden. Das ist Zusammenrottung und wird schwer bestraft. Wir hätten jetzt dafür ins Gefängnis kommen können."

Grundsätzliche politische Debatten innerhalb der KPdSU versuchte die Stalin-Führung mit Beginn des 1. Fünfjahrplans 1928 Schritt für Schritt zu verdrängen. Der Moskauer Parteifunktionär Kaganowitsch kritisierte am 22. Mai 1933 öffentlich diejenigen Parteimitglieder, „die nicht nur nicht verstehen, die von der Partei und Regierung vorgeschriebenen Pläne durchzuführen, sondern es als durchaus ‚zulässig' und statthaft betrachten, über die Realität der Pläne zu diskutieren, die Realisierbarkeit dieser Pläne anzuzweifeln".[62] An der Basis ging es mehr und mehr darum, wie die enormen ökonomischen Aufgaben und Pläne in immer kürzeren Zeitabständen zu realisieren seien. Zum anderen waren die deutschen Spezialisten oft als Minderheit organisatorisch und inhaltlich vom sowjetischen Teil der Parteiorganisation majorisiert. Kritische Stimmen konnten so schnell paralysiert werden. Von der Moskauer KPD-Führung fühlte sich die Mehrheit der politischen Exilanten allein gelassen. Eine regelmäßige und konkrete Parteiarbeit, wie sie aus Deutschland bekannt war, gab es praktisch nicht, und sie war auch nicht erwünscht. Nur aus besonderen Anlässen, und meist nur in Moskau, rief die KPD-Führung einen Teil der Exilanten zusammen, um eine neue „Lage" zu erklären oder bereits gefaßte Beschlüsse zu verkünden.

Parteiarbeit fand während des Exils „überhaupt nicht statt", entsinnt sich Brunhilde Hebel, „das war's ja auch, was meinen Mann vor allen Dingen so störte. Er hätte gern politisch gearbeitet. Keiner von den Emigranten hat politische Aufgaben bekommen, da war nichts mit Parteiarbeit. Da war man höchstens Kassierer."

Adele Schiffmann, die mit ihrer Familie aus dem Prager Exil Anfang 1936 in die UdSSR kam, stellt fest: „Parteiarbeit gab es nicht. Da wurde gar nichts mit den Emigranten gemacht. Wie sonst die Arbeit verlief, weiß ich nicht, nur, daß wir unseren Parteibeitrag bezahlten, sonst haben wir nichts gehört und gesehen."

Anders waren die Erfahrungen der Frauen, die als Mitarbeiterinnen des Kominternapparates arbeiteten oder Kaderschulen besuchten. Sie bewegten sich praktisch auf politischem Glatteis und sahen sich mit allen denkbaren und undenkbaren Verleumdungen und Verfolgungen verschiedenster ideologischer „Abweichungen" konfrontiert. Elly B. empfand sich seinerzeit als „kleine Persönlichkeit" im Vergleich zu den vielen „großen" Mitarbeitern in der Komintern. Sie fühlte sich politisch wie intellektuell überfordert, was sie allerdings nicht hinderte, mentalen Anteil an der Stigmatisierung anderer zu nehmen. „Da konntest du als ein-

---

62 L. M. Kaganowitsch, Über die Parteieinigung, Moskau/Leningrad 1933, S. 17.

facher Mensch nicht so mitkommen. Aber wenn es um Kämpfe, um viele Abweichungen ging, das hast du schon verstanden", resümiert Elly B. Ihr „Partei-
instinkt", gepaart mit Linien- und Führungstreue, sagte ihr schließlich: „Wir müssen die Mitte einhalten, gegen die Linken, die Trotzkisten und gegen die Rechten. "
Während des Interviews empört sie sich, daß es Kommunisten gab, die Kommunisten „verraten" und schließlich „an den Pranger gebracht" haben. Damals jedoch spielte sie selbst ihren Part im Intrigenspiel der Komintern. Für ihren Chef
hielt sie „die Augen offen", übermittelte Informationen und „signalisierte sowjet-
feindliche Erscheinungen". Entschuldigend fährt sie fort: „Aber, wenn wir dann
so instruiert waren, daß die und die solche Fehler machen und daß das dem Aufbau des Sozialismus dermaßen schadet, dann mußten wir ja einverstanden sein. "

Emmy Koenen-Damerius[63] schildert in ihren Erinnerungen zwei Parteiver-
sammlungen in der Komintern: „Anfang 1935 fand eine kleine Besprechung statt,
in der es vor allem um den Genossen Süßkind-Heinrich[64] ging. Hier wurde alles
zusammengetragen über seine abweichenden Auffassungen von der Parteilinie
und mit wem er Kontakt habe. Kurz darauf fand außerhalb der Komintern in
einem großen Saal eine Parteiversammlung – wahrscheinlich aller Mitarbeiter –
statt, an der ich teilnahm. Es sprach vor allem Gen. Manuilski.[65] Er entlarvte den
Leiter des Ost-Europäischen Büros, einen Genossen der Ungarischen Partei namens Magyar,[66] als Parteifeind. M. war bereits seiner Funktion enthoben, aber
hier ging es um die Vorbereitung von mehr. Manuilski sprach nicht vom Genossen
M., sondern redete von dem Herrn M., vom Kleinbürger M. etc. Für mich war diese Auseinandersetzung eine der fragwürdigsten, die ich je erlebt habe. Es fehlte
das Konkrete seiner Verfehlungen, was auch Manuilski mit seiner ganzen red-
nerischen Begabung und politischem Wissen nicht formulierte. Mir schlug diese
Atmosphäre auf den Magen, und wie ich weiß, vielen anderen auch. Sie trug dazu

63 Emmy Koenen-Damerius, geboren 1903, Mitglied der KPD, hielt sich von 1934 bis Ende 1936
    in Moskau auf. Anschließend illegale Arbeit außerhalb Deutschlands. Später Internierung und
    Arbeit in Großbritannien. Nach Kriegsende Rückkehr nach Deutschland und Frauenarbeit in der
    SBZ bzw. DDR.
64 Heinrich Süßkind (Kurt Heinrich), geboren 1895. Seit 1919 Mitglied der KPD, war wiederholt
    Chefredakteur der „Roten Fahne", 1927 bis 1929 Kandidat des ZK der KPD, als „Versöhnler"
    1929 abgelöst. 1933 Emigration nach Prag, dann in die UdSSR. Arbeit in der deutschen Vertre-
    tung beim EKKI. 1934 „wegen internationaler Verbindung mit Versöhnlern" aus der KPD ausge-
    schlossen, 1936 wieder aufgenommen. Im August 1936 wurde er verhaftet und am 3. Oktober
    1937 zum Tode verurteilt und erschossen.
65 Dmitri Manuilski, 1883–1959, seit 1903 Mitglied der SDAPR, 1920–1923 und 1949–1953 Mit-
    glied des Politbüros der KPdSU, führender Funktionär der Kommunistischen Internationale,
    1928–1943 Sekretär des EKKI, 1946–1953 stellvertretender Vorsitzender des Ministerrates, 1953
    von Funktionen entbunden.
66 Der Ungar L. Magyar war leitender Funktionär der Ostabteilung des EKKI. Er wurde Anfang
    1935 aus der KPdSU ausgeschlossen und verhaftet. Weil seine Freundin, die deutsche Exilantin
    Alice Abramowitz, zu ihm hielt, wurde sie im Mai 1935 verhaftet und zu viereinhalb Jahren La-
    ger verurteilt. 1945 bis 1955 war sie wieder interniert. Vgl. I. Fridrich Firsow, Die „Säuberung"
    im Apparat der Komintern, in: Kommunisten verfolgen Kommunisten, S. 41 ff.

bei, daß deutsche Genossen sich nicht mehr einander besuchten, denn jeder konnte zufällig in jede Sache verwickelt werden. Ich wurde beneidet, als ich Ende 1936 zur weiteren Arbeit dem ZK der KPD überwiesen wurde."[67]

Ende 1936 verabschiedete eine befreundete Genossin Emmy Koenen-Damerius bei der Abfahrt nach Paris mit den Worten: „Emmy, sei froh, daß du wieder für unsere Partei draußen arbeiten kannst."[68] Ähnlicher Empfindungen entsinnt sich auch Brunhilde Hebel: „Froh waren die Genossen, die nach Spanien gehen konnten. Die waren richtig froh wegzukommen. Es war nicht bloß, um in Spanien zu kämpfen, sondern sie waren froh, aus diesem Ungewissen rauszukommen."

„Tschistka" – „Parteireinigung"

Die „Tschistka", zu deutsch „Reinigung", war ein wesentliches Instrument zur Formierung und Disziplinierung der Parteimitgliedschaft in der UdSSR. Dem kommunistischen Selbstverständnis sowjetischer Prägung nach war die Partei „ein Verband, der über eine eiserne Disziplin verfügt […], der einheitlich denkt und einheitlich handelt […], der alle Erscheinungen eines Durcheinanders in seiner Mitte, alle Erscheinungen von Undiszipliniertheit, von kleinbürgerlichen Schwankungen, die die Kampfkraft der Partei untergraben, bekämpft". Die „Reinigung" der Partei wurde als ein Prozeß erklärt, der ebenso unerläßlich sei „wie der Prozeß der Reinigung eines gesunden Organismus von ungesunden Elementen".[69]

---

67 SAPMO im BArch, Bestand Berlin, EA 1308/1. Der Abschnitt der Erinnerungen ist überschrieben mit „Freunde und Genossen, die verschollen sind. (Streng vertraulich!)".

68 Ebenda.

69 Kaganowitsch, Parteireinigung, S. 4. Bereits 1921, 1924 und 1929 fanden „Reinigungen" innerhalb der KPdSU statt, in deren Folge insgesamt 800 000 Parteimitglieder ausgeschlossen wurden bzw. die KPdSU selbst verlassen hatten. Davon wurden 73 000 wieder in die Partei aufgenommen. Die KPdSU hatte am 1. Oktober 1932 3 172 215 Mitglieder. Ausschlußgründe waren beispielsweise während der Parteiüberprüfung 1929/30 „Vergehen in der Lebensführung", „Passivität", „verbrecherisches Verhalten" und „Verletzung der Parteidisziplin", einschließlich „Fraktionsarbeit". Des weiteren wurden „fremde Elemente" bzw. „solche, die mit fremden Elementen verbunden waren", ausgeschlossen. Die Partei hatte sich lt. der Resolution des XVI. Parteitages der KPdSU vom Juni 1930 von „sozial und ideologisch fremden Elementen, von solchen, die sich an sie angeschmiert haben, die sich zersetzt, bürokratisiert haben, die die Entfaltung der sozialistischen Offensive stören", befreit. In: E. Jaroslawski, Für eine bolschewistische Prüfung und Reinigung der Parteireihen, Moskau/Leningrad 1933, S. 35 ff. Hier befindet sich auch der Beschluß des ZK und der ZKK der KPdSU „Über die Parteireinigung" 1933. Alle Mitglieder und Kandidaten des ZK, der ZKK und der Revisionskommission der KPdSU waren im übrigen von der „Reinigung" ausgenommen. „Das Wesentliche an der Reinigung" bestand nach Stalin (1924) darin, daß die Parteimitglieder fühlen, „daß ein Herr im Hause da ist, der Rechenschaft für die Sünden an der Partei fordern kann. Ich bin der Meinung, daß manchmal, von Zeit zu Zeit, unbedingt ein solcher Herr im Hause durch die Reihen der Partei schreiten sollte mit dem Besen in der Hand." Stalin: Bericht auf dem 13. Parteitag der KPdSU vom 27. März 1924. Zit. nach ebenda, S. 40. Vgl. dazu auch W. I. Lenin, Über die Parteireinigung, Moskau/Leningrad 1933.

Der für 1933 anberaumten „Tschistka" waren bereits einige deutsche Emigranten als Mitglieder der KPdSU unmittelbar oder mittelbar ausgesetzt. Zur Vorbereitung und Absicherung des 2. Fünfjahrplans (1933–1937) sollten alle Mitglieder der KPdSU auf die Linie der Parteiführung eingeschworen und auf alle tatsächlichen und vermeintlichen Opponenten aufmerksam gemacht werden, um deren spätere Liquidierung zu befürworten und zu akzeptieren. „Die gegenwärtige Situation", so Kaganowitsch am 22. Mai 1933 gegenüber Moskauer Parteifunktionären, „wo die Generallinie unserer Partei unbestritten gesiegt hat, wo die Industrialisierung und die Kollektivwirtschaftsbewegung unbestritten gesiegt haben, hat die Trotzkisten, die rechten Abweichler und andere Opportunisten und versöhnlerischen Elemente in Bedingungen versetzt, unter denen es unmöglich ist, die Partei und ihr ZK offen anzugreifen. Darum wenden sie neue Formen des Kampfes an. Sie erklären sich in Worten mit der Linie der Partei einverstanden, sie sabotieren und untergraben sie in Wirklichkeit. Dadurch bringen sie lediglich die neue Taktik ihrer Auftraggeber, ihrer Inspiratoren – der Kulaken und anderer kapitalistischer Elemente – zum Ausdruck, die, wie oben gesagt, ihre Taktik geändert haben und vom offenen Angriff zur ‚stillen Sappe' übergegangen sind. Das sind Heuchler."[70] Nach dem Willen der Parteiführung sollten vor allem jene Mitglieder ausgeschlossen werden, „die die Partei- und Regierungsbeschlüsse nicht erfüllen, die die Beschlüsse und die von der Partei festgelegten Pläne mit ihrem Geschwätz von der ‚Irrealität' und ‚Unerfüllbarkeit' anzweifeln und diskreditieren".[71] Auf allen Organisationsebenen wurden Kommissionen gebildet, vor denen die Parteimitglieder meist öffentlich Rechenschaft über ihre Parteibiographie und ihren persönlichen Beitrag zur Erfüllung der Parteibeschlüsse abzulegen hatten.

Ihre Erfahrungen während der Parteireinigung 1933/34 machten auch Elly B., die das Verfahren in ihrer Erinnerung als „Verhör" beschrieb, und Klara D., die auf die restlose Offenlegung der privaten, der Berufs- und Parteibiographie verwies: „Derjenige, der vor der Kommission steht, muß belegen, wer er ist, woher er kommt, was er gelernt hat und so weiter. Alles ganz genau, sein ganzes Leben. Jeder ist berechtigt zu kommen und jeder kann zuhören. Es wurde alles bekannt gemacht, teilweise in den Zeitungen. Jeder kann sprechen und sagen, den kenne ich, da habe ich mit ihm zusammengearbeitet, und da war dies und da hat er das gemacht."

Eine zeitgenössische Schilderung der damaligen Vorgänge gibt Emma Tromm in ihrem Tagebuch. Sie erlebte die „Parteireinigung" 1934 an der Kommunistischen Universität der nationalen Minderheiten des Westens: „Ein wenig Herzklopfen und Aufregung gab es da schon. Im Präsidium saßen Mitglieder des Stadt- und Gebietskomitees und die Parteileitung der Schule. In allen Sektionen, auch in unserer, wurde die Überprüfung durchgeführt. Die Kommission

---

70 Kaganowitsch, Parteireinigung, S. 14 f.
71 Ebenda, S. 17.

hatte unsere ‚Akten', und jeder Einzelne berichtete über sein Leben und seine Parteiarbeit. Dann konnten von der Leitung und von den Studenten Fragen gestellt werden, besonders wenn etwas unklar war. Auch über das persönliche Verhalten des betreffenden Studenten während des Studiums oder im Privatleben konnten Fragen gestellt werden. Für uns deutsche Genossen war es doch sehr neu und z. T. schwierig, zu seinem Verhalten oder zu seinen Fehlern kritisch Stellung zu nehmen. Unwillkürlich kam der Gedanke hoch, hat der Fragende etwas gegen mich? Wieso ist dieses und jenes nicht richtig? Bei mir wurden keine Fragen gestellt, trotzdem war ich froh, als ich mich setzen konnte."[72] Jahrzehnte später ergänzte Emma Tromm, was sie damals nicht niederzuschreiben wagte: „Das Präsidium hatte das Recht, Parteistrafen bis zum Ausschluß auszusprechen. In einem Fall wurde ein wolgadeutscher Student nach der Überprüfung von der Bühne herunter verhaftet. Er hatte sich mit falschen Papieren in die Schule eingeschlichen. Von den Mitgliedern der KPD wurde niemand belastet. Es war für uns alle wohl das erste Mal, daß wir die Frage der Kritik und Selbstkritik an uns selbst erproben mußten. Später wurden durch das NKWD Professoren und Lehrer verhaftet."[73]

Ähnlich beeindruckt kommt Franziska Rubens in ihren schriftlichen Erinnerungen zu dem Schluß: „Diese Wochen der Parteireinigung waren für mich eine sehr ernste Schule. Begriffe wie Klassenkampf, Staat, Demokratie etc., von denen ich geglaubt hatte, daß sie mir klar seien, mußte ich nun hier am Maßstab der Wirklichkeit überprüfen, neu durchdenken. Zum erstenmal auch setzte ich mich jetzt bewußt mit dem Trotzkismus auseinander. Ich lernte, was Wachsamkeit, Kritik und Selbstkritik, was neues Verhältnis zur Arbeit, was das ‚Kollektiv' im tiefsten Sinn bedeutet."[74]

Inge von Wangenheim, die in ihrem autobiographischen Bericht von 1954 die öffentliche „Parteireinigung" der 30er Jahre in der UdSSR als „höchste Form der Demokratie" verklärte, stellte gerade deren Wirkung auf alle Beteiligten heraus: „Es mußte dieses Exempel mit Naturnotwendigkeit auch bei allen anderen nur mittelbar beteiligten Zeugen zur ‚Katharsis' führen. Das Exempel rührte an unser aller Gewissen, und jeder menschliche Mensch mußte sich im Stillen sagen: ‚Dort oben, vor aller Augen steht ein Mensch – mein Freund, mein Feind, gleichwie –, und er muß Rechenschaft ablegen. Ich nicht. Ich sitze hier unten in der Menge. Niemand sieht mich. Genügt das aber, um mich von der Rechenschaft zu befreien? Was tat ich bisher in meinem Leben, um vor der grundsätzlichen Forderung meines Volkes nach Rechenschaft in Ehren zu bestehen? Dies war die tiefste Ursache, die es bewirkte."[75]

---

72 SAPMO im BArch, Bestand Berlin, EA 1293.

73 Manuskript von Alfons Dengel, dem Neffen Emma Tromms. Vgl. auch die plastische Darstellung der „Tschistka" von 1933 bei Victor A. Kravchenko, Ich wählte die Freiheit. Das private und politische Leben eines Sowjetbeamten, Zürich 1947, S. 166 ff.

74 SAPMO im BArch, Bestand Berlin, EA 0787.

75 Inge v. Wangenheim, Auf weitem Feld. Erinnerungen einer jungen Frau, Berlin 1954, S. 265.

Die „Tschistka" lieferte eine Vielzahl personenbezogener Informationen, „Charakteristiken"[76] und Stellungnahmen zu „abweichenden" Haltungen in der Vergangenheit, deren Umfang dem Rang der betreffenden Person innerhalb der Parteihierarchie entsprach. Bei kaderpolitischen Entscheidungen wurden diese Akten ebenso zu Rate gezogen wie bei der Verfolgung vermeintlicher politischer Feinde.[77] Von ebensolcher Bedeutung war für KPdSU-Führung der „parteierzieherische" Effekt der „Tschistka". Das „Parteigericht" bestimmte und beschrieb den Platz des einzelnen in der Partei- und Machthierarchie. Nicht Parteipolitik wurde vor den Kommissionen debattiert, sondern deren strikte Befolgung durch den einzelnen. Andersartige Meinungen oder „Sünden gegenüber der Partei" waren zu „beichten" oder wurden von anderen denunziert, damals oft noch ohne Hysterie. Die Parteidebatte über Abweichungen kannte nur selten Freundschaften. Hier wurde jeder zum Parteieigentum, zum entpersonalisierten „Genossen". Einzig die Linie der Partei, die Divergenz des einzelnen davon und die zu verordnenden „kaderpolitischen Maßnahmen" standen zur Disposition. Verschlossenheit, Argwohn und schon Mißtrauen breiteten sich aus und richteten sich auf die Mitgenossen, nicht auf ein fragwürdiges Prinzip. Partei, Führer und „Linie" blieben bei all dem unversehrt. Sie verkörperten für viele den unersetzlichen Garanten auf dem Weg zum Kommunismus. Schließlich wurde der Vorgeführte mittels der „Parteireinigungen" öffentlich entblößt, sein noch bestehendes Selbstwertgefühl gegenüber der Partei schwand weiter, der Mythos der KPdSU und ihrer Führung dagegen stieg schon ins Unermeßliche. Ralph Giordano beschrieb diesen Effekt für sich später so: Der „Zustand der Wehrlosigkeit, der Preisgabe, der Lähmung und der Bereitschaft zu Selbstverleugnung und Unterwerfung, dieser ganze Zusammenbruch der Persönlichkeit wird bestimmt durch eine Furcht, die immer besessenere Formen anzunehmen beginnt: die Zugehörigkeit zur Partei einzubüßen. Diese inbrünstige und anonyme Magie, genannt Liebe zur Partei, ist der Schlüssel für das gesamte Verhalten, in ihr laufen alle Fäden zusammen: es gibt keine Alternative zur Partei! Das bewirkt die innere Ausweglosigkeit, die bedingungslose Selbstauslieferung und macht die Unterwerfung logisch. Und dabei vollzieht sich von allen Metamorphosen die schrecklichste: die Verwandlung des Liebenden in seine eigene Kontrollkommission."[78]

76　Das russische Wort „Charakteristika" als Bezeichnung für eine Beurteilung übersetzte eine befreundete Dolmetscherin versehentlich, aber im Sinne stalinistischer „Kaderpolitik" treffend, mit „Gutachten".

77　Vgl. Reinhard Müller, Flucht ohne Ausweg. Lebensläufe aus den geheimen „Kaderakten" der Kommunistischen Internationale, in: Exil X (1990); ders., Linie und Häresie. Lebensläufe aus den Kaderakten der Komintern, in: Exil XI (1991); ders., Die Akte Wehner. Moskau 1937 bis 1941, Berlin 1993.

78　Ralph Giordano, Die Partei hat immer recht, Köln/Berlin 1961, S. 36 ff.

Vorboten der „Großen Säuberung"

Wer seine Augen und Ohren nicht bewußt verschloß, konnte frühzeitig verschiedenste Repressionen durch Partei- bzw. Staatsorgane oder auch Verhaftungen durch die Staatliche Politische Verwaltung (GPU bzw. OGPU),[79] die Vorgängerin des Volkskommissariats für Innere Angelegenheiten (NKWD), wahrnehmen.[80]

Für die spürbaren Probleme auf allen Ebenen der Politik, Gesellschaft und Ökonomie ist in den 30er Jahren nicht nur der kurze Zeitraum nach der Revolution bzw. das Erbe des Zarismus, sondern auch die Unerfahrenheit der politischen und wirtschaftlichen Administration, besonders auf lokaler Ebene, verantwortlich gemacht worden. Immer stärker wurde allerdings unterschiedlichen Gruppen von Sündenböcken die Schuld an wirtschaftlichen Mißerfolgen, Unfällen oder Katastrophen zugeschoben; man nannte die angeblich Schuldigen „Schädlinge". Damit sollte von den eigentlichen Ursachen der wirtschaftlichen Fehlentwicklung – etwa dem überzogenen Aufbautempo, dem absoluten Zentralismus aller Wirtschaftsplanung, dem Raubbau an Natur und Mensch – sowie der eigentlichen Verantwortung Stalins und der KPdSU-Führung abgelenkt werden. In frühen Berichten deutscher Spezialisten über die Aufbauarbeit Anfang der 30er Jahre kolportierte man immer wieder die stalinistische Legende von der „Schädlingsarbeit" im Dienste des „Klassenfeindes". Die gebotene Rechtfertigung für die Probleme und Schwierigkeiten wurde meist willig angenommen, wenn auch erst nach einer gewissen Überzeugungsarbeit. So schreiben Hans Klemm und Max Mielke, Vertragsarbeiter in Moskau 1932: „Wir mußten hier den Klassenfeind, den es zu bekämpfen gilt, überhaupt erst suchen, erst kennen lernen: wir konnten ihn anfangs gar nicht sehen, weil er hier ganz anders aussieht und ganz andere Stellun-

---

79 Zur Geschichte des sowjetischen Sicherheitsdienstes vgl. u. a. Borys Lewytzkyj, Die rote Inquisition. Die Geschichte der sowjetischen Sicherheitsdienste, Frankfurt a. M. 1967. Oleg Gordiewsky/ Christopher Andrew, KGB. Die Geschichte seiner Auslandsoperationen von Lenin bis Gorbatschow, München 1990. Jewgenia Albaz, Geheimimperium KGB. Totengräber der Sowjetunion, München 1992. John Barron, KGB. Arbeit und Organisation des sowjetischen Geheimdienstes in Ost und West, München 1978.

80 Als prominente deutsche Opfer galten u. a. Karl Albrecht, der 1932 verhaftet, und Max Hoelz, der 1933 mit großer Sicherheit von GPU-Agenten ermordet wurde. Vgl. Karl I. Albrecht, Der verratene Sozialismus. Zehn Jahre als hoher Staatsbeamter in der Sowjetunion, Berlin/Leipzig 1938. Albrecht war seit 1924 als kommunistischer Arbeitsspezialist, zuletzt in hohen Regierungsstellen, in der Sowjetunion tätig, 1932 von der GPU verhaftet, durch die deutsche Botschaft in Moskau erhielt er 1934 die Ausreisegenehmigung nach Deutschland. Sein Buch trägt ausgesprochen antisemitische Züge und wurde massiv zur Propaganda des NS-Regimes gegen die UdSSR genutzt. Zwischen 1938 und 1942 erschien das Buch in zwei Millionen Exemplaren, u. a. zweimal als „Volksausgabe", und war den „wahren Sozialisten in aller Welt zur Warnung" gedacht. Hitler wurde in Albrechts Vorwort von 1941 als der „größte Sozialist aller Zeiten" geehrt. Vgl. Albrechts überarbeitete Fassung: Karl I. Albrecht, Sie aber werden die Welt zerstören ..., München 1954. Zu Max Hoelz vgl. seine eigenen Tagebuchaufzeichnungen in: SAPMO im BArch, Bestand Berlin, NL 51/6. Zu den Todesursachen von Max Hoelz, der nach der offiziellen Version ertrunken sein soll, vgl. Albrecht, Sozialismus, S. 311 ff. Auch Elly B. und Erna Kolbe erinnern sich an ein damals umgehendes Gerücht, nach dem Hoelz von den Sicherheitsorganen liquidiert worden sei.

gen inne hat als ‚drüben‘."[81] Auch für Fehlplanung, Desorganisation, Nachlässigkeit, Schlamperei und Unordnung, welche die deutschen Spezialisten in den Betrieben zuhauf kennenlernten, wurden die „Schädlinge" verantwortlich gemacht. Hans Biefang schrieb dozierend über die deutschen Bergarbeiter im Donezbecken: „Hatten sie auch des öfteren von den Aufbauschwierigkeiten gehört, so kannten sie doch ihre Ursachen und Wirkungen nicht. Hatten sie auch jene Schädlingsarbeit, die der Schachty-Prozeß aufdeckte, aufmerksam verfolgt – im Ramsin- und Menschewiki-Prozeß[82] kam sie noch deutlicher zum Ausdruck –, so kannten sie doch noch nicht die kleinen bewußten und unbewußten Schädlinge in den Betrieben. Woher sollten sie auch wissen, daß beispielsweise Kulakenelemente, den Arbeitermangel ausnutzend, es verstanden, sich in den Betrieb einzuschleichen, um dort verbrecherische Handlungen zu begehen? Das hatte man ihnen noch nicht genügend klargelegt."[83]

Den deutschen Arbeitern im Metallwerk von Nadeshdinsk berichtete man unmittelbar nach ihrer Ankunft von der „Schädlingsarbeit" der sogenannten Industriepartei. Letztlich ist diese rein fiktive Gruppe für die enormen Produktionsprobleme, nicht nur in Nadeshdinsk, verantwortlich gemacht worden, wie uns der zeitgenössische Autor wissen läßt: „Kurz vor der Ankunft der Deutschen wurde in den Werken und in anderen Industrieunternehmungen eine Schädlingsorganisation ausgehoben. Die Brut dieser Reptilien war gerade erst entdeckt worden. Die Werke spüren noch bis auf den heutigen Tag die Folgen dieser Schädlingstätigkeit. Sie äußerte sich in dem Mißverhältnis zwischen den einzelnen Wirtschaftszweigen des gesamten Rayons, in dem Mißverhältnis zwischen der Pro-

---

81 Mielke/Klemm, Deutsche Proleten, S. 72. Daß diese Erklärungsmuster eine anhaltende Wirkung haben konnten, zeigen schriftliche Erinnerungsberichte von ehemaligen Spezialisten, die nach 1945 in der DDR aufgezeichnet wurden. Heinz Abraham, Professor an der Parteihochschule der SED, schrieb: „[…] es gab aber auch ‚Spezialisten‘, die das Vertrauen, das ihnen die Sowjetregierung […] schenkte, mißbrauchten. Sie schmuggelten in die Baupläne zur Errichtung der Hochöfen und Arbeitersiedlungen auch die hinterhältigen Pläne jener ein, die stets danach trachteten, das Werk der russischen Arbeiter und Bauern zu vernichten." In: SAPMO im BArch, Bestand Berlin, EA 1709. Hans Klemm begründete auch nach 1945 die Organisationsprobleme auf einer Großbaustelle mit den Worten: „Der Klassenfeind stört! Er will das Tempo der Arbeit mindern, will bremsen, damit das Werk nicht rechtzeitig fertig wird." In: SAPMO im BArch, Bestand Berlin, EA 1648.

82 Im Schachty-Prozeß (Mai–Juli 1928) wurden insbesondere Ingenieure und Techniker aus dem Donezbecken verurteilt. Darauf folgten die Prozesse gegen die „Industriepartei" (November–Dezember 1930), in denen ebenfalls Angehörige der „bürgerlichen" technischen Intelligenz verurteilt wurden, und gegen die Menschewiki (März 1931). Diese Prozesse waren Anlaß, in großem Umfang weitere Verfolgungen durchzuführen. Vgl. dazu Roy Medwedew, Das Urteil der Geschichte. Stalin und Stalinismus. Bd. 1, Berlin 1992, S. 267 ff. Darin auch die Erinnerungen eines Betroffenen, wie diese Prozesse inszeniert wurden, S. 284 ff. Der damalige KPD-Vertreter in Moskau, Wilhelm Pieck, forderte am 3. März 1931 die KPD-Führung auf, den „Menschewiki-Prozeß in der stärksten und nachhaltigsten Weise zur Mobilisierung der Arbeiterschaft gegen die 2. und Amsterdamer Internationale" zu nutzen. Er verlangte diesbezüglich eine „3 bis 4 Monate" während „Kampagne". In: SAPMO im BArch, Bestand Berlin, I 6/3/219.

83 Biefang, Ruhrkumpels, S. 13 f.

duktivität einzelner Betriebsabteilungen, zwischen den Aggregaten und der Installation, und vor allen Dingen in dem Mißverhältnis zwischen den Transportmöglichkeiten der Werke und der Leistungsfähigkeit ihrer einzelnen Abteilungen. Die deutschen Gießer bekamen das wohl zu spüren, wenn ihre Produktion in der Gießerei aufgehalten wurde, weil es an Waggons mangelte, um dieselbe in die anderen Abteilungen zu schaffen."[84]

Klara D. wäre beinahe einer dieser „Schädlinge" geworden, lange vor ihrer Verhaftung 1938. Sie arbeitete als Sachbearbeiterin in einer Export-Import-Filiale des Sowjetischen Außenhandels. „Eines Tages kommt ein Genosse zu mir und fragt: ‚Haben Sie die Bestellung der Siemens-Motoren vorgenommen? Die Maschinen sind da, aber keine Motoren!' Ich sage: ‚Warum nicht? Ist doch schon alles abgerechnet.' Jetzt sehe ich nach und tatsächlich, ich habe versäumt, die Elektromotoren zu bestellen. Und dieser Genosse, der das unter sich hat, sagt: ‚Genossin, wir kommen ins Gefängnis dafür. Na, wollen wir mal sehen.' Jetzt ging's los. Siemens konnte aber nicht sofort liefern. Es gab sehr viel Hektik. Und zum Schluß kam der Genosse an und sagte, ‚Genossin, wir sind gerettet. Die Fabriken sind noch nicht fertig. Die Maschinen liegen draußen, die Motoren sind nicht da und die Fabriken sind nicht fertig. Na, da haben wir aber Glück gehabt."

Ein Bestandteil der Alltagserfahrungen war in den ersten Jahren des Exils auch die Anpassung individueller Verhaltensmuster an die sowjetische Praxis allgemeiner Geheimnistuerei und Konspiration. Schier alles unterlag bis zur untersten Ebene der Geheimhaltung: zuallererst Partei- und Sicherheitsangelegenheiten, Aufbaupläne und Produktionsergebnisse und natürlich Besprechungen mit den „zuständigen Organen". Eine entsprechende Erklärung unterschrieb beispielsweise Erna Kolbe als Schreibkraft in der Komintern.[85] Am Ende eines oft langen Anpassungsprozesses stand eine Form von Privatheit, die sich Fremden gegenüber verschlossen und argwöhnisch gab, im engsten Bekannten- und Freundeskreis dagegen zu Offenheit und Verläßlichkeit führen konnte. Die Interviewpartnerinnen berichten über scheinbar nebensächliche Veränderungen ihrer individuellen und kollektiven Beziehungen, die die einst praktizierte Öffentlichkeit in Heimlichtuerei verwandelten. Klara D. schildert: „Der Genosse Erich Würz[86] war immer dafür, nicht so laut zu sprechen, wenn wir auf der Straße gingen. Wir aber waren gewöhnt, laut zu sprechen. Wir sagten uns immer, ‚was hat der Erich bloß, was will der bloß von uns?' Wir sollen nicht sprechen, wir sollen nicht lachen. Der hatte schon immer diese Angst, wir werden beobachtet."

Antonie Satzgers Ehemann arbeitete in einer Moskauer Flugzeugwerft, die zunehmend Rüstungsaufträge ausführte. Für beide waren die ersten Verhaftungen 1934 Anlaß, ihren gewohnten offenen und freimütigen Umgang mit anderen durch stillschweigende Zurückhaltung zu ersetzen, damit man, so Antonie

---

84 Unser Leben, S. 8.
85 RCCHIDNI 495/205/6239.
86 Erich Würz, seit 1920 Mitglied der KPD, seit 1930 als Spezialist in der UdSSR, wurde verhaftet und erschossen.

Satzger, „in einem Gespräch nicht durch Zufall mal einen Ausrutscher macht"
und „aus Versehen etwas preisgibt". Für sie begann sich das „Mißtrauen den anderen gegenüber", gerade auch unter den Deutschen, seit dieser Zeit auszubreiten.
Am Ende stand die traurige Feststellung: „Man hat ja mehr oder weniger jedem
mißtraut."

Verhaftungen

Auch die befragten Frauen machten bereits vor der „Großen Säuberung" 1936/38
ihre Erfahrungen mit verschiedenen Formen von Repressionen oder hörten darüber von anderen. Brunhilde Hebel wurde Zeugin von umfangreichen Verhaftungen in Odessa 1934/35: „Wenn wir in Odessa aus dem Fenster schauten, fiel unser
Blick direkt auf das ‚Volksgericht'. Wie ein kleiner Demonstrationszug wurden
Arbeiter unter Bewachung des NKWD, das Gewehr in Angriffshaltung, in das Ge-
richtsgebäude gebracht. Und das sahen wir an mehreren Tagen. Ich sah mir die
Leute an. Sie hatten nur ihre grauen Wattejacken an, zum Teil zerrissen, dazu Filz-
schuhe mit Strippe umwickelt. So arm, ärmer ging es gar nicht. Da sagte ich dann
zu meinem Mann: ‚Du kannst mir doch nicht erzählen, daß die alle was getan haben sollen.' Ich sah, daß es wirklich einfache Leute waren, Arbeiter, Frauen und
Männer. So kamen die ersten Zweifel auf. Aber durchdacht hat man das nicht. Ich
fragte dann einen befreundeten Armeeoffizier. Der sagte: ‚Die brauchen gar nichts
weiter getan, als Schnur oder andere Kleinigkeiten aus der Fabrik mitgenommen zu
haben.' Das genügte schon, sie zu verhaften. Darüber waren wir sehr erstaunt."[87]
      Antonie Satzger berichtete über Verhaftungen zur Zeit ihres Studiums an einem
pädagogischen Institut 1934/35 in Rostow. Während ihrer Ausbildung wurde sie
instruiert, keine Texte aus der klassischen deutschen Literatur zu verwenden, die
in irgendeiner Weise religiöse Worte oder Gedanken beinhalteten. Ihr Literatur-
dozent zitierte während der Behandlung von Schillers „Glocke" auch die Text-
sequenz: „Frisch Gesellen seid zur Hand / Von der Stirne rinnen muß der Schweiß /
Soll das Werk den Meister loben / Doch der Segen kommt von oben". Antonie
Satzger: „Der ist deswegen verhaftet worden, schon 1934. Der hatte nichts auf
dem Kerbholz."
      An die Verhaftung von Elis Vogtländer – der Ehefrau des deutschen Fachar-
beiters Philipp Vogtländer – im Jahr 1935 erinnert sich Irmgard Schünemann.
Die Frau brachte von einem Besuch aus Deutschland in gutem Glauben einige
Zeitungen der Nazipresse mit, um den deutschen Freunden in Tscheljabinsk zu
zeigen, wie sich der Nationalsozialismus darstellte. An der sowjetischen Grenze

---

87 Nach dem von der Sowjetregierung am 7. August 1932 erlassenen Dekret gegen den „Raub
    sozialistischen Eigentums" standen auf Vergehen bis zu zehn Jahren Zwangsarbeit oder die
    Todesstrafe. Zwischen 1935 und 1938 folgte eine Vielzahl weiterer Strafverschärfungen. Vgl. Ralf
    Stettner, „Archipel GULAG". Stalins Zwangslager. Terrorinstrument und Wirtschaftsgigant,
    Paderborn/München/Wien/Zürich 1996, S. 101.

fanden NKWD-Grenzpolizisten die Zeitungen. Nach ihrer Ankunft in Tscheljabinsk wurde sie sofort verhaftet und nie wieder gesehen. Ihr Mann wurde 1937 verhaftet und ist ebenfalls verschollen.

Franziska Rubens verfaßte ein Resümee dieser Jahre, das nicht nur auf sie allein zutrifft: „Wir hatten uns allmählich aus ‚Reisenden' in Sowjetbürger verwandelt. Dabei hingen die Schatten der vor uns liegenden Ereignisse schon drohend über uns. Im Sommer[88] 1934 war Kirow ermordet worden. Alle glaubten wir an die Mörderhand von Trotzkisten, von Faschisten.[89] Wir ahnten nicht, welches Schicksal für uns alle mit diesem ruchlosen Verbrechen heraufzog. Unser Glaube an die Partei, an die unverrückbare Richtigkeit ihrer Beschlüsse und ihrer Politik hatte sich so gefestigt, daß auch der leiseste Zweifel, die Möglichkeit eines Irrtums, eines Fehlers oder etwa eines Verbrechens leitender Funktionäre für uns überhaupt nicht diskutabel war. So schien uns in jedem Fall die einzige Erklärung für die Ereignisse jener Jahre in der nicht durchschaubaren verbrecherischen Tätigkeit des Klassenfeindes zu liegen."[90]

---

88 Sergej Kirow war Vorsitzender der Leningrader Parteiorganisation und Mitglied des Politbüros der KPdSU. Er wurde nicht im Sommer, sondern am 1. Dezember 1934 ermordet.
89 Dieser Satz ist im Manuskript später gestrichen worden.
90 SAPMO im BArch, Bestand Berlin, EA 0787.

Terrorpolitik 1934–1938

Der Kirow-Mord 1934 und seine Folgen[91]

Am späten Nachmittag des 1. Dezember 1934 wurde der populäre Leningrader Parteifunktionär Sergej Kirow[92] im Smolny ermordet. Der junge Attentäter, ein Russe namens Leonid Nikolajew, konnte in das sonst streng bewachte Parteigebäude ohne Probleme eindringen und das Politbüromitglied Kirow auf einem Gang im dritten Stockwerk erschießen. Ob der Anschlag die Tat eines einzelnen war oder, wie oft vermutet, von Stalin inszeniert wurde – seine historische Wirkung bleibt die gleiche. Der Mord legte, so der amerikanische Historiker Robert Conquest, den „Grundstein des gesamten Gebäudes aus Terror und Leid".[93] Die dem Attentat folgenden Verhaftungen, Deportationen, Prozesse und Erschießungen bildeten nur das Vorspiel zur „großen Säuberung" der Jahre 1936 bis 1938. Den Kirow-Mord nutzte die Stalin-Führung nicht nur für die unmittelbare Ausschaltung vermeintlicher Oppositioneller. Der bestehende Sicherheitsapparat wurde mit neuen, weitergehenden Vollmachten ausgestattet, seine Struktur und sein Personal ideologisch und polizeilich weiter vervollkommnet. Parallel dazu intensivierte die Parteiführung die parteipolitische Erziehung und Disziplinierung der gesamten Bevölkerung.

Nach dem Mord an Kirow wurde eine Reihe administrativer Veränderungen bzw. Verschärfungen des bestehenden sowjetischen Strafrechts vorgenommen. Grundlage des politischen Strafrechts war der Artikel 58 des Strafgesetzbuches der UdSSR. Danach wurde „jede Tat, die darauf abzielt, die Autorität" der Sowjets und der Regierung „zu stürzen, zu schädigen oder zu schwächen, oder die darauf abzielt, die äußere Sicherheit der UdSSR und die grundlegenden wirtschaftlichen, politischen und nationalen Errungenschaften der proletarischen Revolution zu schädigen oder zu schwächen, [...] als konterrevolutionäre Tätigkeit betrachtet".[94] Fast alle Verstöße gegen diesen Paragraphen konnten mit der Todesstrafe geahndet werden. Der Artikel 58/XII forderte zudem unmißverständlich die gegenseitige Denunziation, denn er verlangte, „zuverlässige Kenntnisse von der Vor-

---

91 Robert Conquest, Am Anfang starb Genosse Kirow. Säuberungen unter Stalin, Düsseldorf 1970, S. 62 ff.
92 Sergej M. Kirow, 1886–1934, seit 1904 Mitglied der SDAPR, aktiver Teilnehmer an der Oktoberrevolution und am Bürgerkrieg, seit 1922 Mitglied des ZK, seit 1930 des Politbüros der KPR bzw. KPdSU, von 1926 an Chef der Leningrader Parteiorganisation, am 1. Dezember 1934 ermordet.
93 Robert Conquest, Der Große Terror. Sowjetunion 1934–1938, München 1992, S. 51.
94 Der vollständige Artikel 58 findet sich in: Conquest, Kirow, S. 663 ff. Vgl. die Kommentierung des Artikel 58 durch Alexander Solschenizyn, Archipel GULAG, Bern 1974, S. 69 ff.

bereitung oder Verübung eines konterrevolutionären Verbrechens zur Anzeige zu bringen".[95] Noch am Abend des Kirow-Mordes wurde auf Weisung Stalins ein Beschluß des Zentralen Exekutivkomitees und des Rates der Volkskommissare der UdSSR bekanntgegeben, der eine weitere Verschärfung der bestehenden Strafprozeßordnung beinhaltete. Danach waren bei der Untersuchung und Verhandlung gegen Angeklagte, die „Terrorakte" verübt haben sollen, folgende Maßnahmen vorzunehmen:

- Binnen zehn Tagen ist die Untersuchung der Fälle abzuschließen.
- Die Anklageschrift erhält der Angeklagte erst 24 Stunden vor Prozeßbeginn.
- Verteidiger sind bei den Verhandlungen unzulässig.
- Berufungen und Gnadengesuche sind nicht statthaft.
- Verhängte Todesstrafen sind unmittelbar nach der Verkündung zu vollstrecken.[96]

Blieb auf der einen Seite die Entscheidung über den Begriff „terroristisch" den staatlichen Sicherheitsorganen überlassen, hatte auf der anderen der Beschuldigte keinerlei Gelegenheit zu seiner Verteidigung. Dieser „Terrorerlaß" bedeutete faktisch die völlige Auslieferung der gesamten Bevölkerung an einen ausschließlich von der obersten Parteiführung unter Stalin kontrollierten Sicherheitsapparat. Die Zehntagefrist für Ermittlungen in derartigen Fällen „provozierte regelrecht eine oberflächliche Untersuchung und direkte Fälschung" – so der russische Historiker Roy Medwedew – und hatte die gewaltsame Produktion von Geständnissen zur Folge.[97] An der Hartnäckigkeit und der Widerstandskraft vieler Inhaftierter scheiterte dieser Passus, auf dessen Einhaltung bald nicht mehr geachtet werden konnte.

Mit diesem Erlaß wurden bereits am 6. Dezember 1934, dem Tag der Beisetzung Kirows, 68 Todesurteile gegen in Moskau und Leningrad einsitzende „Terroristen" vollstreckt, die, wie auch die späteren Opfer, nicht das geringste mit dem Kirow-Mord zu tun hatten. Tage später wurden in Minsk neun und in Kiew weitere 28 Personen erschossen.[98]

Nur wenige Tage später, am 22. Dezember 1934, wurde Nikolajew, der Attentäter Kirows, bezichtigt, er gehöre einer Terrororganisation ehemaliger Anhänger der Opposition unter Sinowjew an. Die einstigen hohen Parteifunktionäre Sinowjew und Kamenew waren bereits am 16. Dezember 1934 verhaftet worden.[99] Gegen sie und weitere 17 Personen wurde im sogenannten Fall des Moskauer

95 Conquest, Kirow, S. 667.
96 Roy Medwedew, Das Urteil der Geschichte. Stalin und Stalinismus. Bd. 2, Berlin 1992, S. 23.
97 Ebenda.
98 Ebenda.
99 Grigori J. Sinowjew, 1883–1936, seit 1903 Mitglied der Bolschewiki, enger Mitarbeiter Lenins, 1917 Vorsitzender des Petrograder Sowjets, ab 1919 Mitglied des Politbüros und Vorsitzender der Komintern. Ab 1923 lag die Führung der Partei in den Händen der „Troika" Stalin-Sinowjew-Kamenew, 1925 bildete Sinowjew mit Trotzki und Kamenew die „Vereinigte Opposition" gegen Stalin, nach deren Scheitern verlor er 1926/27 alle Parteiämter, nach dem 1. Moskauer Schau-

Zentrums in einem Geheimprozeß im Januar 1935 verhandelt. Die Angeklagten erhielten unterschiedliche Gefängnisstrafen, Sinowjew zehn und Kamenew fünf Jahre.[100]

Diesem Prozeß folgte in den nächsten Wochen eine Reihe weiterer umfassender Repressionsmaßnahmen und inszenierter Prozesse. Im März und April 1935 fand in Moskau vor einem Sondertribunal des Volkskommissariats für Innere Angelegenheiten der Prozeß gegen die Gruppe „Arbeiteropposition" statt.[101] Der sogenannte Kreml-Prozeß deckte in einer geschlossenen Verhandlung im Juli 1935 eine angebliche Verschwörung von Angestellten und Mitarbeitern des Kreml auf.[102] Massenverhaftungen und Deportationen erfaßten vor allem im Winter und Frühjahr 1935 Leningrad. Mehrere 10 000 „fremde Elemente", vor allem ehemalige zaristische Offiziere, Aristokraten und Angestellte wurden aus Leningrad, teils aus Moskau verbannt. In der „Leningradskaja Prawda" verkündete ihr Chefredakteur, daß „nur echte Proletarier und ehrliche Werktätige das Recht haben, in der Stadt Lenins zu leben."[103]

Das Gesetz über die Bestrafung der Familienangehörigen von „Vaterlandsverrätern" und „Volksfeinden" vom 30. März 1935 gestattete die Deportierung, Verbannung und Internierung aller nahen Verwandten der verurteilten Personen und führte die Sippenhaft in die sowjetische Gesetzgebung ein. Der Erlaß des Zentralen Exekutivkomitees der UdSSR vom 7. April 1935 erlaubte, Kinder vom 12. Lebensjahr an juristisch zu verfolgen und zu strafen, sogar mit der Todesstrafe.[104]

Durch die Auflösung der „Gesellschaft der alten Bolschewiken" am 25. Mai 1935 und der „Gesellschaft der ehemaligen politischen Häftlinge und Verbannten" am 25. Juni 1935 entledigte man sich gesellschaftlich anerkannter Organisationen, die bislang der parteipolitischen und staatlichen Legitimation dienten und nun der neuen Parteilinie hätten entgegenwirken können. Zumindest Mißtrauen gegenüber der Stalinschen Linie zeichnete sich auf dem XVII. Parteitag der KPdSU im Januar und Februar 1934 ab, auf dem 270 Delegierte gegen die Wahl Stalins stimmten. Medwedew resümiert: „[Stalin] war stets außerordentlich empfindlich für solche ‚Signale'. Er spürte die Gefahr für seine Machtstellung. Die Personifizierung dieser Gefahr waren für ihn Sergej Kirow und viele Delegierte des XVII. Parteitages."[105] Von den 1966 Parteitagsdelegierten sind denn auch in den folgenden

prozeß im August 1936 wurde er hingerichtet. Lew B. Kamenew, 1883–1936, enger Mitarbeiter Lenins, 1919–1926 Mitglied des Politbüros, nach 1923 bekämpfte Kamenew gemeinsam mit Stalin und Sinowjew die Opposition unter Trotzki, dann verbündete er sich mit Sinowjew und Trotzki gegen Stalin, nach der Niederlage verlor er 1925/26 alle Partei- und Regierungsämter. Nach dem 1. Moskauer Schauprozeß im August 1936 wurde er hingerichtet.

100 Vgl. Schauprozesse unter Stalin 1932–1952. Zustandekommen, Hintergründe, Opfer, Berlin 1990, S. 45–86.
101 Ebenda, S. 87–119
102 Ebenda, S. 120–135.
103 Medwedew, Geschichte, Bd. 2, S. 29.
104 Ebenda, S. 30.
105 Ebenda, S. 15.

Jahren 1108 Personen festgenommen, von den 139 Mitgliedern und Kandidaten des ZK der KPdSU 98 Personen verhaftet und erschossen worden.[106] Schließlich wurden zwischen 1937 und 1939 alle Weggefährten Kirows in Leningrad liquidiert. Von den 154 Leningrader Parteitagsdelegierten zum XVII. Parteitag der KPdSU 1934 nahmen am XVIII. Parteitag 1939 nur noch drei teil.[107] Auf dem XVII. Parteitag stiegen vor allem die künftigen Sicherheitschefs Jagoda, Jeshow und Berija[108] in die Parteispitze auf, während bekannte Kritiker wie Bucharin, Rykow und Tomski[109] von Mitgliedern zu Kandidaten des ZK degradiert wurden.

Die Stalin-Führung unterstellte die bisherige politische Polizei GPU dem Volkskommissariat für Innere Angelegenheiten, in dem der gesamte Polizei-, Nachrichten- und Staatssicherheitsdienst konzentriert und weiter ausgebaut wurde.

Im Juli 1934 wurden die sogenannten Sonderberatungen („Sonderkommission", „Sondertribunal", „Troika"), die bereits auf den verschiedenen Ebenen des NKWD existierten, bevollmächtigt, „in geheimen und durch keine Rechtsmittel des Angeklagten eingeschränkten Verfahren", also „administrativ" und ohne jegliche Gerichtsverhandlung, die Internierung in Lager zu verfügen.[110] Anklage, Verhaftung, Untersuchung, Verurteilung, Exekutierung, Internierung, Bewachung und Entlassung – all dies lag in den Händen des Volkskommissariats für Innere Angelegenheiten, das unter unmittelbarer Kontrolle der Stalinführung stand.

Die politisch-ideologische und disziplinarische Homogenisierung der Parteimitglieder seit Ende der 20er Jahre, ihre kontinuierliche Einschwörung auf die Partei und deren jeweilige Linie sowie die Person Stalins waren entscheidende mentale Voraussetzungen für die fast widerstandslose Hinnahme des aufziehenden Terrors gegen die eigene Bevölkerung und die eigene Partei.[111] Nach dem Mord an Kirow verstärkten sich die „parteierzieherischen" Aktivitäten der Parteifüh-

---

106 Nikita Chruschtschow, Die Geheimrede, Berlin 1990, S. 25 f.

107 Anatolij Rybakow, Jahre des Terrors. Roman, München 1992, S. 208.

108 Genrich G. Jagoda, 1891–1938, 1924–34 stellv. Vorsitzender der GPU und ab 1930 Chef der Besserungsarbeitslager, 1934–36 Volkskommissar des NKWD, Absetzung im September 1936, Hinrichtung nach dem 3. Moskauer Schauprozeß, 15. März 1938. Nikolaj Jeshow, 1936–1938 Chef des NKWD, Organisator des Massenterrors, Anfang 1939 verhaftet und erschossen. Lawrentij P. Berija, 1899–1953, 1921–31 in leitenden Polizeifunktionen, 1931–36 Parteichef in Transkaukasien und Georgien, seit 1938 Volkskommissar des NKWD, 1945 Marschall der Sowjetunion, nach Stalins Tod gestürzt und nach einem Geheimprozeß am 23. 12. 1953 erschossen. Vgl. Berija, Henker in Stalins Diensten. Ende einer Karriere, hrsg. von Vladimir Nekrassow, Berlin 1992.

109 Nikolai I. Bucharin, 1888–1938, seit 1906 Mitglied der SDAPR, enger Kampfgefährte Lenins, Führer der Oktoberrevolution in Moskau, seit 1924 Mitglied des Politbüros und seit 1926 Vorsitzender der Komintern, unterstützte Mitte der 20er Jahre den Kurs Stalins, wandte sich jedoch später gegen dessen Zwangskollektivierungs- und Industrialisierungspläne, 1929 sämtlicher Ämter enthoben, 1937 verhaftet und nach dem 3. Moskauer Schauprozeß im März 1938 erschossen. Alexej I. Rykow, seit 1898 Mitglied der SDAPR, 1917–1937 Mitglied des ZK der KPdSU (seit 1934 Kandidat), 1924–30 Regierungschef der UdSSR, nach dem 3. Moskauer Schauprozeß im März 1938 erschossen.

110 Die Moskauer Schauprozesse 1936–1938, hrsg. von Theo Pirker, München 1963, S. 63.

111 Vgl. Reinhard Löhmann, Der Stalinmythos. Studien zur Sozialgeschichte des Personenkultes in der Sowjetunion 1929–1935, Münster 1990.

rung. Auf zahlreichen Versammlungen und großen Kundgebungen wurden die Erschütterung und der Protest der Teilnehmer lautstark artikuliert. „Die Mehrheit der Jugend erfüllte die Ermordung Kirows mit Trauer und Zorn", konstatiert Medwedew. „Diese Gefühle dominierten auch in der Leningrader Arbeiterklasse, bei der Kirow sehr beliebt war."[112] Die offizielle Version über die ideologische Verbindung des Attentäters mit der konstruierten „Opposition" Sinowjews einerseits und ausländischen Kräften andererseits hatte, so Medwedew, unter breiten Kreisen der Bevölkerung Glaubwürdigkeit hervorgerufen. Verwirrend und beunruhigend wirkte bei vielen, daß überhaupt ein derartiges Attentat möglich war – was Stalins These von der Zunahme des „Klassenkampfes" nur nützlich sein konnte. Forderungen nach harter Bestrafung der Hintermänner des Attentats schienen nur zu verständlich. Eine Inszenierung des Mordes, gar in Stalins Auftrag, konnte seinerzeit wohl kaum jemand im sowjetischen Machtbereich ernsthaft vermuten, geschweige denn öffentlich artikulieren. Zu unfaßbar war diese Ahnung, zumal ein rationaler Sinn der Tat zu dieser Zeit kaum erkennbar war.[113]

„Parteierzieherisch" verwertbar war auch das öffentliche Ansehen, das Kirow genoß. Nunmehr avancierte er zum Mythos und symbolträchtigen Opfer im allgegenwärtigen „Klassenkampf". „Dieses Opfer durfte das Volk nicht vergessen", bemerkt Anatolij Rybakow, „dieses Opfer mußte das Volk immer vor Augen haben und seinen Tod rächen und nochmals rächen. [...] Alles mußte dem Volk Kirow in Erinnerung bringen, er mußte zur Reliquie werden, zum ewigen Schmerz des Volkes, zu einer immer blutenden und nie verheilenden Wunde. In dieser Wunde mußte immer wieder gewühlt werden, sie mußte dem Volk in Erinnerung bringen, daß es Feinde gab, die vernichtet werden mußten."[114] Bereits am 18. Januar 1935 wandte sich das ZK der KPdSU in einem nicht veröffentlichten Brief an alle Parteiorganisationen, in dem sie aufgefordert wurden, alle Kräfte zur Zerstörung „konterrevolutionärer Nester" von „Partei- und Volksfeinden" zu mobilisieren. Ausdrücklich betonte der ZK-Brief, daß man mit der „opportunistischen Gutgläubigkeit Schluß machen" müsse und sich „nicht auf [den] Ausschluß aus der Partei beschränken" dürfe; die Beschuldigten seien zu verhaften und zu isolieren. „Wir brauchen nicht Gutgläubigkeit", hieß es, „sondern Wachsamkeit, echte bolschewistische revolutionäre Wachsamkeit."[115] Damit wurde die Parteimitgliedschaft nicht mehr nur auf die politische Unterdrückung vermeintlicher Feinde, sondern auf deren massenhafte strafrechtliche Verfolgung bis hin zur physischen Liquidierung orientiert. Mit dem Terminus „Doppelzüngelei" bzw. „Doppelzüngler", mit dem nach außen die Treue zur Partei betont, insgeheim aber konterrevolutionärer Terror betrieben würde, installierte man im öffentlichen Bewußtsein einen Begriff,

---

112 Medwedew, Geschichte, Bd. 2, S. 17.

113 Trotzki vermutete beispielsweise 1935 hinter dem Anschlag tatsächlich eine oppositionelle „terroristische Gruppe der Parteijugend" gegen die „führende Oberschicht". Bjulleten oppozicii, 1935, Nr. 41, S. 6. Zit. nach Medwedew, Geschichte, Bd. 2, S. 27.

114 Rybakow, Terror, S. 17.

115 Schauprozesse, S. 210 ff.

dessen Auslegung von den partei- bzw. sicherheitspolitischen Autoritäten bestimmt
werden konnte und der in seiner Vagheit jede benötigte Interpretation ermöglichte. Die konstruierte Verbindung von Parteitreue und geheimer konterrevolutionärer Tätigkeit machte praktisch jedes Parteimitglied zu einem potentiellen „Feind"
und delegierte die Entscheidungsgewalt an die „zuständigen Organe". Neben die
Termini „Schädling" und „Schädlingsarbeit", die sich innerhalb der Repressions-
und Parteiinstitutionen bereits Anfang der 30er Jahre als Stigma gegenüber allen
Verdächtigten weithin durchgesetzt hatten, traten die Begriff des „Doppelzüng-
lers" und des „Volksfeindes" als beherrschende Bezeichnungen für alle inkriminierten Personen. Damit wurde nicht nur jedwede Abweichung von der offiziellen
Linie als politisches Vergehen gebrandmarkt, sondern schlechthin suggeriert, daß
es sich dabei um Verbrechen am Volk selbst, an der Heimat, handelte.

Die 1933 begonnene „Parteireinigung" wurde nach dem Kirow-Mord fortge-
setzt und erst mit dem ZK-Plenum der KPdSU im November 1935 formal beendet.
Der Beschluß, der den Umtausch der Mitgliedsbücher aller Parteimitglieder verlangte, bedeutete aber praktisch eine erneute, unter den damaligen Bedingungen
viel rigorosere „Tschistka". Eine neue Parteikampagne mit dem Stichwort „Reue"
und dem „Bekennen von Fehlern" fand in den Jahren 1935/36 statt. Jewgenia Ginsburg, wenig später vom NKWD verhaftet, beschrieb die damalige Atmosphäre in
der Lebenswelt politischer Funktionäre und einfacher Parteimitglieder: „Große,
voll besetzte Säle und Auditorien verwandelten sich in Beichtstühle. Jede Versammlung hatte ein eigenes Schlagwort. Man schlug sich an die Brust, die ‚Schuldigen' jammerten, sie hätten ‚politisch kurzsichtig' gehandelt, die ‚politische
Wachsamkeit einschlafen lassen', ‚zweifelhafte Elemente toleriert', ‚Wasser auf die
Mühlen von …' gegossen und ‚verfaulten Liberalismus' vertreten […]. Solche und
ähnliche Formeln waren in den Räumen der öffentlichen Gebäude zu hören. Die
Presse war überflutet mit reumütigen Bekenntnissen. Unverhohlene, blinde Angst
führte die Hand vieler ‚Theoretiker'. Von Tag zu Tag nahmen die Macht und die
Bedeutung des NKWD zu."[116]

Schauprozesse und Massenterror 1936 bis 1938

Vom 19. bis 24. August 1936 fand in Moskau der Prozeß gegen das „Antisowjetische vereinigte trotzkistisch-sinowjewistische Zentrum" statt.[117] Dies war der erste der drei großen Prozesse gegen ehemalige führende Mitglieder der KPdSU, die
unter Stalins Regie inszeniert wurden und als Schauprozesse in die Geschichte

116 Jewgenia Ginsburg, Marschroute eines Lebens, München/Zürich 1986, S. 16.
117 Vgl. den offiziellen und präparierten Prozeßbericht: Volkskommissariat für Justizwesen der
     UdSSR. Prozeßbericht über die Strafsache des Trotzkistisch-sinowjewistischen terroristischen
     Zentrums. Verhandelt vor dem Militärkollegium des Obersten Gerichtshofes der UdSSR, 19.–24.
     August 1936, Moskau 1936. Dazu die frühen zeitgenössischen Gegendarstellungen: Victor Serge,
     Die sechzehn Erschossenen. Zu den Moskauer Prozessen (1936). Unbekannte Aufsätze II, Ham-

eingingen.[118] Im Mittelpunkt der Anklage standen Sinowjew und Kamenew. Sie sind, ebenso wie die anderen Angeklagten, lediglich auf der Grundlage ihrer eigenen Geständnisse verurteilt und schließlich erschossen worden.[119] Bezichtigt wurden sie „antisowjetischer Spionage und Diversion" und Verbindungen zu Trotzki,[120] der nach innerparteilichen Kämpfen 1929 aus der UdSSR ausgewiesen wurde und einer der konsequentesten Kritiker der stalinistischen Diktatur war. Der einstige führende Funktionär der russischen Partei und Kampfgefährte Lenins soll – so das Prozeßszenario – Mittelsmann der Gestapo gewesen sein, über den Sinowjew und Kamenew Terroranschläge gegen Partei- und Staatsführer der UdSSR vorbereitet hätten. Als Kuriere zwischen Trotzki und Sinowjew bzw. zwischen Trotzki und der Gestapo seien die deutschen Angeklagten und Mitglieder der KPD Fritz David (d. i. Ilja Krugljanski)[121], ehemaliger Redakteur der „Roten Fahne" und Sekretär Piecks, Alexander Emel (d. i. Moise Lurje), Hans Stauer (d. i. Konon Berman-Jurin), Hans Wolf (d. i. Nathan Lurje) und Valentin Olberg tätig gewesen. Das damit geschaffene latente Mißtrauen gegenüber Ausländern und die Konstruktion des Anklage-„Amalgams"[122] tangierte die deutschen Emigrantinnen und Emigranten in besonderer Weise und führte in den folgenden Monaten und Jahren zur Verfolgung und Verurteilung von Hunderten von ihnen. Die Rolle der deutschen Angeklagten wurde in einem Brief des ZK der KPdSU vom 29. Juli 1936 an die Parteikomitees –

burg 1977 (Reprint); Leo Sedow, Rotbuch über den Moskauer Prozeß 1936. Trotzkis Sohn klagt an, 1988 (Reprint); Leo Trotzki, Stalins Verbrechen, Zürich 1937; sowie Schauprozesse, S. 45 ff.; Medwedew, Geschichte, Bd. 2, S. 36 ff. Planung, Inszenierung und Wirkung der Moskauer Schauprozesse von 1936, 1937 und 1938 in der UdSSR. Eine Chronik, zusammengestellt von Wladislaw Hedeler, Berlin 1996.

118 Vgl. den literarisch-dokumentarischen Rekonstruktionsversuch von Rybakow über die Inszenierung des ersten Moskauer Prozesses. Rybakow, Terror.

119 Zu den Geständnissen vgl. den klassischen literarischen Rekonstruktionsversuch von Arthur Koestler, Sonnenfinsternis, Wien/München/Zürich 1973, sowie Conquest, Terror, S. 132 ff. Der neueste Forschungsstand bei Wladislaw Hedeler, Die Szenarien der Moskauer Schauprozesse 1936 bis 1938, in: UTOPIE kreativ, Heft 81/82, 1997, S. 58 ff.

120 Leo Trotzki, geboren 1879, seit Anfang des Jahrhunderts Mitglied der SDAPR, seit 1917 der Bolschewiki unter Lenin, militärischer Organisator der Oktoberrevolution, nach 1917 Volkskommissar für Äußeres, später für Verteidigung, Gründer der Roten Armee. Nach Lenins Tod offene Auseinandersetzungen mit Stalin, Sinowjew und Bucharin insbesondere in Fragen des Bürokratismus, der Wirtschafts- und Agrarpolitik sowie der Möglichkeit des Aufbaus des Sozialismus in einem Land, 1925 Entfernung aus allen Parteiämtern, 1928 Verbannung, 1929 Ausweisung aus der UdSSR, vom Ausland her konsequente Kritik am stalinistischen Sowjetmodell, 1941 von einem sowjetischen Agenten in Mexiko ermordet.

121 Den Prinzipien kommunistischer Organisation entsprechend trugen verschiedene Parteimitarbeiter bzw. Funktionäre Decknamen.

122 Friedrich Adler zum Begriff Anklage-„Amalgam": „Für die Methode, nach der die Anklage fabriziert wurde, gibt es einen eigenen technischen Ausdruck. Man sagt, sie bildet ein ‚Amalgam', das heißt, die Handlungen und Aussagen ganz differenter Menschen oder Menschengruppen werden so zu einer Einheit verschmolzen, daß sich daraus eine gemeinsame Anklage gegen alle ergibt." F. Adler/R. Abramowitsch/L. Blum/E. Vandervelde, Der Moskauer Prozeß und die Sozialistische Arbeiter-Internationale, Berlin 1931, S. 6.

bereits Wochen vor Prozeßbeginn – ausdrücklich hervorgehoben. Dort heißt es: „Zum Wiederaufbau der terroristischen Gruppen in der UdSSR und zur Aktivierung ihrer Tätigkeit schleuste Trotzki seine erprobten Agenten mit gefälschten Dokumenten aus dem Ausland ein. Als solche Agenten sandte er zu verschiedenen Zeiten Bermann-Jurin, W. Olberg, Fritz David, Gorowitsch, Gurewitsch, Bychowski und andere von Berlin nach Moskau. Sie alle erhielten die Aufgabe, Stalin, Woroschilow, Kaganowitsch und andere Parteiführer um jeden Preis zu töten."[123]

Vor und während des Prozesses fanden zahllose Partei- und Arbeiterversammlungen, Meetings und Kundgebungen statt, auf denen per Handzeichen und Akklamation die Todesstrafe für die Angeklagten gefordert wurde. Als Mitarbeiter und Angestellte in sowjetischen Betrieben nahmen auch deutsche Emigranten und Spezialisten an solchen Veranstaltungen teil. Den Szenarios und Zwängen dieser Tribunale konnten sich die Beteiligten politisch und emotional kaum entziehen. Das damalige ideologische und mentale Befinden der Masse der Sowjetbürger wie auch der Mehrheit der Emigranten gestattete kaum, den wahren Sinn dieses und der nachfolgenden Prozesse zu durchschauen.

Für die Kommunistin Elly B. schien die Verurteilung von Sinowjew und Kamenew eine logische Konsequenz von deren Parteikarriere zu sein, die ihr als Schreibkraft in der Komintern vertraut war: „Sinofjew und Kamenew, das waren die Rechten. So haben wir es gelernt." Ebenso war Irmgard Schünemann seinerzeit der Meinung, die Angeklagten seien „Feinde, die weg müssen". Glaube an die Rechtmäßigkeit ihrer Verurteilung und Verwirrung über deren politische Transformation vom Revolutionär zum „Konterrevolutionär" bestimmten die Bewertung von Mimi Brichmann: „In den Zeitungen wurden ja die Verhöre, oder ein Teil davon, veröffentlicht, und überall haben die Angeklagten freiwillig ihre Schuld eingestanden. Ich war davon überzeugt. Wenn sie keiner zwingt und sie das freiwillig tun? Da wußte ich ja noch nichts Näheres. Und ich selber war noch nicht betroffen. Da dachte ich, das wird schon rechtens sein. Ich habe mich allerdings gewundert. Es hat mich erschüttert. Diese Menschen, wie ist das möglich, was hat sie bewogen? Ich wurde damit nicht fertig. Ich habe über diesen Punkt aber mit niemandem geredet."

Gertrud Meyer und ihr Mann erfuhren in ihrem Urlaubsort aus den Zeitungen über den ersten Moskauer Prozeß. Zwei der deutschen Angeklagten waren ihnen persönlich bekannt. In ihren Erinnerungen schreibt Gertrud Meyer[124]: „Wir fuhren sofort nach Moskau zurück und machten, wie es in solchen Fällen üblich war, bei unserer Parteiorganisation und der für unseren Rayon zuständigen Stelle des NKWD einen Bericht über die Art der Bekanntschaft, einen Bericht, der in jeder

123 Schauprozesse, S. 232 f.
124 Gertrud Meyer: 1898 in Köln geboren, seit 1920 KPD, seit 1930 mit ihrem Mann in der UdSSR, 1933–36 Studium an der KUNMS. 1937 vom NKWD verhaftet, 1938 Auslieferung an Deutschland, bis 1940 Zuchthaus Cottbus, anschließend Polizeiaufsicht, 1944/45 erneute Haft, 1975 in Hamburg gestorben.

Beziehung stichhaltig und nachprüfbar war." Dennoch wurden beide schon wenige Tage danach aus der Partei ausgeschlossen. „Während dieser für mich so folgen-
schweren Parteiversammlung hatte Frieda Koenen neben mir gesessen und versucht, mich zu beruhigen. Helfen konnte sie mir nicht, sie war fast noch verzwei-
felter als ich selber. Der Ausschluß geschah mit einer Gegenstimme. Sie kam von
Heinrich Gerards, einem alten Freund und Genossen aus Köln. […] Als er gegen
meinen Parteiausschluß stimmte, war ich mir sofort der Gefahr bewußt, der er
sich damit ausgesetzt hatte. Darum versuchten wir ihn auf Umwegen zu erreichen
(ihn im Emigrantenheim anzurufen, wäre unmöglich gewesen), um zu uns zu
kommen. Wir bemühten uns, ihm seine Lage begreiflich zu machen und daß er
sich mit seiner Haltung ganz unnütz opfern würde. Nach stundenlangem Zu-
reden zwangen wir ihn, damit er sich nicht doch noch eines andern besinnen
konnte, in unserer Gegenwart an die Parteiorganisation der KUNMS und an die
deutsche Sektion der KI zu schreiben und seinen ‚Fehler einzugestehen'. Wenige
Wochen später hätte ihn das auch nicht mehr gerettet."[125]

Der Propaganda von der „kapitalistischen Einkreisung" und des Anwachsens
des „Klassenkampfes" folgend – das Erstarken des Faschismus in Deutschland,
Italien, Spanien und des japanischen Militarismus nahmen die Emigranten als sehr
reale Prozesse wahr –, schien breiten Kreisen das Auftauchen von „Schädlingen",
„Spionen", „Terroristen" und anderen „Volksfeinden" durchaus naheliegend und
deren „Vernichtung" nur allzu gerecht. Politische Konformität gegenüber den bestehenden Verhältnissen und naive Gläubigkeit gegenüber den Führern der Partei
und des Staates hatten längst selbstbestimmte Gedanken verdrängt oder gar nicht
erst aufkommen lassen. So wurde jede Art von Zweifel und Kritik blockiert. Nicht
unterschätzt werden darf in diesem Zusammenhang die Wirkung der sich auf alle
Lebensbereiche erstreckenden „Sowjetdiktatur": der Partei, des Sicherheitsapparates, der Massenorganisationen und nicht zuletzt der geschickt eingesetzten
Medien. Der spätere russische Dissident Lew Kopelew schrieb über seine damalige Auffassung: „Wir lebten ja in einer belagerten Festung, mußten dicht zusam-
menstehen, durften kein Schwanken und keine Zweifel zulassen."[126] Völlig verborgen blieb die tatsächliche politische und terroristische Absicht, die die Führung unter Stalin mit diesem und den folgenden Prozessen bezweckte. „Die Kommunisten und das russische Volk", konstatiert Conquest, „konnten keine offenen
Einwände gegen seine Darstellung (gemeint ist Stalins Prozeßinszenierung, M. S.)
erheben."[127] Im gleichen Sinne resümiert Medwedew: „In den Jahren 1936–1938
zweifelte die überwiegende Mehrheit der sowjetischen Menschen – nicht nur der
Arbeiter und Angestellten, sondern auch der Intelligenz – nicht daran, daß auf

---

125 SAPMO im BArch, Bestand Berlin, EA 1474/3. Vgl. Lukács/Becher/Wolf, Die Säuberung. Moskau
    1936. Die geschlossene Parteiversammlung der deutschen Schriftsteller im September 1936 zeigt
    mit wenigen Ausnahmen sowohl das politisch-ideologische Ghetto der Akteure wie deren buch-
    stäbliche Willfährigkeit gegenüber der Partei.
126 Lew Kopelew, Aufbewahren für alle Zeit!, München 1981, S. 31.
127 Conquest, Kirow, S. 148.

der Anklagebank im Hause der Gewerkschaften tatsächlich Feinde des Volkes saßen."[128]

Selbst die meisten ausländischen Beobachter des Prozesses, so Conquest, „waren mindestens geneigt, diese Darstellung des Prozesses nicht von Anfang an und offen als Fälschung zurückzuweisen. Es gab zwar erhebliches Unbehagen wegen der Geständnisse. Aber selbst wenn sie mit nicht vertretbaren Methoden erlangt worden wären, so bedeutete das doch nicht, daß sie unrichtig waren".[129] Der amerikanische Historiker kritisiert ausdrücklich die oberflächliche Reflexion der Schauprozesse durch einen Teil der westlichen Journalisten, Botschafter, Juristen und Rußlandkenner. Diesen Umstand bezeichnet er als „wichtigen Aspekt der ganzen Säuberung" und konstatiert, daß „man diejenigen, die die Prozesse ‚geschluckt' haben, kaum von einem gewissen Maß an Mitschuld an der Dauer und Verschärfung der Folterungen und bei der Erschießung unschuldiger Menschen freisprechen" könne.[130] Als prominente Propagandisten der Prozeßinszenierungen agierten u. a. der britische Kronanwalt Denis Nowell Pritt, der deutsche Schriftsteller Lion Feuchtwanger und der amerikanische Botschafter in der UdSSR Joseph E. Davies, die als Augenzeugen an einzelnen Prozessen teilnahmen.[131] Feuchtwanger faßte die Quintessenz seines Eindrucks 1937 folgendermaßen zusammen: „Was ich verstanden habe, ist vortrefflich. Daraus schließe ich, daß das andere, was ich nicht verstanden habe, auch vortrefflich ist."[132] Feuchtwangers Buch wurde noch Ende 1937 in einer hohen Auflage in der UdSSR veröffentlicht. Ähnlich wie er rezipierte der amerikanische Botschafter die Prozesse. Davies resümierte in Anbetracht des deutschen Überfalls auf die Sowjetunion 1943, „daß die Angeklagten von damals direkt oder indirekt im Dienste der deutschen oder japanischen Spionage standen", und würdigte ausdrücklich die „erstaunliche Weitsicht Stalins und seiner Mitarbeiter".[133] Die Memoiren von Davies bildeten die Grundlage für den Hollywoodfilm „Mission to Moscow" aus dem Jahr 1943, in dem die Schauprozesse erneut legitimiert wurden.[134]

Der Prozeß vom August 1936 löste in der gesamten Sowjetunion eine bis dahin unbekannte Welle von Verhaftungen durch das NKWD aus. Am 26. September 1936 wurde der bisherige Volkskommissar für Innere Angelegenheiten Jagoda von Jeshow abgelöst, da die „Organe der OGPU" nach Stalins Auffassung bei der

---

128 Medwedew, Geschichte, Bd. 2, S. 61.

129 Conquest, Kirow, S. 148.

130 Ebenda, S. 597.

131 Lion Feuchtwanger, Moskau 1937. Ein Reisebericht für meine Freunde, Amsterdam 1937. Denis Nowell Pritt, Der Sinowjew Prozeß, Prag o. J. (1936/37). Joseph E. Davies, Als USA-Botschafter in Moskau. Authentische und vertrauliche Berichte über die Sowjetunion bis Oktober 1941, Zürich 1943.

132 Feuchtwanger, Moskau, S. 134. Vgl. dazu die kritische Studie von Karl Kröhnke, Lion Feuchtwanger. Der Ästhet in der Sowjetunion. Ein Buch nicht nur für seine Freunde, Stuttgart 1991.

133 Joseph E. Davies, Warum hat es in Russland keine fünfte Kolonne gegeben?, Basel 1943, S. 1.

134 Vgl. die kritische Analyse des Films von David Culbert, Mission to Moscow, Madison/Wisconsin 1980.

„Entlarvung des trotzkistisch-sinowjewschen Blocks […] um vier Jahre in Ver-
zug" seien.[135] Jeshow führte umfassende Struktur- und Kaderveränderungen
innerhalb des NKWD durch, eingeschlossen einer „Säuberung" unter höheren
NKWD-Beamten, von denen eine Vielzahl auf die gleiche Weise liquidiert wurde,
wie sie selbst einst liquidierten bzw. liquidieren ließen.[136]

Dem Moskauer Prozeß vom August 1936 folgten in den Jahren 1937/38 die
Schauprozesse gegen Pjatakow, Radek, Bucharin und weitere „alte Bolschewiken", der Geheimprozeß gegen Tuchatschewski und andere hohe Militärs sowie
zahllose Prozesse in den einzelnen Republiken und Rayons der UdSSR.[137] Den
Prozessen schloß sich eine Verhaftungswelle unbekannten Ausmaßes an, der
Millionen Menschen aus allen Schichten des Volkes zum Opfer fielen. Die Worte
„das Jahr 1937", so Medwedew, „sind bis heute nicht in erster Linie ein Datum
im Kalender, sondern vor allem ein Synonym für grausamen Massenterror".[138]
Die Jahre 1937/38 bildeten den Höhepunkt der „Säuberung" und gingen als „Je-
showschtschina" in das kollektive Gedächtnis der Völker der UdSSR ein.

Das Plenum des ZK der KPdSU, das vom 25. Februar bis Anfang März 1937 tagte, sanktionierte die längst praktizierte Durchführung von Folter und Mißhandlungen gegenüber den Beschuldigten.[139] Stalin forderte in seiner Abschlußrede die
„Partei- und Sicherheitsorgane" auf, den „Kampf gegen die Volksfeinde zu ver-
stärken, mit welchem Banner – einem trotzkistischen oder bucharinschen – sie
sich auch tarnen mögen".[140]

135 Medwedew, Geschichte, Bd. 2, S. 40.

136 Ebenda, S. 40 ff. Vgl. auch. Lewytzkyj, Inquisition, S. 112 f.

137 Vgl. zum Radek-Prozeß: Prozeßbericht über die Strafsache des sowjetfeindlichen trotzkistischen
     Zentrums. Verhandelt vor dem Militärkollegium des Obersten Gerichtshofes der UdSSR, 23.–
     30. Januar 1937. Vollständiger stenographischer Bericht, hrsg. vom Volkskommissariat für Ju-
     stizwesen der UdSSR, Moskau 1937. Conquest, Terror, S. 174 ff. Schauprozesse, S. 170 ff. Med-
     wedew, Geschichte, Bd. 2, S. 44 ff. Zum Tuchatschewski-Prozeß Rudolf Ströbinger, Stalin
     enthauptet die Rote Armee. Der Fall Tuchatschewski, Stuttgart 1990. Zum Bucharin-Prozeß:
     Prozeßbericht über die Strafsache des antisowjetischen „Blocks der Rechten und Trotzkisten".
     Verhandelt vor dem Militärkollegium des Obersten Gerichtshofes der UdSSR, 2.–13. März 1938.
     Vollständiger stenographischer Bericht, hrsg. vom Volkskommissariat für Justizwesen der
     UdSSR, Moskau 1938. Conquest, Terror, S. 394 ff. Schauprozesse, S. 305 ff. Medwedew, Ge-
     schichte, Bd. 2, S. 52 ff. Zudem der Brief Bucharins an Stalin vom 10. Dezember 1937. Darin
     äußerte Bucharin seine Vermutungen über eine „große und kühne politische Idee einer generel-
     len Säuberung", die der „Führung vollständige Sicherheit" gebe und als deren Opfer er sich ver-
     stand. Dies akzeptierend schrieb Bucharin aber auch, „große Pläne, große Ideen und große In-
     teressen" stünden „über allem". Wladislaw Hedeler/Ruth Stoljarowa, Ein unbekannter Brief
     Nikolai Bucharins an Josef Stalin vom 10. Dezember 1937, in: Internationale Wissenschaftliche
     Korrespondenz zur Geschichte der deutschen Arbeiterbewegung, Heft 1, 1993, S. 20 ff. Zu Ein-
     zelheiten über die Welle von Prozessen in den Republiken, Rayons und Kreisen vgl. Medwedew,
     Geschichte, Bd. 2, S. 138 f.

138 Ebenda, S. 43. Einzelheiten bei Conquest, Terror, S. 248 ff.

139 Medwedew, Geschichte, Bd. 2, S. 176. Dokumentationen verbreiteter Foltermethoden inner-
     halb des NKWD finden sich in ebenda, S. 175 ff.; Conquest, Terror, S. 145 ff.; Solschenizyn,
     GULAG, S. 100 ff.

140 Medwedew, Geschichte, Bd. 2, S. 52.

Am 8. Dezember 1938 wurde Jeshow als Volkskommissar für Innere Angelegenheiten abgelöst, im März 1939 verhaftet und später erschossen. Unter seinem
Nachfolger Berija verringerte sich die Anzahl der Verhaftungen, ohne gänzlich
aufzuhören. Damit hatte die „Große Säuberung" ihr vorläufiges Ende erreicht.[141]
Die kaum noch beherrschbare Eigendynamik des riesigen Sicherheitsapparates
und der Verhaftungen, mehr aber noch der Mangel an qualifizierten Arbeits-
kräften erzwangen schließlich die Absage an weitere Massenverhaftungen. Groß
und unersetzbar waren die Verluste an Eliten in der Wirtschaft, der Wissenschaft,
der Kunst, der staatlichen Administration, dem Parteiapparat und dem Militär.
Dies und die Internierung bzw. Ermordung von Millionen Industriearbeitern und
Bauern, unter ihnen Tausende ausländischer Spezialisten, stellten eine Gefährdung der weiteren Industrialisierung des Landes dar. Auch aus diesem Grund sind
in den Jahren 1939/40 einige Inhaftierte freigelassen worden, nach Medwedew
zwei von Hundert.[142] Aussicht darauf hatten meist nur Häftlinge, deren Anklagen nicht abgeschlossen und die noch in Untersuchungshaft waren. „Klein, aber
geschickt genutzt war der Strom", stellt Solschenizyn fest, „für einen kassierten
Rubel kam eine Kopeke Wechselgeld zurück, notwendig um alles auf den schmut-
zigen Jeshow abzuschieben, um den in sein Amt eintretenden Berija zu stützen
und des Einzigen Glorie noch stärker erstrahlen zu lassen. Mit dieser Kopeke wurde der verbleibende Rubel bis zum Rand in die Erde getrieben. Denn wenn nun
‚eruiert und freigelassen wurde' (selbst die Zeitungen meldeten furchtlos einzelne
Verleumdungen), dann hieß das soviel, daß die übrigen Verhafteten ganz sicher
Schufte waren! Die Rückkehrenden aber schwiegen: Sie hatten unterschrieben.
Sie waren stumm vor Angst. Und kaum einer erfuhr etwas über die Geheimnisse
des Archipels: Die Arbeitsteilung war geblieben: Gefängniswagen in der Nacht,
Demonstrationen am Tag."[143]
Nach Berijas Amtsantritt ereilte eine Verhaftungswelle diejenigen, die unter
Leitung Jeshows und auf Befehl Stalins an der Verfolgung maßgeblichen Anteil
hatten. Mit der „Liquidation der Liquidatoren" entledigte sich Stalin Tausender
Mittäter und Mitwisser, auf deren Schultern er die Verbrechen der Vergangenheit
abwälzen und Mißstimmungen unter der Bevölkerung beschwichtigen konnte.
Auf dem XVIII. Parteitag der KPdSU im März 1939 räumte Stalin populistisch
„ernstliche Fehler" ein und schloß zukünftig „Reinigungen im Massenmaßstab"

141 In den Jahren 1939–1941 und später wurden vor allem die Menschen in den von der UdSSR an-
nektierten Gebieten wie Ostpolen, den baltischen Staaten und der Bukowina von Repressionen
heimgesucht. Vgl. Medwedew, Geschichte, Bd. 2, S. 157 ff.

142 Ebenda, S. 154 ff. Vgl. auch Carola Tischler, „Den guten Namen wieder herstellen". Über die Rehabilitierung von Stalin-Opfern in der Sowjetunion, in: Jahrbuch für Historische Kommunis-
musforschung 1993, Berlin 1993.

143 Solschenizyn, GULAG, S. 83 f. Emmy Damerius-Koenen über Leo Scharko, Pole und Mitglied
der KPD, der kurz in NKWD-Haft war: „Er kam nach einigen Wochen Haft nach Hause und war
völlig verändert. Sein Humor war dahin. Ich drang nicht in ihn, aber er hatte etwas übernommen, darüber war ich mir klar geworden durch seine regelmäßigen Verabredungen und wie ner-
vös er jedesmal zu diesen Treffs ging." In: SAPMO im BArch, Bestand Berlin, EA 1308.

aus. Nach offiziellen Angaben verfügte die KPdSU zu diesem Zeitpunkt über 1,6 Millionen Mitglieder, 270 000 weniger als vier Jahre zuvor. Stalins Rede gipfelte dennoch triumphal in dem bekannten Grundsatz, „die Partei festigt sich dadurch, daß sie sich von Unrat säubert".[144] Eine Resolution des Parteitages schob die „Fehler" der Jahre 1936/38 „karrieristischen Elementen" zu, „die versuchten, sich durch Parteiausschlüsse hervorzutun und aufzurücken", sowie „getarnten Feinden", die „danach trachteten, durch weitgehende Repressionsmaßnahmen über ehrliche Parteimitglieder herzufallen und unnötigen Argwohn in den Reihen der Partei zu säen".[145] Tatsächlich ist diese Erklärung von vielen Kommunisten damals und später als nachvollziehbar akzeptiert worden, einschließlich derer, die später Opfer der Verfolgung wurden. Die Personalisierung der Verantwortung auf „Karrieristen" und „feindliche Elemente" bediente die Erinnerung an mißliebige Parteisekretäre, NKWD-Bedienstete usw. und bewahrte zugleich den Mythos der Partei und des Kommunismus. Die Resolution des XVIII. KPdSU-Parteitages von 1939 war eine beispiellose Verhöhnung aller Erschossenen und Inhaftierten.

Über den Umfang der Repressionen der Stalin-Führung gegen das eigene Volk gibt es unterschiedliche Angaben, ja kontroverse Auffassungen. Nach Angaben des KGB-Archivs sollen 2,5 Millionen Menschen verhaftet worden sein, von denen 681 692 erschossen wurden.[146] Roy Medwedew schätzt dagegen, daß 1937/38 zwischen 5 und 7 Millionen Menschen im GULAG interniert – von denen nur wenige überlebt hätten – oder erschossen wurden.[147] Conquest schätzt die Zahl der Verhaftungen zwischen 1937 und 1938 auf acht Millionen, die der Hinrichtungen auf mindestens eine Million. Die Gesamtzahl der während der Stalin-Epoche ermordeten und in den Lagern ums Leben gekommenen Menschen beziffert der amerikanische Historiker auf 20 Millionen.[148] Nach einem Bericht der von Chruschtschow 1956 eingesetzten „Schatunowskaja-Kommission" sollen zwischen 1935 und 1940 annähernd zwanzig Millionen Menschen verhaftet worden sein. Sieben Millionen davon sind danach erschossen worden, die Mehrheit der Verbliebenen starb im GULag.[149] Auch wenn sich diese Zahlen als übertrieben erweisen sollten, muß davon ausgegangen werden, daß die Terrorjahre zwischen 1934 und 1938 mehreren Millionen Menschen das Leben gekostet hat.[150]

144 J. W. Stalin, Rechenschaftsbericht an den XVIII. Parteitag der KPdSU, in: ders., Fragen des Leninismus, Berlin 1954, S. 795 ff.

145 Resolutionen des XVIII. Parteitages der KPdSU. 10.–21. März 1939, Moskau 1939, S. 48.

146 Arch J. Getty/Gabor T. Rittersporn/Viktor N. Zemskov, Victims of the Soviet Penal System in the Pre-War Years: A First Approach on the Basis of Archival Evidence, in: The American Historical Review 98 (1993), S. 1022.

147 Medwedew, Geschichte, Bd. 2, S. 141.

148 Conquest, Terror, S. 550 f.

149 Vgl. René Ahlberg, Stalinistische Vergangenheitsbewältigung. Auseinandersetzung über die Zahl der GULAG-Opfer, in: Osteuropa 11 (1992), S. 936 f.

150 Ausführlich schildert Ralf Stettner die Forschungskontroverse um die Zahl der Lagerhäftlinge; Stettner, „GULag", S. 376 ff.

Partei und Regierung waren bestrebt, das ungeheure Ausmaß der Verfolgungen und Tötungen vor der sowjetischen Bevölkerung geheimzuhalten. Die Atmosphäre der Angst, der Apathie sollte jedoch ihre Wirkung hinterlassen. Der Ukrainer Stepan Podlubnyj, sonst ein regelmäßiger Tagebuchschreiber, versagte sich 1937 jegliche Niederschrift. Erst am 6. Dezember nahm er sein Tagebuch wieder zur Hand und schrieb: „Niemand wird erfahren, wie ich dieses Jahr 1937 durchlebt habe. Niemand wird es erfahren, weil ich nicht einen einzigen Tag meines Lebens in diesem Jahr im sogenannten Tagebuch beschrieben habe. Ich erinnere mich jetzt auch nicht mehr an Einzelheiten meines Lebens in diesem Jahr. Und wenn das Jahr endet – gerade noch drei Wochen sind zu schaffen – werde ich es durchstreichen wie eine unnütze Seite, durchstreichen und aus meinem Kopf schmeißen, obwohl ein schwarzer Fleck wahrscheinlich für mein ganzes Leben lang zurückbleiben wird."[151]

Demagogie und „Parteierziehung"

Eine beispiellose ideologische Kampagne begleitete die Jahre der „Großen Säuberung". Massenbroschüren auch in deutscher Sprache,[152] Tageszeitungen, Resolutionen, zahllose Kundgebungen und Massendemonstrationen, Partei- und Betriebsversammlungen, öffentliche Stellungnahmen an Wandzeitungen oder „persönliche Gespräche" reproduzierten immer wieder die gleichen agitatorischen Schlagworte. In der Deutschen Zentral-Zeitung (DZZ), der man einen hohen Verbreitungsgrad unter den deutschen Emigranten unterstellen kann, zeichneten sich im Sinne der offiziellen Propaganda während der „Säuberung" drei Themen ab: erstens die Präsentation breitester Zustimmung des „Volkes" zu den Prozessen und ihren Urteilen, zweitens die Darstellung der Prozesse als rechtmäßige juristische Verfahren und drittens die Mobilisierung der „Werktätigen" zu „bolschewistischer Wachsamkeit".

Schon Tage vor dem Schauprozeß vom August 1936 fanden sich in der Deutschen Zentral-Zeitung zahlreiche „Stimmen leidenschaftlicher Volkskundgebungen" sowie Stellungnahmen von Betriebsversammlungen und einzelnen Personen, die ein „strenges Urteil gegen die Feinde des Sowjetlandes" forderten.[153] Die Zuschrift ausländischer Arbeiter eines Leningrader Betriebes wurde am 18. August 1936, dem Vorabend des ersten Prozesses veröffentlicht: „Wir haben volles Ver-

---

151 Tagebuch aus Moskau 1931–1939, hrsg. von Jochen Hellbeck, München 1996, S. 237.
152 Exemplarisch dafür die Broschüren in deutscher Sprache: Die rechten Spießgesellen der trotzkistischen Bande. Historischer Leitfaden, Moskau 1937. Und: Nicht ich allein klage an. Berichte von jungen Menschen der Sowjetunion, die den Terror-Anschlägen der trotzkistischen Schädlinge, Spione, Diversanten und Mörder zum Opfer gefallen sind, Moskau 1937. Hier finden sich Briefe von Betroffenen, die Opfer großer Industrie- und Verkehrsunfälle waren und sich, den offiziellen Erklärungen entsprechend, nunmehr als Opfer „trotzkistischer Schädlings- und Sabotagearbeit" verstanden.
153 DZZ vom 17. 8. 1936.

trauen zu den Organen unserer Staatsmacht, daß sie mit dieser ruchlosen Trotzki-
Sinowjew-Bande Schluß macht. Ebenso wie einige untere Parteiorgane sind auch
wir zum Teil schuld daran, daß der schlimmste Feind unseres sozialistischen Vater-
lands seine verbrecherischen Pläne vorbereiten konnte."[154] Am gleichen Tag be-
kundeten Mitglieder der Akademie der Wissenschaften der UdSSR ihren Wunsch,
den „Feind zu vernichten", wiesen darauf hin, daß sich „weitere maskierte Feinde
versteckt" halten, und riefen zur „Verstärkung der bolschewistischen Wachsamkeit" auf.[155] Nach dem Prozeß verkündete die DZZ „Die Erschießung der Trotzki-
Sinowjew-Terroristen wird vom ganzen Volke gutgeheißen" und druckte wiederum zahlreiche Zustimmungserklärungen. Ein Matrose äußerte: „Das Oberste Gericht hat den Willen des ganzen Sowjetvolkes erfüllt. Keinem von uns würde die
Hand zittern, diese verfluchten Feinde zu erschießen." Ein Filmregisseur befand:
„Die Trotzkisten und Sinowjew-Leute haben wiederholt ihre Schweineschnauze
in die Siegesbahn der Partei gesteckt. Von ihnen konnte man alles erwarten." „Es
ist die Pflicht jedes Sowjetpädagogen", schrieb ein Lehrer aus Westkasachstan, die
Kinder im „Geiste der Treue zu ihrer sozialistischen Heimat und der Liebe zu dem
Führer der Völker, Genossen Stalin, zu erziehen. Wir müssen den Kindern Abscheu
und Haß gegen die menschlichen Ausgeburten anerziehen, die es auf das Sowjetland abgesehen haben."[156]
Über 200 000 Moskauer kamen am 31. Januar 1937, unmittelbar nach der
Urteilsverkündung im zweiten Moskauer Prozeß, auf dem Roten Platz zusammen und „demonstrierten ihre Solidarität mit dem Urteil des Obersten
Gerichtshofes", so die DZZ.[157] An sie richtete der Chef der Moskauer KPdSU-
Organisation Chruschtschow die pathetischen Worte: „Die trotzkistischen Verbrecher rüsteten zu Terrorakten gegen unsere Führer. Von Verräterkugel fiel
unser unvergeßlicher Sergej Mironowitsch Kirow! [...] Sie erhoben ihre Schur-
kenhand gegen Genossen Stalin und das heißt gegen uns alle, gegen die Arbeiterklasse, gegen die Werktätigen! Sie erhoben ihre Hand gegen Genossen Stalin
und das heißt gegen die Lehre Marx', Engels' und Lenins! Sie erhoben die Hand
gegen Genossen Stalin und erhoben sie damit gegen das Beste, was die Menschheit besitzt, denn Stalin ist die Hoffnung und das Sehnen der gesamten fortge-
schrittenen und progressiven Menschheit, der er den Weg weist und beleuchtet.
Stalin, das ist unser Banner! Stalin, das ist unser Wille! Stalin, das ist unser
Sieg!"[158] In der gleichen Ausgabe erklären bekannte Künstler ihre Zustimmung.
Der proletarische Sänger Ernst Busch sprach von einem „gerechten Urteil [...],
das von allen Werktätigen der ganzen Welt verstanden und gutgeheißen wird".
Martin Andersen-Nexö, ein Beobachter des Prozesses im Januar 1937, warnte,
daß der „Trotzkismus [...] durch den Prozeß noch nicht erledigt" ist. „Diese Hyd-

154 DZZ vom 18. 8. 1936.
155 Ebenda.
156 DZZ vom 27. 8. 1936.
157 DZZ vom 1. 2. 1937.
158 Ebenda.

ra [ist], wie die schwarze Reaktion selbst, vielköpfig. Aber ein Kopf ist ihr abgeschlagen, eine Schlacht von einer langen Reihe Schlachten, die uns bevorste-
hen, ist gewonnen. Schwer müssen wir aber aufpassen, unentwegt auf der Hut
sein."[159] Johannes R. Becher hatte bereits in der DZZ vom 27. Januar 1937, noch
während des zweiten Moskauer Prozesses, sein Poem „Der Volksfeind" publiziert, in dem es heißt:

„Es wär verhängnisvoll zu glauben, daß
Der Feind, wenn offen er besiegt ist, nachgibt.
Er wechselt seine Stellung, statt daß offen
Er auftritt, macht er sich geschickt unsichtbar.
Er heuchelt Treue, heuchelt Zustimmung.
Kriecht auf dem Bauch in die Partei, umzingelt
Heimtückisch so die Besten der Genossen,
Und lauert nur, daß eine Schwierigkeit
Sich irgendwo erhebt um zu verwirren
Und in dem Wahn, daß die Verwirrung.
Ihm zur Macht verhelfe. […]
In dem Morden gabs
Kein Halten mehr, so sehr verhetzt war schon
Von seinem Mißerfolg der Feind, daß ihm
Genüge tat schon ein gelungener Mord:
‚Laßt uns Verbrecher sein! Nichts außerdem!
Wenn sinnlos ist der Mord auch, schafft er doch
Den Haß nach draußen, denn für andere Taten
Ist uns die Kraft längst schon zu schwach geworden!'
Der Volksfeind, Schädling, Tollgewordener, der
Sich in die Schächte einschleicht und Betriebe,
An die Maschinen rührt, um so den Gang
Zu lähmen, ja er läßt das Gas im Stollen
Sich sammeln, und es freut ihn, wenn vergiftet
Die Arbeiter hinsinken oder wenn
Der Stollen birst."

Am 2. Februar 1937 berichtete die Deutsche Zentral-Zeitung über ein Treffen
deutscher Spezialisten und Politemigranten mit den KPD-Führern Wilhelm Pieck
und Wilhelm Florin im Moskauer Thälmann-Klub. Florin sprach über den
Massenterror in Nazi-Deutschland, den illegalen Kampf der KPD, zuletzt über die
Entwicklung in der UdSSR und die „trotzkistischen Verschwörer". Demagogisch
stellte er fest: „Sie sind mitschuldig an den vielen Morden an Antifaschisten in
Deutschland, denn sie haben den deutschen Faschismus ermuntert an diesen Verbrechen. Sie haben ihn geradezu angepeitscht zur Aggression. […] Die Trotzkisten

159 Ebenda.

wollen das Blut Millionen deutscher Werktätiger vergießen, um die Herrschaft des Kapitals in der Sowjetunion wieder aufzurichten." Florin rief zur „Verstärkung der Wachsamkeit" auf und wertete den Prozeß gegen die „Trotzkisten" „als eine Schlacht, die der Faschismus verloren hat". Anschließend berichteten die anwesenden Arbeiter über ihr Leben in Moskau, erklärten ihre Bereitschaft zur Verteidigung der Sowjetunion gegen jedwede Angriffe und sprachen dem „Genossen Jeshow heißen Dank" für die „Entlarvung der trotzkistischen Bande" aus. Pieck forderte abschließend von den Anwesenden, „daß jeder ausländische Genosse an seinem Kampf- und Arbeitsabschnitt mit dazu beiträgt, daß Konterrevolutionäre unschädlich gemacht werden".[160]

Dem Leser mußte scheinen, die übergroße Mehrheit, ja wohl alle Bürger des Landes akzeptierten die Prozesse in vollem Umfang. Unter den Zustimmenden fanden sich neben „einfachen" Arbeitern vor allem Intellektuelle, Wissenschaftler und Künstler, führende Politiker der KPD und der Komintern, gewissermaßen Leit- und Orientierungsfiguren der Öffentlichkeit. Wenn im Einzelfall überhaupt Verwirrung oder Zweifel aufkamen, wurden diese durch die Massensuggestion einhelliger Zustimmung bald zerstreut oder ängstlich unterdrückt. Opponierenden oder klärenden Debatten, so Susanne Leonhard, wich man nunmehr auch im engeren Bekanntenkreis aus.[161] Die vorgeführte „Logik" der Prozesse, die Geständnisse und die „Demaskierung" der Angeklagten im Sinne der Parteidoktrin waren für die Masse überzeugender und nachvollziehbarer als die Vermutung einer Prozeßinszenierung von „oben". Zumal letzteres, konsequent fortgedacht, gesellschaftliche Fragen aufwarf – nämlich die nach der Rechtmäßigkeit des existierenden Partei- und Staatssystems – und den internen Diskurs des einzelnen vollkommen überforderte. In der Öffentlichkeit waren solche Gedanken tabu. Die Aussprache zur neuen Verfassung der UdSSR, die formale Zusicherung demokratischer Rechte und Freiheiten, die sichtbaren Aufbauerfolge bei der Industrialisierung des Landes, die Verbesserung der Lebensmittelversorgung seit Mitte der 30er Jahre in Moskau und den industriellen Zentren, die Gefahr des Nationalsozialismus in Deutschland, mehr noch der Bürgerkrieg in Spanien zerstreuten vage Zweifel und förderten bei der Mehrheit der Menschen Zustimmung zu den Prozessen.

Zahlreiche Artikel propagierten immer wieder „bolschewistische Wachsamkeit". Allein die Überschriften der Beiträge bedeuteten den Lesern die Richtung der Parteilinie und des gewünschten Handelns: „Lernt den Feind entlarven!" – zitiert wurde Stalin mit „Wachsamkeit, Wachsamkeit und nochmals Wachsamkeit", „Höher die revolutionäre Wachsamkeit", „Raffinierte Manöver des Klassenfeindes", „Fauler Liberalismus hilft dem Feind" – hier wurde darauf aufmerksam gemacht, daß es unter den deutschen Spezialisten „Klassenfeinde" gäbe – „Die

---

160 DZZ vom 2. 2. 1937.
161 Susanne Leonhard, Gestohlenes Leben. Schicksal einer politischen Emigrantin in der Sowjetunion, Frankfurt a. M. 1956, S. 46 ff.

Fähigkeit, den Feind zu erkennen" oder „Vertierte Volksfeinde, Landsknechte des Faschismus".[162]

„Über einige Methoden und Kniffe der ausländischen Spionageorgane und ihrer trotzkistisch-bucharinschen Agentur" ist die Leserschaft vom 6. bis 18. Juli 1937 in neun, jeweils halbseitigen Fortsetzungen unterrichtet worden.[163] Ilse Münz, seit Mitte der 30er Jahre in Moskau, konnte sich auch im Herbst 1993 an diese Serie erinnern und daran, welche Bestürzung und Angst sie unter den ihr bekannten deutschen Exilanten ausgelöst hatte. Autor war L. Sakowski, der Leiter der Leningrader Gebietsverwaltung des NKWD. Seinen Ausgangspunkt entlieh er der Feststellung Stalins, es gäbe in der UdSSR so lange „Schädlinge, Spione, Diversanten und Mörder" ausländischer Mächte, wie die „kapitalistische Umkreisung besteht". Der NKWD-Funktionär lieferte eine reichhaltige Palette konstruierter Fälle von „Spionage", „Diversion" und „Schädlingsarbeit" ausländischer Spionageorganisationen. „Doppelzüngelei" und „Maskierung", die als konspirative Hauptmethode der „Trotzkisten" definiert wurden, machten faktisch, wie die einzelnen Beispiele belegen sollten, jeden verdächtig und hetzten die Menschen gegeneinander. Der Exilant bzw. Spezialist, der schon seit 1917 in Rußland lebte und die Sowjetstaatsbürgerschaft angenommen hat, verfügte über eine „geschickte Maskierung", ebenso wie der Spezialist, der erst 1930 in die UdSSR kam, oder der deutsche Antifaschist, der, aus dem KZ entlassen, in die Sowjetunion emigrierte – so die stringente Diktion des Textes. Jeder lebensgeschichtliche Verlauf konnte als „Maskierung" oder geschickte „Legende" interpretiert werden. Immer wieder referierte der Autor Beispiele, in denen Exilanten und Fachkräfte, insbesondere Japaner, Deutsche und Polen, als „Spione" figurierten. Sie „umgarnen" die Sowjetbürger, warnte der Schreiber, „verwickeln ihre Opfer immer tiefer in ihr Netz und versetzen sie manchmal in eine solche Lage, daß, wenn diese nicht den Mut aufbringen, vor der Sowjetmacht rechtzeitig ihre Schuld zu gestehen, alles zu erzählen und dadurch einen gewissen Nutzen zu bringen, sie immer tiefer und tiefer sinken, bis sie schließlich – das ist die letzte Stufe – als Vaterlandsverräter enden".[164] Wiederholt rief der NKWD-Chef zur Denunziation von Verdächtigen auf, forderte, „Leichtsinn" und „Vertrauensseligkeit" gegenüber anderen aufzugeben, zumal gegenüber den eigenen Arbeitskollegen.[165] „Die Wachsamkeit ist eine Kunst", erläuterte der NKWD-Kommissar, „sie ist die Kunst, die Mängel zu erkennen, sie bolschewistisch zu analysieren, bis an die Wurzel vorzudringen, bis an die Leute, an die Maschinen usw. [...] Man muß Wachsamkeit in der Praxis zeigen. [...] Alle Bolschewiki mit und ohne Parteibuch müssen Kundschafter in ihren Betrieben und Institutionen sein."[166]

---

162 DZZ-Ausgaben vom 10. 8. 1936, 14. 8. 1936, 29. 8. 1936, 9. 4. 1937, 1. 3. 1938.
163 DZZ-Ausgaben vom 6.–18. 7. 1937. Der vorliegende Text wurde für das deutsche Exil auch außerhalb der UdSSR verbreitet. Vgl. L. Sakowski, Konterrevolutionäre Spione und Verschwörer. Spionage und Spionageabwehr, in: Spione und Verschwörer, Prag 1937, S. 5 ff.
164 DZZ vom 10. 7. 1937.
165 DZZ vom 12. 7. 1937.
166 DZZ vom 16. und 17. 7. 1937.

Die propagierte Denkweise, deren Befolgung zur Überlebensfrage werden konnte, stellte faktisch jeden einzelnen zur Disposition, machte ihn schuldfähig, zum „objektiven Verbrecher".[167] Meist sah man sich im besten Licht, die anderen aber als „Dunkelmänner". Karrierismus, Denunziantentum und Kadavergehorsam, aber auch wachsende Angst vor Verantwortung und Risiko griffen zunehmend in die Gedankenwelt der Menschen ein und prägten ihre Verhaltensweisen. Neid und Mißgunst, Habgier und persönliche Querelen konnten jeden in Gefahr bringen. Die Wachsamkeitshysterie erfaßte alle Bereiche gesellschaftlichen Zusammenlebens. Das System, „die Partei" als Institution aber blieben unberührbar. Fehlentwicklungen und Schwierigkeiten hatten nicht theoretisch abstrakt oder systembezogen, sondern ausschließlich personalisiert betrachtet und „gelöst" zu werden. Verantwortliche „Spione" und „Volksfeinde" ließen sich leicht installieren, entlarven und für vergangene Fehlentwicklungen und Mängel verantwortlich machen.

Die Parteiführung konnte mit einer treuen und gläubigen Parteimitgliedschaft rechnen, die sich in ihrer übergroßen Mehrheit im Zweifelsfall für die Partei und gegen den ehemaligen Freund entscheiden würde. Ein Mensch schien ersetzbar, „die Partei" keineswegs, er konnte straucheln, ja stürzen, „die Partei" niemals. Sie garantierte die verheißungsvolle Zukunft und war schon in der Gegenwart der Inbegriff des imaginären Ideals. Der „Unfehlbarkeitsmythos der Partei", so Theo Pirker, hatte sich gerade in diesen Jahren als „wichtigste ideologische Größe in der stalinistischen Pädagogik" bewährt. Das Ziel war die „Entindividualisierung des Menschen". Sie war durch die „Partei-Exerzitien der kollektiven Kritik, der öffentlichen Selbstbezichtigungen, der Selbstkritik auf allen Ebenen der Parteiorganisation und der Parteiöffentlichkeit erreicht" worden.[168]

Das war aber lediglich ein Ausschnitt eines durchgehend politisierten Alltags, aus dem es auch kaum eine Flucht in die Privatheit gab. Zu groß waren die öffentlich kontrollierten Räume, eingeschlossen die Kommunalwohnung, in der die offiziellen Normen absolviert werden mußten.

Neben der ideologischen „Bearbeitung" zeigte die unmittelbare Wahrnehmung des Massenterrors und seiner spezifischen Atmosphäre Wirkung auf die Menschen. Die nächtlichen Verhaftungen im Wohnhaus, das „Verschwinden" von Angehörigen, Arbeitskollegen und Bekannten, die Heranziehung als Zeuge bei Haussuchungen, eine Vorladung der „Sicherheitsorgane zur Klärung einer Angelegenheit" oder die allgemeine Stigmatisierung von Beziehungen zum Ausland und zu Ausländern führten zu Verunsicherungen und zu unbedingtem Opportunismus. Zurückhaltung, Selbstdisziplin und Angst kamen hinzu. Selbstaufgabe war oft die Folge, die sich in bedingungsloser Gefolgschaft gegenüber der Partei bis zur völligen Lethargie der Lebensphilosophie „des gepackten Koffers" zeigen konnte. „Die erdrückende Mehrheit verhielt sich so. Kleinmütig, hilflos, schick-

---

167 Vgl. Albert Camus, Der Mensch in der Revolte, Reinbek 1991, S. 197.
168 Pirker, Schauprozesse, S. 82.

salsergeben", stellt Solschenizyn keineswegs denunzierend fest. „Allgemeine Schuldlosigkeit bewirkt auch allgemeine Untätigkeit. [...] Ein Mensch, der innerlich nicht auf Gewalt vorbereitet ist, der wird dem Gewalttäter gegenüber stets den kürzeren ziehen."[169]

Die Moskauer KPD-Führung und die „Säuberung" 1936/38

Seit Mai 1936 lief eine Kampagne der Moskauer KPD-Zentrale zur „Überführung" der KPD-Mitglieder in die KPdSU, der sich auch einige Interviewpartnerinnen bzw. ihre Angehörigen zu unterziehen hatten. Den speziellen Kader-Kommissionen hatten die Betroffenen umfassende Auskünfte über ihre Privat- und Parteibiographie zu erteilen; es wurden (Partei-)Freunde als Zeugen und Bürgen befragt und aufschlußreiche „Charakteristiken" verfaßt.[170] Von den acht Frauen, die Mitglieder der KPD waren, liegen vier Protokolle der „Überführungs-Kommission" vor. Anna Etterers „Überführung" in die KPdSU wurde am 27. Juli 1936 bestätigt.[171] Die „Überführung" von Erna Kolbe ist am 29. Juli 1936 beschlossen worden.[172] Die während der Überprüfung entstandenen Kaderunterlagen wurden wenige Monate später für ihre Stigmatisierung bzw. Verfolgung durch die KPD-Führung und das NKWD herangezogen. Die „Überführung" von Elly B. ist am 27. September 1936 abgelehnt worden. Man warf ihr vor, die Mitgliedschaft in der KPD 1928 statutenwidrig betrieben sowie die Emigration ihrer Angehörigen „durch anscheinend falsche Informierung der Parteivertretung" durchgesetzt zu haben.[173] Die „Überführung" von Adele Schiffmann und ihres Mannes lehnte die Kommission am 19. Juli 1936 ebenfalls ab.[174] Ihre Nichtanerkennung als politische Emigrantin reichte dem Protokoll als Begründung aus. Für Antonie Satzger, Klara D. und Brunhilde Hebel konnten bislang keine KPD-Kaderakten gefunden werden. Klara D. war bereits seit Anfang der 30er Jahre Mitglied der KPdSU. Mimi Brichmann hatte wegen der restriktiven Bestimmungen des KPD-Exils in der Sowjetunion auf Anraten ihres Mannes die Parteimitgliedschaft vorsorglich verheimlicht.

Die „Überführungskampagne", die dem ersten Schauprozeß direkt vorgelagert war und mit dem Umtausch der Parteiausweise innerhalb der KPdSU korrespondierte, dürfte für die Betroffenen nicht ohne mentale Folgen geblieben sein. Eine positive Evaluierung bedeutete nicht nur die Bestätigung des eigenen parteipolitischen Verhaltens, sondern festigte auch dank der empfangenen Gunst die eigene

169 Solschenizyn, GULAG, S. 23 f.
170 Vgl. Reinhard Müller, Die Akte Wehner. Moskau 1937 bis 1941, Berlin 1993, S. 128 ff.
171 RCCHIDNI 495/205/4460.
172 RCCHIDNI 495/205/6239.
173 RCCHIDNI 495/205/6274.
174 RCCHIDNI 495/205/14130.

Ehrfurcht vor dem Fetisch Partei. Negative Bescheide der Überprüfungskommissionen bedeuteten im zeitgeschichtlichen Kontext von 1936 ein gewaltiges Maß an Verunsicherung und Selbstkontrolle, das sich in besonderer Disziplin und Treue äußern konnte. In jedem Fall erstarkte während derartiger Revisionen die reale Macht der Partei über den einzelnen. Eine andere Erfahrung dürfte in der Gewißheit bestanden haben, daß die zuständigen Kaderinstanzen der KPD bzw. KI alle Vorfälle und vermeintlichen Fehlleistungen aus der politischen oder privaten Biographie herauslösen, instrumentalisieren und „parteierzieherisch" je nach Gebrauch verwerten konnten. Dem lag nicht nur ein Informationsapparat zugrunde, sondern ein Parteiverständnis, das jedes Parteimitglied zur allseitigen Auskunft über sich und andere verpflichtete.

Von Anbeginn stellte sich die Moskauer KPD-Führung hinter die „Säuberungs"-Doktrin des ersten Moskauer Schauprozesses. Am 20. August 1936 faßte das ZK der KPD den „Beschluß zu den aufgedeckten trotzkistisch-faschistischen Verbrechen".[175] Die „Resolution des ZK der KPD zu den konterrevolutionären trotzkistisch-sinowjewistischen Verbrechen gegen die Arbeiterklasse" vom 25. August 1936 forderte die „schonungslose Ausrottung des menschlichen Abschaums der trotzkistisch-sinowjewistischen Mörderbande", die „strengste Überprüfung" aller Genossen und die „Zerschlagung der letzten Überreste des faschistisch-trotzkistischen Gesindels". Für diesen „Kampf" wurde von den Parteimitgliedern „eiserne Geschlossenheit und Festigkeit, strengste Disziplin und unerschütterliche Treue zur Partei" verlangt.[176] Die persönliche Reaktion des KPD-Führers Pieck drückt sein Brief an Florin[177] vom 23. August 1936 aus. Er unterrichtete Florin darüber, daß zu diesem Zeitpunkt bereits über 50 deutsche Kommunistinnen und Kommunisten verhaftet worden seien, und verlangte eine „sehr ernste Durchleuchtung" der gesamten Emigration. Im Zweifelsfall forderte er „rücksichtslos" den Parteiausschluß. Zwei Drittel aller Emigranten sollten, auch auf die Gefahr der Verhaftung durch die Gestapo, wieder nach Deutschland geschickt werden.[178] Der KPD-Führer dankte den „Sicherheitsorganen der SU", daß sie „rechtzeitig zugegriffen haben", und konstatierte: „Ich glaube, daß es noch eine Reihe anderer Leute von der Qualität Süßkinds[179] gibt und die Mitglieder unserer Partei sind, bei denen sich die gleiche Notwendigkeit ergeben wird, sie zu verhaften. Hoffentlich wird dadurch endlich einmal diese Eiterbeule gründlich geleert und ausgebrannt, die sich in der hiesigen Emigration gebildet hat."[180]

---

175 SAPMO im BArch, Bestand Berlin, I 2/3/286.

176 Rundschau (Basel), 17. 9. 1936, Nr. 42, S. 1782–1784. Zit. nach: In den Fängen des NKWD, S. 295, 297.

177 Wilhelm Florin: geboren 1894, seit 1920 KPD, seit 1924 führender KPD-Funktionär, 1933 Exil in der UdSSR, gehörte dort zum Führungszirkel der KPD, 1944 verstorben.

178 In den Fängen des NKWD, S. 276 f.

179 Heinrich Süßkind, 1895–1937, seit 1919 Mitglied der KPD, zeitweilig Chefredakteur der „Roten Fahne", des KPD-Zentralorgans, seit 1933 im Exil, im August 1936 in Moskau verhaftet und im Oktober 1937 erschossen.

180 In den Fängen des NKWD, S. 276 ff.

Abb. 17
*Der KPD-Vorsitzende Wilhelm Pieck (Bildmitte) 1936, anläßlich seines 60. Geburts-
tags, im Moskauer Büro der Kommunistischen Internationale. Zweiter von links
Herbert Wehner.*

In der Sitzung des Politbüros der KPD vom 3. September 1936 wurden die ersten
praktischen Maßnahmen beschlossen, um eine „Säuberung" des KPD-Exils einzuleiten:

– der Parteiausschluß aller bis dahin in der Sowjetunion verhafteten KPD-Mitglieder und die Übermittlung aller Namen an die gesamte Parteimitgliedschaft;
– die „Beobachtung von verdächtigen Elementen in der Partei" in Deutschland;
– alle in der Sowjetunion befindlichen deutschen Emigranten hatten drei Paßbil-
  der mit „eigenhändiger Niederschrift des Namens" abzugeben, „um eine bessere Kontrolle der Identität" zu ermöglichen.[181]

Diese Linie wurde von der KPD-Führung und allen anderen nationalen Sektionen der Kommunistischen Internationale auch in den nächsten Monaten und
Jahren kontinuierlich weiterverfolgt und war damit immanenter Bestandteil der
Politik und der terroristischen Praxis der sowjetischen Führung.[182] Dies betraf vor
allem die innerparteiliche Stigmatisierung Hunderter vermeintlicher Parteifeinde

181 SAPMO im BArch, Bestand Berlin, I 2/3/19.
182 Vgl. Müller, Wehner, S. 125 ff. Georg Scheuer, Zur Beteiligung des KPÖ-Apparats an den stalini-
    stischen Verbrechen, in: Hans Schafranek, Die Betrogenen. Österreicher als Opfer des stalinisti-
    schen Terrors in der Sowjetunion, Wien 1991, S. 17–30. Barry McLoughlin/Hans Schafranek/
    Walter Szevera, Aufbruch, Hoffnung, Endstation. Östereicherinnen und Österreicher in der So-
    wjetunion 1925–1945, Wien 1997. Peter Huber, Stalins Schatten in der Schweiz. Schweizer Kom-
    munisten in Moskau: Verteidiger und Gefangene der Komintern, Zürich 1994.

und deren Ausschluß aus der KPD, teils vor, meist aber nach deren Verhaftung durch das NKWD. Als Gründe definierte die KPD-Führung „trotzkistisch-sinow-jewistische und andere konterrevolutionäre Verbrechen gegen die Arbeiterklasse", „Verbindung mit partei- und klassenfeindlichen Elementen und Begünstigung ihrer Verbrechen", „mangelnde politische Wachsamkeit" sowie „parteischädigendes Verhalten". Überlieferten Dokumenten nach verfügte die Moskauer KPD-Führung zwischen dem 1. Oktober 1936 und dem 25. Juni 1938 nach vorgefertigten Listen 900 Parteiausschlüsse, teilweise ohne vorherige Zusammenkunft in „fliegender Abstimmung".[183]

Die zum Teil umfangreichen Kaderakten der KPD boten dem NKWD ein willkommenes Material, Anklagen zu konstruieren, neue „Spionagegruppen" zu inszenieren und Hunderte KPD-Mitglieder zu verfolgen. Reinhard Müller und Friedrich Firsow weisen diesbezüglich auf die „institutionellen und personellen" Verbindungen von „Terrorapparat und Vernichtungsmaschine des NKWD" mit dem Apparat von Komintern, KPdSU und KPD hin.[184] Dabei ging es nicht nur um die Heranziehung der Parteiunterlagen, sondern auch um die direkte Lieferung von „Beweisen" und Denunziationen durch die Kaderabteilung der KPD. Dieser Umstand war gerade für Mitglieder der KPD in exponierten Stellungen evident, die sich im Zentrum der Macht, in Moskau, aufhielten. Aber auch in der Provinz wurden aus Deutschland stammende Spezialisten und Politemigranten nahezu umfassend verfolgt und reihenweise inhaftiert, wie es Irmgard Schünemann in Tscheljabinsk erlebte. Zur Jahreswende 1937/38 verhaftete das NKWD nacheinander ihren jüngeren Bruder, ihren Ehemann und ihren Vater. Alle drei erschoß man wegen „Spionage".[185] Auf Anweisung aus Moskau liquidierte der örtliche Sicherheitsdienst ab August 1937 das gesamte, wie es hieß, „Ausländerkontingent" bis auf wenige Ausnahmen.[186]

Die dramatische Situation innerhalb des deutschen Exils in der UdSSR im Frühjahr 1938 schildert ein Bericht des Sekretärs der Deutschen Vertretung beim Exekutivkomitee der Komintern für die KPD-Führung:

„So wurden bis 28. April 1938 bei der Deutschen Vertretung beim EKKI 842 verhaftete Deutsche gemeldet. Das sind aber nur solche Verhafteten, die bei der Deutschen Vertretung beim EKKI registriert sind. Die wirkliche Zahl der verhafteten Deutschen ist natürlich höher. Von Oktober 1937 bis Ende März 1938 betrug die Zahl der Verhafteten 470. Allein im Monat März 1938 wurden rund 100 verhaftet. Am 9. März 1938 wurden aus dem Politemigrantenheim in Moskau 113, am 11. März 17 und am 12. März 12 Politemigranten verhaftet. Am 23. März wurden die letzten vier männlichen Politemigranten aus dem Politemigrantenheim verhaftet. […] In der Provinz, z. B. in Engels, ist kein einziger deutscher Ge-

183 SAPMO im BArch, Bestand Berlin, I 2/3/82 und RCCHIDNI 495/175/100.
184 Vgl. Müller, Wehner, S. 106 ff., 125 ff. Firsow, „Säuberung", S. 38 ff.
185 MSRF, Tscheljabinsk, P-11133 Konstantin Raitsch, P-9736 Werner Schünemann, P-9585 Hermann Schünemann.
186 MSRF, Tscheljabinsk, P-9585 Hermann Schünemann.

Abb. 18
*Deutsche und österreichische Jugendliche aus Tscheljabinsk während einer Wan-
derfahrt durch den Ural, Juli 1934. Vorn in der Mitte, hinter dem Ball, Irmgard
Schünemann. Nur wenige überlebten die nachfolgenden Jahre.*

nosse mehr in Freiheit. In Leningrad betrug die Gruppe deutscher Parteigenossen
Anfang 1937 rund 103 Genossen, im Februar 1938 waren es nur noch 12 Genossen. […] Man kann sagen, daß über 70 % der Mitglieder der KPD verhaftet sind.
Wenn die Verhaftungen in dem Umfange wie im Monat März 1938 ihren Fortgang
nehmen, so bleibt in drei Monaten kein einziges deutsches Parteimitglied mehr
übrig. Von den 841 Verhafteten sind 8 Genossen aus der Haft entlassen worden.
    Die Stimmung eines Teils der Genossen ist außerordentlich erregt. Sie sind
durch die vielen Verhaftungen erschüttert und deprimiert. Wenn einer den anderen trifft, fragt er ihn: ‚Du lebst noch?' […] Einige Frauen, deren Männer verhaftet sind, u. a. die Frau von Prof. Felix Halle, hat am 11. Oktober 1937 und die Frau
Gertrud Mühlberg (Olbrisch) Anfang März 1938 Selbstmord verübt. Ein Teil der
Frauen und Kinder der Verhafteten sind buchstäblich am Verhungern. Die zahlreichen Briefe und Hilferufe, die täglich bei der Deutschen Vertretung beim EKKI
eingehen, geben ein erschütterndes Bild. Im Büro der Deutschen Vertretung beim
EKKI sind Verzweiflungsszenen der Frauen von Verhafteten eine allgemeine Er-
scheinung. Einige Frauen wollten sich im Büro der Deutschen Vertretung aus dem
Fenster stürzen. Taube, Gertrud hatte die Absicht, ihr Kind unter die Straßenbahn
zu werfen und Selbstmord zu begehen. Sonja Garelik, deren Mann in Swerdlowks
verhaftet ist, äußerte dieselben Absichten. Immer und immer wieder beteuert ein
Teil der Frauen und Angehörigen von Verhafteten bei der Deutschen Vertretung
beim EKKI schriftlich und mündlich, daß ihre Männer unschuldig verhaftet und

nichts Unrechtes getan hätten. Einige führen die Ursachen der Verhaftungen auf lügenhafte Denunzierungen zurück, andere sprechen die Vermutung aus, daß der deutsche Faschismus seine Hand im Spiel hat und der versucht, mit Hilfe von Jagoda-Elementen Teile der Kader der KPD zu vernichten. [...]

Die Frauen Kukulies und Harms (deren Männer im Kaukaus verhaftet sind) sagten am 4. April ds. Jhs. bei ihrem Besuch im Büro der Deutschen Vertretung beim EKKI u. a.: ‚Warum verhaften sie bloß die Proleten und nicht euch (d. h. die führenden Genossen)? Warum hilft die Partei nicht, wenn soviel Unrecht geschieht?‘"[187]

Der Gesamtumfang der deutschen Opfer der „Säuberung" 1936/38 und späterer Jahre ist nach wie vor unbekannt. Reinhard Müller hatte bis 1991 die Namen von 2546 Emigrantinnen und Emigranten registriert, die verhaftet, erschossen, nach Deutschland ausgeliefert oder im GULag umgekommen sind.[188]

Die Moskauer KPD-Führung veranlaßte aber nicht nur eine „Säuberung" des sowjetischen Exils. Bereits am 10. August 1936 teilte Pieck der Pariser Landesleitung der KPD mit: „Ich habe hier eine Liste von 40 Mitgliedern unserer Partei, die wegen parteifeindlichen und zum Teil sogar sowjetfeindlichen Verhaltens verhaftet werden mußten. Dabei scheint das nur ein kleiner Prozentsatz derjenigen zu sein, die sich in dieser verbrecherischen Weise betätigten."[189] Die „Säuberung" sollte sich, der Linie der Komintern und der KPD-Führung nach, modifiziert aber nicht weniger konsequent sowohl auf die anderen Exilländer als auch auf die illegalen Parteiorganisationen in Deutschland erstrecken. Am 4. September 1936 schrieb Pieck an die Pariser Landesleitung: „Natürlich werden wir auch eine gründliche Säuberung in der übrigen Emigration vornehmen müssen, und wir sollten die Grenzstellen dringend auffordern, ernste Untersuchungen über verdächtige Verbindungen von emigrierten Parteimitgliedern mit parteifeindlichen Elementen, besonders den Trotzkisten, aber auch in Bezug auf die Gestapo anzustellen und Euch Vorschläge in Bezug auf die Säuberung der Emigration zu machen."[190] Im übrigen war die Aufnahme der Moskauer Schauprozesse im kommunistisch orientierten Exil in anderen Ländern durchaus positiv.[191] Vor dem Sekretariat des EKKI berichtete am 23. März 1938 schließlich Ulbricht zu „Kaderfragen" der KPD, daß in „allen Parteileitungen und -gruppen im Ausland [...] die Fragen des Kampfes gegen den Trotzkismus und gegen die POUM[192] in Versammlungen und Kursen durchgearbeitet" sowie „alle Parteilei-

---

187 Zitiert nach Müller, Wehner, S. 150 ff.
188 Müller, Säuberung, S. 17.
189 SAPMO im BArch, Bestand Berlin, I 2/3/286.
190 Ebenda.
191 Vgl. Walter Janka, Spuren eines Lebens, Berlin 1991, S. 71. Franz Dahlem, Nachgelassenes. Ausgelassenes. Über einen Prozeß und die Schwierigkeiten seiner richtigen Beurteilung, in: BzG 32 (1990), S. 17 f. Dahlem war Augenzeuge des Prozesses gegen Bucharin u. a. im März 1938. Zu dessen geteilter Rezeption in der Illegalität bzw. Haft in Deutschland: Heinz Brandt, Ein Traum, der nicht entführbar ist. Mein Weg zwischen Ost und West, Frankfurt a. M. 1985, S. 133 ff.
192 POUM: anarchistische Gruppierung im Spanischen Bürgerkrieg.

Abb. 19 und 20

KPD-Tarnschriften über die Moskauer Schauprozesse als Orientierungshilfe für den illegalen Kampf gegen politische Abweichungen in Deutschland.

tungen und -mitglieder in der Emigration [...] überprüft wurden". Von den unter Lebensgefahr in Deutschland tätigen illegalen KPD-Gruppen forderte Ulbricht aus Moskau, daß es nicht genüge, „die Trotzkisten abzuhängen", sondern notwendig sei festzustellen, „wo Trotzkisten noch mit Kommunisten verbunden sind, um auch diese Genossen zu überzeugen". Andere linke Gruppen diffamierte man als „Trotzkisten" und „Handlanger Hitlers"; sie waren aus Sicht der Moskauer KPD-Führung als Verbündete im antifaschistischen Kampf nicht erwünscht.[193] Für die Agitation im Sinne der Moskauer Führung wurden selbst Tarnschriften, in denen die Moskauer Prozesse referiert wurden, nach Deutschland geschleust.[194]

Daß die Moskauer KPD-Führung die Politik der „Säuberung" nicht „unter Druck von außen", sondern bewußt und aktiv mitgetragen hat, daß sie sogar ihrem eigenen Selbstverständnis entsprach, beweisen die vielfältigen publizisti-

---

193 SAPMO im BArch, Bestand Berlin, I 6/10/49.

194 Drei Exemplare: Der Prozeß gegen die trotzkistischen Agenten des Faschismus. Verhandelt in Moskau vom 23.–30. Januar 1937. Vorwort Klement Gottwald, o. O., o. J. (1937). Tarnumschlag: Emmy v. Dincklage, Der Heideschläfer (280 S.). Der Prozeß gegen die sowjetfeindlichen Trotzkisten, o. O., o. J. (1937). Tarnumschlag: Renato Fucini, Das Hirtenmädchen (19 S.). Und Volksgericht über die Verräter an Lenins Werk, o. O., o. J. (1937). Tarnumschlag: Tüte von Dr. Oetker's Pudding-Pulver (74 S.), SAPMO im BArch, Bestand Berlin, Bibliothek.

schen Zeugnisse ihrer Protagonisten.[195] Über den Verbreitungsgrad, die Rezeption und die tatsächliche Wirkung der Artikel und Agitationsschriften der Moskauer KPD-Führung können kaum verläßliche Auskünfte erteilt werden. In jedem Fall geben diese Texte Aufschluß über die Gedankenwelt der Autoren. Die Schriften sahen ihre besondere Aufgabe darin, die Linie Stalins auf die konkreten politischen und historischen Bedingungen der deutschen Partei zu modifizieren und die eigene „Säuberung" mit überzeugenden Argumenten abzusichern. Der Nationalsozialismus blieb für die KPD-Führung zwar immer der Hauptfeind; als dessen „Agenten" und wichtigste Helfershelfer betrachtete man jedoch die „Trotzkisten". Auf vielfache Weise finden sich in den Manuskripten des KPD-Führers Pieck Akzeptanz und Würdigung der Stalinschen Politik während der „Säuberung". Exemplarisch dafür steht Piecks programmatischer Aufsatz „Hitlerfaschismus und Trotzkismus" von Anfang 1937.[196] Neben der Titelthese widmete sich der Autor auch der Rolle der deutschen Spezialisten und Fachleute. Einst von der KPD zu Tausenden in die Sowjetunion geworben, wurden sie nach Piecks Auffassung zu Hitlers „Agenten, die unter der Maske von Spezialisten, Ingenieuren und Technikern" den „Trotzkisten bei der Durchführung ihrer Verbrechen behilflich"[197] waren. Nach Pieck lagen auch genügend „Beweise dafür vor, daß es unter den Trotzkisten im Lande und in der Emigration Agenten der Gestapo gibt, die sich unter der Maske von antifaschistischen Kämpfern an unsere Genossen heranschleichen, um sie der Gestapo auszuliefern". Der Vorsitzende der KPD forderte von allen „Gruppen und Organisationen, in denen die Trotzkisten sich eingeschlichen haben, [...] eine gründliche Säuberung von diesen Elementen" vorzunehmen.[198]

Die verhafteten und ausgeschlossenen KPD-Mitglieder existierten für die Moskauer Parteiführung nicht mehr. Diese Haltung dehnte man auch auf die Angehörigen der Opfer aus. Die in Freiheit verbliebenen Frauen und Kinder, soweit sie nicht wenige Wochen nach ihren Männern ebenfalls verhaftet oder deportiert wurden, blieben fortwährenden Verdächtigungen und Beobachtungen ausgesetzt. Diese beschränkten sich keineswegs auf die Jahre 1936/38. Auch am 31. Dezember 1940 teilte Ulbricht unter der Überschrift „Frauen der Verhafteten und ihre Verbindungen mit dem Gegner" dem Leiter der Komintern-Kaderabteilung

---

195 Zu Herbert Wehners Moskauer Publizistik vgl. Müller, Wehner, S. 155. In Ulbrichts Nachlaß fand sich zum Thema „Gegen trotzkistische Spione und ihre Helfershelfer" eine Aufstellung mit annähernd 150 Artikeln. SAPMO im BArch, Bestand Berlin, NL 182/825.

196 Wilhelm Pieck, Hitlerfaschismus und Trotzkismus, in: ders., Reden und Aufsätze. Auswahl aus den Jahren 1908–1950. Bd. I, Berlin 1950, S. 225 ff.

197 Ebenda, S. 225.

198 Ebenda, S. 233. Selbst als Kurgast ließ es sich Pieck nicht nehmen oder fühlte sich veranlaßt, für die Ausgabe der „Kurortnaja Gaseta" in Shelesnowodsk (Kaukasus) am 1. August 1938 unter der Überschrift „Die Faschisten kommen nicht durch!" u. a. darauf hinzuweisen, daß der Faschismus in den „trotzkistischen und bucharinschen Verrätern, den Vaterlandsverrätern" seine „getreuen Helfershelfer" gefunden habe. SAPMO im BArch, Bestand Berlin, NL 36/413.

aktuelle Spitzelergebnisse mit, diffamierte die Betroffenen als „Agentinnen" und kündigte weitere „Nachprüfung" an.[199]

Das System der permanenten Verfolgung wurde durch ein System der permanenten Beobachtung ergänzt. Dem unmittelbaren Terror der 30er Jahre und seiner Wirkung konnte sich niemand entziehen. Er war „nicht nur ein Mittel zur Unterdrückung anderer politischer Gesinnungen", so der russische Zeitgenosse und Schriftsteller Anatolij Rybakow, „sondern vor allem ein Mittel, Gesinnungsgleichheit durchzusetzen, die aus der für alle gleichen Furcht entstand."[200]

199 RCCHIDNI 495/205/14129.
200 Rybakow, Terror, S. 250.

Erste Verhaftungen im Familien- und Freundeskreis

Alltäglichkeit im Jahr 1937

Antonie Satzger schrieb am Abend des 15. September 1937 in ihrem kleinen Moskauer Zimmer, das sie mit den zwei Kindern teilte, einen Brief an ihren Mann. Magnus Satzger war zu diesem Zeitpunkt, wie es hieß, auf „Kommandierung". Seine Ehefrau wußte weder, wer ihren Mann wohin geschickt hatte, noch in welcher Sache er tätig war und wann er zurückkehren würde. Auch ihr Mann blieb gegenüber seiner Frau stumm und praktizierte Konspiration im Alltag. Regelmäßig bekam sie Geld für den Familienunterhalt. Lediglich eine Postfachnummer gestattete ihr, Nachrichten für ihren Mann zu hinterbringen:

„Lieber Mang! Nun schreibe ich Dir wieder einmal. Habe gerade die Kinder gebadet und ins Bett gelegt. Nun ist schon wieder ein Tag vorbei und Du bist noch nicht da. 16. September, nun hab' ich keine Hoffnung mehr, daß Du noch kommst. […] Weißt', es gibt halt Zeiten, wo wir uns sozusagen andern unterstellen müssen. Hier geht's doch drunter und drüber zu. Eugens gute Bekannte sitzen alle auf einem ganz sicheren Sitz, auch Grah Leni kommt fast jeden Tag zu Hilde. Ernst Grah ist im Butyrki-Gefängnis. Nur Edelsorten wie Berstecher können rumlaufen und bekommen für ihre Heldentaten den Sowjetpaß, das ist nicht richtig. Was sich der doch die Füße in der Botschaft abgeputzt hat, ging auf keine Kuhhaut. Nun, ich brauch halt nichts erzählen, alles andere ist Dir ja bekannt. Er ist ein Schwein, war eins und wird eins bleiben. […]

Mit dem Eugen bin ich auch nicht sehr zufrieden. Solange Hilde nicht da war, ist er mir nachgestiegen. ‚Immer wenn du was brauchst geschlechtlich, ich stehe dir zur Verfügung usw.' Nun, auf den hab' ich ja ausdrücklich gewartet. Siehst', so sind sie alle, ausnützen bis zum Letzten. Nun, ich hab' die Sache einfach abgetan, hatte ein Sicherheitsschloß gekauft, und wenn ich ins Bett ging, gut geschlafen. […]

Nun zu meiner Arbeit. Es geht ganz gut. Bloß, nach der Arbeit bin ich hundemüde. Die Normen sind sehr hoch. Wenn man sie erfüllen will, ist man ganz abgeschlagen. Habe die erste Zeit alle Pausen dazu benützt, um einigermaßen die Norm zu erfüllen. Das ist doch meiner Meinung nach keine Stachanovarbeit,[201] wenn man die Norm nimmt, die ein Mensch, der seit 8–9 Jahren arbeitet, auch für

---

201 „Stachanovarbeit" – „Stachanovbewegung": Initiative zur Steigerung der Arbeitsproduktivität in der sowjetischen Wirtschaft. Wurde „von oben" organisiert und geht zurück auf den Bergmann A. G. Stachanov (1905–1977), der durch verbesserte Arbeitsorganisation statt der Norm

die Neueingestellten gibt. Die Norm ist 75 Mäntel in der Schicht. Meine Operation sieht so aus: den Mantel außenrum umheften, 3 Knopflöcher einschneiden und ausnähen. Sind also 5,6 Minuten für einen Mantel. Bringst es nicht fertig, dann sagen sie, die Hände taugen nichts, seien zum Kartoffelschälen richtig. Mang, das hat sogar eine Komsomolzin gesagt. Aber trotz alledem ist es in der Fabrik besser. Hilde näht zu Hause für andere Leute, verdient scheinbar sehr gut. Hab' selbst keine Lust dazu, hab' Angst, mit der Finanzverwaltung in Konflikt zu geraten.

Seppl hatte am 12. seinen 7. Geburtstag. Hab' ihm Werkzeug gekauft, Laubsäge usw. […] Ist ein guter Junge. Er folgt mir sehr gut. Begleitet mich immer in die Fabrik. Er tut mir so leid, daß er immer allein ist. Lieselotte ist auch ganz lieb. […]

Würde Dir zu gern eine Fotografie schicken, aber es ist nicht erlaubt. Mußte sie mir bei Walter (Ulbricht, M. S.) zurück holen.[202] […] Dorthin (gemeint ist die KPD-Vertretung, M. S.) werde ich nicht mehr gehen. Ich glaube, ich werde von ihm wie eine dumme Kuh behandelt. Da ist es schade um das Autobusgeld. Nun ja, man braucht doch nicht mich, aber Dich. Manchmal fühle ich mich schlechthin einsam.

Hätte gern auf meinem Beruf (als Lehrerin, M. S.) weiter gearbeitet, ist mir aber nicht erlaubt worden. Gründe: I. Als ehemalige Ausländerin, II. Wo Du arbeitest, dann leider, ,suchen Sie sich irgend woanders Arbeit'. An einer Stelle bin ich ganz grob behandelt worden. Da sagte der von der Kaderabteilung zu mir, wie er die Dokumente gesehen hat, ob ich noch Angehörige in Deutschland hätte, auf die Antwort ja und wo, ich soll sofort das Zimmer verlassen, wie ich es wagen könne, bei ihnen um Arbeit anzufragen. Denke nun oft, bevor ich hierher fuhr, hätte man all seine Verwandten umbringen sollen, damit man Arbeit bekommen kann. Auch hier hab' ich einen Fragebogen über sowas ausfüllen müssen. Ja, wie räudige Hunde wird man nun angesehen. Nun, ich werde mir alle Mühe geben und arbeiten, was in meinen Kräften liegt, damit kann ich am besten beweisen, daß es auch gute und der Sache ergebene Menschen gibt, auch wenn ich ehemalige Ausländerin bin."[203]

Ob Magnus Satzger diesen Brief je erhalten und gelesen hat, ist mehr als fraglich, denn er fand sich nicht im Nachlaß der Familie, sondern in der Kaderakte der Komintern. Postkontrolle und mögliche Konfiszierung ahnte wohl damals Antonie Satzger schon. Am Rand ihres Briefes steht: „Schreibe mir bitte, wieviel Briefe Du schon von mir erhalten hast". Antonie schilderte ihren Alltag als den einer zurückgelassenen und einsamen Frau in einem Land, das ihr zunehmend fremder wurde. Ungewißheit und Verwirrung ließen sie den Lebensgefährten stärker als gewohnt vermissen. Es ist ein persönlicher Brief, frei von agitatorischen Phrasen,

von 7 t Kohle in einer Schicht 102 t abbaute. Der organisierten Normüberfüllung Stachanovs folgte eine organisierte Massenbewegung, die Leistungsdruck und Normen erhöhte sowie Illusionen über die Effizienz der sowjetischen Wirtschaft förderte.

202 Walter Ulbricht war nach Wilhelm Pieck in Moskau zweitwichtigster KPD-Führer. Schon der vorhergehende Brief wurde kontrolliert und das Familienbild konfisziert.

203 RCCHIDNI 495/205/1230.

aber geprägt von deren Wirkung. Die 26jährige Frau, die nichts über ihren Geburtstag schrieb, der nur wenige Tage vor dem des Sohnes lag, erzählt sachlich
und ohne tiefgreifende Reflexionen. Arbeit, Haushaltung, Kinderversorgung
und -erziehung blieben ihr allein aufgebürdet. Sie hatte sich sexuellen Belästigungen und politischen Belehrungen zu stellen und einem Alltag, in dem menschliche
Eigenschaften zunehmend verrohten. Aus Individualität reifte Egoismus, aus
Neid wuchs Haß, aus Argwohn wurde Angst. Die Gemeinschaft der Genossen
zerfiel zunehmend in Einsamkeit und Mißgunst. Verhalten und Disziplin standen
wie die private Post unter Kontrolle. Fast hinter jedem Satz, den Antonie nieder-
schrieb, stand eine Demütigung oder Zurücksetzung. Dieses bedrückende Pano-
rama alltäglicher Erfahrungen kontrollierte die eigene Wahrnehmung und Bewertung der Umgebung. Fast nebenbei berichtete sie, daß ein Nachbar im Butyrka-
Gefängnis saß. Sie selbst war suspendiert als Lehrerin für deutsche Sprache. Auch
mit dem sowjetischen Paß blieb sie immer Deutsche, Ausländerin eben, und fand
nur die Knochenarbeit in der Nähfabrik, dazu noch den Hohn der Komsomolzin.
Verängstigte, entfremdete Exilanten oder seelenlose Sowjetbürokraten begegneten in den letzten Tagen Antonie Satzger und vergällten ihr das Dasein. In diesen
Personen und ihren demütigenden Handlungen schien für sie die Verantwortung
für das Geschehen zu liegen. Das System hingegen, der bestehende Sowjetstaat,
blieb außerhalb jedweder Kritik. Auf dem Weg zu einer verbesserten Realität, hin
zum „Kommunismus", sah die junge Frau jetzt Zeiten, „sich andern zu unterstellen", aber ebenso zu beweisen, „daß es auch gute und der Sache ergebene Menschen gibt".

Wahrnehmung und Deutung der Verhaftungen

Die sich über zwei Jahre hinziehende „Säuberung", die öffentlichen und geheimen
Verhaftungen, begleitet von permanenter „parteierzieherischer" und ideologischer
Propaganda, regulierten zunehmend Denk- und Verhaltensmuster der in Freiheit
Gebliebenen und wurden zum bestimmenden Lebensmoment. In besonderer Wei-
se gerieten Mitglieder bzw. Sympathisanten der KPD in teils schwerwiegende Er-
klärungsnöte und Gewissenskonflikte, denen einerseits die politische Verfolgung
und Verhaftung von Freunden und Angehörigen zugrunde lag, andererseits die
„Pflicht" zur bedingungslosen Gefolgschaft gegenüber der Partei.

„Verhaftungen von russischen Staatsbürgern gab es schon immer", konstatiert
Eva B. Neu und beunruhigend war für sie der wachsende Anteil von ausländischen Exilanten und Spezialisten. Auch die eher unpolitischen Frauen nahmen die
nach dem ersten Moskauer Prozeß um sich greifenden Verhaftungen aufmerksam
wahr. Schon in deren Vorfeld sind verschiedene andere Formen von Repressionen
gegenüber deutschen Spezialisten und Exilanten bzw. ihren Angehörigen ange-
wandt worden, etwa Entlassung von der Arbeit, Kündigung der Wohnung oder
Parteiausschlüsse.

Der Ehemann von Eva B. gehörte zu den frühen Opfern der „Säuberung". Er wurde Monate vor dem ersten Schauprozeß, bereits am 26. Januar 1936, verhaftet: „Es klopfte. Die Nachbarn schliefen schon. Mein Mann öffnete, und es kamen zwei Männer in unser Zimmer, zeigten den Verhaftungsbefehl und haben noch eine flüchtige Haussuchung gemacht. Dann gingen sie mit meinem Mann weg, und mein Mann verabschiedete sich mit den Worten: ‚Um dich brauch' ich mir ja keine Sorgen zu machen, du kannst ja arbeiten.'" Eva B. hörte von ihrem Mann nie wieder etwas. Eine Erklärung für das Geschehen konnte sie in den folgenden Wochen nicht finden. Der Alltag, die Versorgung zweier Kleinkinder, die Mietzahlung, das Überleben schlechthin ließen ihr wenig Raum für intensive Gedanken. Erst Wochen später, im August 1936 während des ersten Schauprozesses, meint Eva B. eine Erklärung für die Verhaftung ihres Mannes gefunden zu haben. Einer der Angeklagten war Valentin Olberg, der in Berlin ihren Ehemann Karl Russisch gelehrt hatte. Nach dem Prozeß nahm Eva B. an einer öffentlichen Parteiveranstaltung teil: „Bei den deutschen Arbeitern wurden zur Orientierung Betriebsversammlungen durchgeführt, die von der Partei organisiert wurden, aber öffentlich waren. Und da wurde der Sinowjew-Kamenjew-Prozeß aufgerollt. Da fiel es mir gleich wie Schuppen von den Augen, daß mein Mann von diesem Olberg mit hineingezogen worden ist, weil der namentlich eine der Schlüsselfiguren des Prozesses war. Der Olberg war in ausgesprochener Opposition und ein Anhänger Trotzkis."

Eva B. übernahm die Prozeßdarstellung, die scheinbar plausibel die Verhaftung des Ehemannes erklärte. Ihre Deutung war Ausdruck eines seinerzeit weit verbreiteten Erklärungsmusters, das von Angehörigen Verhafteter und selbst von bereits Inhaftierten immer wieder kolportiert wurde. Danach waren die vom NKWD Verhafteten schuldig, der inhaftierte Lebensgefährte dagegen unschuldig und lediglich „mit hineingezogen" worden. Insbesondere am Beginn der „Säuberung", als das Ausmaß der Verhaftungen noch nicht überblickt werden konnte, gingen die Zeitgenossen, insbesondere die Kommunisten, von der Schuldvermutung gegenüber dem Verhafteten und dessen rechtmäßiger Inhaftierung durch das NKWD aus.

„Es wird schon was dran gewesen sein", erinnert sich Ruth Z. damaliger Überlegungen. „Bei dem hättest du das aber nicht vermutet, daß der ein Klassenfeind ist. Das waren meistens Kommunisten, gute Fachleute, die dem Aufruf der KP folgten und dort beim Aufbau des Landes geholfen haben. Und nachher haben die sich plötzlich als ‚Spione' oder sonstiges entpuppt. Es wird schon was dran sein, wenn der verhaftet ist, wird schon was sein. Wir waren alle der Meinung, er hat das eben verborgen, es im verborgenen gemacht. Ein großer Teil, auch von den Genossen, war der Auffassung, da wird was dran gewesen sein."

Eva Schneider entsinnt sich an Gespräche mit Freunden, die im Umfeld der Moskauer Prozesse stattfanden und sich ebenfalls mit der Schuldfrage der Angeklagten beschäftigten: „Die haben alle geglaubt, in der Sowjetunion kann niemand verhaftet werden, der nicht schuldig ist. Davon sind wir ausgegangen.

Als bei uns schon Verhaftungen vorgefallen sind, hat mir jemand gesagt, es gibt keinen Rauch ohne Feuer, das heißt, er hat was auf dem Kerbholz." Lange Zeit bestimmten solche Deutungen Evas Gedanken. Erst als gute Freundinnen verhaftet wurden, gestattete sie sich Entsetzen und erste Zweifel: „Als meine beiden Freundinnen im Juni verhaftet wurden, an einem Tag im Jahr 1937, da habe ich gesagt, nein, das geht nicht mit rechten Dingen zu. Das waren solche ehrlichen Kommunistinnen. Es ist immer so: solange es dich persönlich nicht betrifft, ist alles nicht so bedeutsam. Na gut, der hat irgendwas verbrochen, irgendwas gemacht, was weiß ich."

Gertrud Platais erinnert sich gleicher Überlegungen: „Wenn man hörte, daß jemand verhaftet war, schien auch was dran zu sein. Daß einer unschuldig verhaftet wurde – der Gedanke kam uns überhaupt nicht."

Anfangs waren die Frauen mit isolierten Einzelfällen konfrontiert. Beinahe ausnahmslos glaubten sie den offiziellen Erklärungen. Deren Akzeptanz beruhte nicht zuletzt auf einer anhaltenden, intensiven politischen Beeinflussung, der sich die Frauen kaum entziehen konnten. Das Wirken von „Spionen" und „Terroristen" war danach nicht nur denkbar, sondern aufgrund der These von der „kapitalistischen Einkreisung" und der „Verschärfung des Klassenkampfes" naheliegend. Die Verhaftung und Hinrichtung von Unschuldigen durch Sicherheitsorgane wie das NKWD schien für das Sowjetsystem einfach nicht denkbar und wurde von vornherein als Gedanke ausgeschlossen. Auch die Überzeugung, das NKWD hätte vor der Verhaftung die Schuld gewissenhaft und redlich geprüft, war verbreitet und beschwichtigte zweifelnde Überlegungen. Nach dieser Logik mußten zwangsläufig alle Verhafteten gegenüber der „Sowjetmacht" schuldig sein; die Verhaftung des Lebensgefährten dagegen würde sich bald als „Irrtum" erweisen.

Als einer der ersten Exilanten in Engels wurde am 23. Februar 1936 Fritz Wirgien, der Ehemann von Mimi Brichmann verhaftet. Die vorbehaltlose Akzeptanz der Beschuldigungen des NKWD und der lange unbescholtene Nimbus der „Sicherheitsorgane" war im Einzelfall so fest verinnerlicht, daß auch zwischen sonst harmonisch lebenden Eheleuten Vertrauensverluste eintreten konnten. Mimi Brichmann entsinnt sich voller Scham der Verhaftungsszene: „Wir hatten uns verabschiedet. Ich kann mich erinnern, das war sehr häßlich von mir. Als wir uns umarmten, sagte ich zu ihm: ‚Kann ich dir wirklich vertrauen oder hast du etwas Böses begangen?' Fritz entgegnete: ‚Wie kannst du sowas annehmen!' Ich muß ihn sehr gekränkt haben mit dieser Frage. Und das hat mich lange Jahre belastet."

Der Inhaftierung von Magnus Satzger ging die Ausweisung bzw. Verhaftung von ca. 30 deutschen Spezialisten voraus, die im gleichen Wohnblock lebten. Wie bei Mimi Brichmann kamen auch bei Antonie Satzger während der Verhaftung am 18. März 1938 spontan Zweifel gegenüber dem eigenen Lebensgefährten auf: „Da sagte ich dann: ‚Jetzt sag mir noch einmal die Wahrheit, bist du schuldig oder bist du nicht schuldig? Mehr will ich nicht wissen.' Da hat er gesagt: ‚Ich bin unschuldig, ich komme wieder, ich bin in einer Woche oder in vierzehn Tagen wieder da. Ich habe nichts verbrochen!'"

Die verbreitete Erklärungspraxis, nach der es keine ungerechtfertigten Verhaftungen gab, übte eine zerstörerische Wirkung auf das zwischenmenschliche Vertrauen aus und belastete funktionierende Freundschaften und Lebensgemeinschaften. Antonie Satzger hatte auf die ersten Verhaftungen von deutschen Nachbarn mit Zweifeln und Fragen an ihren Mann reagiert, der regelmäßig antwortete: „Mein Gott, da wird schon was dran sein. Der wird schon was angestellt oder spioniert haben." Nunmehr konnte Antonie nicht anders, als selbst gegenüber ihrem Mann Bedenken zu hegen. Daß diese Zweifel überwindbar waren, bewiesen die nachfolgenden Bemühungen der beiden Frauen für ihre verhafteten Männer.

Brunhilde Hebel erlebte die Jahre der „Säuberung" in Moskau und Engels. Als eine der wenigen unterstellte sie den Verhafteten nicht von vornherein Schuld. Die junge Kommunistin hatte sich einen Gutteil ihrer Selbstbestimmtheit bewahrt und sich nicht dem Ritual der Partei gebeugt. Aber auch ihre Erinnerungen lassen die Verdrängung der tatsächlichen Dimension im Gefüge alltäglicher Beschäftigungen und Ablenkungen ahnen. Die Erklärungsnot überstieg bei weitem auch ihre Vorstellungen und Deutungen: „Man wunderte sich über vieles, aber man vermutete nichts Schlechtes. Das, was in Wirklichkeit längst vor sich ging, haben wir nicht gemerkt. Man ahnte zwar viel. Es wurden sogar Witze[204] gemacht. Aber man hätte das Ausmaß nicht geglaubt, man ist einfach nicht dahintergekommen. Man hörte ganz selten, der und der ist verhaftet. Die waren einfach verschwunden. Da dachte man, die werden schon wieder kommen, das wird sich schon herausstellen. Wir dachten nicht gleich was Schlechtes oder daß die zu Recht verhaftet worden wären. Das muß sich ja herausstellen. Das sind doch ehrliche Genossen. Wie ist sowas möglich? Jeder hoffte immer, das wird sich klären. Natürlich waren alle verängstigt, und man sprach kaum noch miteinander. Und darüber schon gar nicht."

Die Dynamik der Verhaftungswelle steigerte sich im Laufe des Jahres 1937 zu Massenverhaftungen, die mit den herkömmlichen Verdrängungen und Verklärungen keineswegs mehr plausibel und überzeugend zu begründen waren. Aus anfänglicher Akzeptanz und Zustimmung wurde Verunsicherung, aus Verunsicherung schließlich Angst und Apathie. Nunmehr konnte es jede und jeden treffen. Ausdruck fand die veränderte Stimmungslage in einer um sich greifenden Angst vor dem NKWD, dessen Name nur noch geflüstert oder, wenn möglich, gar nicht gebraucht wurde. Von Verhaftungen wollte niemand mehr sprechen. „Sie ist verreist", antwortete man Adele Schiffmann auf die Frage nach dem Verbleib einer Freundin. „Die waren nachher alle verreist, das heißt, sie waren verschwunden oder verhaftet."

---

204 Zwei Witze, die sich direkt auf die Zeit der „Säuberung" bezogen, wurden in den Interviews wiedergegeben: Zwei Freunde begegnen sich in der Straßenbahn, in der sie kräftig durchgeschüttelt werden. Da fragte der eine den andern: „Wie geht es dir?" Der antwortet: „Na, wie soll es mir gehen, eben wie in der Straßenbahn. Die einen sitzen und die andern zittern."
Zwei Freunde gehen an der Lubjanka, dem Sitz des NKWD in Moskau, vorbei. Der eine schaut ganz bewußt in eine andere Richtung. Und sein Freund fragt ihn, warum er das macht. Er antwortet: „Na, ich möchte meiner Zukunft nicht direkt ins Antlitz schauen."

Ende 1937 erreichte die Verhaftungswelle Tscheljabinsk. Dort lebte eine an-
sehnliche Gruppe ausländischer Spezialisten, vor allem Österreicher und Deutsche, die meist im Traktorenwerk arbeiteten. Unter ihnen Familie Schünemann
mit der 24jährigen Tochter Irmgard. Wahrnehmung und Interpretation der jungen Frau veränderten sich erst angesichts der Verhaftung zahlreicher Freunde und
engster Angehöriger: „Wir haben immer gesagt, ohne Schuld wird hier keiner verhaftet. Das ist unmöglich, hier in dem Land. Das war für uns überhaupt unfaßbar.
Ja, und dann ging es immer weiter, heute nacht der, dann wieder welche, und 1937
kam schon mein Bruder dran, im Dezember. Der hat immer mit uns gestritten.
Meine Mutti hat schon gesagt, ‚Mensch, die holen euch alle ab. Das sieht so aus,
ist ja furchtbar. Was ist hier bloß los?‘“

Die reihenweisen Verhaftungen, denen nach und nach fast alle ausländischen
Arbeiterinnen und Arbeiter in Tscheljabinsk zum Opfer fielen – andere wurden in
das nazistische Deutschland ausgewiesen –, ließen bei den Frauen, weniger bei
den Männern, den Verdacht einer planmäßigen Verfolgung aufkommen. Erklär-
bar war es ihnen allerdings auch nicht. Die rationale Sicht auf die Vorgänge gestattete den Frauen realistischere Vermutungen und vage Voraussagen der Entwicklung, die den ideologisch geblendeten Männern nicht in den Kopf wollten.
Irmgard Schünemann erinnert sich bedrückender Bilder über die Verhaftung ihrer
Angehörigen. Am 11. Dezember 1937 wurde ihr Bruder Werner[205] verhaftet: „Als
sein Name genannt wurde, wurde er blaß wie eine Wand. Gerade er hatte immer
gepredigt: ‚Uns holt keiner ab.‘ Er war davon überzeugt, weil er eben nichts gemacht hat. Der war ganz niedergeschlagen.“

Anfang Januar 1938 wurde Irmgards Ehemann, der jugoslawische Exilant
Konstantin Raitsch,[206] verhaftet: „Sie kamen nachts“, entsinnt sich Irmgard Schünemann: „Schon als sie geklopft haben, war es furchtbar. Wer ist heute dran? Und
dann haben sie den Namen gesagt. Mein Mann hat am ganzen Körper gezittert.
Furchtbar. Wir haben dagesessen und geweint und versucht, uns zu unterhalten,
auf deutsch. Dann haben die geschrien: ‚russisch sprechen, nicht deutsch!‘ Das
ging schnell, Haussuchung. Das Kind war wach, und er hat sich von ihr verabschiedet: ‚So, der Papa geht jetzt arbeiten und kommt bald wieder.‘ Dann hat er
mir gesagt: ‚Das dauert nicht lange, die werden uns alle überprüfen und mich wieder rauslassen.‘ Das konnte nicht sein! Sie waren alle voll blinder Hoffnung. Er
hatte immer gesagt: ‚Das gibt es nicht, daß sie uns hier verhaften.‘“ Der Ehemann
konnte einige Wochen nach seiner Verhaftung einen Kassiber aus dem Gefängnis
schmuggeln, der in die Hände von Irmgard gelangte. „Und da hat er geschrieben:
‚Also, ich denke wie früher. Wir sind hier alles Spione, mit Schuld oder ohne

---

205 MSRF, Tscheljabinsk, P-9736. Werner Schünemann brachten Folter und Verhörpraxis des NKWD
    soweit, ein 22seitiges „Geständnis" abzulegen. In der Akte von Konstantin Raitsch und Her-
    mann Schünemann war die Kopie eines Untersuchungsberichtes von 1940 über die Verhörme-
    thoden der NKWD-Behörde von Tscheljabinks abgelegt, in dem detailliert die Foltermethoden
    beschrieben werden. Werner Schünemann wurde am 9. Januar 1938 erschossen.
206 MSRF, Tscheljabinsk P-11133. Konstantin Raitsch wurde am 15. April 1938 erschossen.

Schuld. Aber die Zeit wird vergehen, zwei, drei Jahre. Haltet Euch bereit.' So hat er geschrieben. Und, er denkt wie früher, weil ich immer gesagt habe: ‚Die holen euch alle, ihr werdet sehen.' ‚Na, für was denn', sagte er. Die waren noch davon überzeugt."

Irmgards Vater Hermann Schünemann,[207] der schwer an Asthma litt, wurde am 17. Februar 1938 inhaftiert: „Vater wurde von der Nachtschicht direkt vom Werk abgeholt. Er kam aber noch malnach Hause. Er war wütend. Das hat er auch zum Ausdruck gebracht. Er hat gesagt: ‚Die Trotzkisten verhaften hier die Kommunisten' und seine Sachen hingeschmissen. Das waren immer ganz junge, grüne Bengels, die abgeholt haben, solche Bauernjungs. Die Mutter hat gebrüllt, geweint, geschrien, als mein Vater abgeholt wurde. Der kranke Mann!"

Diese Erlebnisse haben die Gedankenwelt von Irmgard Schünemann maßgeblich beeinflußt und umfassende Ängste ausgelöst: „Wir hatten vor denen Angst, vor nichts habe ich im Leben soviel Angst gehabt wie vor dem NKWD. Wenn ich die schon gesehen habe. Schon nachts, wenn ein Auto vorgefahren kam, haben wir gezittert. Wir haben dann wirklich nur noch in Angst gelebt, muß ich sagen. Jeden Tag, wenn wir ins Bett gingen, dachten wir, wird diese Nacht ruhig bleiben? Es war eine furchtbare Zeit."

Bis heute geht ihr ein Geschehnis nicht aus dem Kopf. Während der Übergabe eines Paketes für ihren Mann wurde sie vom diensthabenden NKWD-Offizier gefragt, ob sie das Paket ihrem Mann persönlich übergeben wolle. Aus Angst, die NKWD-Dienststelle betreten zu müssen, verzichtete Irmgard darauf. Bis heute malt sie sich aus, was ihr Mann wohl gedacht hat, als ihm die NKWD-Beamten mitteilten, „nicht mal Ihre Frau möchte sie sehen".

Die Ängste steigerten sich noch, als nach Monaten die ersten Gerüchte und Informationen aus den Gefängnissen und Lagern nach außen drangen. Lange vor ihrer eigenen Verhaftung im November 1941 wußte Irmgard von überfüllten Zellen, Folterungen und den langjährigen Haftstrafen. Als die Verhaftungen anhielten, wurde aus Angst Apathie. Die Verbliebenen trösteten sich damit, so Irmgard, daß viele andere „auch abgeholt wurden". Das Massenschicksal und die Ausweglosigkeit konnten die anhaltende Spannung vorübergehend lähmen und in anderen Momenten als existentielle Bedrohung erfahren werden. „Man war machtlos, weil es ja überall war", resümiert Irmgard Schünemann, „man mußte alles über sich ergehen lassen. Die Welt war grauenvoll. Furchtbar. Und dann haben wir immer gewartet. Jeder hat gewartet, weil alle gesehen haben, was los war. Wir kommen alle dran!"

Emma Tromm[208] vertraute ihre damaligen Empfindungen einem Tagebuch an. Ihre Wahrnehmungen und Deutungen dürften gerade für den Teil der deutschen

---

207 MSRF, Tscheljabinsk P-9585. Hermann Schünemann wurde am 28. Oktober 1938 erschossen.
208 SAPMO im BArch, Bestand Berlin, NL 206/1 u. 2. Meinem Text liegt eine von Emma Tromm stilistisch überarbeite Fassung zugrunde, die mir dankenswerterweise ihre Angehörigen zur Verfügung gestellt haben. Zu Emma Tromm (Dornberger): 1896 in einer Kölner Arbeiterfamilie geboren, 1920 Eintritt in die KPD, Arbeit als Buchhändlerin im Verlagswesen der Arbeiterverla-

Exilantinnen und Exilanten symptomatisch sein, die als gläubige Kommunisten im Parteiapparat tätig waren. Ihre Reaktion auf den ersten Moskauer Prozeß im August 1936: „Der Prozeßverlauf deckt alles auf, Gestapo im Bunde mit Trotzki, wahrhaftig ein würdiges Paar! Für mich und für alle eine große Lehre. Schon 1934–1935 hörten wir immer und glaubten zu verstehen, was es heißt: Klassenwachsamkeit, neue Formen des Klassenkampfes! Wie wenig wissen wir deutschen Genossen davon. Mitten unter uns in nächster Nähe und Umgebung sitzen Feinde, und wir sehen nichts, glauben fast nicht an diese Möglichkeit, bis vor uns dieser Prozeß abrollt. Wieder Versammlungen, einmütige Entschließung auf Todesstrafe. Hoffentlich sind wirklich alle Fäden aufgedeckt." Wenige Tage zuvor, am 25. Juli 1936, bescheinigte die Überprüfungskommission der KPD in Moskau Emma Tromm politische Aktivität und Verläßlichkeit und befürwortete ihre „Überführung" in die KPdSU.[209] Unmittelbar nach dem Prozeß vom August 1936 änderte sich für die Emigranten mehr oder weniger schlagartig die Atmosphäre. Während einer Parteiversammlung der deutschen Schriftsteller[210] Anfang September 1936 wurde Emma Tromm wiederholt scharf angegriffen, weil sie zu Abraham Brustawitzki,[211] der im Frühsommer 1936 in Leningrad verhaftet und mit dem ersten Prozeß in Verbindung gebracht wurde, langjährige Kontakte unterhalten und ihren Freund nicht als „Konterrevolutionär" erkannt und denunziert hatte. Schon zu Beginn ihres Redebeitrages bekannte sie: „Ich fühle mich schuldig, und ich fühle, daß ich zur Verantwortung gezogen werden muß."[212] Bis zwei Uhr nachts währte die Sitzung der Schriftsteller, an deren Ende sie als Sekretärin der deutschen Sektion des Unionsverbandes der Sowjetschriftsteller „wegen grober Verletzung der Klassenwachsamkeit" abgesetzt wurde. Schon am nächsten Tag, dem 8. September 1936, lag den deutschen Parteibehörden eine von ihr verfaßte Erklärung vor. Frei von jedweden Denunzierungen, wie sie sie selbst während der Schriftstellerversammlung über sich ergehen lassen mußte, bekannte sie sich zu ihren „Fehlern", akzeptierte die „Maßnahme der Leitung der Parteizelle und des Kollektivs" als „richtig und notwendig" und versprach, ihre „Schuld an der Partei gutzumachen".[213] Am 11. September 1936 übergab Emma Tromm

---

ge. 1932 verfaßte sie mit Paul Dornberger das Buch „Frauen führen Krieg", das ihre persönlichen Erlebnisse in den Frontetappen des Weltkrieges schilderte. Daraufhin wurde Emma Tromm zur zweiten Sekretärin an die Deutsche Sektion des Sowjetschriftstellerverbandes nach Moskau berufen, seit 1932 lebte sie in der UdSSR. Während der „Reinigung" September 1936 Entlassung aus der Stellung und Ende 1936 Übersiedlung nach Prokopjewsk. Erlebte dort 1937 zahlreiche Verhaftungen unter den deutschen Spezialisten. Ende 1947 Rückkehr nach Berlin. 1991 in Berlin verstorben. Vgl. Fritz Zimmermann, „Ich liebe zu schreiben [...]". Emma Tromm (1896–1991), in: Plener, Leben, S. 169 ff.

209 RCCHIDNI 495/205/756.
210 Vgl. Müller, Säuberung.
211 Abraham Brustawitzki, geboren 1909, polnischer Schriftsteller, seit 1931 Mitglied der KPD, 1936 in der UdSSR verhaftet, seitdem verschollen.
212 Müller, Säuberung. S. 361.
213 RCCHIDNI 495/205/756.

ein in ähnlicher Diktion gehaltenes mehrseitiges „Material in der Angelegenheit der verhafteten Schriftsteller in Moskau" an die deutsche Sektion der Komintern.[214] Einige Tage später versuchte sie, in ihrem Tagebuch die Vorgänge und Gedanken der vergangenen Zeit zu ordnen und zusammenzufassen:

„Moskau, den 17. September 1936. Wie gut ist es, daß ich dieses schöne, stille Zimmer habe. Um zehn Jahre fühle ich mich älter, seit den letzten Tagen. Was stürzt plötzlich über mir zusammen. Ich flüchte mich in mein Zimmer. [...] Fast kann ich nicht mehr. Was alles in diesen 14 Tagen auf mich einstürmte. Ich glaube, es ist zuviel für mich. Ich hatte doch schon einmal das Gefühl, als ob sich etwas auf mich zuwälzte, irgendein großer Koloß, dem ich nicht entgehen könne. Es war damals im Juni, als ich plötzlich hörte, daß Aba Brustawitzki in Leningrad verhaftet sei. Vor lauter feiger Angst, von diesem Koloß erdrückt zu werden, flüchtete ich in den Gedanken: Es ist ja alles nicht möglich! Man wird prüfen, ihn entlassen! Es kann doch nicht stimmen, das Furchtbare.

Während dieser Zeit des Wartens kam der Prozeß mit seinen Enthüllungen. Mitten in den Reihen der Partei haben die Feinde gesessen, mitten unter uns allen. Nun hat eine Hand zugepackt, ehe die Feinde ihr Werk fortsetzen konnten, das sie damals bei dem Mord an dem Genossen Kirow begannen.

Im Laufe dieses Monats hörte ich, wie zwei der Hauptfeinde, David und Emel, das Vertrauen unserer besten Parteigenossen erschleichen konnten. Es wird mir langsam, viel zu langsam klar, daß also auch ich betrogen wurde von einem Menschen, der sich Genosse und Antifaschist nannte.

Indem ich es jetzt niederschreibe, spüre ich die ganze Schwere, wenn es stimmt, daß Aba ein Konterrevolutionär oder sogar ein Spitzel ist. Dann trifft auch mich eine große Schuld. Ich habe seit meiner Ankunft in Moskau, das heißt seit 1932, mit ihm und seiner Familie freundschaftliche Beziehungen gehabt, bis zu seiner Fahrt nach Leningrad direkt – und bis zum Juni diesen Jahres indirekt durch meinen Briefwechsel und meinen Besuch bei ihm und seiner Frau. Mir schwindelt es im Kopf. Es ist kaum auszudenken. Die erste Strafe habe ich schon. Ich wurde sofort entlassen. Es ist die größte Schmach, die mich bisher traf. Was wird noch folgen?

Jetzt trifft mich dieser neue große Schlag. Zu allem kommt noch, daß niemand da ist, mit dem ich reden kann. Fast jeder ist mit sich beschäftigt. Trifft nicht jeden eine ähnliche Schuld? Sind nicht alle mit dem einen oder andern bekannt oder befreundet? Waren sie nicht alle blind? Was wird aus mir, wenn die Genossen kein Vertrauen mehr zu mir haben? Wer kann mir diese Frage beantworten?"

Daß Emma Tromm von der Parteiführung, nicht von ihrem Bekannten betrogen worden ist, kommt ihr nicht in den Sinn. Die perspektivische Wirkung dieser am Beginn der „Säuberung" stehenden Erfahrungen waren folgenschwer. Für den Verlauf und das Funktionieren des aufziehenden Terrors wurden die verinnerlichten Erfahrungen um den ersten Schauprozeß zu Rastern künftigen Handelns.

214 Ebenda.

„Die letzten vier Wochen werd' ich wohl nie wieder vergessen", versichert uns auch Emma Tromm. Die Disziplinierung wirkte durch die Verunsicherung perfekt. Als Emma Tromm aufgrund ihrer ausweglosen Lage – sie war praktisch arbeitslos – der Einladung des befreundeten Willi Harzheim[215] nach Prokopjewsk im Kusnetzker Kohlerevier folgen wollte, richtete sie am 4. Oktober 1936 zunächst eine Anfrage an die Deutsche Sektion der Komintern. Sie müsse „Gewißheit haben, daß die Partei damit einverstanden ist"; vorsorglich erkundigt sie sich auch, „ob gegen den Genossen Harzheim keine Bedenken vorliegen".[216]

Anders als die unorganisierten Frauen, die ihre Schlüsse über die Verhaftungen für sich behielten, fühlten sich Kommunisten gegenüber der Partei zur Stellungnahme über ihre „Verbindungen" zu inkriminierten oder verhafteten Genossen verpflichtet oder wurden von den Kaderinstitutionen dazu aufgefordert. Schon eingeschüchtert fragte Emma Tromm wegen der Kontaktaufnahme zu einem alten Freund vorsorglich bei der Partei an.

Und Elly B., Stenotypistin in der Komintern, ließ ihren politisch belasteten und von der Arbeit entlassenen einstigen Lebensgefährten Willy Delvendahl wissen: „Vergiß nicht, daß die Frage Deiner Parteiangelegenheit eine ernste ist, und in Parteifragen gibt es keine Humanitätsduselei. Dem Feind die Stirn bieten, dem Freunde die Hand. So und nicht anders geht der Weg des Kommunisten. Persönliche Sachen scheiden im Kampfe aus, die Sache, das Gute entscheidet."[217]

Im Januar wurde Willy, der Vater ihres Kindes, verhaftet, am 10. Februar 1937 übergab Elly der Kaderabteilung eine 17seitige Erklärung „Zur Angelegenheit Willy Delvendahl".[218] Dies half ihr in der angespannten Verfolgungs- und Säuberungshysterie nicht mehr. Über den von ihr selbst verfemten Lebensgefährten geriet sie in den Bannstrahl der „Säuberung". „Ungenügende Wachsamkeit gegenüber ihrem Mann" warf ihr die Kaderabteilung am 27. März 1937 vor.[219] Am 8. Juni 1937 wurde ihr Fall vor der Internationalen Kontrollkommission der Komintern verhandelt. Er endete für Elly B. mit dem Ausschluß aus der KPD und der Entlassung aus der Komintern.

Freundschaft, Vertrauen und Kollektivität unter den Genossen, im Einzelfall sogar unter Familien, sind im Zuge von Schauprozessen und Massenterror weitgehend eliminiert worden. Der Partei ist es gelungen, eine bis dahin nicht gekannte, selbstverleugnende Unterwerfung unter ihren Willen zu erzwingen. Ausdruck dessen konnten Erklärungen und Berichte sein, die aus Überzeugung oder Angst unter den Genossinnen und Genossen wechselseitig verfaßt wurden und Freunde und Bekannte denunzierten.

---

215 Willi Harzheim, geboren 1904, Bergarbeiter, seit 1923 Mitglied der KPD, Exil in der UdSSR, Berg- und Kulturarbeiter in Prokopjewsk, im November 1937 dort verhaftet und seitdem verschollen.

216 RCCHIDNI 495/205/756.

217 RCCHIDNI 495/205/6274.

218 Ebenda.

219 Ebenda.

Die zurückgebliebenen Angehörigen

„Diese Zeit der Ungewißheit, der Einsamkeit, war eigentlich eine der schlimmsten Zeiten meines Lebens. Wochenlang habe ich in Angst gelebt. Ich habe immer nur an meinen Mann gedacht. Das ewige Warten und Hoffen. Nachts hast du auf jedes Geräusch geachtet, ersehntest ein Klingelzeichen. Vielleicht kommt er diese Nacht zurück. Ich hatte immer das Gefühl, daß er wiederkommen müßte. Ich wußte doch, daß er unschuldig war, daß er nichts getan hatte."[220] So schildert Frieda Siebenaicher die Wochen und Monate nach der Verhaftung ihres Mannes. Die zurückgebliebenen Frauen und Kinder hatten nicht nur unter der quälenden Ungewißheit zu leiden. Hinzu kamen von partei- und staatswegen organisierte Repressionen, um auch die Angehörigen der „Volksfeinde" zu bestrafen. Zunächst verweigerte das NKWD den Angehörigen Angaben über den Aufenthaltsort der Verhafteten. In größeren Städten, vor allem in Moskau, waren die Frauen gezwungen, oft mit ihren kleinen Kindern in den vorhandenen Gefängnissen nach ihren Männern zu suchen und stundenlang nach einer Auskunft anzustehen. Unmittelbare Folgen der Verhaftung waren in der Regel der Verlust des Arbeitsplatzes und der Wohnung, sofern es sich um eine Dienstwohnung handelte. Für die Emigranten war es wegen der anhaltenden Diffamierung von Ausländern besonders schwer, wieder Arbeit und erschwinglichen Wohnraum zu finden. Damit wurde den Zurückgebliebenen jegliche Existenzgrundlage entzogen, ihr Überleben war gefährdet. Die MOPR stellte ihre Unterstützung ein. Die Parteimitgliedschaft wurde laut Beschluß des ZK der KPD entzogen und als „ruhend" betrachtet. Praktisch bedeutete das den Ausschluß der betroffenen Menschen nicht nur aus der Parteibewegung und der Exilgemeinschaft, sondern aus der Gesellschaft insgesamt. Die Sicherung der Existenz durch den Verkauf von Kleidung, Hausrat und Büchern, durch Bettelei und auch Prostitution war unter den zurückgebliebenen Frauen keine Seltenheit. Auch die Rückkehr nach Deutschland wurde in Erwägung gezogen, manchmal verwirklicht.

„Am 26. November 1936 wurde mein Mann Kurt Meyer verhaftet. Ich erlebte nun das gleiche wie alle Frauen von Verhafteten", erinnert sich Gertrud Meyer. „Man lebte geächtet wie in einem luftleeren Raum. Nach wochenlangem vergeblichen Bemühen erfuhr ich endlich, daß mein Mann sich jetzt im Butyrki-Gefängnis befand. Durch den Verkauf von Kleidung und Wertgegenständen konnte ich ihm monatlich eine Unterstützung zukommen lassen, selber notdürftig mit meinem Kind leben und, was fast noch wichtiger war, die Miete bezahlen. Jedem von uns drohte bei Rückstand der Miete sofortige Exmittierung. Zu den vielen zusätzlichen Schwierigkeiten und Erniedrigungen gehörten Einzug des Passes, tagelanges Warten auf die vier Wochen begrenzte Aufenthaltsgenehmigung und Wohnerlaubnis, arbeitslos zu sein, denn kein Betrieb oder Unternehmen wagte es, einen Angehörigen von Verhafteten einzustellen. Aber es kam noch schlimmer:

220 Stark, Frauenbiographien, S. 35.

eines Tages kamen einige NKWD-Männer, trugen alle wertvollen Gegenstände und Kleidungsstücke, Pelze, sämtliche Wintersachen, warmen Schuhe in zwei Zimmern zusammen, die versiegelt wurden. So war es auch mit dieser Möglichkeit, mich mit meinem Kinde über Wasser zu halten, zu Ende. In unserem Hause hatte sich zu dieser Zeit die Frau des Genossen Dr. Felix Halle in ihrer völligen Verlassenheit und Verzweiflung die Pulsadern aufgeschnitten und war verblutet. Man fand sie erst nach Tagen. Ihr war es nicht gelungen festzustellen, wo sich ihr Mann befand; eine Möglichkeit sich zurechtzufinden und etwas zu unternehmen, gab es für sie, die kein Wort Russisch verstand, nicht."[221]

Während der Zeit der „Säuberung" entwickelte sich eine besondere Interaktion und Atmosphäre unter den deutschen Exilanten. Es dominierten Verdrängung, Mißtrauen und Denunziantentum, Angst und Lethargie, insbesondere auch gegenüber den Zurückgebliebenen der Verhafteten. Franziska Rubens versagt sich im nachhinein die Erwähnung konkreter Beispiele und schreibt in ihren Erinnerungen lediglich: „Es gäbe hier viel zu berichten; von Genossen, die man verlor, von der Atmosphäre von Angst und Mißtrauen, die den Freund vom Freunde schied, ‚Hinterbliebene' isolierte – von Genossen, die man einmal selbst mit erzogen hatte und die, wenn sie einen erblickten, auf die andere Straßenseite gingen, um einem nicht zu begegnen."[222]

Frieda Siebenaicher, die mit ihrem Mann in einer überwiegend von russischen Familien bewohnten Gegend lebte, machte ähnliche Erfahrungen: „Ich konnte zu niemandem hingehen, hatte keinen Menschen zum Reden. Die ganzen Monate hatte ich nur eine Frau im Haus. Alle anderen hatten Angst vor mir. Wenn die mich auf der Straße gesehen haben, guckten sie zur anderen Seite und liefen weiter. Alle wußten, daß mein Mann abgeholt wurde. Mit den Menschen hatte ich früher gesprochen, wir hatten uns gegrüßt."[223]

Es gab aber auch gegenteilige Erfahrungen. Mimi Brichmann hatte im Februar 1936 binnen weniger Stunden ihren Mann durch Inhaftnahme und ihr Kind durch eine Fehlgeburt verloren. Der behandelnde Arzt lehnte die weitere gesundheitliche Betreuung der Frau eines „Volksfeindes" ab. Ihre Bekannten unter den deutschen und österreichischen Exilanten standen ihr jedoch auch nach der Verhaftung ihres Mannes in allem bei. „Meine Freunde waren zu mir wie immer", erinnert sich Mimi, „keiner ist mir ausgewichen. Auch meine Wirtin nicht. Ich konnte in der Wohnung bleiben. Alle hielten nach wie vor zu mir. Sogar ein russisches Ehepaar, der Mann war Militär, wollte mich gerade deshalb kennenlernen. Sie luden mich ein und hatten keine Angst, eine Frau zu beherbergen, deren Mann verhaftet war."

Mit der Zunahme der Verhaftungen machte sich allerdings, so Mimi Brichmann, „eine gewisse Unruhe in der Bevölkerung breit". Zudem kam die Ohnmacht, sich nicht wehren zu können. Ein deutscher Freund erzählte Mimi Brichmann von

221 SAPMO im BArch, Bestand Berlin, EA 1474/3.
222 SAPMO im BArch, Bestand Berlin, EA 0787.
223 Stark, Frauenbiographien, S. 35 f.

seinen Befürchtungen, auch bald verhaftet zu werden, und schloß mit den Worten: „Aber was soll, was kann ich dagegen unternehmen, gar nichts." Nach einigen Wochen war auch er „verschwunden". Die Eskalation der Verhaftungswelle verschloß die Münder. Die Sprache war zum Mittel der Verleumdung, der Denunzierung und zum bevorzugten „Beweis" der NKWD-Untersuchung geworden. Reden war gefährlich, bedrohte die Existenz. Wortlos, ohne unnötige und verwertbare Erklärungen, halfen und unterstützten sich dennoch Menschen.

Der Leidensweg von Mimi Brichmann begann wie bei den meisten Angehörigen Verhafteter schon in der Freiheit. Anfangs konnte sie ihre Arbeit im deutschsprachigen Verlag von Engels problemlos wiederaufnehmen. Über die Verhaftung ihres Mannes berichtete sie pflichtgemäß dem Direktor, der ihr schließlich riet, sich von ihrem Mann öffentlich loszusagen. Dies lehnte Mimi kategorisch ab. Zwischenzeitlich mußte sie sich sexueller Belästigungen ihres Chefs erwehren. Im August 1936 wurde sie schließlich entlassen. Um überhaupt Wohnrecht und Unterhalt sichern zu können, verkaufte sie Kleidung und Hausrat. Sie bewarb sich vergebens als Putzfrau und Anlernling: „Sobald ich sagte, warum ich keine Arbeit mehr habe – erstmal sah man mir sofort an, daß ich Ausländerin bin –, und wenn man dann noch hörte, daß mein Mann verhaftet sei, dann ging quasi ein Visier runter. Wo ich auch hinkam, ich wurde abgelehnt." Fortan schlug sie sich mit Gelegenheitsarbeiten bei ihren ausländischen Bekannten durch, zuletzt als Haushälterin und Kindermädchen. Auch bei der Suche nach ihrem Mann zeigte sich die junge Frau entschlossen und ausdauernd. Nach einigen vergeblichen Anläufen erwirkte sie im Sommer 1936 einen Termin bei dem zuständigen NKWD-Untersuchungsrichter und setzte eine selten erteilte Besuchserlaubnis bei ihrem Mann durch, der bis zum Sommer 1937 weitere Treffen und Gespräche folgten.

Brunhilde Hebel lebte seit Frühjahr 1937 ebenfalls in Engels. In der kleinen Provinzstadt nahm sie die aufkommende Angst besonders sensibel wahr. Ebenso wie ihr Mann Rudolf unterwarf sie sich nicht der allgemein üblichen Umgangspraxis gegenüber „verdächtigen" Genossen, sondern hielt weiter Kontakt: „Hermann Röhrig[224] und seine Frau zogen sich gleich zurück, als er aus der Partei ausgeschlossen wurde. Die wollten uns nicht belasten. Wir waren schon aus unseren Stellungen entlassen, aber noch nicht aus der Partei. Alle Genossen wurden ja aus ihren Stellungen entlassen. Und die meisten haben sich zurückgezogen. Aber einige nicht. So war das auch mit unserem Freund Maxim Valentin. Wir waren noch am Abend vorher zusammen, und am nächsten Tag besuchten wir sie wieder. Er empfing uns an der Gartentür und sagte: ‚Bitte kommt nicht rein zu uns, ich bin aus der Partei ausgeschlossen.' Da schiebt mein Mann ihn beiseite und sagt: ‚Mach keinen Quatsch, laß uns rein, wir wissen doch, wer du bist.'"

Rückzug und Isolation waren, wie Brunhilde Hebel schildert, nicht nur der Angst geschuldet, sondern konnten auch dem Schutz der anderen Genossen

---

224 Hermann Röhrig, geb. 1898, seit 1919 KPD, seit 1930 als Spezialist in der UdSSR, zuletzt Direktor des Handelstechnikums in Engels; am 6. Februar 1938 verhaftet, 1938 erschossen, nach anderen Angaben 1944 gestorben.

dienen. Sie sollten nicht belastet und unnötig gefährdet werden. Das eigene
Schicksal galt als besiegelt, man erwartete die Verhaftung. In der Selbstisolation
der Verfemten war aber auch ein schmerzliches Abschiednehmen und ein letzter
Dienst gegenüber den Verbliebenen verborgen, freilich auch ein Hoffen auf Zuwendung. Brunhilde und Rudolf Hebel versagten diese Geste nicht. Sie orientierten sich weniger an den parteioffiziösen Werturteilen und Stigmatisierungen
als an eigenen moralischen Kriterien und biographischen Erfahrungen. Nach
der Verhaftung von Rudolf am 6. Februar 1938 setzte Brunhilde alles daran,
ihren Mann zu finden und eine Besuchserlaubnis zu erwirken. Schon wenige
Tage später schrieb sie eine Beschwerde an den sowjetischen Regierungschef
Molotow,[225] in dem u. a. der Satz stand: „Dann können Sie mich gleich mitver-
haften, denn ich habe gar keine Möglichkeit mehr, hier zu leben." Nach Moskau
ist dieser Brief nie gelangt, da er schon vom örtlichen NKWD in Engels bei der
Postkontrolle konfisziert wurde.

Obwohl Antonie Satzger zwei kleine Kinder zu versorgen hatte und im dritten
Monat schwanger war, kündigte die Stadtverwaltung ihr nach der Verhaftung
ihres Mannes, wie den meisten anderen Frauen, die Wohnung. Nachdem man sie
ursprünglich im Keller eines Nachbarhauses unterbringen wollte, bekam sie nach
Protesten ein kleines Zimmer zugewiesen. Hier nahm sie aus Solidarität in den
nächsten Monaten andere Frauen und Kinder von Verhafteten auf. Wenig später
mußte Antonie ins Krankenhaus eingeliefert werden. Die Nachbarsfrauen – deutsche, österreichische und russische – beaufsichtigten und versorgten ihre Kinder.
Als sie aus dem Krankenhaus zurückkam, legte ihr Sohn die 65 Rubel auf den
Tisch, die als Wirtschaftsgeld dienen sollten. „Da saß ich da und habe geheult. Ich
sag': ‚Ihr habt gehungert.' ‚Mutti, wir haben gar nicht gehungert, brauchst dir keine Gedanken machen.' Ich sage: ‚Du lügst. Ihr habt ja gar kein Geld verbraucht.'
1966 fuhr ich das erste Mal wieder in die Sowjetunion, und selbstverständlich zu
meinen alten Freundinnen. Und da saßen wir alle am Tisch, und dann sagten sie
zu mir: ‚Na, komm, jetzt können wir's dir sagen. Weißt du, wie wir's gemacht
haben? Jeden Tag hat eine andere Familie deine Kinder genommen.'"

Die materiellen Schwierigkeiten konnten durch diese bemerkenswerte Solidarität zwar gelindert, aber nicht ausgeräumt werden. Für ihren verhafteten
Mann und ihre drei kleinen Kinder opferte Antonie Satzger buchstäblich alles.
Jede Arbeit, die sie bekommen konnte, nahm sie an. Das Geld reichte nicht für
die Versorgung, Hausrat wurde verkauft. Regelmäßig ging sie zum Gefängnis,
um ihren Mann finanziell zu unterstützen. Das bedeutete, gemeinsam mit Hunderten anderen Frauen und kleinen Kindern stundenlang anzustehen. Nur an
zwei festgelegten Tagen im Monat war es gestattet, Geld zu überbringen. Die
materielle Not trieb Antonie in aufreibende Gewissenskonflikte, sie zermürbte

225 Wjatscheslaw M. Molotow, 1890–1986, seit 1906 Bolschewik, einer der engsten Mitarbeiter
     Stalins, 1926–57 Mitglied des Politbüros der KPdSU, 1930–41 Vorsitzender des Rates der Volks-
     kommissare, 1939–49 und 1953–56 Außenminister, 1957 aller Führungsämter entbunden, 1962
     aus der Partei ausgeschlossen.

sich zwischen den Bedürfnissen ihrer Kinder und der Verpflichtung gegenüber ihrem Mann. Die Annahme des Geldes bedeutete zumindest die Gewißheit, daß sich Magnus noch in diesem Gefängnis befand. „Du hast gestanden, stundenlang, und dann hast du wieder Angst gehabt, kommst du noch dran, bevor die zumachen? Eine Nervenanspannung war das. Ich habe dann auch einen Nervenzusammenbruch bekommen. Ich habe nur noch geheult und bin in eine Nervenklinik gegangen. Dort haben die gesagt, ich wäre hysterisch. Ich konnte nichts mehr sagen, so fertig war ich. Da war ich vollständig am Ende. Ich habe nur noch geheult."

In dieser Zeit kamen Antonie erstmals Gedanken an Selbstmord. Allein die Verantwortung für ihre Kinder und die Verpflichtung gegenüber ihrem Mann hielten sie aufrecht und trieben sie immer von neuem an. Vierundzwanzig Stunden verbrachte die junge Frau 1939 mit ihren Kindern in einer Warteschlange, um von dem neu ernannten Volkskommissar für Innere Angelegenheiten Berija die Freilassung ihres Mannes zu fordern: „‚Nun, was haben Sie für ein Anliegen?' Da habe ich gesagt: ‚Mein Mann ist verhaftet worden, und ich bin hundertprozentig überzeugt, daß er unschuldig ist. Ich will genau wissen, was los ist.' Der hat sich alles aufgeschrieben und mich ausgefragt, ob ich irgendwo irgendwas gemerkt habe, daß er vielleicht tageweise fort gewesen wäre usw. Da sagte ich: ‚Nein, der ist immer von der Arbeit nach Hause gekommen.' Und da sagte er zu mir, ich solle in Ruhe nach Hause gehen, die Sache würde untersucht werden. ‚Wir untersuchen die Sache ganz genau, und wenn er unschuldig ist, dann kommt er.'"

Umstände und Verlauf der kurzen Unterredung sprechen sinnfällig für die Perfidie, die sich auch nach 1938 fortsetzte. Der Staat gab sich generös; der Volkskommissar hielt öffentliche Sprechstunde und sagte die Prüfung des Verfahrens zu. Zugleich ließ er die Gelegenheit nicht ungenutzt, die Frau mit seinen peinigenden Fragen zur Denunzierung des Ehepartners zu nötigen. Die Verhaftung ihres Mannes und die nachfolgenden Erfahrungen lösten bei Antonie Satzger eine anhaltende Desillusionierung über die Zustände in der UdSSR aus. „Seit dieser Zeit", resümiert sie im Interview, „hatte ich für den Sozialismus von rechts wegen nichts mehr übrig." In dieser Phase verweigerte sie sich den gerade stattfindenden Sowjetwahlen ebenso wie den großen Demonstrationen und Kundgebungen in Moskau.

Verschiedentlich wandten sich Frauen von Verhafteten um Hilfe und Unterstützung an die Moskauer KPD-Führung. Mimi Brichmann hatte unmittelbar nach der Verhaftung ihres Mannes im Februar 1936 an die Deutsche Vertretung der Komintern geschrieben. Sie informierte über die erfolgte Haussuchung und Verhaftung, die ihr vollkommen unverständlich waren, und bat um die Mitwirkung der Komintern für eine beschleunigte Untersuchung in der Angelegenheit. Am 19. März 1936 ließ die Deutsche Vertretung Mimi Brichmann wissen: „Genau so wenig wie Du, können auch wir wissen, was die Ursache war. Auf alle Fälle steht fest, daß niemand ohne Grund verhaftet wird. Entweder handelt

es sich um die Klärung einer anderen Angelegenheit, oder er hat sich selbst etwas
zuschulden kommen lassen, wo Dir nichts von bekannt ist. [...] Selbst können
wir in der Angelegenheit nichts machen; denn die Untersuchung ist Sache der
Sowjetbehörden, zu denen wir volles Vertrauen haben."[226]

Antonie Satzger wandte sich nach der Verhaftung ihres Mannes ebenfalls an
die KPD-Führung. Sie ging zu Walter Ulbricht, meldete die Verhaftung und fragte um Rat. Ulbrichts Antwort lautete knapp und unmißverständlich: „Wenn er
innerhalb von 40 Tagen nicht zu Hause ist, dann ist er ein Feind des Volkes!"
Und Antonie Satzger brauche sich dann nicht mehr sehen lassen, die Parteimitgliedschaft ruhe. „Ich hab' dann dem Walter noch gesagt", erinnert sie sich, „daß
ich doch ein Kind erwarte, und gefragt, was ich machen soll. Da hat der bloß zu
mir gesagt: ‚Also, ich kann dir nur eines sagen, wenn dein Mann innerhalb von
40 Tagen nicht da ist, dann ist er ein Feind des Volkes, und dann mußt du sehen,
wie du zurecht kommst!' Das war alles, was er mir gesagt hat."

Magnus Satzger gehörte zu den wenigen Inhaftierten, für dessen Freilassung
sich Pieck gegenüber der Komintern-Führung persönlich verwendete. In einem
Brief Piecks an Dimitroff vom 20. April 1938 wurde eine Liste von 16 inhaftierten deutschen Exilanten übermittelt, über die „bei der Kaderabteilung kein
belastendes Material" vorliege.[227] Pieck bat die Komintern, „geeignete Schritte
zu unternehmen, damit die Untersuchung gegen die betreffenden Personen be-
schleunigt wird, damit ihre Freilassung erfolgen kann". Dem Urteil von Reinhard Müller, Piecks Bemühungen seien „marginal und weitgehend folgenlos"
gewesen, kann man nur zustimmen; zumal diese erst während des Abklingens
der „Säuberung" einsetzten und erst, nachdem das ZK der KPdSU im Januar
1938 selbst „die Praxis des formalen und seelenlos-bürokratischen Verhaltens
gegenüber der Frage des Schicksals von Parteimitgliedern", wie Müller treffend
schreibt, „mit propagandistischer Heuchelei verurteilt hatte".[228] Ob tatsächlich
Piecks Einsatz zur Freilassung von Magnus Satzger im Dezember 1939 geführt
hat, ob der Machtwechsel und die Neuorientierung im NKWD, die anhaltenden
Bemühungen seiner Frau oder alle drei Umstände gemeinsam dazu beigetragen
haben, bleibt unbekannt. Pieck allerdings fühlte sich wohl als „Befreier". Er lud
Magnus und Antonie Satzger nach dessen Entlassung zu sich. Während der Zusammenkunft legte er generös den Arm um die Schulter von Antonie und fragte:
„‚Na, Mädel, wie hast du die Zeit verbracht?' Da habe ich bloß gesagt: ‚So, wie
alle anderen!' Weiter habe ich gar nichts zu ihm gesagt." Zu ihrem Mann meinte Antonie ernüchtert: „Weißt du, nimm es mir nicht übel, aber ich will nichts
mehr von der Partei wissen."

Die Verhaftung der Ehemänner und Lebensgefährten schuf für die jungen
Frauen und Familien in einem mehr und mehr fremd gewordenen Land eine

---

226 RCCHIDNI 495/205/4732.
227 Briefe Wilhelm Piecks an Georgi Dimitroff und D. S. Manuilski aus den Jahren 1937 bis 1942,
   in: BZG 31 (1989), S. 488 ff.
228 Müller, Wehner, S. 152 f.

unerträgliche Situation, der sie unter großen Anspannungen standzuhalten versuchten. Die politischen, wirtschaftlichen und psychischen Strapazen, vor allem die Ungewißheit ließen diese Jahre für viele, wie für Mimi Brichmann, zur „schlimmsten Zeit" ihres Lebens werden: „Die eigene Verhaftung, die mich eigentlich hätte sehr erschüttern müssen, die hat mich gar nicht mehr erschüttert. Mir wurde eine große Last vom Herzen genommen. Ich brauchte mich nicht mehr um Arbeit zu kümmern, nicht mehr zu warten, daß man mich eventuell auch verhaftet, hatte ein Dach über dem Kopf."

Untersuchungshaft, Verhör und Urteil

Käte L. schildert während des Interviews einen Traum, den sie nach der Verhaftung ihres Mannes, wenige Wochen vor ihrer eigenen, hatte: „Ich habe geträumt, da steht ein langer Tisch und alle haben wir diese russischen Schüsseln vor uns und einen Holzlöffel. Ein langer Tisch war das, und wir saßen alle daran, ihr Mann, mein Mann, ich und sie. Wir haben alle unseren Löffel und unsere Schüssel gehabt und an dem langen Tisch gesessen. Am nächsten Tag ging ich zu meiner Freundin und sagte: ‚Li, ich habe diese Nacht geträumt, unsere Männer kommen wieder.‘ Fragte sie: ‚Wieso?‘ ‚Naja‘, sagte ich, ‚wir haben alle zusammen an einem langen Tisch gesessen.‘ Aber ich hatte den Traum falsch gedeutet. Wir sind alle an den langen Tisch gekommen und haben mit Holzlöffeln aus solch kleinen Schalen gegessen."

Der Leidenszeit im GULag ging oft eine monatelange Untersuchungshaft im Gefängnis voraus. Eine Zeit der ungewollten Gewöhnung und Anpassung; eine Zeit, die auf die inhaftierten Frauen eine außerordentliche Wirkung hinterließ und sie quasi für den GULag gewaltsam präparierte.

Verhaftung

Die Interviewpartnerinnen sind zwischen 1937 und 1949 in verschiedenen Städten der UdSSR, vor allem Moskau und Engels, verhaftet worden. Zwölf während der „Säuberung" zwischen 1936 und 1938, zwei in unmittelbarer Folge des Überfalls Deutschlands auf die UdSSR 1941 und zwei Frauen 1944 bzw. 1949. Überwiegend empfanden sie die Inhaftnahme, auch wenn seit langem ein gepackter Koffer oder eine Bündel mit dem Nötigsten bereitstand, als Schock und Bestürzung, als tiefen emotionalen Einschnitt, ausgelöst durch die nächtliche Verhaftung, die Hausdurchsuchung sowie die infamen Beschuldigungen des Haftbefehls. Manche Frauen erlebten die Arretierung anfangs auch als vermeintliche Entspannung, als Entladung einer psychisch und physisch unerträglich aufgeladenen Phase, die durch anhaltende Repression, Verunsicherung und Isolation geprägt war. Mit der Verhaftung verband sich die Hoffnung, eine imaginäre Nähe zum verhafteten Ehepartner herzustellen, aber auch die „Klärung" der undurchschaubaren Geschehnisse und die Wiederherstellung der gemeinschaftlichen Vergangenheit, wie es etwa Mimi Brichmann schildert. Ähnlich beschreibt

Elinor Lipper[229] die Gedankenwelt kurz vor der Verhaftung: „Sie waren unschuldig und fürchteten sich, fuhren zusammen bei jedem ungewohnten Geräusch auf der Treppe. Sie waren unschuldig und wälzten sich schlaflos in den Nächten. Bis es geschah – und die Pein des Wartens der Qual der Gefängniszelle wich."[230]

Die Verhaftungen nahm das NKWD beinahe ausschließlich nachts vor. Wenn es an der Tür der kommunalen Gemeinschaftswohnung läutete, hielten sich alle Bewohner ruhig. Niemand wollte auffallen. Nach bangen Minuten traten mindestens zwei bewaffnete Sicherheitsbeamte, meist uniformiert, begleitet vom Hausmeister, in das gefragte Zimmer und legten einen Haftbefehl vor. Dienstlich knapp war die Order in russischer Sprache überschrieben mit „Haussuchung, verhaften"[231] „Bescheinigung zur Festnahme",[232] „Haftbefehl"[233] oder juristisch umständlich mit „Beschluß über Bestimmung der Vorbeugungsmaßregel und über Anklagung".[234] Eine Durchsuchung folgte, deren Augenmerk auf möglichen Beweisen lag: deutschsprachige Bücher und Briefe, ausländische Kleidung, Fotoapparate, Schreibmaschinen, Ausweise und Geld. Ein Protokoll verzeichnete jeden konfiszierten Gegenstand.[235]

Wer Glück hatte, erhielt von den Uniformierten Ratschläge, was vorsichtshalber in den Koffer oder das Bündel gepackt werden sollte: warme Sachen und Schuhe etwa, wenn möglich Pelze, Filzstiefel, Handschuhe und Mützen. Schließlich versiegelte man das Zimmer, Möbel und Wäsche wurden später vom NKWD abgeholt. Selten verließ ein Nachbar oder eine Nachbarin in dieser Stunde den eigenen Raum, um der Festgenommenen beizustehen oder sich von ihr zu verabschieden. Manche jedoch überwanden die Angst. Brunhilde Hebel erinnert sich der stillen Verbundenheit, die sie mit Wolgadeutschen und Russinnen in

---

229 Elinor Lipper: 1912 in Brüssel geboren, Jüdin, 1931–33 Medizinstudium in Berlin, dann in Italien, seit 1937 in der UdSSR, nach Ankunft verhaftet, bis 1947 im GULag, dann Ausreise nach Westeuropa, 1950 (in Zürich) erscheint ihr Erinnerungsbericht „Elf Jahre in sowjetischen Gefängnissen und Lagern".

230 Ebenda, S. 7 f.

231 MSRF, Zentralarchiv Moskau, P 13390 (Frieda Siebenaicher).

232 MSRF, Smolensk, 315-3 (Adele Schiffmann).

233 MSRF, Tscheljabinsk, P 12075 (Irmgard Schünemann).

234 MSRF, Saratow OF-9667 (Brunhilde Hebel). Das Dokument ist in russischer und deutscher Sprache abgefaßt.

235 Insgesamt sind 22 NKWD-Akten ausgewertet worden, elf von Interviewpartnerinnen, elf von Angehörigen. Ihre Inhaltsstruktur ist immer wieder die gleiche und umfaßt im wesentlichen folgende Dokumente: Haft- und Durchsuchungsbefehl, Protokoll der Haussuchung, Quittungen über Beschlagnahmungen, Fragebogen des Verhafteten, meist handschriftliche Vernehmungsprotokolle, Anklageerhebung des Untersuchungsführers, Urteil der „Sonderberatung" des NKWD, Dokumente über die Urteilsvollstreckung sowie Eingaben und Beschwerden der Häftlinge während der Haft, teils auch der Lagerzeit. Der zweite Teil der Akten beschäftigt sich mit der Rehabilitierungspraxis in den 50er Jahren. Die Akten waren fest gebunden, paginiert und befanden sich in einem guten archivalischen Zustand. Der Umfang der Akte betrug zwischen 20 und einigen hundert Blatt. Ihr jeweiliger Archivstandort entspricht dem Verhaftungsort der betroffenen Frauen und Männer.

Engels beim Abschied teilte: „In der Nacht, als ich verhaftet wurde, gingen wir durch das Zimmer meiner Wirtin. Da saßen ungefähr zehn Frauen unter einer Ikone. Es war nachts, zwei oder drei Uhr. Meine Wirtin hatte in der Ecke eine Ikone, wo immer ein Licht brannte. Die Frauen saßen schweigend da, sahen mir nach und nahmen auf diese Art Abschied von mir."

„Spionage", „Konterrevolutionäre Agitation" oder „Angehörige eines Volksfeindes" waren die häufigsten Haftgründe, die das NKWD angab. Drei Frauen wurden als Angehörige ihrer Ehemänner in Haft genommen; ihre Schuld war die Ehegemeinschaft mit „Volksfeinden". Mimi Brichmann warf man in ihrem Haftbefehl vom 15. Oktober 1937 vor, sie habe gewußt, „daß ihr Mann von antisowjetischen Personen aufgesucht wurde".[236] Im Haftbefehl gegen Frieda Siebenaicher vom 26. April 1938 hieß es: „Ehefrau des Mander-Lepinlausk, Eduard Davidowitsch, der vom Militärkollegium des Obersten Gerichts der UdSSR nach der ersten Kategorie als aktives Mitglied einer konterrevolutionären nationalistischen lettischen Organisation und als Agent des lettischen Geheimdienstes verurteilt wurde."[237] Der Haftbefehl von Gertrud Platais stempelte sie zur „Ehefrau des deutschen Spions und Diversanten Platais Karl, Eduardowitsch, der vom Militärkollegium des Obersten Gerichts nach der ersten Kategorie verurteilt wurde".[238] Die Verurteilung der Ehefrauen von „Volksfeinden" geht auf einen Beschluß des Politbüros des ZK der KPdSU vom 5. Juli 1937 zurück, in dem es heißt:

„1. Der Vorschlag des Volkskommissariats für Innere Angelegenheiten über die fünf- bis achtjährige Lagerhaft für Frauen verurteilter Vaterlandsverräter [...] ist anzunehmen.

[...] Das Volkskommissariat für Innere Angelegenheiten ist zu beauftragen, für diesen Zweck spezielle Lager [...] zu organisieren."[239]

Fünf Frauen bezichtigte das NKWD der „Spionage". Erna Kolbe sah sich in ihrem Haftbefehl vom 9. September 1937 mit der Beschuldigung konfrontiert, sie sei „ausreichend der Spionagetätigkeit zugunsten eines ausländischen Staates überführt".[240] Gleichartigen Bezichtigungen waren Klara D., Julie Bevern, Adele Schiffmann und Ruth Z. ausgesetzt. Brunhilde Hebel war laut NKWD-Order vom 14. Juni 1938 „zur Genüge darin überführt [...], daß sie Teilnehmerin einer faschistischen Gruppe ist, die in der Stadt Engels existierte, eine aktive konterrevolutionäre Arbeit gegen die Sowjetmacht betrieb und die Bevölkerung im faschistischen Geist bearbeitete".[241] Neben den absurden Anschuldigungen fällt ins Auge, daß die zu Verhaftenden schon in den Haftbefehlen als „zur Genüge" bzw. als

---

236 MSRF, Saratow OF-26996 (Mimi Brichmann).
237 MSRF, Zentralarchiv Moskau P 13390 (Frieda Siebenaicher). „Verurteilt nach der ersten Kategorie", oder in anderen Dokumenten: „Zum höchsten Strafmaß" – dies bedeutete Todesurteil.
238 MSRF, Zentralarchiv Moskau P-13467 (Gertrud Platais).
239 Corinna Kuhr, Kinder von „Volksfeinden" als Opfer der stalinistischen Säuberungen von 1937/ 38, Manuskript, Köln 1994, S. IV.
240 MSRF, Moskau P-20755 (Erna Kolbe).
241 MSRF, Saratow OF-9667 (Brunhilde Hebel).

„ausreichend überführt" galten, was eine auf tatsächliche Wahrheitssuche orientierte Untersuchung von vornherein ausschloß. Auf besondere Weise drückt sich der Charakter der „Säuberung" in der Haftbegründung gegenüber Käte L. aus. Sie sei „ausreichend darin überführt [...], daß sie Politemigrantin ist".[242] Jetzt war die Zugehörigkeit zu einem Personenkreis unter Strafe gestellt, den man noch vor Jahren in der UdSSR mit propagandistischem Eifer feierte und idealisierte und der nach der Verfassung Asylrecht genoß.[243]

Die Frauen nahmen die Haftbefehle mit Bestürzung auf. Obgleich ein Teil der Verhafteten die Dokumente unterschrieben hatte, liegt die Vermutung nahe, daß sie aufgrund der Sprachprobleme, der situationsbedingten Verunsicherung und der Unerfahrenheit den Inhalt der Haftbefehle kaum adäquat erfassen konnten. Die Beschuldigungen überstiegen die Möglichkeiten rationaler Einsicht und vertieften die längst existierende Beunruhigung. Für die kommunistisch orientierten Frauen, die sich gegenüber der Partei und deren Politik als besonders treu und ergeben wähnten, bedeutete die Verhaftung zudem die Infragestellung ihrer politischen Identität.

Traumatisch wirkte bei den Müttern der Abschied bzw. die gewaltsame Trennung von ihren Kindern. Wie für die Mütter wurde auch für die Kinder der Verlust der Eltern und die nachfolgende Odyssee durch Kinderheime oder sowjetrussische Familien zur dominierenden Erschütterung ihres Lebens. Neun der befragten Frauen hatten Kinder im Alter zwischen ein und zwölf Jahren. Die Tochter von Käte L. war keine zwei Jahre alt: „Ich dachte doch nicht, daß die mich mit dem Kind verhaften würden, daß die mich da festhalten. Dann haben die mir gesagt, ich soll das Kind abgeben. Da hab' ich gesagt, ich habe nichts getan und ich gebe mein Kind nicht weg, ich geb' das nicht her. Ich hab's festgehalten. Und da war dann so ein Weibsbild, wahrscheinlich aus einem Kinderheim, zwei Soldaten haben mich festgehalten, einer hat mir das Kind vom Arm gerissen und hat's der gegeben, und weg war es. Ich war wieder fix und fertig. Ich war so aufgeregt, daß ich plötzlich meine Menstruation bekommen habe. Und die war so stark, daß gar nichts half. Ich trieb richtig weg. Mich haben die dann in eine Zelle gebracht und einen Arzt geschickt. Aber es hat lange gedauert, bis die Blutung gestillt war."

Antonie Satzger wurde am 31. Januar 1944 in einem Dorf in der Nähe von Kasan verhaftet: „Die Kinder waren da. Und die haben gesagt, ich muß mitgehen. Die Gertrud war drei Jahre und vier Monate, Lieselotte war schon größer. Mich haben sie auf ein Auto geladen. Und die Lieselotte rennt hinter dem Auto her und ruft ‚Mama, Mama ich habe Angst, ich habe Angst, Mama, Mama'. Noch lange ist sie gerannt und gerannt."

---

242 MSRF, Moskau P-41041 (Käte L.).

243 Dem Papier nach garantierte die „Stalinsche Verfassung" von 1936, Artikel 129, den Personen Asylrecht, die „wegen Verfechtung der Interessen der Werktätigen [...] verfolgt werden". Verfassung der UdSSR, Berlin 1947, S. 47.

Aufnahmeprozedur

Die Inhaftnahme bedeutete für die Frauen in vielerlei Hinsicht eine bis dahin unbekannte seelische und körperliche Drangsal, die ihr Selbstwertgefühl auf das äußerste herausforderte. Denn das Haftregime, die Aufenthaltsbedingungen und die Untersuchung hatten zum Ziel, die persönliche Integrität, die geschlechtliche und politische Identität der inhaftierten Frauen zu zerstören. Seit den ersten Minuten der Haft, mit Beginn der Aufnahmeprozedur und der Konfrontation mit den Haftbedingungen waren die Inhaftierten zur Hinnahme gravierender persönlicher Entwürdigungen genötigt: Gespräche und Meinungsäußerungen wurden untersagt; Bitten um Auskünfte oder Erklärungen blieben unbeantwortet. Die Frauen hatten knappen und eindeutigen Befehlen zu gehorchen, durften während des Transportes oder in den Aufnahmezellen nicht reden. Der Gefängnisalltag war buchstäblich sprachlos. „Es gab kein Wort, kein gutes und kein schlechtes", sagt Antonie Satzger. Und Julie Bevern erinnert sich: „Die Aufpasserin hat immer durch den Spion geguckt. Sowie jemand versucht hat, sich zu unterhalten, da war die schon im Zimmer und hat gleich die Starosta, die Älteste der Kammer, gerufen. Die mußte alles melden."

„Vom Moment der Verhaftung an wird der Gefangene in ständiger Spannung gehalten", bemerkt Elinor Lipper, „was auch immer mit ihm geschieht, wohin er auch immer gebracht wird, kein Wort der Erklärung wird darüber abgegeben. Diese dauernde Ungewißheit, dieses völlige Ausgeliefertsein an eine stumme, unheimliche Macht bewirkt bei jedem Gefangenen das, was es hervorrufen soll: Angst."[244]

Oft sperrte man die Frauen unmittelbar nach der Ankunft im Gefängnis in winzige Sonder- bzw. Stehzellen, die sogenannte Box. Erna Kolbe berichtet: „Nachdem ich aufgerufen wurde, kam ich in eine Einzelzelle. Zwei Tage war ich ganz allein, vollkommen isoliert, abgesehen davon, daß ich Essen bekam. Ich wußte überhaupt nicht, was passiert war."[245] In eine Stehzelle von ca. einem Quadratmeter ohne Sitzgelegenheit wurde Irmgard Schünemann eingesperrt. „Das war ein unheimlicher Schock, aus der Freiheit in die Stehzelle." Und ihre Reaktion: „Da muß man die Nerven behalten, ruhig bleiben. Eine ganze Weile mußte ich da drin sein. Solange abgestellt haben sie mich da, bis sie dann noch andere geholt haben. Das war auch furchtbar, der Eindruck, ich war ja nun in ihren Händen. Aber ich hab' alles ruhig überstanden. Ich hab' nicht geweint und habe alles so hingenommen."

Auf schmerzliche Weise nahmen die Frauen den Verlust der Freiheit und die Verstoßung aus der menschlichen Gemeinschaft wahr. „Als man in die Zelle gekommen ist, in das Gefängniszimmer", so Julie Bevern, „und die Tür ist auf einmal hinter dir zugemacht worden, keine Klinke und nichts, da ist man irgendwie wie eine Irre gewesen, du warst ein gefangener Vogel. Da erst hat man begriffen, was alles mit einem vorgegangen ist. Du warst einfach weg vom Leben."

244 Lipper, Elf Jahre, S. 11 f.
245 Stark, Frauenbiographien, S. 105.

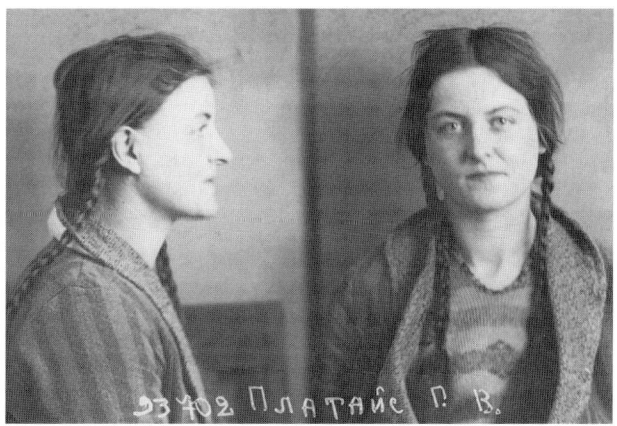

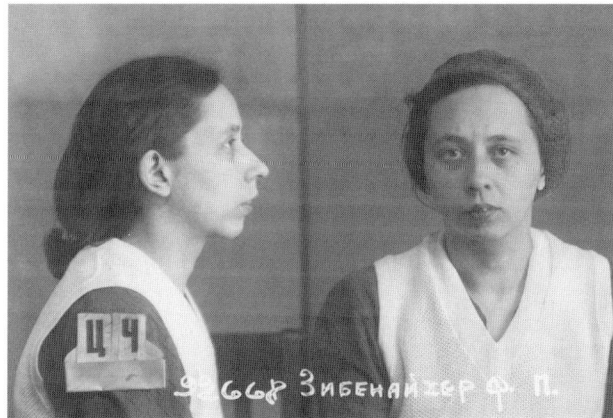

Abb. 21 und 22
NKWD-Fotos von
Gertrud Platais und
Frieda Siebenaicher,
Moskau 1938.

Vor dem Weg in die Gefängniszelle erfolgte die Aufnahmeprozedur: Erkennungsdienstliche Behandlung, Aufnahme von Gefangenenfotos, Abnahme der Fingerabdrücke, Entkleidung, Duschen, Leibesvisitation, Desinfektion, in manchen Gefängnissen Scheren der Körperbehaarung, oftmals von männlichem Gefängnispersonal oder Häftlingen. Über ihre Aufnahme in das Moskauer Butyrka-Gefängnis 1937 schreibt Elinor Lipper: „Jede Gefangene, die in das Butyrka-Gefängnis eingeliefert wurde, kam zunächst in einen Raum, wo sie sich nackt ausziehen mußte. Eine Wächterin tastete ihre Haare ab, untersuchte ihre Ohrmuscheln und Nasenlöcher, fingerte in ihrem aufgerissenen Munde herum, sah ihr unter die Achseln und in den After, ließ die Nackte ein Reihe von Kniebeugen machen und schloß mit einer gynäkologischen Untersuchung ab. Von ihren Kleidungsstücken wurden sämtliche Knöpfe, Haken, Ösen und Gummibänder entfernt, jeder Saum, alle Taschen untersucht, dann durfte sie sich wieder anziehen."[246]

246 Lipper, Elf Jahre, S. 9 f.

Abb. 23
*Antonie Satzger nach
der Aufnahmeprozedur
in NKWD-Haft, Anfang
Januar 1944 in Kasan.*

Mimi Brichmann schildert zögernd ihre Aufnahme in das Gefängnis von Engels: „Wir mußten uns splitternackt ausziehen. Alles, was wir hatten, kam auf
einen großen Haufen. Männer waren rundrum, die uns ‚bedienten‘ und sich an
uns recht beachtlich weideten. Wir schämten uns. Wir waren ja alle junge Frauen.
Sie standen ringsrum und grinsten. Unsere Kleidung kam in die Desinfektion. Und
als wir dann aus dem Bad rauskamen, konnte sich jeder aus einem großen Haufen
Wäsche sein Zeug wieder raussuchen."

Antonie Satzger mußte sich 1944 während der Aufnahme in das Gefängnis von
Kasan scheren lassen: „Gleich als ich dort ankam, haben sie mir die Haare run-
tergeschnitten, ganz kahl. Ich mußte mich splitternackt ausziehen." Um die Er-
niedrigung vollständig zu machen, wurden auch von ihrer Kleidung sämtliche
Knöpfe, Gummis, Schnallen und Schnüre entfernt, so daß sie ihre Sachen mit beiden Händen am Körper festhalten mußte. „Du sahst aus wie ein Lump", erinnert
sich Antonie, „wie eine Vogelscheuche. Da hab' ich mich so geschämt."

Haftbedingungen

Nach der Aufnahmeprozedur sperrte man die Häftlingsfrauen in unhygienische
und stickige Massenzellen, die besonders in den Jahren 1937/38 hoffnungslos
überfüllt waren. Die wenigen Fenster waren meist verglast, immer jedoch vergittert und von außen mit einer Blende versehen, die den freien Blick nach außen verhinderte. Wenn Betten oder Pritschen vorhanden waren, reichten sie selten für alle
Häftlinge. Wer nichts mehr erwischte, schlief auf dem Boden, meist blanker Ze-
ment. Von Matratzen, Decken, Kissen oder sonstigem Schlafzubehör berichtete keine der Interviewpartnerinnen. Die Frauen waren auf das angewiesen, was sie
mit in die Zelle nahmen. Als Neuling bekam man von den Alteingesessenen meist
den feuchten und stinkenden Platz am Kübel zugewiesen. Klara D. erinnert sich
an die Haftanstalt in Saratow im Frühjahr 1938: „Ich kam in eine riesengroße
Kammer, dunkel, nur an der Tür war ein kleines Licht. Und neben der Tür stand

gleich der Kübel. Die Kammer war voller Frauen. Eiserne Betten waren mit Brettern belegt, und die Frauen lagen dicht an dicht. Sie lagen quer auf dem Fußboden und auch noch unter den Betten. Und jetzt steh' ich da. Wo will ich hin? Ich seh ja keinen freien Platz mehr. Bis mir irgend jemand unterm Bett zuwinkt: ‚Komm her, wir rücken auseinander, machen hier Platz.' Und ich quetsche mich dazwischen, unters Bett. Die Kammer war ganz heiß von den Menschen. Die Fenster waren vermauert, nicht nur vergittert, sondern auch noch eine Mauer schräg vor dem Fenster. Da hat man noch nicht mal richtig Luft bekommen. Ich habe schon zugesehen, daß ich mehr in der Nähe des Fensters lag. Und ich lag Tag und Nacht, Mai, Juni, Juli, August 1938, und zwischen den Kriminellen. Nicht einen Mucks durften wir machen. Die Kriminellen haben auf uns rumgehackt. Für die waren wir die Faschisten, für dieses Packzeug waren wir Faschisten. Und wehe, wenn wir irgendeine Bewegung oder irgendwas gemacht haben."

Die Zusammenlegung von politischen und kriminellen Häftlingen gehörte zum bewußt eingesetzten Repertoire des Haftregimes, das für eine zusätzliche Demoralisierung sorgen sollte. Die kriminellen Frauen – gemeint sind hier nicht Frauen, die durch Zufall oder soziale Not straffällig wurden – verfügten meist über Haft- und Lagererfahrungen und hatten je nach Schwere des Vergehens sowie der individuellen Machtansprüche Hierarchien gebildet. So konnten sie auch als Minderheit eine Zelle beherrschen und über die vereinzelten und verängstigten politischen Frauen Macht ausüben, etwa auf Platz- und Essenverteilung Einfluß nehmen.

Demoralisierend wirkten auch häufige Durchsuchungen der Massenzellen und wiederholte Leibesvisitationen. Sie dienten einzig dem Zweck, die Insassen zu zermürben und Zwietracht zwischen ihnen zu säen. Eine zusätzliche Demütigung bestand darin, Razzien vor den „sozialistischen Feiertagen" anzusetzen und dadurch den Inhaftierten ein besonderes Gefühl der Unwürdigkeit zu vermitteln. „Das Schlimmste war", so Klara D., „wenn diese Feiertage kamen, erster Mai und andere. Feiertag hieß: Durchsuchung. Was wollen sie bei uns durchsuchen? Da haben sie alles durcheinandergebracht und das bißchen, was man hatte – wenn noch jemand was hatte –, auch das ist verlorengegangen. Denn diese Kriminellen, die haben doch nur geschaut, wo was zu bekommen war. Ach, das war schlimm. Alles mußten wir rausgeben. In den Haaren haben sie uns gewühlt, als ob wir dort was versteckt hätten, schlimm. Dann kam man wieder in die Kammer, und alles war durcheinander."

Eine außerordentliche Belastung stellten für die Frauen die hygienischen Bedingungen in den Gefängnissen dar. Tägliche Körperpflege gab es nicht. Das Wasser, meist kaum mehr als ein Becher, mußte zum Waschen, Zähneputzen und Trinken reichen. Alle acht bis zehn Tage führte man die Frauen für eine kurze Zeit ins Bad, wo das zugeteilte Wasser gleichermaßen der Körper- wie der Wäschereinigung dienen mußte. Die öffentliche Verrichtung der Notdurft auf dem Kübel oder der kollektive Vollzug auf Kommando beim verordneten Toilettengang – eine täglich wiederkehrende Pein – waren bedrückende und demütigende Situationen, an die sich die Frauen nur langsam gewöhnen konnten. In anderen Gefängnissen – so in Smolensk – hatten die Frauen dem Wachpersonal durch Klopfen an die Zellentür ihre Bedürfnisse zu melden. „Die wollten dann oft das Klopfen nicht hören, und man stand händeringend da und wartete, daß man endlich auf die Toilette gelassen wurde", erinnert sich Adele Schiffmann. Auch in der kleinen Einzelzelle war der Kübel demoralisierender Alltag. „Du hast den ganzen Tag den Kübel in der Zelle gehabt", schildert Antonie Satzger, „den durfte ich bloß einmal am Tag ausleeren. Der ganze Uringestank war ständig da. Groß mußtest du ja auch mal. Den Gestank hat man dann auch drin gehabt. Du konntest ja nicht auf Kommando. Und das Schlimmste war, du hast ja kein Papier, kein Klopapier gehabt. Du konntest dich nicht säubern und hast regelrecht gemerkt, wie der Stuhl am Hintern angetrocknet ist." Noch bedrückender waren die Belastungen während der Menstruation. Die Periode wurde im Gefängnis zur Tortur. Meist völlig auf sich gestellt, ohne jegliche hygienische Mittel, mußten sich die Frauen behelfen.

Die Mütter unter den Verhafteten hatten zusätzlich in den ersten Wochen die Trennung von ihren Kindern zu verarbeiten. Die Sehnsucht nach ihnen war eines der dominierendsten und bedrückendsten Gefühle. Frauen ohne Kinder, wie Gertrud Platais und Frieda Siebenaicher, wähnten sich glücklich, vor dieser Qual bewahrt zu sein. Die gewaltsame Trennung von den Kindern, die Ungewißheit über ihr Schicksal und die Verweigerung von Kontakten und Wiederbegegnungen führten zu akuten emotionalen Belastungen. „Eine Rumänin hatte drei Kinder zurückgelassen", berichtet Erna Kolbe, „eins mußte noch gestillt werden, und dadurch hatte sie Probleme mit ihrer Brust. Sie hat nachher den Kalk von den Wänden gekratzt und gefressen. Dann war eine Russin, die hat immer an der Tür gestanden und geflüstert. Einmal hat sie mich angesprochen: ‚Erna Genrichowna, hören Sie denn nicht die vielen Menschen, ich höre doch ununterbrochen Stimmen.'"[247]

Gefangene

Die Atmosphäre in den Gefängniskammern, die Situation und das Befinden der inhaftierten Frauen als auch ihre Beziehungen untereinander waren zwar in erster Linie vom Haftregime und seiner mehr oder weniger strikten Durchsetzung abhängig, jedoch auch davon, wie es den Häftlingen im Laufe der Zeit gelang, kameradschaftliche und einvernehmliche Beziehungen untereinander zu gestalten. Dieser allein schon schwierige und widersprüchliche Prozeß der Selbstfindung und Kommunikationsfähigkeit verlief von Gefängnis, ja von Zelle zu Zelle verschieden und differiert in den Erinnerungen über die U-Haft nicht unbeträchtlich. Zunächst war auch die Gruppe der nach § 58 Inhaftierten, also der Politischen, von sehr unterschiedlichen persönlichen und sozialen Erfahrungen geprägt. Aber

247 Stark, Frauenbiographien, S. 20.

auch ihre unmittelbaren Erfahrungen und Demütigungen während der Terrorjahre nahmen Einfluß auf das Verhalten in den ersten Haftwochen. Elinor Lipper
macht in ihren Erinnerungen auf die unterschiedliche soziale und politische Herkunft der Frauen aufmerksam und verweist auf die Kontinuität vorangegangener
Konflikte, gegenseitiger Antipathien und Stigmatisierungen. Das Klima unter den
Gefangenen ihrer Zelle des Butyrka-Gefängnisses beschrieb sie als eine „Atmosphäre des Mißtrauens, der Unaufrichtigkeit, Heimlichtuerei und der Gruppen
und Grüppchenwirtschaft von alten und jungen Parteimitgliedern, von Parteilosen, von Gattinnen großer Männer und von verschüchterten Weiblein vom Lande,
die alle in ihrer Geisteshaltung eine getreues Abbild des sowjetischen Lebens in
der Freiheit abgaben".[248]

Die weithin verbreitete Erklärung, Verhaftungen seien legitime Maßnahmen
des Staates bzw. es gebe keine ungerechtfertigten Verhaftungen in der Sowjetunion, blockierte vollständig oder behinderte zumindest die Ausprägung positiver
sozialer Beziehungen unter den politischen Häftlingen. Die Umstände der Inhaftierung, die Trennung von Angehörigen und Kindern, die Bedingungen in den Gefängnissen, anhaltende Ungewißheit und Angst hinterließen ihre Spuren und führten nicht selten zur Selbstaufgabe. „Es gab eine Menge Frauen, die resignierten,
die lagen den ganzen Tag auf ihrer Pritsche und dösten vor sich hin und wurden
mit ihrem Schicksal nicht fertig", erinnert sich Mimi Brichmann. Auch Brunhilde
Hebel schildert eine ähnlich deprimierende Grundstimmung: „Manche Frauen
schrien und weinten und sehnten sich nach ihren Kindern. Das gab es, aber gegenseitig sich zanken und denunzieren, das war Gott sei Dank nicht. Nein. Das ist
schon allerhand." Antonie Satzger beschreibt ihre Gefühlslage nach der Verlegung in eine Massenzelle: „Du warst so mit dir beschäftigt und moralisch nieder-
gedrückt, daß du gar kein Bedürfnis hattest, mit jemand anderem zu sprechen."
Manche Frauen erkannten die Gefahr psychischer Apathie und kämpften dagegen an. „Das war alles so deprimierend und so schockierend", resümiert Mimi
Brichmann, „man hatte zu tun, mit den Gegebenheiten fertig zu werden und nicht
einfach in Trübsal zu verfallen."

Gegenseitige Zuwendung und Hilfeleistung stellten unter den Häftlingen in
der Untersuchungshaft eher die Ausnahme dar. Aber sie gab es auch, wenn sie sich
auch nur langsam und schwerlich entwickeln mochten. Von Anbeginn versuchten
die NKWD-Behörden, einer breiten Solidarisierung der Gefangenen durch Isolierung und Sprechverbot, gezielte Infiltration mittels Denunzianten und, soweit
möglich, ständige Mischung der Häftlinge entgegenzuwirken. Die überfüllten
Zellen, Beengtheit und Gedränge förderten Neid und Mißgunst um die schmale
Gefängnisration oder gute Schlafplätze und wirkten ebenso demoralisierend wie
die Vorgänge um den Kübel. Zudem hatten die deutschen Frauen nach wie vor
sprachliche Verständigungsschwierigkeiten, die die Kommunikation mit anderen
Nationalitäten erschwerten. Diese Verhältnisse behinderten immer wieder die

248 Lipper, Elf Jahre, S. 44.

Etablierung von Zuwendung und Vertrautheit und förderten die Vereinzelung der Häftlinge. Die Angst vor ungebetenen Zuhörern und Spitzeln behinderte Gespräche wie die Entfaltung von Gemeinschaftssinn und gegenseitiger Hilfe.

„Du bist wahnsinnig vorsichtig geworden", sagt Antonie Satzger, „jedes Wort hast du abgewogen, um nicht zu viel zu sagen." „Man hat nicht gewagt, sich den Menschen gegenüber zu öffnen", erinnert sich Julie Bevern, „weil man sehr mißtrauisch geworden ist. Man hat ja Angst gehabt. Immer waren in solchen Zellen Leute mit eingeschleust, die irgendwas gemeldet haben, wenn sich mal einer abfällig geäußert hat oder es Empörungen gab, haben die das verraten. Vor allen Dingen die Ausländer, die haben sich sehr zurückgezogen verhalten, weil man gespürt hat, irgend etwas Böses ist da im Gange."

Erklärungsversuche

Alle eingekerkerten Frauen fühlten sich zu Unrecht verhaftet, während sie anderen Insassinnen diesen Status oft absprachen. Insofern standen anfangs gerade den kommunistisch orientierten Häftlingen die Wachmannschaften und Untersuchungsbehörden des NKWD näher als die Mithäftlinge. Symptomatisch für dieses Phänomen ist eine Schilderung von Erna Kolbe. Sie berichtet heute voller Scham über die Ausstoßung und Isolierung einer Tschechin durch die Zellenbelegschaft: „Als sie uns erzählte, sie sei vom Untersuchungsführer geschlagen worden, hätte Backpfeifen und Boxschläge gekriegt, da ist buchstäblich die ganze Kammer voller Empörung aufgestanden, daß unter uns eine Frau war, die behauptete, in einem sowjetischen Gefängnis geschlagen worden zu sein."[249]

Die Suche nach Erklärungen für die eigene Verhaftung wie die Massenverhaftungen spiegelte das ganze Dilemma der Kommunistinnen bei der Bewahrung oder Infragestellung ihrer politischen Identität. Gerade sie hatten sich mit der Tatsache auseinanderzusetzen, als treu agierende Parteimitglieder von den Sicherheitsbehörden der eigenen Partei wegen „Spionage", „antisowjetischer Agitation" oder anderer Delikte als „Volksfeinde" und „Konterrevolutionäre" verhaftet worden zu sein. Der Versuch, die politische Identität soweit wie möglich zu bewahren und nicht in Frage zu stellen, war die Grundlage für die Interpretation der eigenen Verhaftung. Die Mehrheit der Frauen betrachtete die Verhaftung als „Irrtum", der sich schnell aufklären und damit zur Entlassung führen würde. „Als ich in die Haftzelle kam", so Adele Schiffmann, „da hab' ich gedacht, die haben alle irgendwas ausgefressen, bloß ich nicht, bei mir ist es ein Irrtum, der sich aufklären muß. Man hat sich nicht denken können, daß man ohne Schuld eingesperrt bleiben kann. Man hat doch nichts gemacht. Ich habe gedacht, jemand hat etwas über mich gesagt, und deshalb haben die gegen mich etwas. Es wird sich aufklären. Es ist ja nichts vorhanden, und die andern haben wahrscheinlich alle was auf dem

---

249 Stark, Frauenbiographien, S. 105.

Kerbholz." Ähnlich äußert sich Anna Etterer: „Man hat geglaubt, man kommt gleich wieder raus. Man muß ja rauskommen, wenn man ehrlich ist." Und Brunhilde Hebel berichtet: „Viele, die in die Zelle kamen, gingen gar nicht erst weiter. Und wenn man sagte, ‚nun komm schon rein‘, bekam man die Antwort, ‚wieso denn, ich geh ja gleich wieder, ich bin unschuldig, ich hab' ja nichts getan‘." Auch Brunhilde blieben die Verhaftungen unergründlich. Gleichwohl war sie als einzige Betroffene nicht nur von ihrer eigenen, sondern auch von der Unschuld der anderen überzeugt.

Auf dem Höhepunkt der „Säuberung" oder in späteren Jahren erschien die Verhaftung als Schicksalsschlag, der viele Menschen traf und ohnmächtig angenommen werden mußte. „Es gab überhaupt keine Erklärung dafür", so Irmgard Schünemann, „es war eben so. Furchtbar. Man wußte gar nicht, was man denken sollte. Wieso machen die sowas? Was für ein Recht haben die dazu? Aber wenn du gesehen hast, wie viele Russen auch darunter leiden mußten. Und die haben alles hingenommen. Man konnte sich ja nicht wehren. Natürlich wurde gesagt, wir sind unschuldig. Das haben wir gesagt, aber in einem ruhigen Ton, arme Frauen, die sehr bedrückt waren. Aber wir mußten es hinnehmen, was sollten wir denn machen?"

„Ich habe immer im Kopf gehabt", entsinnt sich Erna Kolbe, „warum hat's dich betroffen, wo hast du dich schuldig gemacht?" Bei der Suche nach Erklärungen stellte Erna sich selbst zur Disposition. Hier vermutete sie die Ursache für die Verhaftung, nicht in den staatlichen Repressionsorganen. Damit tradierte sie das klassische Beziehungsmuster zwischen Partei und Genosse, nach dem nur der einzelne Schuldner gegenüber der Partei sein könne und nicht umgekehrt. Derartige Überlegungen gingen oft mit der Reproduktion bekannter Mythen einher, wie Mimi Brichmann berichtet: „Es hieß nur immer, wenn Genosse Stalin das wüßte, dann würde er Maßnahmen ergreifen. Wir haben aber nicht überlegt, warum Stalin denn nicht dahinterkommt, daß rings um ihn Leute sind, die nicht das tun, was eigentlich notwendig gewesen wäre. Soweit haben wir nicht gedacht. Ich habe keine einzige gehört, die gesagt hätte, daran könnte Stalin schuld sein."

Einige Frauen entwickelten Verklärungen, die ihnen suggerierten, sich als Teil eines scheinbar logischen, zumindest aber verständlichen Geschehens zu betrachten. Das quälende Bewußtsein, von der eigenen Partei verstoßen zu sein, paarte sich mit dem Versuch, deren Maßnahmen als „politisch notwendig" zu begreifen und den „Irrtum" bzw. das Opfer nicht nur apathisch, sondern bewußt tragen zu können. Besonders die Propaganda von der „kapitalistischen Einkreisung" bot deutschen Kommunisten einen Anlaß, die eigene Verhaftung zu erklären. Mimi Brichmann stellte folgende Überlegungen an: „Wir wußten ja, daß Hitler einen Krieg vorbereitet. Und wir waren uns darüber im klaren, daß man uns als Deutschen aus dem faschistischen Deutschland nicht trauen kann, daß man uns ja nicht ins Herz gucken kann und uns einfach als Vorsichtsmaßnahme isolieren muß, und das wird sich schon irgendwann wieder aufklären. Wir mußten uns ja irgendwie einen Schutzgürtel bauen, sonst wäre man ja verzweifelt. Das hat uns irgendwie den Rücken gestärkt, daß wir uns sagten, das ist ein Irrtum, bedingt durch den Hitlerfaschismus, und es wird schon wieder ins Gleis kommen."

Der Suche nach Erklärungen lag lange Zeit nur das eigene Schicksal zugrunde. Dem „Phänomen" der Massenverhaftungen konnten sich die Frauen zwar nicht entziehen, es wurde aber anfangs kaum in die Überlegungen einbezogen. Die politische Befangenheit der Inhaftierten blockierte auch in der Haft über einen langen Zeitraum Erkenntnisprozesse. Die verbreiteten Erklärungsmuster sprachen vom „Irrtum" oder vom „Schicksalsschlag", der hingenommen werden mußte. Die politisch motivierten Deutungen versuchten lange, das Dilemma dadurch zu entspannen, daß den „Maßnahmen" der Partei Verständnis entgegengebracht und das eigene Schicksal als Folge der äußeren Bedrohung interpretiert wurde. Das Parteisystem, die Institutionen des Staates blieben bei allen Überlegungen ausgeblendet. Die zehrende Tatsache, als Kommunistin von Kommunisten inhaftiert und politischer Verbrechen gegen die UdSSR beschuldigt worden zu sein, ignorierte man auf diese Weise. Wenn Häftlinge überhaupt Täter oder Ursachen benannten, personalisierten sie diese als Denunzianten, getarnte Trotzkisten oder Karrieristen innerhalb des NKWD. Elinor Lipper läßt in ihren Erinnerungen eine Mitgefangene sagen: „Wie eine Mutter alles, was ihr ungeratenes Kind tut, zu bemänteln und umzudeuten sucht, so nahmen wir alles, was den Sowjetstaat betraf, in Schutz."[250]

Immerhin führte die eigene Verhaftung oder die von Angehörigen bei drei Frauen zu Desillusionierungen unterschiedlichen Grades. Antonie Satzger, die die Verhaftung ihres Mannes und später ihre eigene auf Denunzianten zurückführte, verlor überhaupt den „Glauben an die Menschen". Schon nach der Verhaftung ihres Mannes 1938/39 hatte sie sich innerlich von der KPD abgewandt. Klara D. war eine überdurchschnittlich beflissene Genossin, die ihr Privatleben stets hinter die Interessen und Erwartungen der Partei zurückstellte und nun von ihr ausgestoßen wurde. „Das Wort ‚Genosse' wollte ich nie mehr hören", sagt Klara, „das Wort ‚Partei' wollte ich nie mehr hören, gar nichts. Ich war mit allem fertig, vollkommen." Als Gegenreaktion auf den Parteiausschluß und die Verfolgung verdrängte sie ihrerseits die Partei aus ihrem Bewußtsein. Politische Argumente für die Abkehr nannte sie in ihren Erinnerungen nicht.

Nach Monaten der Gefängnishaft veränderten sich bei den Frauen unter dem Eindruck qualvoller Erfahrungen Wahrnehmung und Deutung des Gefängnissystems, ohne daß sie jedoch dessen politische Ursachen durchschauen konnten. Offenkundig zeigte sich die Umorientierung sowohl in der Annäherung zwischen den Häftlingen, der wechselseitigen Öffnung für biographische Erfahrungen, der Wahrnehmung der Mitgefangenen als Leidens- und Schicksalsgefährtinnen sowie in der zunehmenden Verweigerung gegenüber den Untersuchungsführern des NKWD.

---

250 Lipper, Elf Jahre, S. 45.

Verhör und Urteil

„Mir ist alles unbegreiflich", schrieb Anna Etterer in ihrem ersten Brief im Sommer 1938 aus dem Lager. Die Inhaftierte gab in wenigen Zeilen ihrem Mann Franz Schwarzmüller Aufschluß darüber, wie ihr Urteil zustande kam. „Viereinhalb Monate war ich im Gefängnis, so langweilig, ohne sich unterhalten, lesen und sprechen zu können. […] Ich denke und denke, werde mir nicht klar darüber. War einmal beim Untersuchungsführer, wurde um meine Biographie gefragt, so wie ich eben die Fragen verstanden habe (ohne Übersetzer) und habe geantwortet mit meinem ganz schlechten Russisch. Habe alles unterschrieben, obwohl ich nichts lesen konnte, weil ich es doch nicht verstand, weil ich bis heute noch nicht das Vertrauen zu meinen eigenen Genossen, zu unserer Sowjetheimat […] aufgegeben habe. […] Also, nach einem Monat war alles abgeschlossen. Die Untersuchungsführer waren sehr freundlich. Wie war ich aber vor den Kopf gestoßen, als ich am Ablauftag meines Sowjetpasses (16. 7.) zu fünf Jahren Arbeitslager wegen konterrevolutionärer Tätigkeit (ohne Punkt) verurteilt wurde."[251]

Anna Etterer beschrieb in ihrem Brief eine der typischen Verfahrensweisen des NKWD gegenüber den Inhaftierten. Die anhaltende physische und psychische Zersetzung der Häftlinge wurde zunächst durch den Umstand verschärft, daß sie tage- und wochenlang auf das erste Verhör und die erhoffte Erklärung des Geschehens warten mußten. „Aus der ruhigen Selbstsicherheit des Unschuldigen, mit der er die Zelle betrat", konstatiert Elinor Lipper, „wird die hysterische Schlaflosigkeit des Wartenden, der allnächtlich bei jedem Geräusch und bei jedem Ausruf wie elektrisiert in die Höhe fährt."[252] Vorwiegend nachts wurden die Frauen zum Verhör aus der Zelle geholt. Fast allen verwehrte man, gleich Anna Etterer, während der Vernehmung Dolmetscher. Am Ende des Verhörs nötigten die NKWD-Untersuchungsführer die Häftlinge, auch mit physischer oder psychischer Gewalt, das Protokoll zu unterzeichnen, wenn sie es nicht ohnehin aus Angst oder – wie Anna Etterer – aus Gutgläubigkeit heraus taten. In Ermangelung schriftlicher oder gegenständlicher Beweise hatten die Verhöre durch vorgespielte Freundlichkeit, verschiedene Formen der Folter, Denunziationen und Gegenüberstellungen mit präparierten oder willfährigen „Zeugen" das Eingeständnis der unterstellten Verbrechen sowie Namen und „Verbindungen" für neue Verhaftungen und Anklage-„Amalgame" zu erbringen. Auf der Grundlage der fingierten bzw. erpreßten Aussagen ist die Untersuchung nach einer bestimmten Zeit, auch ohne Geständnis, abgeschlossen worden. Der verantwortliche Untersuchungsführer verfaßte eine „Anklageerhebung", ließ sie von seinem Dienstvorgesetzten bestätigen und übergab diese der „Sonderberatung", der Sondergerichtsbarkeit innerhalb des NKWD. Die „Sonderberatung" faßte listenweise Massenurteile in Minutenschnelle ab. Den Inhaftierten selbst ist das Prozedere der Untersuchung und Ver-

251 RCCHIDNI, 495/205/4460.
252 Lipper, Elf Jahre, S. 45.

urteilung überhaupt erst durch die Berichte und Erfahrungen länger einsitzender Häftlinge bekannt geworden.

Verurteilt als „Familienangehörige"

Mimi Brichmann wurde am 8. September 1937 verhaftet. Sie war 28 Jahre alt. Ihre NKWD-Akte umfaßt lediglich zehn Blatt.[253] Ein Dokument namens „Auskunft" vom 1. Oktober 1937 gibt Aufschluß über den Hintergrund ihrer Inhaftierung. Danach war ihr Mann Fritz Wirgien bereits „als Teilnehmer einer antisowjetischen konterrevolutionären rechtstrotzkistischen Organisation vom Militärtribunal des Obersten Gerichts nach der 1. Kategorie verurteilt", das heißt erschossen worden. Als Haftgrund nannte das Dokument, Mimi Brichmann habe von den Kontakten ihres Mannes zu „antisowjetischen Personen" gewußt. Der Befehl sah vor, sie festzunehmen und „bis zum Abschluß der Ermittlungen [...] im Gefängnis von Saratow zu inhaftieren".[254] Nach mehr als zwei Wochen vergeblichen Wartens und quälender Ungewißheit wurde sie am 26. September 1937 zum Verhör befohlen. Zu Beginn nahm der Untersuchungsführer ihre biographischen Daten auf. Zu bevorzugten Verhörthemen gehörten die Beziehungen der Häftlinge zu bereits verhafteten oder noch in Freiheit befindlichen Personen, insbesondere zu ausländischen Bürgern, und Kontakte zum Ausland. Damit konnte jeder Deutsche, der noch Briefverkehr mit seinen Angehörigen in Deutschland pflegte, zum „Kurier eines ausländischen Geheimdienstes" gemacht werden. Wer Kontakt zu seinen deutschen Freunden hielt, war potentiell Mitglied einer „faschistischen" oder „Spionage-Gruppe". Nachdem Mimi Brichmann auf Fragen nach ihrem Mann, ihren Bekannten und ihren Kontakten nach Deutschland geantwortet hatte, kam es der NKWD-Akte nach zu folgendem Wortwechsel:

Frage: Erzählen Sie alles, was Ihnen über die konterrevolutionäre Tätigkeit Ihres Mannes bekannt ist.

Antwort: Über die konterrevolutionäre Tätigkeit meines Mannes weiß ich nichts. Ich habe ihn deren auch nie verdächtigt, weil mein Mann ehrlich in der Fabrik gearbeitet hat und mehrere Male als Aktivist ausgezeichnet wurde."[255]

Das Verhör währte nach den Erinnerungen von Mimi Brichmann kaum 45 Minuten. In der Anklageschrift vom 18. Oktober 1937 wurde ihre Ehegemeinschaft mit Fritz Wirgien hervorgehoben, der erneut als eines der „aktivsten Mitglieder" einer „antisowjetischen konterrevolutionären rechtstrotzkistischen Organisation" firmierte.[256] Die Aussagen von Mimi Brichmann fanden in keiner Weise Berücksichtigung. Das Verfahren ist anschließend der „Sonderberatung" des NKWD übergeben worden. Am 27. Dezember 1937 erging ohne Verhandlung folgendes

253 MSRF, Saratow OF-26996 (Mimi Brichmann).
254 Ebenda.
255 Ebenda.
256 Ebenda.

Urteil: „Beschlossen: Brichmann, Mimi Karlowa [ist] als Familienmitglied eines Verräters der Heimat für fünf Jahre in ein Besserungsarbeitslager zu internieren".[257] Als Massenurteil gefällt, ist es als solches auch verkündet worden – vor einer Front angetretener Häftlinge.

Potentiell waren alle Angehörigen eines Verhafteten gefährdet. Exemplarisch dazu der Fall von Julie Bevern. In einer „Auskunft des NKWD" vom 7. Februar 1938 hieß es über sie: „In der Moskworezker Rayonabteilung der Verwaltung des NKWD für das Moskauer Gebiet sind Informationen eingetroffen, daß in Moskau, in der Malaja Tulskaja Straße 2/1, Wohnung 673, die Ehefrau des Mitglieds des italienischen konterrevolutionären Zentrums Monotow/Silva/Bevern, Julie Germanowa, geb. 1895 (richtig 1905, M. S.) in München/Deutschland, Nationalität deutsch, Staatsbürgerin der UdSSR […] wohnt."[258] Ausdrücklich verwies das Dokument darauf, daß Julie Bevern auch nach der Verbannung ihres Mannes den Kontakt zu ihm aufrecht halte. Aufgrund dieser „NKWD-Auskunft" bezichtigte man die 33jährige schließlich der „Spionagetätigkeit zugunsten Italiens" und erließ Haftbefehl. Nach ihrer Inhaftierung am 10. Februar 1938 mußte sie mehr als 20 Tage auf ihre erste Einvernahme warten und wurde durch die Gefängnismauern hindurch Zeugin anderer Verhöre: „Wenn man die Schreie gehört hat, von Männern oder von Frauen, da ist man erschrocken und hat eine fürchterliche Angst ausgestanden. Es konnte doch sein, daß dir dasselbe am andern Tag auch passieren kann. Und man hat ja auch die gesehen, die zum Verhör gerufen wurden, und wie die zurück gekommen sind. Ich erinnere mich an eine Chinesin, eine echte, überzeugte junge Kommunistin. Die ist so zurückgebracht worden, man konnte sie nirgends anfassen, so verhauen war sie. Weil sie immer wieder gesagt hat, ‚Väterchen Stalin, was machen die mit uns? Das ist doch unmöglich, das kann doch nicht sein'. Und da haben die sie verdroschen. Die hat ihren Mund nicht gehalten und hat sich gewehrt, und da hat man sie geschlagen. Man hat alte Frauen stundenlang stehenlassen oder nichts zu essen gegeben."

Julie Beverns erstes Verhör erfolgte am 4. März; ein zweites am 8. März 1938. Wie sie sich erinnert, währte die zweite Vernehmung von 3.00 Uhr nachts bis 11.00 Uhr morgens. In ihrer Akte findet sich ein sechsseitiges Protokoll. Nach der Aufnahme der persönlichen Daten folgten die obligatorischen Fragen: „Wann und wie sind Sie in die Sowjetunion gekommen?" „Haben Sie Verbindung zu Personen unterhalten, die sich im Ausland befinden?" „Welche Verbindungen haben Sie zu in der Sowjetunion lebenden Ausländern?" und „Haben Sie jemals die Deutsche Botschaft aufgesucht? Wann und mit welcher Absicht?"[259] Schon allein diese unverfänglich anmutenden Fragen, auf die meist ohne Umschweife – so auch von Julie Bevern – geantwortet wurde, halfen bei der Konstruktion neuer Anklagepunkte, denn sie schufen bislang „unbekannte Verbindungen" und machten „Agenten" ausfindig. Freilich hatte Julie Bevern über die sowjetische Staatspost Kontakt zu

257 Ebenda.
258 MSRF, Moskau P-24689 (Julie Bevern).
259 Ebenda.

ihren Angehörigen in Deutschland und natürlich auch zu deutschen und italienischen Freunden in der UdSSR. Da sie bis 1937 deutsche Staatsbürgerin blieb, mußte sie zwangsläufig die Deutsche Botschaft aufsuchen, um ihren deutschen Paß verlängern zu lassen, was wiederum Voraussetzung war, um die sowjetische Aufenthaltsgenehmigung zu bekommen. Die arglos erwähnten Personen wurden, wenn sie nicht schon in Haft waren, die nächsten Opfer des NKWD.[260]

Das nächste Verhör am 3. April 1938 konfrontierte Julie Bevern mit den Anschuldigungen des NKWD. Diesen lagen zwei Aussagen ehemaliger Wohnungsnachbarn zugrunde. Es ist aus der Akte nicht ersichtlich, ob die Zeugenaussagen erpreßte, gefälschte oder gewissenlose Beschuldigungen waren, ebensowenig, ob die Zeugen sich zum Zeitpunkt der Vernehmung in Haft oder noch auf freiem Fuß befanden. Die Befragung wurde mit den bei Zeugenvernehmungen immer wieder anzutreffenden Formeln eingeleitet: 1. „Kennen Sie die Bürgerin …, woher und wie lange?" 2. „Wie waren Ihre gegenseitigen Beziehungen? Haben Sie evtl. irgendwelche persönlichen Feindseligkeiten zu begleichen?" (Darauf folgte meist die Standardantwort: „Die Beziehungen zu … waren normal. Irgendwelche Abrechnungen habe ich nicht zu begleichen.") 3. „Charakterisieren Sie die Bürgerin … aus politischer Sicht, so wie Sie sie kennen."[261] Nunmehr folgten meist die Beschuldigungen bzw. Denunziationen. So hatte Julie Bevern angeblich „niederträchtige Verleumdungen [verbreitet], die gegen die Sowjetmacht gerichtet waren. […] Sie sagte, in der UdSSR werden unschuldige Menschen verschickt", die „gezwungen seien zu hungern, da sie keine Arbeit finden könnten". Des weiteren habe sie „unter den Hausbewohnern geheime Angaben über die illegale kommunistische Tätigkeit [verbreitet], die von der Komintern in den kapitalistischen Ländern durchgeführt wird. Sie erzählte, daß die Komintern in Moskau in Militärakademien und in anderen Hochschulen Leute ausbildet und sie dann ins Ausland schickt, um kommunistische Agitation durchzuführen und den Sturz der dortigen Ordnung vorzubereiten."[262]

Zweifellos entsprachen diese Aussagen der Wahrheit, unabhängig davon, ob Julie Bevern sie den Zeugen gegenüber tatsächlich geäußert hatte. Im Sinne der stalinistischen Staatsräson und der – zudem meist minderbemittelten – Untersuchungsführer waren sie freilich höchst „konterrevolutionär". Im Verlauf des weiteren Verhörs wurde Julie Bevern fortwährend der „konterrevolutionären Agitation" bezichtigt. Auf alle Unterstellungen verzeichnet das Verhörprotokoll die Antwort: „Nein, das werde ich nicht zugeben."[263] Ohne weitere Verhöre, Zeugenaussagen oder Gegenüberstellungen verfaßte der Untersuchungsführer die Anklageerhebung und beschuldigte Julie Bevern der „Aufklärungs-Spiona-

260 Julie Bevern erwähnte u. a. auch ihre Freundin Anna Etterer. Unter Umständen führte dies am folgenden Tag, dem 9. März 1938, zu deren Verhaftung. Die genauen Umstände konnten nicht eruiert werden, da bislang die Akte von Anna Etterer nicht eingesehen werden konnte.

261 MSRF, Moskau P-24689 (Julie Bevern).

262 Ebenda.

263 Ebenda.

ge-Tätigkeit [...] zugunsten Deutschlands und der Betreibung konterrevolutionärer Agitation". Die Angeklagte hatte sich nicht schuldig bekannt; zwar liege kein gegenständliches Beweismaterial vor, doch sei Julie Bevern durch zwei Zeugenaussagen „entlarvt". Die Anklageerhebung wurde der „Sonderberatung" des NKWD übergeben, die Julie Bevern am 14. Mai 1938 wegen „konterrevolutionärer Tätigkeit" – nicht mehr wegen Spionage – zu fünf Jahren Lager verurteilte.[264]

Die Praxis der Sippenhaft, die Festnahme der Familienangehörigen von verurteilten „Volksfeinden", traf vor allem Frauen. Ihnen warf man nicht nur vor, mit einem „Volksfeind" eine eheliche Gemeinschaft oder eine anderweitige „Verbindung" gepflegt, sondern mehr noch, ihren Partner nicht selbst bei den Partei- oder Sicherheitsbehörden angezeigt zu haben. Diese alle Rechtsnormen verletzende Praxis führte, bisweilen in Verbindung mit politischem Fanatismus der Betroffenen, in einigen Fällen dazu, daß sich Familienmitglieder, um der Verhaftung zu entgehen, von ihren Angehörigen öffentlich „lossagten".[265]

Kommunistinnen vor dem Untersuchungsführer

Erna Kolbe wurde am 9. September 1937 um vier Uhr morgens vom NKWD verhaftet und im Moskauer Butyrka-Gefängnis interniert. Der Haftgrund lautete „Spionagetätigkeit". In ihrem Fall kann u. a. der Frage nachgegangen werden, inwieweit die Verflechtung parteiinterner und geheimdienstlicher Verfolgung auch bei unteren Parteikadern dokumentarisch belegbar ist und inwiefern Unterlagen bzw. Erkenntnisse der Komintern direkt in die Strafverfolgung des NKWD einbezogen wurden. Der NKWD-Untersuchungsführer verhörte Erna Kolbe zweimal, laut Akte am 19. September und am 23. Oktober 1937. Ihrer Forderung nach einem Dolmetscher wurde nicht entsprochen. Aufgrund ihrer mangelnden Sprachkenntnisse war sie nicht in der Lage, dem Verhör in angemessener Weise zu folgen, auf unverständliche Fragen klärend zu antworten, geschweige denn ein handschriftlich abgefaßtes Protokoll kritisch zu prüfen, zurückzuweisen oder zu korrigieren. „Mir wurde gleich am Anfang des Verhörs mitgeteilt", erinnert sich Erna Kolbe, „daß ich meine Unschuld, und nicht das NKWD meine Schuld zu beweisen hätte. Ich sagte, ich fühlte mich in jeder Beziehung unschuldig. Mein Verhältnis zur Sowjetunion sei von Jugend an aufrichtig und freundschaftlich gewesen, und ich könnte gar nichts gegen dieses Land machen. Ich bat sie dann, mir einen Anhaltspunkt zu geben, wo ich was Schlechtes gemacht haben soll, warum sie mich verhaftet haben. ‚Das könnte Ihnen so passen, Sie werden von sich aus Ihre Fehler bekennen.' Da wurde mir langsam klar, daß die gar nichts Konkretes hatten gegen mich, daß alles auf ein

---

264 Ebenda.
265 Lipper, Elf Jahre, S. 47 ff.

Geständnis hinauslief. Da ich mich vollkommen unschuldig fühlte, hatte ich eigentlich auch keine Angst. Warum sollten sie mich bestrafen?"[266]

Der Verlauf des ersten Verhörs, so wie es die NKWD-Akte überliefert, läßt den Schluß zu, daß dem Untersuchungsführer Unterlagen über Erna Kolbe zur Verfügung standen, die in der vorliegenden NKWD-Akte nicht abgeheftet waren. Nach Feststellung der persönlichen Angaben, der Umstände ihrer Emigration und der Arbeit in der Komintern kam der NKWD-Ermittler sehr schnell zu dem Thema, das auch im Mittelpunkt einer Parteiuntersuchung gegen Erna Kolbe um die Jahreswende 1937 stand. Diese endete mit der Entlassung Ernas aus der Komintern.[267] Auf die Frage, warum sie ihre Arbeit in der Komintern nach dem Schwangerschaftsurlaub nicht wieder aufgenommen habe, antwortete Erna Kolbe: „Ich wurde wegen meiner Beziehungen zu meiner Schwester, die 1929 als Mitglied der Brandler-Organisation aus der Partei ausgeschlossen wurde, nicht zur Arbeit zugelassen."[268] Von da an drehte sich das Verhör um die Beziehungen Ernas zu ihrer Schwester. Ihr wurde vorgeworfen, erst 1935 diese „Verbindung" der Kaderabteilung der Komintern gemeldet und den Briefwechsel gar verschwiegen zu haben. „Ich gebe zu", lenkte Erna Kolbe ein, „daß ich das verheimlicht und dieser Frage keine Bedeutung beigemessen habe." Auf den Vorwurf, diese Fakten auch nicht bei ihrer Arbeitsaufnahme im Radiokomitee genannt zu haben, antwortete sie laut Protokoll: „Ich bekenne mich schuldig darin, daß ich beim Ausfüllen des Fragebogens im Komitee bewußt dies […] vor der Partei und den Organisationen verheimlicht habe. Ich habe das deshalb verheimlicht, weil ich Angst hatte, nicht zur Arbeit angenommen zu werden."[269] Das zweite Verhör „enthüllte" ihre Verbindung zu Fritz Dettner, den Erna Kolbe als Arbeitskollegen des Radiokomitees kannte und von dem sie selbst sagte, er sei „wegen seiner Beziehungen zur Trotzkistin Frumkina verhaftet worden".[270]

Der Duktus beider Verhöre entsprach in vollem Umfang der Verfolgungslogik der vorgeschalteten Parteiuntersuchung gegen Erna Kolbe zwischen August 1936 und Frühjahr 1937. Die „Verbindungen" zu ihrer Schwester und deren Inkriminierung als „Brandlerianerin" entsprachen genau den Vorhaltungen der Kaderabteilung der KPD bzw. der Komintern. Daß die Einreise ihrer Schwester in die UdSSR ohne die offizielle Genehmigung der Parteiinstanzen gar nicht möglich gewesen wäre, spielte keine Rolle. Nun wurde ihr zudem vorgeworfen, die „Verbindung" zu ihrer Schwester nach der Entlassung aus der Komintern und beim Wechsel zum Radiokomitee nicht angegeben zu haben. Auch ihre in den Augen des

---

266 Stark, Frauenbiographien, S. 111 f.
267 RCCHIDNI 495/205/6239.
268 MSRF, Moskau P-20755 (Erna Kolbe).
269 Ebenda.
270 Ebenda. Fritz Dettner: geb. um 1898, seit 1926 KPD, 1931–36 an der Leninschule in Moskau, dann Radiokomitee, 1937 verhaftet, verschollen. Maria Frumkina: geb. 1880, seit 1919 KPdSU, seit 1925 Rektorin der KUNMS, dann Leiterin des Radiokomitees, 1937 verhaftet, 1938 hingerichtet.

NKWD strafbare „Verbindung" mit Dettner war einst auf Anweisung der KPD-Führung zustande gekommen. Am 20. März 1937 teilte ihr der Deutsche Vertreter beim EKKI Dengel mit, sie solle wegen ihrer Arbeit beim Ino-Radio sofort mit dem Genossen Dettner Verbindung aufnehmen. Für den Untersuchungsführer war das nicht maßgebend. Er hatte mit ihr eine Person „entlarvt" – und das entsprach der Aufgabe des NKWD , die der Partei etwas verschwieg und die eine „Beziehung" zu einer bereits inhaftierten Person hatte.

Erna Kolbes Vertrauen in die NKWD-Organe ist während der beiden Verhöre beträchtlich erschüttert worden. Als es um die Umstände ihrer Emigration ging, erinnert sie sich an eine besonders erschreckende Verhörsituation: „Moralisch haben die mich fertiggemacht – psychischer Terror, das kann man wohl sagen. Als ich erzählte, daß mein Kind gestorben war, daß ich in der Illegalität gefährdet war – da hat der extra aus dem Nebenzimmer seine Kollegen geholt, und die wollten sich nun totlachen über mich, daß die Partei mich in die Sowjetunion geschickt hätte. Ich hab' wie ohnmächtig dagesessen. Ich dachte, man hätte eiskaltes Wasser über mich gegossen. Wie erstarrt, wie erfroren, hab' ich dagesessen und gedacht: Das ist nun das NKWD. Habe ich doch früher so verehrt und war so vertrauensselig."[271]

Die Verhörprotokolle stellten, neben den Aussagen der Belastungszeugen bzw. Denunzianten, die wichtigsten „Beweise" zur Bestätigung der Anklage im Sinne des NKWD dar. Gegenständliche Beweise lagen in den seltensten Fällen vor. Zu berücksichtigen ist darüber hinaus, daß sich der Untersuchungsführer über das Verhörprotokoll gegenüber seinem Vorgesetzten innerhalb des NKWD qualitativ und quantitativ auswies bzw. empfahl. Entsprechend waren die Untersuchungsführer darauf aus, von vornherein das Verhörprotokoll der Anklageerhebung mit verschiedenen Mitteln „anzupassen", entweder zielgerichtet zu manipulieren oder ganz zu fälschen. Eine Methode der Klitterung war die Verkehrung von Aussagen und deren Anpassung an die Beschuldigungen. Formulierungen wie „ich gebe zu" bzw. „ich bekenne mich schuldig" – die so kaum ein Häftling sagen würde – und deren Verbindung mit entsprechenden Informationen und Erklärungen belegen die Art des Umgangs. Begünstigt wurde dieses Verfahren durch unzureichende Sprachkenntnisse der Beschuldigten, denen eine Kontrolle des Textes gar nicht möglich war. Dennoch hatten die Häftlinge jede einzelne Seite der Anklageerhebung zu signieren und am Ende die Richtigkeit des gesamten Protokolls zu bestätigen.

Erna Kolbe fühlte sich nach wie vor den Parteiritualen verpflichtet. Ihren „Fehler" gegenüber der Partei, das Verschweigen der politischen Haltung ihrer Schwester, gestand die Inhaftierte laut Verhörprotokoll ein. Bereits Verhaftete, namentlich Maria Frumkina, stigmatisierte sie lt. Protokoll, wie es die Partei bestimmte, als „Trotzkist(en)".

Die Anklageerhebung vom 16. Dezember 1937 ging nochmals ausführlich auf die politische Vergangenheit ihrer Schwester und nun erstmals, wie es der

271 Stark, Frauenbiographien, S. 105 f.

Komintern-Akte entsprach, auch auf deren Mann ein. Erna Kolbe wurde ange-
klagt, „daß sie [...] Beziehungen zu den in England lebenden aktiven Brandlerianern SCHEEFER G. (d. i. Ernas Schwester, M. S.) und deren Mann unterhielt,
ihre Beziehungen zu ihnen vor der Partei und der Komintern verheimlichte und
deren Einreise in die UdSSR beantragte. Nach ihrer Entlassung aus der Arbeit
in der Komintern hat sie bei Arbeitsaufnahme im Radiokomitee für Auslands-
sendungen ihre Beziehungen zu den Brandlerianern verborgen und hatte im Radiokomitee Kontakte zu dem getarnten Trotzkisten Dettner (verhaftet), d. h. wegen Verbrechen nach Art. 58 P. 6 des StGB der RSFSR." Es folgte die Feststellung:
„Sie hat sich schuldig bekannt."[272] Daß die Beziehungen Erna Kolbes zu ihrer
Schwester rein familiären Charakter trugen und deren Einreise ohne die Billigung sowjetischer Behörden gar nicht denkbar gewesen wäre, hatte für die Par-
tei- wie die NKWD-Untersuchung keine Relevanz. Aus dem Teilbekenntnis Erna
Kolbes im Verhörprotokoll fabrizierte der Untersuchungsführer in der Anklageschrift ein volles Eingeständnis aller Anklagepunkte. Ohne jegliche gegenständliche oder andere Beweismittel wurde das Verfahren an die „Sonderberatung"
des NKWD übermittelt. Das Urteil: 10 Jahre.

Am 7. Februar 1938 verhaftete das NKWD Klara D. als Studentin der Deutschen Landwirtschaftlichen Hochschule in Engels wegen angeblicher Spionagetätigkeit.[273] Die „Beweise" dafür lieferte die Aussage eines Kommilitonen, der
Klara D. als „Spionin" denunzierte. Für ihre angebliche Spionagetätigkeit er-
brachte der Denunziant keine Belege. Gemäß der Konstruktion der „Säuberung"
waren aber ihre „engen Kontakte" mit anderen „Reichsdeutschen", ihre ständige
Zahlungsfähigkeit und jährliche Besuche in Moskau die eindeutigen Indizien, die
darauf hinwiesen, „daß sich D. auf dem Territorium der UdSSR mit Spionagetätigkeit beschäftigte".[274] Die NKWD-Akte verzeichnet lediglich ein Verhörprotokoll (30. März 1938), das nach der Erinnerung von Klara D. allerdings nur an-
satzweise die schriftliche Fixierung aller Verhöre gewesen sein dürfte. „Ich wurde
schrecklich rangenommen", schildert Klara, „an mir hat der Untersuchungsführer ein Exempel statuiert. Die anderen Frauen sollten Angst bekommen, damit
sie unterschreiben. Ich wurde fünf Tage und Nächte hintereinander vernommen.
Morgens und abends um 22.00 Uhr klingelten die Schlüssel im Gang. Dann guckten schon alle auf mich. Ich machte mich dann fertig und stellte mich an die Tür,
bis ich rausgeführt wurde. Ich unterschrieb aber nicht. Warum sollte ich denn? Ich
sollte doch angeben, daß ich Spionin bin, und ich tat das nicht, um keinen Preis.
Ich sagte: ‚Sie können mir die Haare einzeln ausreißen, ich werde das nicht schreiben. Solange ich Verstand habe, werde ich nur die Wahrheit unterschreiben. Wenn
ich keinen Verstand mehr habe ... Manchmal hat er gar nicht gesprochen. Dann
hat er zu tun gehabt und geschrieben. Und ich stand da. Ich mußte vollkommen
ruhig stehen, durfte mich nicht an die Wand anlehnen. Die ganze Kraft mußte ich

---

272 MSRF, Moskau P-20755 (Erna Kolbe).
273 MSRF, Saratow F-22575 (Klara D.).
274 Ebenda.

darauf verwenden, daß ich ruhig stand. Ich habe auch nie um einen Schluck Wasser gebeten oder was. Ich dachte, verrecken werde ich, aber ich werde hier nichts sagen. Und manchmal hörte ich Männer schreien, und dann sagt der: ‚Hörst Du? So geht's dir.‘ Morgens um fünf Uhr kam ich wieder runter in die Kammer. Dann kamen die Häftlinge und wollten von mir erfahren, wie es war.“

Nächtliche Dauerverhöre und Schlafentzug gehörten zu den verbreiteten Verhör- und Foltermethoden des NKWD. Tage-, manchmal wochenlang führte man die Gefangenen vor den Untersuchungsführer, der den Frauen immer wieder die gleichen Fragen stellte oder sie ohne ein Wort stundenlang stehen ließ. Niederschlag in der NKWD-Akte fanden diese Maßnahmen jedoch nicht. Meist wechselten die Verhörer sich ab, die Gefangene blieb allein. Ihr fehlte der Schlaf der Nacht und die Ruhe des Tages in der überfüllten Zelle. Brunhilde Hebel war in Engels Dauerverhören, dem „Fließband“,[275] ausgesetzt: „Ich wünschte, sie schlagen mich, daß ich umfalle und ein wenig schlafen kann. Mein Kopf war wie ein Ballon.“ Eine übliche Methode des NKWD zur Einschüchterung bestand darin, wie bei Klara D., ein Folterexempel zu statuieren oder Frauen die Schmerzensschreie von gefolterten Männern hören zu lassen. An anderer Stelle schildert Klara D. kurz, wie sie während der nächtelangen Verhöre auch geschlagen wurde. Obgleich sie während des Interviews mehrmals auf die Verhöre zu sprechen kam, vermied sie es, die Mißhandlungen ausführlich zu beschreiben – eine innere Erschütterung, die ihr gesamtes Leben anhielt und den Verlust des „Vertrauens in die Welt“ weitertrieb.[276]

Zwei Kommilitonen denunzierten Klara D. während einer Vernehmung durch das NKWD am 23. bzw. 26. März 1938. Sie behaupteten beispielsweise, Klara habe „unter den Studenten zwischen 1935 und 1937 faschistische Agitation betrieben“ und „das Leben im faschistischen Deutschland, die deutsche Kultur und Technik [gelobt] und […] dies alles dem Leben in der UdSSR gegenübergestellt“.[277] Während des Verhörs und der Gegenüberstellung mit den Denunzianten am 30./ 31. März 1938 beantwortete Klara D. alle Anschuldigungen, die ihr „Spionagetätigkeit“ bzw. „Agitation“ und „Verbreitung provokatorischer Gerüchte“ vorwarfen, mit der Formulierung: „Ich bekenne mich nicht schuldig.“[278] Der Anklageerhebung vom 8. April 1938 wegen „aktiver konterrevolutionärer“ und „faschistischer Agitation“ sowie „Spionage“ lagen ausschließlich die Denunzierungen zugrunde; gegenständliches Beweismaterial gab es nicht. Das Dokument vermerkte: „Schuldig bekannte sie sich nicht.“ Die „Sonderberatung“ des NKWD verurteil-

---

275 Vgl. Jewgenia Ginsburg, Marschroute eines Lebens, München 1989, S. 78 ff. Sie nannte diese Foltermethode „Fließband“, russisch „Konveyer“. Vgl. Conquest, Terror, S. 148 ff.

276 Jean Améry beschrieb die anhaltenden Wirkungen der „Tortur“ als Gefolterter in deutschen KZ's. Er war sich sicher, daß der Gequälte „schon mit dem ersten Schlag, der auf ihn niedergeht, etwas einbüßt, was wir vielleicht vorläufig das *Weltvertrauen* nennen wollen“. Jean Améry, Jenseits von Schuld und Sühne. Bewältigungsversuche eines Überwältigten, München 1988, S. 44.

277 MSRF, Saratow F-22575 (Klara D.).

278 Ebenda.

te Klara D. am 5. August 1938 wegen „konterrevolutionärer Tätigkeit" zu fünf
Jahren Lager.[279] Auch im Falle von Klara D. mußte die NKWD-Untersuchungs-
behörde den Spionagevorwurf fallenlassen.

Verhaftungen nach 1941

Nach dem Überfall Deutschlands auf die UdSSR am 22. Juni 1941 kam es zu weiteren Verhaftungen unter den verbliebenen deutschen Exilanten. Davon waren
unter anderen Irmgard Schünemann und Ruth Z. sowie Ehemänner anderer Interviewpartnerinnen betroffen. Die Mehrzahl der Verhaftungen fand im Sommer
und Herbst 1941 statt. Exemplarisch für diesen Personenkreis sei hier der Fall
Irmgard Schünemanns genauer behandelt. Am 10. November 1941 wurde sie von
ihrer Arbeit als Friseuse entlassen, sechs Tage später vom NKWD verhaftet.

Als Grundlage der Verhaftung diente die denunziatorische Aussage von Kurt
Schwarz, eines Bekannten von Irmgard Schünemann, der sie am 13. November
1941 umfassend belastete.[280] Inwiefern Angst, Erpressung und Bedenkenlosigkeit
beim Zustandekommen dieser Zeugenaussage Pate standen, kann schwerlich beurteilt werden. Kurt Schwarz war Angehöriger einer deutschen Familie, die Anfang der 30er Jahre der Spezialistenwerbung in die UdSSR folgte. Während der
„Säuberung" 1936/38 wurde er Zeuge der Verhaftung von mehreren Familienangehörigen. Zum Zeitpunkt seiner Einvernahme war er 21 Jahre, verheiratet,
Vater zweier Kinder und arbeitslos, so die Erinnerungen von Irmgard Schünemann. Anna Puschek, eine Bekannte, die bald nach Kurt Schwarz verhört worden
ist und gerade eine dreijährige Haftstrafe verbüßt hatte, ließ sich im Gegensatz zu
Schwarz allerdings nicht zu Denunzierungen hinreißen.[281] Irmgard Schünemann
verwies in diesem Zusammenhang während eines späteren Gespräches darauf,
daß sie selbst nach ihrer Verurteilung einer Nötigung des NKWD erlag und gegen
eine andere inhaftierte Frau aussagte.

Die protokollierte Aussage von Kurt Schwarz bezog sich im wesentlichen auf
angeblich „antisowjetische" bzw. „profaschistische" Äußerungen von Irmgard
Schünemann. Man beschuldigte sie, „Deutschland zu loben", „defätistische Äußerungen gegenüber der UdSSR" gemacht zu haben und der „Überzeugung [zu sein],
daß Hitler in der Sowjetunion an die Macht kommen würde". „Bei Hitler wäre es
wohl kaum schlechter als bei Stalin", zitierte Kurt Schwarz angebliche Aussagen
von Irmgard Schünemann, „es wäre besser, wenn Hitler an die Macht käme, denn
er holte uns nach Hause – dort würde es uns nicht schlechter gehen." Irmgard
Schünemann habe erklärt, der „Untergang der Sowjetunion sei unvermeidlich".
Bei der Einnahme großer Städte durch die deutsche Armee habe sie, so Schwarz,
„Freude gezeigt" und erklärt, bis zum 7. November 1941 sei Hitler in Moskau;

---

279 Ebenda.
280 MSRF, Tscheljabinsk P-12075 (Irmgard Schünemann).
281 Ebenda.

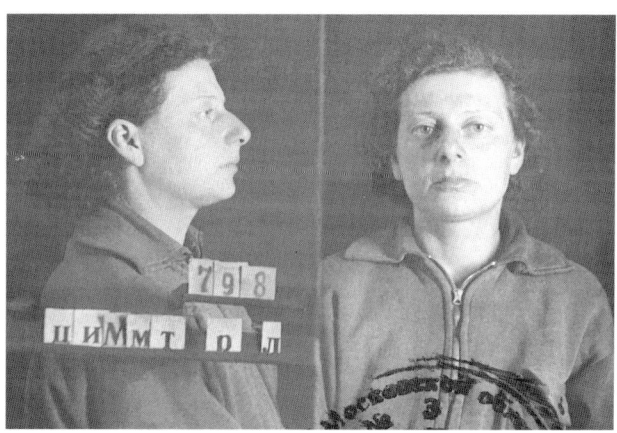

Abb. 24 und 25
*Irmgard Schünemann
(oben) in NKWD-Haft,
Tscheljabinsk 1941.
Die „Sonderberatung"
des NKWD verurteilte
Ruth Z. am 25. März
1942 zu acht Jahren
Lager wegen „antiso-
wjetischer Agitation".*

außerdem wolle sie Hitler selbst helfen, mit den „Juden fertig zu werden". Irmgard Schünemann soll behauptet haben, man könne den sowjetischen Kriegsberichten bzw. Pressemitteilungen nicht glauben, da insbesondere die Darstellung von „Greueltaten" der deutschen Armee übertrieben sei. Zudem sollen sie und ihre Mutter Unmut über die Verhaftung ihrer Angehörigen geäußert und die Hoffnung zum Ausdruck gebracht haben, Hitler würde die inhaftierten Deutschen befreien und die NKWD-Mitarbeiter in die Lager bringen.[282] Daraufhin wurde am 15. November 1941 der Haftbefehl gegen Irmgard Schünemann konstruiert und begründet: „Schünemann äußerte im Kreis ihr nahestehender Personen systematisch profaschistische und defätistische Ansichten gegen die Sowjetunion, preist das faschistische Regime in Deutschland und wartet auf die Machtübernahme Hitlers in der UdSSR."[283]

Bereits am 17. November 1941, einen Tag nach ihrer Verhaftung, wurde Irmgard Schünemann zum Verhör gerufen. Nach Aktenunterlagen wiederholte sich

282 Ebenda.
283 Ebenda.

dieser Vorgang neunmal; von November 1941 bis Januar 1942 wurde sie mehr
als 35 Stunden verhört, zumeist nachts. Irmgard erinnert sich an das erste Verhör: „Ich war ja wirklich interessiert zu wissen, für was ich denn nun verhaftet
wurde. Man konnte sich überhaupt nicht vorstellen, für nichts und wieder
nichts inhaftiert zu werden. Was werden die mir denn nur in die Schuhe schieben? Montags wurde ich dann zum Verhör gerufen. Der Untersuchungsführer
fragte mich, ob ich wisse, warum ich hier sei. ‚Nein‘, sag’ ich, ‚das möchte ich
gerne von Ihnen wissen.‘ Und da hat er dann gesagt, ‚wegen antisowjetischer
Agitation‘. Da hab’ ich gleich gesagt, ‚da müßte aber hier eine Gegenüberstellung sein, mit meinen Kolleginnen, den Nachbarn und anderen Bekannten‘.
‚Ach‘, sagte der, ‚die sehen Sie alle im Gerichtssaal wieder.‘ Dabei war nie eine
Gerichtsverhandlung.“

Irmgard Schünemann wurde während der Verhöre fast ausschließlich mit
den Behauptungen von Schwarz konfrontiert, die ein Gemisch an erfundenen,
unterstellten und richtigen Aussagen darstellten, die der NKWD-Untersuchungsführer willkürlich für seine Zwecke instrumentalisierte. Exemplarisch dafür steht
ein Auszug aus dem NKWD-Protokoll des Verhörs vom 24. November 1941,
20.40–1.30 Uhr:

„*Frage:* Haben Sie inmitten der Sie umgebenden Menschen Verleumdungen
über die Organe des NKWD geäußert?

Antwort: Verleumdungen über das NKWD habe ich nicht geäußert. Ich habe
nur [...] darüber gesprochen, ich weiß nicht mehr mit wem, daß unsere Männer
durch das NKWD vollkommen unschuldig verhaftet wurden. Diese Äußerungen
beruhten meinerseits auf rein verwandtschaftlichen Gefühlen.

Frage: Sie sprechen die Unwahrheit, weil Sie nicht nur antisowjetische Verleumdungen über die Organe des NKWD äußerten, sondern mit der Machtübernahme Hitlers in der UdSSR rechneten, mit dessen Hilfe dann mit den Organen
[des NKWD] und deren Mitarbeitern aufgeräumt würde. Bestätigen Sie dies?

Antwort: Nein. Das kann ich nicht bestätigen, weil ich niemals etwas Gutes
über Hitler gesagt habe.

Frage: Die Untersuchung verfügt über Materialien, daß Sie in Ihrer Umgebung
defätistische Äußerungen gegenüber der Sowjetunion im Krieg mit Deutschland
verbreiteten. Bestätigen Sie dies?

Antwort: Meinerseits wurden keine defätistischen Äußerungen gemacht, und
deshalb kann ich diesen Fakt auch nicht bestätigen.

Frage: Sie haben im Kreis Ihrer Bekannten auch konterrevolutionäre Verleumdungen gegenüber der sowjetischen Presse und den Mitteilungen des Informbüros
geäußert. Erzählen Sie darüber.

Antwort: Konterrevolutionäre Verleumdungen gegenüber der Sowjetmacht
habe ich nicht geäußert. Aber mit meinem Bekannten Kurt Schwarz sprach ich
darüber, daß die Deutschen in den von ihnen eroberten sowjetischen Gebieten mit
der Bevölkerung nicht so unmenschlich umgehen würden, wie es die sowjetische
Presse behauptet. Ich habe dies deshalb Schwarz erzählt, weil ich es selber von

Leuten hörte, als ich in einer Lebensmittelschlange stand. Von wem weiß ich nicht."[284]

Den zurückgebliebenen Angehörigen untersagte man selbst den Glauben an die Unschuld der Verhafteten, mehr noch, er wurde unter Strafe gestellt. Derartige, in der Öffentlichkeit geäußerte Zweifel galten direkt als Angriff auf das bestehende Herrschaftssystem und dessen Dogma, nach dem es keine ungerechtfertigten Verhaftungen in der UdSSR gäbe. Zweifler aber wurden vom NKWD konsequent diszipliniert und instrumentalisiert, wie Kurt Schwarz, oder verfolgt, wie Irmgard Schünemann.

In anderen Verhören ist Irmgard Schünemann vorgeworfen worden, Briefe mit GULag-Häftlingen gewechselt und deren Lebenszeichen an Angehörige in der UdSSR oder auch nach Deutschland weitergeleitet zu haben. Was sie aus Menschlichkeit gegenüber den Inhaftierten praktizierte, verwandelte sich unter der Hand des NKWD-Ermittlers zum „Knotenpunkt" für illegale Kommunikation und Stütze der Anklageerhebung. Auf ähnliche Weise sind andere Denunziationen „bewiesen" worden.

Soweit die Beschuldigungen einen Bezug zur Wahrheit hatten, gestand Irmgard Schünemann sie partiell ein, ohne sie wie das NKWD als „antisowjetische Agitation" zu bezeichnen. Alle weiteren Unterstellungen wies sie entschieden zurück. Immer wieder entgegnete sie dem Untersuchungsführer: „Antisowjetische Tätigkeit habe ich nicht betrieben und kann darüber nichts sagen."[285]

Die Anklageerhebung vom 2. April 1942 warf ihr vor, „in ihrer Umgebung profaschistische und defätistische Stimmungen gegen die UdSSR" geäußert und auf die „Machtübernahme Hitlers in der UdSSR" gewartet zu haben. Das entsprach exakt den Unterstellungen des Haftbefehls. Es wurde darauf verwiesen, daß es keine gegenständlichen Beweise gab und die Angeklagte sich nicht schuldig bekannte, aber „ausreichend [...] durch die Aussagen der Zeugen" überführt sei. Als Strafmaß empfahl der Untersuchungsführer: „ERSCHIESSEN mit Konfiskation des ihr gehörenden Eigentums". Am 18. Juli 1942 verurteilte die „Sonderberatung" des NKWD Irmgard Schünemann wegen „antisowjetischer Agitation" zu zehn Jahren „Besserungsarbeitslager".[286]

Nach Monaten anhaltender physischer und psychischer Drangsal artikulierte sich im Widerstand der Frauen gegen die menschenverachtende Untersuchungsbehörde eine außerordentliche Mobilisierung ihres Selbstwertgefühls. Lügen und Unterstellungen widerstanden sie unter Aufbietung aller Kräfte bis zum Schluß. Sie wiesen Verleumdungen der Untersuchungsführer ebenso zurück wie die Denunziationen einst vertrauter Personen. Ihre zurückhaltenden Einlassungen beruhten anfangs in der Hoffnung auf eine gerechte Untersuchung. Erst nach und nach, durch eigene Erfahrungen bzw. die von Mithäftlingen, klärte sich das Bild über das NKWD. Mental blieben die meisten, auch als Gefangene, loyale Anhänger

284 Ebenda.
285 Ebenda.
286 Ebenda. Hervorhebungen im Original.

des Sowjetsystems. Einen Feind, den eigentlichen Verursacher, mochten sie darin nicht erkennen. Es blieb das Rätsel der eigenen Verhaftung und der Masseninternierung. Das Stalin-Regime als Schuldigen konnten oder wollten sie nicht benennen. Die fehlende Gegnerschaft blockierte zunächst Opposition und Widerstand und behinderte lange die politische Selbstverständigung und eine breite Solidarisierung unter den Untersuchungshäftlingen.

Der Strafverfolgung des NKWD fielen 15 Lebensgefährten der Frauen zum Opfer. Sie wurden nach ihrer Verhaftung erschossen oder starben im Lager. Die inhaftierten Frauen traten den Weg in den GULag an. Auf Jahre verschwanden sie in Sibirien, Kasachstan, im hohen Norden oder anderen entfernten Gebieten der UdSSR.

Jahre im GULag

Fünfzehn Frauen[287] verbrachten zwischen acht und zehn Jahren in verschiedenen Besserungsarbeitslagern, so die offizielle Bezeichnung in der UdSSR. In der Untersuchungshaft noch hegten politische Häftlinge mancherlei Illusionen über das Lagerleben. Erna Kolbe hoffte, „daß wir frei rumlaufen könnten, daß wir zu lesen hätten, arbeiten würden – ein Ort, wo wir unser Bett haben würden, wo wir in eine Bibliothek gehen, wo wir Schach spielen könnten und unsere Zeit absitzen würden. So haben wir uns das Lager vorgestellt".[288] Allein schon der Transport in die Tausende Kilometer entfernten Lager, der oft wochenlange Aufenthalt in überfüllten stickigen Güterwaggons mit mangelnder Versorgung und katastrophalen hygienischen Bedingungen ließen die Erwartungen schwinden. Außer der ersehnten frischen Luft erwarteten die erschöpften Frauen unerträgliche Unterkünfte, mangelnde Versorgung, schwerste Arbeit und ein strenges Lagerregime. Hinzu kam die schwierige Anpassung an ungewohnte klimatische Bedingungen.

Für Neuankömmlinge war die Fähigkeit von besonderer Bedeutung, sich innerhalb kürzester Zeit an das Lagerregime und die ungewohnten Aufenthaltsbedingungen anzupassen, physisch wie psychisch. Die ersten Monate entschieden nicht selten über Leben und Tod. Vor allem in den Terrorjahren 1937/38 war die „Hauptverwaltung der Lager"[289] in keinster Weise auf den unaufhörlichen Häftlingsstrom vorbereitet, so daß es zu einer extremen Überbelegung der bestehenden Lager kam. Frauen brachte man auch im Winter in Zelten unter. Im Laufe der Zeit mußten sie die Lager selbst errichten, meist für mehrere Tausend Insassen. Mehrere Lager bildeten ein Lagersystem, beispielsweise das KAR-Lag, das Lagergebiet Karaganda in Kasachstan. Es existierten reine Frauenlager, meist aber gemischte, die in verschiedene „Zonen" für Arbeit, Frauen und Männer separiert waren. Den Lagern unterstanden kleinere „Kolonnen" oder „Stützpunkte" für Waldarbeiten, Straßenbau, Landwirtschaft oder ähnliche Aufgaben. Gesichert war der LAG-Punkt – das Außenlager eines größeren Lagers – mit elektrisch geladenem

---

287 Brunhilde Hebel wurde 1939 aus der Untersuchungshaft, Anna Etterer 1940 aus dem Lager entlassen.

288 Stark, Frauenbiographien, S. 113.

289 Russisch „Glavnoe upravlenie lagerej", entspricht der Abkürzung GULag. Die Bezeichnung GULag kann sowohl für die „Hauptverwaltung der Lager" wie als Bezeichnung für das sowjetische Lagersystem an sich stehen. Vgl. Stettner, GULag, S. 19.

Stacheldraht oder durch Hunde. An den Ecken standen Wachtürme. Ein- bis zweihundert Frauen teilten sich in der Regel eine Baracke. Doppelstockpritschen aus Holz, gelegentlich eilig aus Rundhölzern gezimmert, boten pro Häftling etwa 50 cm zum Schlafen. Nicht immer waren Strohsäcke oder Zudecken vorhanden. Dann mußten sich die Frauen mit dem behelfen, was sie mit ins Lager brachten – im günstigsten Fall eine mitgebrachte Daunendecke, meist aber nichts. Bänke und Tische reichten selten für alle Frauen. Dafür gehörten Ungeziefer, vor allem Läuse und Wanzen, mehr oder weniger zum Barackeninventar. Durch die Rationierung des Wassers – selbst beim wöchentlichen Besuch der Badestube – verschlimmerten sich die hygienischen Bedingungen immer mehr.

Dem Lager stand ein Kommandant des NKWD vor. Verschiedene Verwaltungen reglementierten das Lager: Stellen für den Arbeitseinsatz, für innere Ordnung, für das Sanitätswesen und für kulturelle Erziehung. Der „Operative Bevollmächtigte des NKWD" führte die Spitzel unter den Häftlingen und leitete je nach Bedarf Untersuchungen und Verurteilungen von Häftlingen ein. Mittels einer sogenannten Häftlingsselbstverwaltung, in der die kriminellen Häftlinge bewußt bevorzugt wurden, gelang es der Lageradministration, Konfliktpotential auf die Auseinandersetzung zwischen politischen und kriminellen Häftlingen zu lenken und die NKWD-Verwaltung schadlos zu halten. Die Häftlingsgesellschaft im GULag war aufgrund des permanenten Überlebenskampfes beim Arbeiten und Hungern äußerst inhomogen. Ständig wechselnde Besatzung und regelmäßige Transporte von Häftlingskontingenten beunruhigten immer wieder und ermöglichten für konstruktive Beziehungen unter den Gefangenen kaum Chancen. Gelegentlich fanden sich größere Sympathie- und Solidargruppen, meist aufgrund gemeinsamer nationaler Identität. Auch unter den politischen Häftlingen bildete sich lange kein besonderes Zusammengehörigkeitsgefühl heraus, geschweige denn organisierte Solidarität oder gar Widerstand gegen die inhumanen Lagerbedingungen. Zu organisiertem Widerstand, Streiks und Aufständen im Lager kam es erst nach 1945.[290] Die Regel im Lager war die auf Ruhe und Ausgleich mit den anderen bedachte Einzelgängerin, die ihre Brotration ebenso wie ihre Gedanken für sich behielt. Tiefe Freundschaften entwickelten sich meist nur in Zweier- oder Dreiergruppen. Trennung und Abschied schmerzten um so mehr und erhöhten die Angst vor einem neuen Lager und seinen Häftlingen.

Auch die inhaftierten Frauen aus Deutschland, im GULag eine absolute Randgruppe, zerstreute die NKWD-Administration immer wieder in verschiedene Lager. Obgleich die Frauen erhebliche Sprachprobleme und als Westeuropäerinnen besondere Anpassungsschwierigkeiten mit der Lagerrealität zu bewältigen hatten, gelang es ihnen, sich in der Häftlingsgesellschaft zu etablieren, auch Freundschaften mit Russinnen anzuknüpfen und sich vor allem durch ihre Arbeit Achtung zu verschaffen. Die dennoch existierende Einsamkeit wur-

---

290 Vgl. ebenda, S. 345 ff.

de dadurch verstärkt, daß die Frauen – anders als die meisten Russinnen – keine Postverbindung mit Angehörigen unterhalten konnten, da diese ebenfalls interniert waren.

Jede der Frauen hat ihre ganz eigenen Erfahrungen im Lager machen müssen. Biographische Prägungen und charakterliche Grunddispositionen spielten bei der Bewältigung der Lageranforderungen ebenso eine Rolle wie handwerkliche Fertigkeiten, Improvisationsfähigkeit und das geschickte Agieren in den undurchsichtigen Hierarchien der Verwaltung und der Häftlingsgesellschaft. Der mühsamen Anpassung und Gewöhnung der ersten Monate folgte die Routine der Arbeit, der Hungerration, des Alltags, der Gefühle. Quälend und zerstörerisch war die abverlangte Umwandlung einer Frau und Mutter in eine SEKA,[291] eine Gefangene. Fünf Jahre standen bevor, aus denen acht wurden oder zehn. Die Verbindung zu dem, was einmal war, verschwamm, die Zukunft schien verschlossen.

Zwangsarbeit

Dreh- und Angelpunkt des Lagerdaseins war die Arbeit, die jeden einzelnen Tag dominierte. Irmgard Schünemann, 1941 bis 1951 im Lager, beschreibt in ihren mündlichen Erinnerungen einen ganz normalen Arbeitstag: „Früh um fünf Uhr wurden wir geweckt. Dann konnten wir uns waschen. Es gab solche langen Tröge, worin wir uns ein bißchen waschen konnten. Anziehen. Manchmal war es aber so kalt, daß wir in Kleidern geschlafen haben. Dann haben wir unser Stück Brot gekriegt. Früh. Und dann ging's zum Arbeitsappell. Da haben wir dann ewig gestanden, bevor wir aus dem Lager rausgelassen wurden. Mit Musik wurden wir rausgelassen. So ein Hohn! Mit einem Blasorchester. Und da standen wir lange. Brigadeweise wurden wir gezählt und rausgelassen, mit dem Brigadier. Der Weg zur Arbeit war ziemlich weit. Und unterwegs sind die Männer umgefallen wie die Fliegen. Die haben ja dasselbe Essen bekommen wie wir: Wassersuppen mit dreckigen Kartoffelschalen drin. Kartoffeln hatten die selber nicht, die brauchten sie für die Rote Armee. Es war ja Krieg. Wir waren die Letzten. Was wir bekommen haben! Und das Stück Brot. Das hat uns vielleicht am Leben gehalten. Auf dem riesengroßen Fabrikgelände wurden wir wieder gezählt. Und dann gab's erst wieder was zur Mittagspause. Das Brot gab's nur in der Baracke. Das haben wir früh gekriegt, und da mußten wir uns nun was aufheben, das wir zur Suppe gegessen haben. Man war ewig hungrig. Daß wir da überhaupt noch Arbeit leisten konnten, das ist für mich heute noch ein Wunder. Aber wir haben es geschafft, Schwerstarbeit. Nicht nur Erdarbeiten, sondern auch mit Beton – bei Wind und Wetter. Karren mit Mörtel fahren, auf so einem dünnen Brett dahin, eine weite Strecke. Und die Sachen, die wir anhatten, die waren ja oft noch feucht. So ging

291 Umgangssprachliche und offizielle Abkürzung für „Saklutschonnaja" Gefangene.

das bis abends. Dann wurden wir wieder alle gezählt und ins Lager reingelassen.
Dann hatten wir manchmal Schuhwerk an aus Stoff und Gummi unten. Da hatten wir schon nasse Füße, wenn es geregnet hatte, daß wir schon mit nassen Füßen
auf die Arbeit gingen. Und im Winter Filzstiefel – schwer, aber warm waren die.
Wir waren doch so dünn, wir haben die kaum schleppen können. Wir kamen
dann nach Hause. Da wurde nicht mehr viel gemacht. Es war ja schon dunkel. Wir
waren zufrieden, daß wir wieder auf unseren Pritschen lagen. Und das war unser
Arbeitstag. Jeden Tag dasselbe."

Die Zuteilung zu schweren allgemeinen Arbeiten im Freien – etwa Straßen-
und Gleisbau, Holzeinschlag oder Bergbau – oder aber zu leichteren Tätigkeiten
in Werkstätten und Büros beeinflußte langfristig die Überlebenschancen der
Inhaftierten. Kurzfristig bestimmte die Art der Arbeit die Größe der täglichen
Verpflegungsration, damit das Ausmaß des zu verkraftenden Hungers und das
Leistungsvermögen für den nächsten Tag. Denn beinahe für jede Tätigkeit war
eine Arbeitsnorm für den einzelnen Häftling festgelegt, nach dessen Erfüllung
die Brotration ausfiel. Die Arbeitsvoraussetzungen jeder einzelnen Häftlingsfrau
differierten nach Lebensalter, Gesundheitszustand und körperlicher Konstitution
sowie beruflichen Vorerfahrungen und hauswirtschaftlichen Fertigkeiten. Regelmäßig klassifizierte die Lagerleitung mittels pseudoärztlicher Untersuchungen die
Häftlinge in Arbeitskategorien und teilte sie den verschiedenen Arbeiten zu. Junge
Frauen vom Lande, gewöhnt an körperliche Arbeit und Entbehrungen, waren gegenüber älteren, vor allem intellektuellen im Vorteil und hatten bessere Überlebenschancen.

Antonie Satzger, in einem Dorf am Bodensee aufgewachsen, verbrachte acht
Jahre im TSCHID-Lag nahe der mongolischen Grenze. Tausende Häftlinge, in der
Mehrheit Männer, bauten Kohle, Molybdän, Gold und Wolfram ab und erschlos-
sen im Laufe der Jahre ein völlig neues Industriegebiet. Antonie arbeitete unter
und über Tage bei der Kohle- und Molybdängewinnung, war beim Holzeinschlag,
Straßen- und Eisenbahnbau sowie in der Landwirtschaft beschäftigt oder kümmerte sich um die Kleidung der Häftlinge und Wachmannschaften. Immer wieder
ist sie aufgrund der Arbeitseinteilung und Denunziationen zu schwerster Arbeit
verpflichtet worden. Der extremen körperlichen Erschöpfung und gesundheitlichen Schädigung folgte die Abkommandierung ins Zentrallager, wo die Gefangenen wieder aufgepäppelt werden sollten. Der kurzen Erholungsphase schloß sich
oft die baldige Zuteilung zu neuerlicher Schwerstarbeit an, die in der Lagerzeit
von Antonie Satzger überwog.

Eva B., einst Reformpädagogin und mit 40 Jahren im Lager zu den Alten
gerechnet, konnte sich an die schwere körperliche Arbeit in der Landwirtschaft
nicht gewöhnen. Hinzu kam der dauernde Streß der Normerfüllung, den sie erst
allmählich zu beherrschen lernte. Am meisten bedrückte sie die Ausführung
fremdbestimmter Tätigkeit. Die Verrichtung normierter Zwangsarbeit wider-
sprach unmittelbar ihren bisherigen Arbeitsgewohnheiten und kostete erhebliche
Überwindung.

Normerfüllung und Hunger

Die Höhe der Normerfüllung bedingte die Größe der Verpflegungsration, diese wiederum die künftige Leistungsfähigkeit. Hundert Prozent bedeuteten in der Regel 600 Gramm Brot und eine Suppe zu Mittag, ein wenig Brei und heißes Wasser am Morgen. Das Brot war feucht und klebrig, die Suppe dünn, auf dem Brei fehlte meist der eigentlich zustehende Tropfen Sonnenblumenöl. Am Ende blieb Hunger. Die Normerfüllung – ein auf die einzelne Arbeitskraft berechneter Prozeß – war trotz der Masse von Häftlingen, wie der Verzehr der normierten Hungerration, ein individueller, ein einsamer Vorgang. Aus der Normerfüllung resultierende Konkurrenzmechanismen behinderten ein solidarisches Zusammenleben der Inhaftierten. Weniger wurde auf die Häftlinge geschaut, die die Norm selten erfüllten, als auf die Überbieter. Dauernde Übererfüllung erwirkte eben nicht nur die „Prämbljuda", das Prämiengericht, sondern auch die sukzessive Steigerung des vorgegebenen Pensums. Die von der Lagerverwaltung vorgegebene Norm blieb unerbittlich und wurde auch angesichts besonders schlechter Versorgungsmöglichkeiten in den Jahren 1937 bis 1939 oder den Kriegsjahren selten der körperlichen Leistungsfähigkeit der Häftlinge angepaßt.

Dem vom Lagerregime vorgegebenen Konnex von Normerfüllung und Verpflegungsration folgte unausweichlich der Hunger, dem jeder Häftling ausgeliefert war. Frieda Siebenaicher resümiert: „Die ganzen Jahre immer nur Hunger. Im Traum verfolgt mich das bis heute." „Den ganzen Tag über", erinnert sich Mimi Brichmann, „drehten sich die Gedanken um das Stück Brot. Man verkniff sich, am Tage davon zu essen, um abends nicht hungrig einschlafen zu müssen. Das Brot war das kostbarste Gut, was man hatte. Das trug man immer bei sich. Ich selbst geriet einmal in Versuchung zu stehlen, konnte mich aber bezwingen." Noch Jahre nach dem Lager klagte Klara D. über die Folgen des Hungers: „Ein Gefühl der Sattheit hatte ich nicht. Das kannte ich lange nicht. Drei, vier Jahre vergingen, bis ich nach dem Essen sagen konnte, so, jetzt bin ich satt. Es blieb immer ein Hungergefühl."

„Hunger ist schrecklich", konstatiert Antonie Satzger, „der kann dich zum Wahnsinn treiben, wirklich zum Wahnsinn. Das ist ein furchtbarer Krampf, Schmerz. Du kannst nicht schlafen vor Hunger. Du hast deine Brotration so eingeteilt, daß du früh nur eine kleine Portion gegessen hast, denn am Tage konnte man sich ablenken. Aber am Abend kam doch dann der Hunger." Antonie Satzger erlebte auch, welche Konflikte der Hunger unter den Häftlingen auslösen konnte. Sie war mit anderen Frauen und Männern auf einer Baustelle eingesetzt, als sie einer Leidensgefährtin geraten hatte, sich ein wenig auszuruhen, ohne die schrecklichen Folgen ahnen zu können: „,Setz dich oder leg dich ein bißchen hin und ruh dich aus', sagte ich zu der schwächlichen Gefangenen. Ich hatte großes Mitleid mit ihr. Darüber ist sie eingeschlafen. Beim Abmarsch fehlte sie. Ich konnte schon nicht mehr aus der Reihe und auch nicht sagen, wo sie ist. Das wär' ja dann Flucht gewesen. Einige Häftlinge mußten sie suchen. Jetzt haben sie die Frau gefunden, wie sie schlief, und haben sie gebracht. Die Häftlinge haben ihr mit einem Stemmeisen so über den Rücken geschlagen, daß sich ihre Nieren lösten. In zwei oder drei Tagen war sie tot. Die Nieren abgeschlagen."

Besondere Aufmerksamkeit widmeten die Häftlinge der Essenausgabe und dem Verzehr der kargen Ration. Davon zeugt die gespannte Aufmerksamkeit während der Suppenverteilung, von der Adele Schiffmann berichtet, etwa die Kunst, sich zur rechten Zeit anzustellen, um nicht reine Wassersuppe zu bekommen. Zu allen Jahreszeiten, im Winter auch unter dem Schnee, suchten Frauen nach wildem Knoblauch oder anderen genießbaren Gewächsen, die die Suppe anreichern konnten. Ein Ritual war die tägliche Brotausgabe. Jeder Häftling achtete darauf, daß auf der Brotpaika noch ein kleines Brotwürfelchen mit einem Holzstäbchen gesteckt war, das Gewichtsunterschiede beim Schneiden ausglich. „Wir haben immer genau darauf geachtet, wo ein großes oder wo ein kleines Stück drauf war. Und daß es um Gottes Willen überhaupt drauf war, denn sonst hat die, die das Brot geholt hat, es schon unterwegs aufgegessen." Ruth Z. berichtet auch darüber, daß Frauen sich beim Verzehr ihrer Suppe von den anderen abwandten, damit ihnen niemand in die Schüssel schauen konnte. Manche verschlangen ihr Brot, andere teilten es sich ein und ließen jedes Stück langsam im Mund zergehen. Unverzehrtes Brot trugen Frauen meist an der Brust, auf dem nackten Körper. Das schützte vor Diebstählen, auch vor dem Gefrieren des Brotes im Winter. Dabei vermittelte aber auch das Wissen um die noch verbliebene Ration und ihr Körperkontakt ein bescheidenes Gefühl von Sicherheit und Besitz. Wer die Kraft hatte, sparte sich ein Stück Brot für die wenigen freien Tage auf, wie Adele Schiffmann: „Sonntags habe ich dann doppelte Portion gegessen. Da hat man sich dann ausgeruht, wenn nicht gerade Großreinemachen war. Das war unser Sonntagsvergnügen. Wenn man frei hatte, das kam selten vor, hat man sich auf die Nare[292] gelegt und sein Brot genossen."

In wenigen Monaten ruinierten Zwangsarbeit und Hunger die Häftlinge körperlich wie seelisch. Vor allem Mangelerkrankungen wie Ruhr, Skorbut, Avitaminose und Pellagra grassierten in den Lagern. Antonie Satzger: „Wie oft hatte ich die Ruhr. Zehnmal ist zu wenig gesagt. Ich hatte zuletzt so stark die Ruhr, da ist bei mir das Blut hellrot davongelaufen. Ich hatte schon mit dem Leben abgeschlossen. Ich konnte nichts mehr essen. Und da kam eine Frau zu mir, eine Burjätin. Die sagte, sie könnte mir was geben, aber ich müßte ihr meine Brotration überlassen. Ich konnte ja sowieso nichts mehr essen. Sie hat mir dann ein Stückchen Wurzel gegeben, die ich mit kochendem Wasser überbrühen und dann nach und nach trinken sollte. Ich war glatt wie ein Brett. Ich war auf 70 Pfund abgemagert, keine Zähne mehr im Mund. Zwischendurch hatte ich Skorbut. Ich konnte nicht mehr auf Arbeit gehen, ich bin einfach umgefallen. Die Wurzel dieser Frau hat dann geholfen. Als ich den Durchfall hatte, hab' ich es nicht bis auf die Latrine geschafft. Das war genau vom 31. Dezember auf den 1. Januar, mitten in der Nacht. Ich woll-

292 Deutsch: Pritsche.

te auf die Latrine und bin nicht mehr bis hin gekommen. Eine Lagerstreife hat mich gesehen, wie ich da stand und mir die Brühe davon lief. Die haben mich dafür in die Eiszelle[293] gesteckt."

Gestalt und Gesichtsausdruck der Häftlinge veränderten sich. Adele Schiffmann traf nach Jahren der Trennung irgendwo im Archipel der Lager eine Freundin wieder: „Einmal war ich beim Essen, und da sitzt mir eine Frau gegenüber. Da denke ich, ob das nicht die Erna Petermann[294] ist? Die sah nun schon ganz schrecklich aus, mit so einer Mütze, wo Klappen runterhingen und so blaß und dürre. Sieht doch ähnlich aus wie die Erna Petermann. Richtig, war's die Erna Petermann." Der eigene Verfall wurde angesichts der einstigen Freundin erahnbar. Das war der einzige „Spiegel" des rasanten Alterns. Jede Wiederbegegnung mit Freundinnen im weiten Lagersystem bedeutete insofern Freude und Schmerz zugleich.

Leichtere Arbeiten

Jeder Häftling versuchte so schnell wie möglich, von der allgemeinen Arbeit fort- und in einer Werkstatt, einem Büro oder der Krankenstation unterzukommen. Leichtere Arbeit brachte nicht nur körperliche Entlastung, sondern unter Umständen eine gewisse Erfüllung. Erfahrungen über die konkreten Lagerumstände, die Bekanntschaft mit verschiedenen Häftlingen und der Aufbau von Beziehungen waren wichtige Voraussetzungen für einen Wechsel. Erst auf dieser Basis kam die Versorgung mit einer leichteren Arbeit „von unten", z. B. über eine gute Lagerfreundin, in Frage. Bei der Anstellung „von oben" halfen bestimmte Berufe wie Ärztin oder Krankenschwester, aber auch frauliches Aussehen oder das Lebensalter. Ebenso konnten ärztliche Atteste zeitweilig von schwerer Tätigkeit entbinden. Viele Frauen interpretierten die Zuweisung einer leichteren Arbeit als Zufall oder glückliche Fügung, wie etwa Eva B. Sie erhielt die Aufgabe, aus Nesselstoff Bandagen für die Krankenstation des Lagers zu entwerfen und anzufertigen. „Und da hatte ich Glück, da kam ich runter von der Leistung (der Norm, M. S.). Ich bekam ein festes ‚Grundgehalt' und konnte ungestört arbeiten. Das spielte für mich in der ganzen Entwicklung und Leidenszeit, eigentlich gefühlsarmen Zeit, eine große Rolle, daß ich mich hier schöpferisch betätigen konnte." Evas handwerkliche Fähigkeiten im Nähen wurden zur Basis des Überlebens überhaupt: „Wenn dir der Lebensfaden abgeschnitten wird und dein Vorsatz im Leben, eine kleine Familie zu haben, plötzlich unter den Füßen weggezogen wird, dann bist du in einer ganz neuen Situation, dann mußt du auf neue Art irgendwie Wurzeln fassen und dir irgendwelche Werte schaffen. Sonst wirst du ja verrückt." Sie erinnert sich an die

---

293 Gemeint ist der ungeheizte Karzer, die Arrestzelle.
294 Erna Petermann, geboren 5. Juli 1905, Mitglied der KPD, Besuch der Leninschule, arbeitete als Übersetzerin bei der Komintern, im März 1938 verhaftet, Lager; ihr Kind ist währenddessen ums Leben gekommen, 1956 Übersiedlung in die DDR, 1981 in Berlin verstorben.

Anerkennung ihrer Arbeitsergebnisse, die ihr in dieser Zeit Zufriedenheit verschaffte, und die Erteilung weiterer Aufträge, die ihre praktischen wie intellektuellen Fähigkeiten anspornte.

Arbeitsmotive

Die Zwangsarbeit bedeutete für die Gefangenen vor allem Broterwerb. Das war sicher der wichtigste, aber keineswegs der einzige Antrieb während des langjährigen Arbeitslebens im GULag. Es existierte eine ganze Palette von Gründen, die die Frauen zu angestrengter und gewissenhafter Arbeit veranlaßte. Erna Kolbe empfand wie andere Kommunistinnen auch die Zwangsarbeit im Lager als moralische Verpflichtung. „Auch aus Überzeugung war ich fleißig", erinnert sie sich, „als Kommunistin wollte ich Vorbild sein. Selbst im Lager, dachte ich, hab' ich die Pflicht, für den Aufbau des Sozialismus in der Sowjetunion so gut zu arbeiten, wie ich es kann. Andere haben mich deswegen ausgelacht."[295] Diese Verpflichtung verstärkte sich noch während der Kriegszeit, als man der Lageradministration, aber auch sich selbst beweisen wollte, daß man nichts mit Hitlerdeutschland gemein hatte und einen besonderen Beitrag für den Sieg der Sowjetunion leisten wollte.

In erster Linie war es aber wohl das Bedürfnis, durch eine sinnvolle Arbeit ein anerkanntes und der Gesellschaft zugute kommendes Produkt zu liefern, also ein nützliches Glied in einer Kette zu sein. Auch hinter Stacheldraht stärkte solch ein Gefühl das Selbstbewußtsein nicht unerheblich. Mimi Brichmann schildert: „Ich habe versucht, aus jeder Arbeit das Beste zu machen und irgendwie eine schöne Seite abzugewinnen. Nicht nur das Schlimme zu sehen, sondern auch die effektivste Methode zu entwickeln, mich selber zu vervollkommnen. Das hat mir geholfen, und natürlich meine Geschicklichkeit, daß ich nur kurze Zeit schwere körperliche Arbeit verrichten mußte, andererseits meine künstlerischen Fähigkeiten ausnutzen und verwerten konnte. Das war ein ungeheures Plus."

Gegenüber den Kriminellen, die entweder gar nicht arbeiteten oder dabei betrogen, wollten sich die Politischen, wenn möglich, deutlich absetzten. „Dieses Stück Wald, das wir bearbeiten mußten", erinnert sich Julie Bevern, „das sah schmuck aus, wie ein Wohnzimmer. So sauber war das." Des Spottes der Kriminellen wollten sich die Frauen ebenso erwehren wie des Mißtrauens der Lageradministration. „Wir haben gedacht", so Julie Bevern, „durch gute Arbeit können wir's schaffen." Motivierend für Häftlinge war zudem die Einbindung in einen größeren Produktionszusammenhang, dessen Ergebnisse von Jahr zu Jahr sichtbarer hervortraten. Obgleich die Häftlinge tatsächlich davon nur selten oder gar nicht profitierten, nährte das Geschaffene doch Zufriedenheit und Stolz. „Wir haben ja aus der Steppe was gemacht: eben Landwirtschaft, Obstplantagen, Treib-

295 Stark, Frauenbiographien, S. 116.

häuser, Schweine- und Rinderzucht", resümiert Mimi Brichmann. Gute und ge-
wissenhafte Arbeit, Pflichterfüllung und Hingabe, meist Ergebnisse der Soziali-
sation im Berufsleben in Deutschland, kamen den Frauen im Lager durchaus zugute. „Wir haben uns angestrengt, ganz ehrlich", sagt Irmgard Schünemann. „Wir
wollten auch was schaffen, daß sie uns vielleicht mal loben und sagen, ihr habt
auch geholfen, das aufzubauen." Verbissen und fleißig, oft bis zur körperlichen
Auszehrung, haben die meisten deutschen Exilantinnen gearbeitet. Für sie war
Arbeit ein wichtiger Teil des Lebens, nicht einfach nur Broterwerb, sondern eben
auch gesellschaftliche Aufgabe. Daran versuchten sie auch im Lager festzuhalten,
um Genugtuung zu empfinden und ihre Identität, so gut es eben ging, zu wahren.
Arbeit diente aber auch der Ablenkung von immer wiederkehrenden Grübeleien.
Alice S. hat jahrelang auf der Schaffarm eines größeren Lagerkomplexes in der
Steppe Kasachstans gearbeitet. Sie konstatiert: „Ich weiß auch nicht, wir haben
eigentlich alles gemacht. Wir waren da so drin. Und ich habe gedacht, ich komme
nie mehr wo anders hin. Teilweise hat die Arbeit mit den Schafen auch Spaß gemacht, obwohl es auch sehr anstrengend war. Man hat nicht so viel darüber nach-
gedacht, war irgendwie abgelenkt. Allein in der fremden Welt zu sein, nicht zu
wissen, wo Mutter und Vater sind, nichts."

Wettbewerb und „Stachanov-Baracke"

Um die vorgegebenen Produktionsauflagen zu erfüllen, nutzte die NKWD-Lager-
administration nicht nur den Zwang der Normerfüllung, sondern auch Formen
des „sozialistischen Wettbewerbs", wie er in der Sowjetgesellschaft üblich war. Bei
Übererfüllung der Norm wurde oft eine Prämie in Form zusätzlicher Nahrung,
meist eine Art weißes Brötchen, ein Beutelchen Kartoffeln oder anderes in Aussicht gestellt.

Auch Ausstellungen von Arbeitsprodukten der Häftlinge – vorrangig aus der
handwerklichen und landwirtschaftlichen Produktion –, wie sie Eva B. in ihrem
Lager erlebt hatte, gehörten zu diesen Methoden. Mit Genugtuung berichtet sie,
wie Produkte von ihr dort präsentiert wurden. Dem Lagerkommandanten dürfte
es indes weniger um die Würdigung der Arbeitsleistungen einzelner Häftlinge gegangen sein als darum, sich seiner vorgesetzten Stelle zu empfehlen, das Arbeits-
ethos und die Konkurrenz der Frauen anzustacheln und die Leistungsbereitschaft
der Häftlinge weiter auszubeuten.

Eine ähnliche Rolle spielte die Bestarbeiter- oder Stachanovbewegung, die
Antonie Satzger im TSCHID-Lag nach 1945 erlebt hat. „Stachanovka" wurde
die Gefangene bei der überaus anstrengenden und gesundheitsschädigenden Molybdängewinnung. An den Förderbändern hatte sie große Gesteinsklumpen zu
zerkleinern oder die Verladung des Erzes auf die Lastkraftwagen zu überwachen.
In der für „Bestarbeiter" vorgesehenen „Stachanov-Baracke" gab es nicht nur
Zusatzverpflegung, Bettwäsche und eine Matratze, eigene Toilette und Wasch-

raum sowie eine Aufwartefrau, die die Wirtschaft führte, vor allem wohnten nur
12 Frauen in einem Raum. Von ihren acht Jahren Gefängnis- und Lagerhaft verbrachte Antonie Satzger mit Unterbrechungen ca. drei Jahre in der Unterkunft der
Privilegierten. Die „Stachanov-Baracke" war der Gipfel der Leistungstreiberei im
GULag. Angesichts permanenten Hungers und grassierender Krankheiten wurden die noch jungen, starken und anfangs gesunden Frauen gegen die Masse der
Häftlinge ausgespielt. Die den „Bestarbeiterinnen" gewährten, unter den Bedingungen des Lagers außergewöhnlichen Privilegien förderten die Konkurrenz unter den Häftlingen und sollten gleichzeitig deren Arbeitsleistung steigern. Auch
wenn Antonie Satzger voller Befriedigung über ihre eigene Arbeitsleistung spricht
und Neid und Mißgunst als „Stachanovka" nicht wahrgenommen haben will,
unterliegt es kaum Zweifel, daß die strikte Praxis der individuellen Leistungsdif-
ferenzierung zur Zersplitterung der Häftlingsgesellschaft beitrug. Insofern war
die „Stachanov-Bewegung" innerhalb des Lagers gleichermaßen eine Methode
zur ökonomischen Ausbeutung, subtilen Unterdrückung und menschlichen Vereinzelung der Häftlinge.

Einsamkeit und Freundschaften

Das menschliche Bedürfnis nach engen und vertrauensvollen Freundschaften blieb
über alle Drangsale des Lagers hinaus bestehen. Oft wurde die Nachbarin auf der
Pritsche oder die Arbeitskollegin zur Freundin, der man die eigene Vergangenheit
oder Kümmernisse und Hoffnungen des Lageralltags anvertraute. Freundschaften halfen über schmerzliche Erinnerungen hinweg und konnten kleine Freuden
stiften. „Es haben sich viele Freundschaften zwischen Frauen gebildet", so Eva B.,
„das war einfach die Anhänglichkeit, daß man eben einen Menschen haben wollte, dem man vertrauen konnte." In diesen Gemeinschaften halfen die Frauen auch
körperlich geschwächten Häftlingen bei der Normerfüllung oder besserten deren
Essenration auf. Eva erinnert sich daran, wie anläßlich eines „Feiertages" eine Pra-
line, die in einem Paket ins Lager Akmolinsk kam, in vier Teile geschnitten wurde.
Auch andere Formen gegenseitiger Hilfe, die stets mit Gefahren verbunden waren,
sind überliefert. Die Entwendung von Nahrungsmitteln aus der landwirtschaftlichen Produktion beispielsweise wurde als Diebstahl „sozialistischen Eigentums"
mit Erhöhung der Haftstrafe verfolgt. Frieda Siebenaicher, Häftling im gleichen
Lager, berichtet vom Fall Alma Herm, die als Verantwortliche des Getreidespei-
chers einen ausgesprochenen Vertrauensposten innehatte. Heimlich steckte sie
ihren Mithäftlingen Körner zu, von denen sich die Frauen Grütze kochen konnten. Gerade während des Krieges stieß das bei verschiedenen Russinnen auf Mißgunst. Schließlich denunzierten sie Mithäftlinge. Die NKWD-Lagerverwaltung
enthob Alma Herm des Postens und verlängerte ihre Haftfrist um Jahre.
    Bedrückend wirkte auf die deutschen Häftlinge die Einsamkeit. Neben poli-
tischen und kulturellen Blockierungen behinderten lange Zeit Sprachschwierig-

keiten die Kontaktaufnahme mit Russinnen. Die fortwährende Verlegung der Häftlinge innerhalb des GULag förderte Demoralisierung und Vereinzelung der politischen Häftlinge, worauf Adele Schiffmann mehrfach hinweist: „Wir waren meistens alleine. Wir waren mit Kriminellen zusammen, die nicht zu uns gepaßt haben. Einmal, kann ich mich erinnern, war ich mit Zensl Mühsam, Erna Petermann und Erna Kolbe zusammen. Aber meistens waren wir getrennt und mit Verbrechern zusammen." Die kurze Zeit des gemeinsamen Aufenthaltes mit deutschen Leidensgefährtinnen verblieb in plastischer Erinnerung: „Ich hatte den schlimmsten Paragraphen 58/6, das heißt Spionage. Deshalb durfte ich das Lager überhaupt nicht verlassen. Die anderen durften wenigstens raus aufs Feld, mal Gemüse machen oder irgendwas. Die Erna Petermann hat mir in ihren Haaren eine Mohrrübe mitgebracht, oder irgendwas anderes. Wenn sie nach Hause kam, hatte ich inzwischen warmes Wasser vorbereitet, damit sie sich waschen kann. So haben wir uns gegenseitig ein bißchen geholfen. Und dann haben wir Weihnachten gefeiert. Wir haben uns oben auf die Nare gesetzt und Kuchen gemacht, das heißt Schichten von Brot und Marmelade, das war unser Kuchen. Dazu haben wir Weihnachtslieder gesungen. Da war die Erna Petermann, die Erna Kolbe und ich. Eine Zeitlang waren wir zusammen und dann wurden wir wieder auseinandergerissen."

An Momente gegenseitiger Hilfe und Unterstützung erinnert sich Adele nur im Kontext der deutschen Frauen. Für die Mehrheit der Häftlinge sei eine Mischung aus Apathie, Neid, Mißgunst und Denunziantentum typisch gewesen: „Die Kriminellen haben sich gegenseitig auch bekriegt. Gepetzt, der hat das gemacht und der hat jenes gemacht. Das war selbstverständlich. Wir haben mit denen wenig Kontakt gesucht und die mit uns auch nicht."

Auch unter den politischen Häftlingen entstand selten allein aus dem „Paragraphen" heraus ein besonderer Gemeinsinn: „Jeder war auf sich allein gestellt, absolut", resümiert Antonie Satzger. In all den Jahren hat die Gefangene keine Leidensgefährtin gefunden, die man als Freundin hätte bezeichnen können, mit der Gedanken, Sorgen und Nahrung hätten geteilt werden können. „Nein, die ganzen Jahre hatte ich niemand", konstatiert sie. Möglicherweise hatte sie auch Angst davor. Zu große Nähe konnte zu emotionaler Abhängigkeit führen, die für Antonie Satzger wohl schwerer zu bewältigen war als Einsamkeit und eingeübte Rationalität. „Ich hatte keine Zeit, mich einsam zu fühlen", erläutert Antonie Satzger, „ich bin morgens aufgestanden und abends war ich todmüde." Den Kriminellen ging sie nach Möglichkeit aus dem Weg, konnte aber dennoch nicht immer Auseinandersetzungen vermeiden.

Die Vereinzelung der Häftlinge im GULag schien perfekt. Das Lagersystem förderte geradezu Neid und Mißgunst unter den Häftlingen. Die Hierarchien der „Grauzone", die Installierung der kriminellen Unterwelt im Lager bildeten den Nährboden für Spitzel und Denunzianten wie für die Korrumpierung der NKWD-Lagerverwaltung. Auch Antonie Satzger ist immer wieder aufgrund von Denunziationen in Straflager versetzt oder in den Bunker gesperrt worden. Im Lager-

Punkt Bajangol war sie für die Arbeitskleidung der im Schacht arbeitenden Häftlinge verantwortlich. Einen privaten Eilauftrag für einen prominenten kriminellen Häftling wollte sie nicht ausführen. Mit der Behauptung, sie hätte für die Zivilbevölkerung genäht und die Gefangenen vernachlässigt, denunzierte sie der Kriminelle, der einem „Clan" der kriminellen Unterwelt vorstand, bei der Lagerleitung, die ihrerseits bereits mehr oder weniger korrumpiert war. „Die haben mich nicht gefragt, sondern haben mich gepackt und 24 Stunden in den Bunker geschmissen." Eine Nachprüfung derartiger Denunziationen erfolgte nicht; auch hier galt die Diffamierung aus dem „richtigen" Mund als unumstößliche Wahrheit und die Eigenregulierung der „Häftlingsselbstverwaltung". Der Strafarrest im „Karzer" gehörte zum sichtbaren und drohenden Repressionsinstrumentarium, das durchaus zur tödlichen Gefahr werden konnte, wenn beispielsweise drei Tage verschärfter Arrest, ohne Wasser und Nahrung, wie es Antonie Satzger erlebte, verhängt wurden: „Am ersten Tag durfte ich auch nicht auf die Toilette, so daß ich in der Zelle meine Notdurft verrichten mußte. Am zweiten Tag hab' ich nur noch ein wenig gepullert. An diesem Tag war der Hunger wahnsinnig. Am dritten Tag war ich apathisch. Ich hatte kein Hungergefühl mehr und war wie benebelt."

Erklärungsversuche und politisches Selbstverständnis

Die Zeit der Untersuchungshaft, vor allem die Verhöre und die gestörte Kommunikation zwischen den Häftlingen, brachte für die deutschen Exilantinnen kaum Aufklärung über das Geschehen. „Um mit meiner Verhaftung fertig zu werden", so Erna Kolbe, „habe ich versucht, ganz sachliche Gründe zu finden. Das hat mich vier Jahre lang den Schlaf gekostet."[296] Eine Antwort auf die Frage, warum sie und andere Kommunistinnen bzw. Sympathisantinnen in der UdSSR verhaftet wurden, blieb aus. Nicht nur dieser Frage galt jedoch das Nachdenken, sondern auch ihrem künftigen Selbstverständnis im Lager, ihrer Motivation im Überlebenskampf. Zwar tröstete das Massenschicksal über die bevorstehende langjährige Lagerhaft ein wenig hinweg. Das Grübeln über das „Warum" und das „Wie weiter" jedoch blieb und hielt solange an, bis der Lageralltag alle Kräfte aufsog.

Adele Schiffmann und andere politische Häftlinge erlebten kurz nach ihrer Einlieferung Ende 1939 in das WJAT-Lag im Gebiet Kirow eine durchaus typische Begrüßung. Die NKWD-Lagerverwaltung führte die politischen gegenüber den kriminellen Häftlingen regelrecht vor und definierte deren unterschiedliche Rangebenen: „Man stellte uns hier auf und gegenüber die ‚Urkis'. So nannten wir die Verbrecher. Und dann sagte man: ‚Hier seht sie euch an, das sind die Feinde, das sind unsere Feinde, und die haben euch zu gehorchen. Ihr habt zwar dies und jenes gemacht, aber ihr seid echte Russen. Das sind Vaterlandsverräter und unsere Feinde. Seht sie euch genau an und paßt auf sie auf!'"

296 Ebenda, S. 111.

Eva B. schildert eine Zurechtweisung durch eine Kriminelle: „Wer bist du denn?
Du bist wohl eine 58erin? Was bist Du? Du bist eine Spionin, eine Verräterin am
Kommunismus, eine Vaterlandsverräterin. Aber wir Kriminellen, wir sind sowjetische Leute." Immer wieder kommen die Frauen in ihren Erinnerungen auf die
Rolle der kriminellen Häftlinge zurück, die mit Billigung der NKWD-Lagerverwaltung den Alltag im Lager mehr oder weniger kontrollierten und bestimmten.
Sie arbeiteten als Barackenälteste ebenso wie als Leiterinnen von Arbeitsbrigaden
oder Verteilerinnen der kargen Verpflegung. Sie vergaben die Arbeit, unterschlu-
gen Nahrungsmittel oder beraubten die politischen Häftlinge. Am meisten zehrte
aber der Umstand, daß die Lageradministration die kriminellen Häftlinge moralisch über die politischen stellte und sie auch im Lager als „Feinde" definierte und
entsprechend behandelte. Auch die Beschimpfung als „Faschist" mußten sich
deutsche Exilantinnen, vor allem während der Kriegszeit, von Wachpersonal und
Kriminellen gefallen lassen. Das unterminierte aufs neue das politische Selbstwertgefühl und verursachte weitere Erklärungszwänge.

Die politisch-mentale Situation in den ersten Monaten der Lagerhaft spiegelt
sich auch in einigen Briefen wider, die Anna Etterer 1938/39 aus dem Lager Kar-
gapol, südlich des Polarkreises im Gebiet Archangelsk, schrieb. Kurz nach der Ankunft im August 1938 teilte sie ihrem Mann mit: „Ich kann Dir sagen, daß mich
nur das hochhält, daß ich stets als ehrlicher klassenbewußter Kommunist gehandelt habe, daß ich hier unschuldig sitze und sich noch einmal klären wird, daß ich
ein Kind und einen Mann habe, dem ich verdanke, daß ich sieben Jahre treu und
aufrecht unserer kommunistischen Partei gedient habe, [und der mich]297 erzogen
hat. Ich hoffe, daß Du mich während unserer siebenjährigen Ehe genug kennengelernt hast, daß ich stets meine Parteitreue auch Dir gegenüber bewiesen habe
und Du auch heute noch meinen Worten Glauben schenkst. Ich werde auch diese
Feuerprobe überstehen, denn ein wahrer Bolschewist [...] steht auf jedem Platz
seinen Mann."298

Nicht nur für Anna Etterer blieb anfangs das überlieferte Parteiverständnis
ungebrochen. Sie definierte sich als „ehrliche und klassenbewußte Kommunistin",
konnte dadurch moralische Kraft aus der eigenen Vergangenheit schöpfen und
das Lager sogar als „Feuerprobe" verklären. Auch Erna Kolbe hoffte, nach einem
Jahr aus dem Lager entlassen zu werden, und meinte „das tut uns mal ganz gut,
wenn man die Nase ins wirkliche Leben steckt".299

So unverständlich heute diese Reaktionen scheinen, waren sie doch für viele
junge Kommunistinnen in den ersten Monaten des Lagers die einzige Chance, eine
einleuchtende Verbindung zu ihrer Vergangenheit herzustellen, daraus Kraft zu
schöpfen, Hoffnungen auf baldige Freilassung zu hegen und damit zu versuchen,
den unmenschlichen Lagerbedingungen zu trotzen. Freilich bewegten sich die
Erklärungsversuche immer wieder im Kreise, denn das Nachdenken blieb auch

297 Einfügung vom Verf.
298 RCCHIDNI, Moskau, 495/205/4460.
299 Stark, Frauenbiographien, S. 114.

inkonsequent und rührte nicht an gesellschaftspolitischen Hintergründen. Zehn Monate später, am 27. Juni 1939, schrieb Anna Etterer ihrem Mann: „Überhaupt darf ich nicht darüber nachdenken, daß ich hier in der Sowjetunion unschuldig sitze, und schon bald eineinhalb Jahre. Wozu habe ich sieben Jahre für unsere proletarische Partei gearbeitet und im faschistischen Gefängnis gesessen, und jetzt soll ich ein Volksfeind sein. Weißt Du Franz, das tut mir so weh, daß mir das Herz zerspringen möchte. Nur zwei Faktoren halten mich hoch, das eine, daß sich unbedingt meine Unschuld beweisen wird, denn ich habe bis heute noch nicht das Vertrauen zur Sowjetgerichtsbarkeit verloren. Der andere, daß Du und das Kind noch in meiner Nähe sind."[300]

Die Grübeleien über das nach wie vor unerklärliche Geschehen blieben meist ergebnislos und wurden von Tag zu Tag von der aufzehrenden Zwangsarbeit verdrängt. Existentielle Fragen des Lageralltags gewannen die Oberhand. Am 7. September 1939 teilte Anna Etterer ihrem Mann mit: „Wenn ich solche Gedanken (Selbstmordgedanken)[301] hege, dann verzeihe mir, aber ich werde niemals davon abkommen, wenn ich noch länger hierbleiben sollte. Du wirst das nicht begreifen können, denn Du weißt nicht und hast keine Ahnung, was ich schon alles durchleben mußte. Ich stehe auf dem Standpunkt, wenn ich einmal herauskomme, bin ich ein gesundheitlicher Krüppel, der Dir und dem Kind nichts mehr nützen kann. Lebe Du einmal eineinhalb Jahre bei dieser Kost, bei dieser schweren Arbeit, dann siehst Du selbst das Resultat, und dann, was von Wichtigkeit ist, mit einer solchen seelischen Beleidigung und Kränkung."

Und knapp zwei Wochen später heißt es: „Ich bin jetzt schon gleichgültig geworden. Komme es, wie es will, entweder baldige Freiheit oder Untergang, seelisch wie gesundheitlich."[302]

Das Rätsel der Masseninhaftierung und die eigene Gefangennahme konnten die kommunistischen Häftlinge nur selten auflösen. „Wir haben uns gesagt", so Adele Schiffmann, „daß wir uns das nicht erklären können. Wir waren doch so eifrige Kommunisten, und mit einem Male wurden wir als Verbrecher dargestellt. Das konnten wir uns nicht erklären. Warum, aus welchem Grunde? Wer konnte denn daran schuld haben?" Ausgangspunkt vieler Überlegungen und Erklärungsversuche waren ein nach wie vor stringentes Parteiverständnis und die Sicherheitsinteressen der glorifizierten Sowjetunion. Daran orientierten sich viele Politische und stellten dieses „Über-Ich" auch unter den Bedingungen des Lagers über das eigene Selbst. Erna Kolbe erklärt im Interview: „Ich hatte mir eine Theorie zurechtgelegt: Die Sowjetunion existiert als einziges sozialistisches Land und ist von kapitalistischen Ländern eingekreist. Durch den Krieg und den Überfall des faschistischen Deutschland hat sich das ja auch bestätigt. Die meisten Politischen waren sowjettreue Leute, obwohl wir von den Sowjets eingesperrt wurden. Aber wir haben nicht den Sowjets die Schuld gegeben, sondern in großem Maße dem

---

300 RCCHIDNI, Moskau, 495/205/4460.
301 Einfügung von ihrem Mann.
302 RCCHIDNI, Moskau, 495/205/4460.

Krieg und was damit zusammenhing."[303] Manche Inhaftierte verstanden sich
als Bestandteil einer für sie zwar schmerzlichen, aber verständlichen und nach-
vollziehbaren Politik der Parteiführung. Dadurch wähnten sie sich weiterhin als
Mitglieder der „Bewegung" und Teilhaber des „Aufbauwerkes". Diese mentale
Sinnstiftung war gerade in der Anfangszeit des Gefängnis- und Lageraufenthaltes
zu einer bedeutenden Überlebens- und Durchhaltestrategie für Kommunistinnen
geworden.

Eingaben und Beschwerden

Der Nutzen von Eingaben und Beschwerden an verschiedene Sowjetführer war
unter den politischen Häftlingen umstritten. Irmgard Schünemann schrieb ein
einziges Mal – wie die meisten, ohne Antwort zu erhalten. Auch Mimi Brichmann
sah darin keinen Sinn. Antonie Satzger war es überhaupt verboten, Briefe oder
Eingaben zu verfassen. Dennoch hat sie immer wieder versucht, mit der Hilfe freier Arbeiter Briefe an Stalin und andere Sowjetführer illegal abzusetzen. Diese sub-
versive Handlung gegen das Lagerregime scheint ihr durchaus Kraft gegeben zu
haben, die zu erwartenden Verhöre zu überstehen. Denn die Briefe landeten fast
immer wieder im Lager.

Adele Schiffmann hatte schon während der Untersuchungshaft die Möglichkeit, Eingaben und Beschwerden an Partei- oder Sicherheitsinstanzen zu richten.
Die überlieferten Schriftstücke dokumentieren gleichermaßen ihre zunehmende
ideologische Ernüchterung wie ihre Widerständigkeit gegen ein inhumanes System. Allein aus den ersten beiden Haftjahren sind neun Eingaben überliefert.[304]
Die erste Beschwerde richtete sie am 21. Oktober 1938, acht Monate nach ihrer
Verhaftung, an den Chef des Smolensker NKWD. Sie bat um die Bereitstellung
warmer Kleidung und forderte Aufschluß über das Schicksal ihres Sohnes. Im
Frühjahr 1939 verfaßte sie, nunmehr schon im WJAT-Lag, eine zweite Eingabe an
das NKWD. Darin stellte sie von Anfang an klar, niemals Spionage betrieben zu
haben, und bezeichnete die Art und Weise der Untersuchung – kein Dolmetscher,
keine Beweise – als Verstoß gegen die „Stalinsche Verfassung". Am 23. Juli 1939
wandte sie sich wieder an das NKWD: „Ich wurde am 10. Februar 1938 zusammen
mit meinem Mann verhaftet unter der Beschuldigung: Spionage (58-6). Ich weise
diese Anschuldigung entschieden zurück. Niemals im Leben habe ich mich mit
Spionage, konterrevolutionären Handlungen oder Provokation befaßt. Ich bitte
deshalb dringendst, meine Sache zu überprüfen, um meine vollständige Unschuld
festzustellen."

Adele Schiffmann wies wiederholt auf die groben Verstöße bei ihrer Untersuchung hin, ferner auf die Verletzung des offiziell gewährten Asylrechts: „Ich

---

303 Stark, Frauenbiographien, S. 130
304 MSRF, Smolensk 315-e (Adele Schiffmann).

wurde aufgrund der Stalinschen Verfassung in der Sowjetunion aufgenommen.
Werktätige, die in den kapitalistischen Ländern gegen den Faschismus und für die
Befreiung der Arbeiterklasse kämpfen und von den Faschisten verfolgt werden,
haben in der Sowjetunion Asylrecht. Darum glaube ich nicht, daß ich unschuldig
eine so schwere Strafe [...] tragen soll, nur darum, weil ich Ausländerin bin."[305]
Adele Schiffmann hat nie eine Antwort auf ihre Beschwerden und Eingaben erhalten.

Neben der Häufigkeit fällt die Ausdrucksweise der Beschwerden ins Auge. Die
Gefangene bestritt vehement ihre Schuld und forderte die Freilassung aus dem
Lager. Sie monierte die Verletzung der Untersuchungsformen und klagte das verkündete Asylrecht ein. Ausführlich verwies sie auf ihre Lebensgeschichte und den
selbstlosen politischen Einsatz für die KPD. Gegenüber den politischen und staatlichen Autoritäten verzichtete Adele Schiffmann auf die sonst üblichen Glaubens-
und Unterwerfungsrituale ebenso wie auf agitatorische Denunziationen anderer
Genossen. Sie forderte nur das ihr zustehende Recht.

Es gab also deutsche Exilantinnen, die sich aus ihrem traditionellen Politik-
und Parteiverständnis zu befreien suchten und im Rahmen ihrer Möglichkeiten zu
widerständigen Handlungen gegen ihre Peiniger fähig waren. Das ist in besonderer Weise hervorzuheben, da die Auflehnung von Menschen kommt, die ihre
Autoritätsgläubigkeit überwinden mußten und bereits die Erfahrung gemacht
hatten, ohne Grund unmenschlich bestraft zu werden. Es war ihnen zudem nicht
unbekannt, daß schon vermeintliche, gar tatsächliche Gegenwehr auch in der Haft
verfolgt wurde.

Julie Bevern erzählt von der deutschen Kommunistin Lisa Voigtländer, die einst
mit ihrem Mann als Vertragsarbeiterin in die Sowjetunion gekommen war und
der sie in einem Lager in der Komi-Republik begegnete. Lisa Voigtländer wurde
in den „Karzer gesteckt, weil sie aufgemuckt und gesagt hat, die Allüren und die
Methoden hier seien faschistische Methoden. Sie hat immer gesagt, ihr seid ja alle
Faschisten. Das kann doch nicht möglich sein, daß man mit Menschen so um-
geht". Die Untersuchung des Falles übernahm der „Operative Bevollmächtigte des
NKWD" im Lager, dem die Aufklärung „politischer Verbrechen" oblag. Das Urteil für Lisa Voigtländer lautete „Todesstrafe durch Erschießen". Es wurde vollstreckt.

Zwangsarbeit, Unterernährung und die vornehmlich von Isolation und Mißgunst geprägten Kontakte zwischen den Häftlingen boten kaum einen fruchtba-
ren Nährboden für politische Klärungsprozesse. „Da waren die Menschen untereinander sehr vorsichtig, weil sie Angst hatten, der andere denunziert mich", erinnert sich Anna Etterer. Das bestätigt auch Eva Schneider: „Jeder hatte Angst,
überhaupt über Politik zu reden, da man uns ja schon was Politisches angehängt
hatte." Das war durchaus keine spezifische Verhaltensregel nur der deutschen
Exilantinnen im Lager, sondern das Dilemma beinahe aller Politischen. Eva B.

305 Ebenda.

resümiert: „Die Russen hielten sich im allgemeinen sehr zurück. Und wir Deutschen unter uns auch." Es gibt jedoch auch Berichte über heimliche Gespräche, nicht so sehr über politische Ursachenforschung, sondern eher über individuelle Leidenserfahrungen wie beispielsweise Folter, was immerhin auch als „antisowjetische Agitation" verfolgt werden konnte und wurde. Solche Wortwechsel, entsinnt sich Eva B., „gab es meist in sehr kleinen Kreisen", die nach außen abgeschottet waren. Die Parteilose Gertrud Platais erlebte allerdings auch deutsche KPD-Mitglieder im Lager als „abgeschlossene Kaste", die ihr gegenüber mißtrauisch waren und ihre Gedanken lieber für sich behielten.[306]

Die Unerklärbarkeit des Geschehens blieb bei den meisten politischen Häftlingen vorherrschend und trug dazu bei, gezielte Solidarisierung und Opposition zu blockieren. Die Bewältigung der existentiellen Zwänge des Lageralltags und die fortschreitende physische und psychische Erschöpfung gestatteten schon nach wenigen Monaten kaum mehr eine Erörterung der gesellschaftspolitischen Hintergründe der Haftursache. Unter den gegebenen Umständen war es nur schwer möglich, angemessene Gründe für die Vorgänge zu ermitteln, allerdings erschien konsequentes Nachfragen als eher unbequem, gar bedrohlich. Vor allem angesichts der ausweglosen Haftsituation und der langen Haftstrafen empfanden deshalb viele Häftlinge weiteres Grübeln als müßig und unnütz.

Die Parteilose Eva B. resümiert: „Wir hatten im Winter nasse Füße. Dann mußten die Fußlappen aus unseren Überschuhen getrocknet werden. Und das war eine Lebensfrage, ob man die Fußlappen trocknen konnte oder irgendwelche nassen Lumpen nehmen mußte. Darüber vergaß man den Kommunismus und alles. So war die Lage, daß man wirklich nicht viel nachdachte oder direkt theoretische Gespräche begann."

Überleben

Die inhaftierten Frauen hatten ständig den Anforderungen des Lageralltags, der Zwangsarbeit, des Hungerdaseins sowie geschlechtlicher Herabwürdigungen standzuhalten. „Am besten war die dran, die sich aufgehangen hat." Eine Inhaftierte, so Anna Etterer, verfiel in tödliche Apathie: „Die Frau saß am Ende der Baracke in einer Ecke. Sie hat den ganzen Tag dort gesessen. Ihre Suppenschüssel haben wir ihr immer hingegeben. Die hat nicht gesprochen, nichts. So war sie monatelang." Diesen lähmenden und lebensgefährlichen Zustand nicht zuzulassen, bedurfte gehöriger innerer Stärke angesichts des oft einsam und isoliert geführten Existenzkampfes. Jede Frau hatte mit sich zu tun. Lagerkameradinnen zu finden, mit denen man nicht nur den Hunger, sondern auch kleine Zusatzrationen und schmerzliche Gedanken teilen konnte, war nicht gerade einfach. Aber es gab sie, und es bildeten sich Freundschaften und Gemeinschaften,

306 Stark, Frauenbiographien, S. 211.

in denen das Überleben sicherer wurde. Dennoch war der Kampf um die Existenz ein ständiges Auf und Ab von körperlichen und seelischen Leiden, begleitet von unberechenbaren Gefährdungen und Erschwernissen. Hoffnungslosigkeit und Resignation griffen oft genug um sich. „Wo ich im Gefängnis und im Lager war", so Julie Bevern, „hab' ich mir nie vorstellen können, wie ich aus dieser Situation noch mal rauskomme. Man konnte es sich nicht vorstellen, diese Umstellung, keinen Menschen von nahen Angehörigen, keine Briefe, niemand hat sich gekümmert." Mimi Brichmann erinnert sich eines Zustandes von Abwehr und Niedergeschlagenheit: „In den ersten Jahren versuchte man immer noch, innerlich zu opponieren gegen sein Schicksal. Vor allen Dingen, es war so aussichtslos. Ein Ende war nicht abzusehen." Mit Verzagtheit und Hoffnungslosigkeit begann das Leben im Lager, abgeschnitten und Tausende Kilometer vom Leben entfernt. „Ich habe gedacht", so Alice S., „hier kommst du nie mehr raus, das ist das Ende."

Selbstmordversuche

Adele Schiffmann wurde gemeinsam mit Ehemann und Sohn 1938 verhaftet und erhielt, wie ihr Mann, zehn Jahre Lagerhaft wegen „Spionage". „Ich sagte mir, zehn Jahre, wie sollst du das aushalten, wie sollst du zehn Jahre aushalten. Das ist doch unmöglich, ohne zu wissen, wie es der Familie geht." Bald nach der Verurteilung ersuchte sie das NKWD, Kontakt mit dem Sohn aufnehmen zu dürfen. Das Sorgerecht für ihn war ihr „auf ewig" entzogen worden. Zur Aussichtslosigkeit kam nun noch die Sinnlosigkeit. Unbekannt blieb ihr auch das Schicksal des Ehemannes und der in Deutschland verbliebenen jüdischen Angehörigen. Diese familiären Verluste sowie die zwischenmenschliche Kälte im Lager stürzten Adele immer wieder in tiefe Depressionen.

Im Laufe ihrer Lager- und Verbannungszeit unternahm sie vier Selbstmordversuche. Viermal wähnte sie sich an der Schwelle, „wo man nicht mehr weiter wollte". Über ihren ersten Suizidversuch schreibt Adele Schiffmann: „Versuchter ‚Hungertod' im Lager Kirowsk. Das Brot habe ich verschenkt, die Suppe aus der Küche nicht abgeholt. Ich dachte, niemand merkt etwas. Aber nach ich weiß nicht wieviel Tagen bekam ich Hungerödeme, das heißt, das Gesicht schwoll an. Da brachte man mich in die Krankenbaracke. Jeder Kranke hatte seine Brotration unterm Kopfkissen, damit sie nicht gestohlen wurde. Wenn jemand im Sterben lag, das wußte man, wurde sein Brot geklaut. Eine wolgadeutsche Krankenschwester setzte sich zu mir auf die Pritsche, sang mir deutsche Lieder und redete mir Mut zu."[307] Adele Schiffmann war keine Ausnahme. Auch Julie Bevern unternahm einen Selbstmordversuch, andere Frauen dachten in besonders bedrückenden Situationen daran.

307 Brief vom 26. Februar 1993 von Adele Schiffmann.

Sehnsucht nach Kindern und Angehörigen

Die Ungewißheit über das Schicksal der verhafteten Ehemänner, mehr aber noch das der zurückgelassenen, meist kleinen Kinder nahm bei den inhaftierten Frauen emotional einen entscheidenden Stellenwert ein.

Abb. 26
*Mimi Brichmann hat diese
Aufnahme mit ihrem Freund
Fritz Wirgien 1932 in Paß-
fotogröße heimlich durch die
Lagerjahre gerettet.*

Einer der stärksten Antriebe im Überlebenskampf war die Sehnsucht nach den Kindern und der Wunsch, die familiäre Vergangenheit wiederherzustellen. „Ich habe mich immer an mein Kind, an meine Tochter geklammert", resümiert Erna Kolbe, „sie wiedersehen zu müssen, dieser Wunsch half mir, am Leben zu bleiben."[308] Käte L. und Eva B. fanden nach vielen Briefen ihre Töchter in sowjetischen Kinderheimen. Ein Erfolg, der ihnen neuen Mut gab und den Sinn zum Weiterleben zurückverlieh. In der knapp bemessenen Freizeit arbeiteten Mütter Kleidungsstücke von Erwachsenen mit viel Aufwand und Geschick um. Käte L. konnte so das Lager mit einer kleinen Aussteuer für die Tochter verlassen: „einem Mäntelchen, einer Mütze, einem Muff, Stiefelchen und einem Kleidchen". Ebenso handelte Irmgard Schünemann, doch die angefertigten Sachen waren viel zu klein.

308 Stark, Frauenbiographien, S. 126.

МоЯ ЛЮБИМАЯ ТАНЕЧКА

Abb. 27 und 28
Käte L. und ihre Tochter Tanja, porträtiert von einem Lagerzeichner 1945.

Die Erinnerung der Mutter orientierte sich an der kleinen Tochter, von der sie einst
getrennt wurde. Gelegentlich konnten Briefe zwischen Tochter und Mutter gewechselt werden. Meist gaben sie ihnen Mut und wurden dann wie heilige Re-
liquien behandelt. Käte L. machte 1945 im Lager einen Zeichner ausfindig, der die
Tochter Tanja nach ihrer Beschreibung malte und auch sie selbst porträtierte.

Gedanken an die Kinder konnten aber auch schmerzen, wie Antonie Satzger
schildert: „Bezogen auf meine psychische Verfassung wirkte die Erinnerung an
meine Kinder schrecklich. Es war immer der Gedanke vorhanden, wo sind sie,
was machen sie, leben sie überhaupt, haben sie zu essen? Es war ja Krieg. Seh' ich
sie wieder? Kann ich die acht Jahre durchhalten? Das war mein großer Kummer.
Werden sie mich wieder anerkennen? Glauben sie mir, daß ich wirklich unschuldig war oder ist ihnen eingebleut worden, daß ihre Mutter eine Verbrecherin sei?
Das hat mich moralisch oft zermürbt."

Antonie Satzger bewegten ferner quälende Schuldgefühle gegenüber ihren
Kindern, die die junge Frau veranlaßten, sich immer wieder innerlich dafür zu
rechtfertigen, daß sie verhaftet wurde und ihre drei Kinder allein zurückgeblieben
sind: „Es bestand die ganzen acht Jahre gegenüber meinen Kindern die Bitte, ver-
zeiht mir, daß ich euch verlassen habe. Ich hatte wahnsinnige Schuldgefühle, und
ich habe mir immer gesagt, hättest du doch den Mund gehalten. Oder, warum hast

du dir nicht ein Schloß an deine Lippen gehängt? Hättest du die Zustände so hingenommen, wie sie waren. Andere machten das auch und die hatten dadurch ihre
Vorteile. Das habe ich alles sehr oft im Lager überdacht. Es kam dann der Gedanke, daß ich hier raus muß. Ich muß mich verteidigen, ich muß sagen, wie es war."

Überlebenspraktiken und Verhaltensformen

Das psychische und physische Vermögen jeder Frau war unterschiedlich, und jede
Frau ging ihren individuellen Weg durch den ungewohnten und unerträglichen
Lageralltag. Sich dabei über Jahre nicht aufzugeben, sich nicht gehen zu lassen,
sich nicht der tödlichen Apathie auszuliefern – eben das psychische Ringen mit den
immer wiederkehrenden Depressionen, schließlich ihre Überwindung – gehörte
zu den unentbehrlichen Überlebenspraktiken und den beeindruckendsten Leistungen der inhaftierten Frauen. Nicht nur, aber gerade in diesen dramatischen
Phasen des Lagerdaseins entwickelten sie ein ganzes Spektrum von öffnenden,
alternativen Denkfiguren und entlastenden Verdrängungsmechanismen, das
ihnen gestattete, sich allmählich der bedrückenden und lähmenden Gedanken
zumindest zeitweilig zu entledigen und eine spezifische Lagerroutine auszubilden.
Gleichzeitig versuchten die Frauen, die Gegebenheiten des Lageralltags produktiv
für das eigene Überleben in den Dienst zu stellen und aus persönlichen Arbeitsleistungen, ihrer geschlechtlichen Identität, sozialen Bindungen oder auch politischen Antrieben Überlebenskräfte zu schöpfen.

Der Lageralltag mit seinen Unberechenbarkeiten schuf ein ständiges Auf und
Ab des körperlichen und seelischen Befindens, von dem beinahe alle Frauen berichten. Julie Bevern: „Da gab es ein Rauf und Runter. Krisen, wo man verzagt
war und wo man sich dann selber wieder Mut zugesprochen hat, sonst wär' man
ja nicht rausgekommen, man wär' vollkommen verzweifelt." Alice S., auf einer
Schaffarm in der weiten Steppe Kasachstans eingesetzt, meint: „Ich habe gedacht,
hier kommst du nie mehr raus, das ist das Ende. Da hat man sich eben mit Arbeit,
jedenfalls ich, eine kleine Erfüllung gesucht und abgelenkt. Ich habe mir eingebil-
det und gesagt, du kannst daran nichts ändern. Ich mußte damit fertig werden und
bin damit fertig geworden."

Für andere waren es Gerüchte, die sie immer wieder interessiert verfolgten und
die in ihnen neue Zuversicht nährten. „Irgendein Gefühl von Hoffnung hatte ich
eigentlich immer", schildert Erna Kolbe, „das sich auf die ‚Paraschas', auf Gerüchte, gründete. Mal kam eine, die hatte gehört, wir würden alle verschickt, mit unseren Familien zusammen, nicht in die großen Städte, aber wir könnten uns etwas
bauen, dort wohnen und mit unserer Familie in Ruhe leben."[309] Angesichts der
Abschottung von der Außenwelt und jeglichen Informationen konnten Gerede
und Mutmaßungen aller Art – beliebt waren auch Traumdeutungen und Karten-

309 Ebenda, S. 125 f.

legen – schnell zu hoffnungsvollen Gerüchten werden, bei denen es freilich meist um Amnestien oder zumindest vorteilhafte Entwicklungen ging. Obwohl sich diese selten, meist nie erfüllten, klammerten sich Frauen an die „Strohhalme", die ihnen wie Erna Kolbe beim Überstehen der Lagerfrist halfen.

Schon bald nach ihrer Ankunft im Lager war für Mimi Brichmann die künftige Wiederbegegnung mit der Freiheit zum wichtigen Antrieb geworden. „Ich muß es überleben", nahm sie sich von Anfang an vor, „ich muß hinter den Stacheldraht gelangen, und sei es auch nur für eine Stunde, aber nicht im Lager sterben. Dieser Gedanke begleitete mich doch immer irgendwie." Mimi untersetzte ihren Überlebenswillen mit konkreten Vorhaben, einschließlich strengen Selbstdisziplinierungen. Damit begann die junge Frau schon in der Untersuchungshaft. „Ich sagte mir vom ersten Tag an, du mußt alles essen, was geboten wird, auch wenn es nicht schmeckt, du willst ja überleben. Und als zweites habe ich mir geschworen, du darfst vor nichts Ekel haben. Das hat mir sehr geholfen. Manche Frauen konnten ihren Ekel nicht überwinden, die ganze Lagerzeit über. Einmal habe ich in meiner Kohlsuppe kleine Zähne gefunden. Wahrscheinlich waren es Rattenzähne. Ich nahm sie raus und aß weiter. Andere konnten das nicht, die haben sich dann erbrochen vor Ekel. Ich habe meinen Ekel rechtzeitig überwinden können, und vieles ist mir dadurch sehr viel leichter gefallen. Man kann das vielleicht auch als Gleichgültigkeit bezeichnen, aber es war von mir eine ganz bewußt erzwungene Abwehrreaktion."

Mimi Brichmann ließ es dabei nicht bewenden. Neben der selbst auferlegten Disziplinierung stellte sie sich auch das Ziel, von ihren Leidensgefährtinnen schneller Russisch zu lernen. Dies verbesserte nicht nur ihre Kontakte zu russischen Nachbarinnen, sondern auch ihre Kommunikationsmöglichkeiten innerhalb der Lagergesellschaft, auch zur Lageradministration. Mit solchen zielgerichteten Vorhaben stellte sich Mimi Brichmann immer wieder kurzfristig „abrechenbare" Aufgaben und konnte sich an deren Erfüllung aufrichten.

Daneben versuchten die Frauen, die täglichen Belastungen mit einer besonderen Lagerroutine zu bewältigen, einer mehr oder weniger lethargischen Routine, die jeden einzelnen Tag praktiziert wurde und Lebenskräfte sparte. Irmgard Schünemann: „Ein Trott war das, alles mechanisch, zur Arbeit gehen und wieder nach Hause kommen. Keine Freude, nichts. Wenn man nach Hause kam, war man müde. Man wird abgestumpft. Man konnte sich doch nicht wehren, man konnte überhaupt nichts machen."

Eine besondere Routine entwickelten die Frauen im Umgang mit der unvorstellbar langen Haftzeit von zehn Jahren. Auch die Frauen, die während der „Säuberung" 1936/38 „nur" fünf Jahre erhielten, wurden während des Krieges nicht entlassen. Die Gefangenen blieben „laut besonderen Verordnungen" des NKWD, wie es offiziell hieß, ohne zeitliche Begrenzung in Haft. Die Entlassung erfolgte dann aber nicht unmittelbar nach Kriegsende, sondern erst Monate später. So erging es auch Mimi Brichmann, deren Frist im September 1942 abgelaufen war; die Freilassung blieb aber aus. „Nach fünf, sechs Jahren habe ich verhältnismäßig selten an das zurückgedacht, was mal mein Leben bedeutet hat", erinnert sich Mimi. „Da kann man sich ein anderes Leben schon gar nicht mehr vorstellen. Man lebt dahin und weiß, der nächste Tag ist wie der heutige. Dem Sommer folgt der fürchterlich kalte Winter. Und wenn der Winter zu Ende geht, versinken wir in der Schneeschmelze und im Morast. Und dann kommt der heiße Sommer. So verlief das Leben. Als dann ein Sommer, ein Winter nach dem anderen verging, fügte man sich ungewollt in den gesamten Ablauf, und es gab gar kein Draußen mehr."

Wahrnehmung und Verarbeitung

Vor der 28jährigen Irmgard Schünemann lagen zehn Jahre Lagerhaft. Auch sie entwickelte eine spezifische Form von Selbstdisziplin, die darauf hinauslief, sich als Teil eines Massenschicksals zu begreifen und unbedingt unauffällig zu bleiben. „Ich hab' mir im Lager nichts zuschulden kommen lassen", konstatiert Irmgard Schünemann, „mir hat keiner was getan. Ich bin nicht aufgefallen." Die junge Frau hat es aber auch verstanden, Ausschnitte der absurden Lagerwirklichkeit zu reflektieren und mit Humor, ja Sarkasmus zu belegen. Zu den grotesken Szenen gehörte das tägliche Antreten und die Verabschiedung der Arbeitskolonnen am Wachtor des Lagers, mit Blaskapelle. Für sie und ihre Mithäftlinge ein alltäglich wiederkehrendes Tageserlebnis, meist morgens, noch im Dunklen: „Wenn wir zur Arbeit geführt wurden, mit Hunden und Gewehren, und alles so traurig war, mußte ich für mich lachen. So viel ‚Feinde'! Das war mir schon klar. Die sind verrückt, hab' ich mir gedacht." Irmgard und einige Mithäftlinge gingen noch weiter, sie konnten sich über das ganze Lagersystem lustig machen: „Wir haben immer gesagt, wir leben schon im Kommunismus, an uns probieren sie das aus. Kleidung und Essen, alles umsonst."

Auch die Vergangenheit, das Leben davor, konnte seelische Belastung wie Kraftquell sein. Klara D. hat die triste Lagergegenwart mit ihren Erinnerungen an die Vergangenheit überdeckt. Sie schildert: „Ich habe diese Gegenwart gar nicht gelebt, da war ich möglichst gar nicht dabei. Wenn ich alleine für mich war, habe ich nur an die Vergangenheit gedacht." Nicht nur bei der monotonen Feldarbeit hat sie sich ihrer Kinder- und Jugendzeit erinnert, sondern vor allem in der überfüllten Massenbaracke. Auf der Suche nach einem Stück Vertrautheit und Individualität schuf sich Klara ihre Erinnerungswelt neu. Auch Mimi Brichmann hat in den ersten Jahren „sehr viel an die Eltern, an die Schwester, an den Ehemann zurückgedacht". Sie machte sich ihre Gedanken und redete auch mit Kameradinnen darüber, was sie von ihren Eltern mitbekommen hatte, um ihre jetzige Situation zu meistern. „Alles, was ich durch den Vater mitbekommen habe, das gibt mir jetzt Rückhalt, und all die Geschicklichkeit, die ich von meiner Mutter geerbt habe, kommt mir jetzt zugute." Solche Rückbesinnungen, so banal sie auch gewesen sein mögen, gaben den Frauen Halt, entfernten sie von der Anonymität der grauen Häftlingsmasse und konnten neue Überlebenskräfte entfachen. Aber nicht

Abb. 29
Frieda Siebenaicher und
Gertrud Platais besuchten
1993 während der Drehar-
beiten für den Dokumen-
tarfilm „KARAGANDA"
gemeinsam mit der Auto-
rin Christiane Rittner ihr
Lager in der Kasachischen
Steppe bei Akmolinsk.
Nichts jedoch erinnerte
daran, daß dort je ein
Frauenlager bestand.

jede Erinnerung trug zur Entspannung bei, und nicht bei jeder Frau. Gedanken an die Zeit unmittelbar vor der Verhaftung konnten ebenso bedrücken. „Wir haben uns Mühe gegeben, nicht an zu Hause zu denken, an diese Zeit, wo wir mit unseren Männern zusammen waren, mit unseren Kindern", berichtet Frieda Siebenaicher. „Jedesmal, wenn ich anfing, daran zu denken, hab' ich schnell an was anderes gedacht."[310]

Erinnerungen an das Elternhaus quälten weniger. Über eine aufmerksame Wahrnehmung der Natur kam Frieda Siebenaicher, die auf einem landwirtschaftlichen Lagerstützpunkt arbeitete, oft in Gedanken zu ihrer Kindheit auf dem Lande zurück. „Wenn die Steppe geblüht hat, dann konnte man sich nicht satt sehen, Himmel und Blumen", schildert sie ihre damaligen Eindrücke. „Oder wenn die Sonnenblumen soweit waren, mindestens zehn Hektar Sonnenblumen. Wir haben uns manchmal in eine Reihe gelegt, in die Sonnenblumen. Das war wie ein Schirm. Oben haben die Bienen gesummt, die Lerchen gesungen und du lagst da und schautest. Da hab' ich an zu Hause gedacht, wie ich dort die Lerchen trällern hörte und wie schön das war. Du liegst in der Steppe und machst die Augen zu. Ganz komisch, denkst du, ist genau wie zu Hause, genauso. Oder du guckst auf den Mond und auf die Sonne, die geht hier auf und zu Hause unter."[311]

Findigkeit und Improvisation

Wenn es der gesundheitliche Zustand erlaubte, verrichteten Frauen in der knapp bemessenen Freizeit eine Art Heimarbeit. Durch Stricken, Nähen und Häkeln konnten sie sich zusätzlich Lebensmittel verdienen. Freilich war auch das ein überaus anstrengender Vorgang. Die Stricknadeln mußten aus Draht gefertigt

310 Ebenda, S. 46.
311 Ebenda, S. 49.

und die Wolle aus alten Kleidungsstücken gewonnen werden. Ohne Vorlagen strickten Frauen komplizierte Muster und gestalteten für sich einen anspruchsvollen und kreativen Arbeitsprozeß, der nicht nur Zusatznahrung, sondern auch ideelle Befriedigung brachte. Offiziell war diese Art „Schwarzarbeit" verboten. Neider und Spitzel konnten denunzieren und die heimliche Arbeit von Wochen zerstören. Irmgard Schünemann berichtet: „Abends haben wir noch gestrickt, obwohl wir hundemüde waren. Manchmal sind wir dabei eingeschlafen. Und wenn dann jemand kam, durch die Baracke, und hat geprüft, ob alle schlafen, dann haben die uns die Strickerei noch zerhackt. Manchmal aber auch nicht." Unter den Häftlingen entwickelte sich ein Handel mit allerlei Dingen, unter anderem mit gestrickten oder behäkelten Kleidungsstücken, die den Bedürfnissen der inhaftierten Frauen nach weiblicher Kleidung entgegenkamen und für ihre geschlechtliche Identität eine besondere Rolle spielten. Die Handarbeiten der aus Deutschland stammenden Frauen waren begehrt, und manche Frauen standen nicht nur im Tauschhandel mit Häftlingen, sondern fertigten Kleidungsstücke im Auftrag von freien Lagerangestellten oder deren Ehefrauen.

„Irgendwie hatte ich immer ein kleines bißchen Glück", erinnert sich Alice S. ihres Lagerlebens. Nicht nur sie erklärt ihr Überleben so. Sicher gehörte Glück dazu, um diese Jahre zu überstehen. Es ist aber wohl das Glück der sich Mühenden, die sich nicht gehen ließen, die versuchten, aus der Arbeit, der wenigen freien Zeit, aus der Erinnerung, dem Gespräch mit Kameradinnen etwas Mut und Kraft zu schöpfen oder durch das geschickte Taktieren mit Häftlingen und Vorgesetzten vielleicht eine größere Ration oder eine leichtere Tätigkeit zu erlangen. Glück allein ist eine zu bescheidene Erklärung für das Überleben. Denn es beruhte nicht zuletzt auf einem über Jahre, oft unter Schmerzen angenommenen bewußten Verhalten, einer zum zweiten Ich gewordenen Lagerroutine, die die Definition konkreter Verhaltensformen und Überlebensantriebe ebenso enthielt wie der eigenen Stellung im Lagerkosmos.

Antonie Satzger, 1944–1952 im GULag, resümiert: „Ich habe immer gedacht, verhältst dich so in dem Lager: erfüllst deine Norm, legst dich weitestgehend nicht an, um dich nicht noch mehr physisch zu zermürben. Ich hab' furchtbar darauf geachtet, daß ich meine Brotration gegessen und nicht gegen irgendwas getauscht habe, daß ich versuchte, soviel wie möglich wilden Knoblauch zu finden und zu essen. Das war gegen Skorbut. Irgendwie war der Trieb da, daß ich mich erhalten muß, daß ich aus dem Lager rauskommen muß. Es war auch der Trieb da, wenn ich rausgekommen bin, dann geh' ich an die Stellen und dann verlange ich ein richtiges Gericht. Ein Mensch muß ein Ziel haben, einen Halt. Ganz egal wie. In dem Moment, wo ich mich hängen lasse, bin ich verloren. Und das durfte ich nicht. Nein, das kannst du nicht, das darfst du nicht und das mußt du schaffen und mußt es auch versuchen, und nicht gleich sagen, ich kann das nicht. Ich muß bis an die Grenze gehen, vielleicht sogar noch einen kleinen Schritt weiter, wo ich spüre, jetzt geht es nicht mehr. Ich muß mir gegenüber ehrlich sein und nicht verzagen. Und innerlich habe ich einen Trotz in mir aufkommen lassen und das Gefühl entwickelt: Ihr könnt gar nicht an mich ran, was könnt ihr denn mir schon, ihr wißt ja gar nichts. Ich hab mich nicht stolz gefühlt, ich hab mich erhaben gefühlt."

Geschlechtliche Auslieferung

Die geschlechtsspezifische Entwürdigung der Frauen setzte sich nach der Untersuchungshaft im Lager fort. Eine schmerzliche Erfahrung war der Verlust der weiblichen Identität und die zunehmende „Versachlichung" des Geschlechts. Die Kleidung verwandelte sich zusehends in verschnürte Lumpen, die vor der Kälte im Winter und den Stechmücken im Sommer nur ungenügend schützten. An den Füßen trugen die Frauen, wenn ihre eigenen Schuhe verschlissen waren, verschnürte Stoffabfälle oder Teile zerschnittener Gummireifen, die in eigener Arbeit gefertigt werden mußten. Solange die Frauen unter sich waren, wurde der Verfall kaum registriert. Die hygienischen Bedingungen und die Versorgung mit Kleidung waren im Lager menschenunwürdig und für jeden Häftling, besonders aber für die Frauen während der Menstruation, eine anhaltende Entwürdigung. „Keine Watte, gar nichts bekamen wir", erinnert sich Antonie Satzger, du hast in den Schlüpfer ein Hemd gelegt und das war dann die ganze Woche drin. Das war furchtbar steif. Das war das Schreckliche, diese Schweinerei. Du konntest nichts waschen, du mußtest warten, bis es eben vorbei war." Wie andere Frauen war auch Antonie Satzger über das jahrelange Ausbleiben der Menstruation froh. Ihre Erfahrungen bezüglich der geschlechtlichen Auslieferung von Frauen im GULag können durchaus als exemplarisch angesehen werden. Auch die Qual der täglichen Notdurft konnte nur durch Aufgabe eines Gutteils an Selbstachtung gemildert werden. Eingezäunte Gruben ohne Dächer, notdürftig mit Brettern abgedeckt, Löcher darin – das waren die gängigen Lagerlatrinen, an die sich die Frauen zu gewöhnen hatten. „Du hast jedem deinen Hintern gezeigt" und „den Hintern konntest du mit nichts abwischen", erinnert sich Antonie Satzger der Demütigung. Die einmal in der Woche aufgesuchte Banja, in der die Badezeit ebenso wie das Wasser rationiert waren, konnte keineswegs die alltäglichen Beschränkungen der persönlichen Hygiene ausgleichen. Den unaufhaltsamen körperlichen Verfall, den Sklavenarbeit und Hungerration produziert hatten, konnten die Frauen an sich selbst und den anderen gerade beim gemeinsamen Baden bewußt wahrnehmen. „Im Lager konnte ich nur an mir heruntersehen", äußert Antonie Satzger und fährt fort: „Ich war dermaßen abgemagert, daß ich noch 38 Kilo wog. Ich habe an mir runtergeguckt: ich sah nur ein Skelett. Ich habe dagestanden und geheult. Dabei ging mir immer durch den Kopf, für was sitzt du bloß; hast nichts geklaut, hast niemand etwas weggenommen."

Völlig unzureichend war die medizinische Betreuung. Kranke konnten nur notdürftig versorgt werden. Nach schweren Unfällen behandelte man sie oft nur behelfsmäßig und schickte sie nach kurzer Zeit wieder zur Arbeit. Die meisten

Unfälle geschahen beim Holzfällen und beim Straßenbau. Das Sterben der Verunglückten und der Hungernden fand vornehmlich im Krankenbau statt. Häftlinge verschwanden einfach, und niemand hatte die Kraft, nach ihnen zu fragen. „Es waren viele, die mittels Hunger Selbstmord gemacht haben. Die wurden dann wegtransportiert, damit wir das im Lager nicht sahen. Sie sind dann nicht wieder gekommen, und ein Transport ging auch nicht weg. Irgendwo sind sie verscharrt worden."

Obgleich die Frauen in separaten Baracken lebten und offiziell keine Besuche empfangen durften, waren sie doch den männlichen Häftlingen und dem Wachpersonal sexuell ausgeliefert. Sexueller Mißbrauch, Nötigung zur Prostitution und brutale Vergewaltigung gehörten zu den Elementen des unmenschlichen Lageralltags. In der Duldung von sexuellen Übergriffen oder der Prostitution sahen weibliche Häftlinge oft die einzige Möglichkeit, zu Arbeitsentlastung oder zusätzlicher Nahrung zu gelangen. Diese Zwangslage versetzte die Frauen in das zehrende Dilemma zwischen ihrem natürlichen Drang zum Überleben und der Befolgung der ihnen anerzogenen Moralvorstellungen. Auch Antonie Satzger mußte diesen inneren Konflikt austragen: „Ich hab' mich zurückgehalten. Ich hätte vielleicht Vorteile gehabt, wenn ich mich im Lager mit einem Wachsoldaten abgegeben hätte, wenn es auch ein alter Knacker gewesen wär'. Ich hab' nicht gewußt, daß mein Mann tot ist. Vielleicht hätte ich es dann gemacht. Daß ich gesagt hätte, ist doch alles egal."

Prostitution wurde vor allem während der gemeinsamen Arbeit praktiziert. Hier ging es um Vergünstigungen jeglicher Art, etwa Kleidungsstücke, Zusatznahrung, Decken, besondere Arbeitsstellen oder -posten. Die jeweiligen Konditionen waren unter den Häftlingen bekannt, die Praxis mehr oder weniger öffentlich. Antonie Satzger: „Ich hab' das als selbstverständlich betrachtet. Es sind Menschen. Ich wußte genau, die durften sich nicht erwischen lassen. Dann war das ein Katzensex. Ich hab' das selber gesehen. Die Männer haben mit den Frauen während der Arbeit etwas ausgemacht und sich in der sogenannten 13. Halle getroffen. Aber das war nur eine Katzenhochzeit, wie wir im Lager sagten. Mich hat das kalt gelassen, weil es gemacht wurde wie beim Vieh. Das hat mich irgendwie angeekelt."

Vor einer Vergewaltigung vermochten sich die Frauen kaum zu schützen. Und wenn sie sich denn erfolgreich gegen einen kriminellen Häftling verteidigten, konnte das ihr Ende bedeuten. Antonie Satzger erinnert sich an eine lebensbedrohende Situation: „Ich hatte mich in einer Bude auf eine Pritsche gesetzt, um mich ein paar Minuten auszuruhen. Auf einmal kam ein Mann zu mir rein, und ein anderer schloß von außen zu. Jetzt kam er und wollte mich sexuell mißbrauchen. Ich hab zu ihm gesagt: ,Nicht mit mir!' Er wurde zudringlich, und ich fand keinen anderen Ausweg, als mit dem Fuß in sein Geschlechtsteil zu treten. Der hat gebrüllt, was er brüllen konnte. Der mußte zum Arzt. Er hatte außerdem Syphilis. Und dann war er lange im Lazarett, bevor er wiederkam. Er war der Obergauner von einer Bande. Mein Herz war schon unten in der Fußzehe. Ich dachte, jetzt schlägt er mich tot. Es kam ja vor, daß die sich tot geschlagen haben im Lager, Frauen wurden die Brüste abgeschnitten. Das kam vor. Ich dachte, jetzt hat deine letzte Stunde geschlagen. In der Beziehung wurden die Frauen oft angefallen. Du warst praktisch ständig gefährdet."

Bei anderer Gelegenheit wurde Antonie Satzger dennoch Opfer einer Vergewaltigung. Anfangs konnte sie davon nicht sprechen, später schilderte sie die bedrückende Erinnerung: „Da konnte ich nichts machen. Ich hab' lange gedacht, hoffentlich bist du nicht schwanger. Ich war mutterseelenallein, ich konnte nicht schreien. Das war für mich sowas Unangenehmes, das kann ich gar nicht sagen. Ich hab' immer Angst gehabt. Ich hätte mich doch nicht wehren können. Meine größte Angst war, der hat ein Messer und sticht mich ab."

„Lagerehe"

Zehn Monate vor ihrer Haftentlassung Anfang 1952 kommandierte man Antonie Satzger zum Holzfällen. Die Arbeitsstätte befand sich mitten im Wald, ohne große Bewachung. Ein freier Aufseher und Waldarbeiter beaufsichtigte die Arbeit und die Häftlinge. Keine der Frauen hatte Erfahrung in dieser gefährlichen Tätigkeit. Ihre Arbeitspartnerin war eine ältere Frau, das Werkzeug bestand aus Schrotsäge und Axt.

Die Norm betrug am Tag zehn Kubikmeter gefälltes Holz. Die Stämme und Äste waren abzusägen, zu sammeln und zu stapeln. Der Wächter ließ die Frauen sich erst schinden, bevor er ihnen half und sich unentbehrlich machte. Antonie Satzger: „Wir hatten eine Norm, und die mußten wir täglich schaffen, ob in 4, 12 oder in 20 Stunden. Das war unsere Sache. Aber wir waren zu dumm dazu. Einmal saßen wir Frauen auf einem Baumstumpf und haben wahnsinnig geheult. Da stand er so da und hat gelacht über uns. Und dann sagte er: ‚Nun kommt mal her.' Er hat mich genommen und mit mir die Bäume gefällt. Der konnte das gut, das ging so leicht. Er half uns dann bei der Normerfüllung. Dann kam die oberste Kontrolle vom Zentrallager und hat kontrolliert. Ich bin im Februar 1951 dorthin gekommen, und bis in den Mai hinein haben wir unsere Norm nie geschafft. Dann hat er uns geholfen. Seitdem haben wir immer unsere Norm übererfüllt."

Schließlich entwickelte sich zwischen Antonie und dem annähernd 60jährigen Aufseher eine der typischen „Lagerehen", die auf den materiellen Abhängigkeiten des Lageralltags basierten und meist einer Nötigung gleichkamen. „Er hat mir vorgeschlagen, ich soll mit ihm leben, mit ihm schlafen. Meine Gedanken waren: ich wußte nicht, daß mein Mann tot ist. Ich hab' ihn anfangs immer abgewiesen, so oft es ging. Ich habe aber gedacht, wenn ich jetzt nein sage, dann hilft der mir nicht mehr, die Norm zu schaffen. Es war zwar schon Juli, aber bis zur Freilassung war es immer noch bis Januar 1952. Und da hab' ich gedacht, nein, da geh ich zugrunde."

„Es war keine Liebe", resümiert sie die kurze, einige Monate während Beziehung aus heutiger Sicht. Dennoch wurde sie zu einem wichtigen Teil ihres Gedächtnisses. Erstmals seit Jahren fühlte sich die Frau als menschliches und weibliches Wesen. Es war jemand für sie da, hörte ihr zu und verstand ihre Gedanken. Die gefangene Frau fühlte sich nicht einfach mißbraucht oder „genommen", sondern aufgehoben und hatte eine Art Zuflucht. Beide wußten von ihren jeweiligen Partnern und ihren Familien: „Wir hatten ein offenes, gutes und schönes Verhältnis. Wenn wir unsere Norm geschafft hatten, haben wir uns hingesetzt, und er hat über sich erzählt und auch gelacht. Er konnte schön erzählen." Ende 1951 wurde Antonie Satzger schwanger. Die Fürsorge des Gefährten verstärkte sich noch. „Ich wollte immer Süßes haben. Da hat er sich aufs Pferd gesetzt und ist 'zig Kilometer bis zum nächsten Ort geritten, um für mich etwas zu holen. Er hat sich unheimlich um mich gesorgt, als ich schwanger war."

Der Lagerarzt bot ihr einen Schwangerschaftsabbruch an, doch sie lehnte ab. Das Bekanntwerden der Schwangerschaft bedeutete für den Vater die Strafversetzung. Antonie wußte nichts über ihren Mann und hoffte, die Kinder würden gemeinsam mit ihrem Vater irgendwo in der Sowjetunion leben. Falls sie Antonie nicht wieder aufnehmen würden, sah sie in dem ungeborenen Kind eine zukünftige Verantwortung und Lebensaufgabe. Ende Juli 1952, schon außerhalb des Lagers, wurde die Tochter Rita geboren. Ihre halbwüchsigen Kinder stellten Antonie Satzger nach der Freilassung bald vor die Alternative, sich zwischen ihnen oder dem fremden Mann aus dem Lager zu entscheiden. Die Mutter entschied sich für ihre Kinder. Die Briefe des Mannes, bei dem sich die Frau erstmals seit Jahren wieder als Mensch empfand, ließ sie schweren Herzens unbeantwortet.

Entlassung in die Verbannung

Zwischen 1946 und 1952 wurden die inhaftierten deutschen Exilantinnen aus dem GULag entlassen. Ihre Gedanken und Gefühle waren überaus gemischt. Klara D. erinnert sich ihrer Skepsis gegenüber dem Leben außerhalb der „Lagerzone": „Ich wußte, hier habe ich mein Stück Brot, wenn's auch wenig ist. Aber draußen muß ich mir das erst erkämpfen und erarbeiten. Und werde ich das noch schaffen, mir mein Brot zu verdienen? Da stand mir das Schlimmste noch bevor." Ungewißheit über die unbekannte Zukunft kennzeichneten 1946 auch Mimi Brichmanns Abschied vom Lager, mehr aber noch ihre Verbundenheit mit der dort verbrachten Lebenszeit. Per LKW brachte man sie nach Karaganda: „Ich konnte sehen, wie wir uns vom Lager entfernten. Da standen mir Tränen in den Augen. Ich dachte, hier hast du über acht Jahre gelebt, überall steckt ein Stück deiner Arbeit mit drin. Es konnte nicht mal richtige Freude aufkommen. Man war zu lange dort gewesen. Es war ein zu wichtiger Teil meines Lebens dort abgelaufen, immerhin von meinem 27. bis zum 36. Lebensjahr. Eigentlich die bewußteste Zeit eines Menschen."

Vom Lager sind die Frauen jedoch nicht in die Freiheit entlassen worden, sondern in die Verbannung. Nach dem Willen der staatlichen Stellen sollte die

Zwangsansiedlung in entfernten Gebieten „ewig" währen. Antonie Satzger erinnert sich der erneuten Strafverkündung 1952: „Am Montag kam dann irgendein
Höherer an und legte mir das Papier vor: auf ewige Verbannung, ‚na vetschnoe'
hieß es. Da hab' ich geheult, das kann ich gar nicht beschreiben. Es hat mich ge-
schüttelt. Ich hab' wahnsinnig geweint. Meine ganze Hoffnung, daß ich meine Familie wiedersehe, war weg. Der erste Gedanke war, dann kommen sie nicht zu mir,
jetzt wissen sie, daß ich schuldig bin. Nachdem ich unterschrieben hatte, ging ich
auf den Friedhof und hab' mir die Gräber angesehen. Das hat mir wieder Mut gegeben: ‚Hier will ich nicht sterben, hier will ich nicht begraben sein.'"

Alle Frauen hatten sich nach dem Verbannungsbefehl erneut aus einer tiefen
Depression herauszuarbeiten und sich einer neuen Umgebung und ihrem Regime
anzupassen. Innerhalb des Verbannungsortes mußten sie Arbeit, Wohnraum und
Versorgung organisieren – nach acht bis zehn Jahren Zwangslager eine unerhörte
Anforderung. Die Leidensgefährtinnen unterstützten sich oft gegenseitig, fanden
in der Nachbarschaft neue Freundschaften oder wie Alice S. eine mehr oder
weniger funktionierende Partnerschaft, die Schutz vor unberechenbaren Über-
raschungen bieten konnte. Der Wunsch nach Kindern war allerdings in diesen Beziehungen begrenzt. Die einstigen Ehemänner und Lebensgefährten waren tot, 15
von 17. Das Wiederzusammenfinden mit den Kindern nach Jahren der Trennung
stellte für beide Seiten eine nachhaltige Belastungsprobe dar. Das Alltagsleben
drehte sich um Arbeit, Haushalt und Versorgung. Die zuständigen Sowjetbehörden wiesen den ehemaligen politischen Häftlingen auch in der Verbannung vorwiegend körperliche Arbeit zu: in der Landwirtschaft, im Bergbau, auf dem Bau
oder in handwerklichen Genossenschaften. Erst im Laufe der Jahre schafften es
manche Frauen, leichtere Arbeit zu bekommen. Eigene Tier- und Gartenhaltung
gehörten zu den wichtigsten Stützen der privaten Versorgung. Der staatliche Handel bot das Notwendigste, um überleben zu können, der freie Markt, der „Basar",
den Rest zu oft unerschwinglichen Preisen. Die Frauen richteten sich mit Freundinnen oder mit ihren Kindern, so gut es eben ging, wohnlich ein und überwanden
die mannigfachen Alltagshindernisse mit phantasievollen Improvisationen. Dazu
gehörten auch fröhliche Feste und Zusammenkünfte unter Freundinnen. Sie wollten, wie Alice S. es ausdrückte, endlich wieder „ein bißchen menschlich leben".

Zeitlich gesehen nahm das Leben die Verbannten voll in Anspruch, Gedanken
an Vergangenes oder Künftiges kamen selten auf. Von den politischen Ereignissen
in der Sowjetunion oder in der Welt bekamen die Verbannten wenig mit. Die Sprach-
barrieren waren zwar niedriger geworden, der Sinn für politische Überlegungen
aber kaum gewachsen. Zu abgeschieden, zu autark und verfestigt schien die kleine
Welt der Verbannten, als daß sich Grübeln über die „andere Welt" lohnte. Auch in
der Verbannung fanden viele Erfüllung in sinnvoller Arbeit, ob im Betrieb oder der
eigenen Haushaltung. Begehrt waren zudem von den Deutschen genähte oder ge-
strickte Kleidungsstücke. Manche Exilantin konnte allein davon leben.

Ein von den Sowjetbehörden bevorzugtes Gebiet war Kasachstan und die
Region rund um das Kohlenrevier von Karaganda. Dorthin verbannte man auch

Abb. 30
*Frauen in der Verbannung
Mitte der 5 oer Jahre:
Gertrud Platais, Eva B. und
Trude Braun.*

Abb. 31
*Frieda Siebenaicher mit ihrem
Hund.*

Abb. 32
*Das erste gemeinsame Foto
nach der Wiederbegegnung
1946. Käte L. mit ihrer
Tochter Tanja.*

Alice S., an deren Leben typische Verbannungserfahrungen deutlich werden. Mit
32 wurde sie nach neun Jahren aus dem Lager entlassen. Auf der offenen Lade-
fläche eines Lastkraftwagens brachte man sie nach Karaganda. „Ich kam zu einer
Baufirma, in einem Haus wurden wir untergebracht, immer zwei, drei oder vier
Frauen zusammen. Das war auch nicht anders als im Lager. Wir wurden dann auf
verschiedene Arbeiten verteilt. Wir haben das nicht anders empfunden als das Lager. Jeden Monat mußten wir uns einmal melden, bei einer Nebenstelle der Miliz

Abb. 33
*Ziegeleiarbeiterinnen in
Tschernogorsk Anfang der
50er Jahre. Unter ihnen Ger-
trud, die Tochter von Antonie
Satzger (ganz rechts).*

Abb. 34
*Eva B. (im Hintergrund links)
konnte Anfang der 50er Jahre
Arbeit in einem Kinderkrankenhaus in Karaganda finden.*

und uns abhaken lassen. Wir durften nirgends hinfahren." Trotz aller Beschränkungen versuchten die Verbannten, das Beste aus ihrer Situation zu machen, zumal an eine Ausreise nach Deutschland unter den gegebenen Verhältnissen nicht
zu denken war. Alice S. hatte diesbezüglich, wie sie sagt, „alles abgeschrieben".

Bei der Arbeit in der Baufirma lernte sie bald einen Russen kennen, mit dem
sie eine Lebensgemeinschaft einging. Neben der gegenseitigen Sympathie zählten
für die junge Frau aber auch andere Gründe: „Ich dachte, wenn man zusammen
ist, hat man irgendwie doch einen männlichen Schutz in dieser fremden Welt. Es
war ein bißchen Zuneigung und ein bißchen Geschütztsein." Heiraten wollte sie
jedoch nicht, nun aber endlich eigene Kinder haben, „zu denen man irgendwie zu-
gehörig ist", wie Alice sagt. 1947 und 1949 kamen sie zur Welt, ein Junge und ein
Mädchen.

Nach einiger Zeit bekam die Familie ein Häuschen am Stadtrand zugewiesen,
ein Zimmer, eine Küche, geteilt durch einen großen russischen Lehmofen. Der
Mann verdiente das Geld, die Frau sollte zu Hause bleiben. Alice widmete sich mit
beeindruckender Regsamkeit ihren Kindern und der Haushaltung – ein ausgefüll-
tes Tagesprogramm. Eine wolgadeutsche Nachbarin verriet ihr zahlreiche Kniffe.
Hinzu kam der schwierige Ausbau des Hauses. Zuerst entstand mit zusammenge-
klaubten Baustoffen eine überdachte Sommerküche im Freien, dann ein Stall für

Abb. 35
*Die Kinder von Alice S. Mitte
der 5oer Jahre in Karaganda.*

Abb. 36
*Gertrud Platais mit ihrem
Lebensgefährten vor ihrer
Unterkunft in Karaganda.*

Abb. 37
*Käte L. vor ihrem selbsterbau-
ten Blockhaus in einem Dorf
bei Nowosibirsk.*

das Vieh, später eine russische Badestube – alles im Eigenbau. Zweimal im Jahr
hatte die Hausfrau die Behausung mit Kalk zu weißen, zuerst innen und zum
1. Mai von außen. Vor dem Haus züchtete Alice Blumen, die sie in der Umgebung
fand: „In der Mitte hatte ich ein ovales Beet und ringsrum einen Gang angelegt.
Am Haus bepflanzte ich Blumenbeete, die ich eingezäunt hatte, damit die Hühner
nicht reinkamen. Dort hatte ich ein kleines Bänkchen stehen. Das war mein Ruhe-
platz. Das hat keiner gehabt, bloß ich."

Die auch im Vergleich zum Lager schwierige Versorgungslage und der Mangel an Geld animierten die junge Frau zu immer neuen Improvisationen. Die eigene kleine Hauswirtschaft, bestehend aus Ziegen und Hühnern, brachte Tauschprodukte für den freien Markt und damit Lebensmittel, die in staatlichen Geschäften nicht zu bekommen waren, vor allem für die heranwachsenden Kinder. Den Mangel an Textilien überbrückte Alice S. mit eigenen Handarbeiten. Wenn Zeit war, nähte sie für ihre Kinder: „Das weiß ich heute noch, das eine Hemdchen war zart rosa, mit ganz feinem Kreuzstich bestickt, am Kragen und vorne. Und rechts und links davon war noch Hohlsaum."

Für ihre Kinder bastelte Alice halbe Nächte hindurch eine Puppenstube und einen Kaufmannsladen. Den Weihnachtsbaum aus Besenstil und Reisig schmückte sie mit bunten Schlangen, Laternchen und Sternen aus Papier, Watte, Kerzen und Draht. „Die Kinder waren begeistert", erinnert sich Alice an den Heiligabend in Karaganda.

Im Laufe der Jahre stellten sich allerdings immer mehr Schwierigkeiten in der Beziehung zu ihrem russischen Lebensgefährten ein. Vor allem sein Alkoholkonsum zerstörte die Familie. „Ich hatte manchmal Angst vor dem Mann. Wenn er zum Tor rein kam, dann habe ich schon an seinem Blick gesehen, was er für eine Stimmung hatte. Er konnte sehr gut, aber auch häßlich sein." Schläge blieben nicht aus. Alice wollte den Mann verlassen, fand jedoch keine Bleibe. 1956 kommt das dritte Kind zur Welt, entstanden nach einer sexuellen Nötigung. Den Schwangerschaftsabbruch, den Alice organisiert hatte, verhinderte der Mann.

Völlig schwindet die Hoffnung auf Ausreise, als sie vom Ministerium für Inneres (MWD) erfährt, daß ihr Mann Paul im Lager gestorben sei. „Da habe ich gedacht, der Mann ist tot, da kommst du auch nie mehr zurück. Ich hatte sozusagen mit dem Leben abgeschlossen, daß ich dort weiter leben muß bis zum Tode." Erst als Stalin im März 1953 starb, kam gedämpfte Zuversicht auf. Ein, zwei Jahre später hörte sie von uglaublichen Dingen: Ausreise, Rückkehr, Rehabilitierung. Doch Alice reagierte eher verhalten. Es waren ja die gleichen alten Sowjetbehörden, denen Forderungen zu stellen man nicht gerade gewohnt war. Auch eine Rückkehr, die nach mehr als 20 Jahren keine Reise zurück, sondern in ein anderes, unbekanntes Deutschland war, machte anfangs angst. „Ich wollte nicht mehr. Ich weiß auch nicht, warum. Das war alles. Es gab auch so ein Gefühl wie Scham." Scham wegen des gescheiterten Exils, des Todes ihres Mannes, der Jahre im Lager, der „drei Russenkinder"? Wem könnte man das in Deutschland verständlich erklären? Würde es überhaupt jemanden interessieren? Die 40jährige blieb unentschlossen.

Deutsche Leidensgefährtinnen in Karaganda drängten Alice S., sich zumindest um ihre Rehabilitierung zu bemühen. Als Entschädigung für neun Jahre Lager waren zwei Monatsgehälter vorgesehen. „Ich habe bloß gedacht", erinnert sie sich, „viel ist es nicht, aber besser als gar nichts. Ich war glücklich, daß ich mir davon einen Wintermantel kaufen konnte." Mit Hilfe einer Freundin und des Roten Kreuzes konnte Alice 1954 erstmals wieder Briefkontakt mit ihrer Mutter herstellen. In dieser Zeit reisten die ersten Verbannten in Richtung Westen. Dies und die anhaltenden Probleme mit ihrem Lebenspartner veranlaßten Alice, die Übersiedlung für sich und die drei Kinder vorzubereiten. Die Sowjetbehörden hatten keine Eile. Beschwerden an das sowjetische Staatsoberhaupt Woroschilow blieben unbeantwortet, der Partner drohte ihr mit Gesichtsverstümmelungen, wenn sie ginge.

Das Geld für die Zugkarten von Karaganda nach Moskau sparte sie sich heimlich zusammen. Zweimal schickte die Moskauer DDR-Botschaft etwas Geld. Erst 1958 war es soweit. Bekannte verabschiedeten die Frau mit den drei Kindern im Alter von zehn, acht und einem Jahr auf dem Bahnhof und schützten sie vor ihrem gewalttätigen Lebensgefährten. In Moskau wurde sie von der DDR-Botschaft betreut, die ihr und den Kindern auch einige neue Sachen kaufte. „Wir sollten eine gute Erinnerung an die Sowjetunion behalten", meint Alice S.

Die SED-Führung und die verfolgten Exilanten nach 1945

Das Kriegsende im Mai 1945 weckte bei den deutschen Exilanten in der UdSSR Hoffnungen auf eine baldige Rückkehr nach Deutschland. Die Inhaftierten in den Lagern erwarteten eine umfassende Amnestie, die Evakuierten ihre Rückführung in erträglichere Gegenden und zügige Repatriierung. Für die Mehrheit der deutschen Emigrantinnen und Emigranten die den Lagern entronnen waren, erfüllte sich diese Erwartung jedoch nicht. In den Augen der herrschenden Parteien in der UdSSR und in der SBZ/DDR blieben sie bis zum XX. Parteitag der KPdSU Anfang 1956 „Unpersonen". Diese Haltung bildete für die SED-Führung nach 1946 auch die Grundlage ihrer Repatriierungs- und späteren Integrationspolitik. Aber auch nach Chruschtschows Stalinkritik modifizierte die Ulbricht-Führung ihr Verhältnis zu den in der Sowjetunion Verfolgten eher widerwillig und nur innerhalb der engsten Parteigremien. Vor allem jene Funktionäre der SED, mit denen die Rückkehrenden maßgeblich zu tun hatten, verharrten in tiefer Gläubigkeit gegenüber Stalin und der Sowjetunion und brachten kaum Verständnis für die lebensgeschichtlichen Erfahrungen der Verfolgten auf.

Remigration 1945 bis 1953

Bereits mit dem Vormarsch der sowjetischen Armee und dem sich anbahnenden Sieg über Deutschland begannen innerhalb der KPD-Führung programmatische Debatten über eine tragfähige Nachkriegspolitik. Die Überlegungen fanden 1944 in den internen Diskussionen um den „Block der kämpferischen Demokratie" einen ersten Höhepunkt.[312] Parallel dazu ging die Moskauer KPD-Führung daran, eine Basis an „Kadern" unter den verbliebenen Exilanten zu bilden und diese auf die zukünftigen Aufgaben vorzubereiten. Für die KPD-Führung standen allerdings nur solche Männer und Frauen zur Disposition, die sich in ihrem Sinne während der Emigration „bewährt" oder diese unbescholten überstanden hatten; ferner die nachgewachsene Generation der Exilantenkinder und nicht zuletzt antifaschistisch „umgeschulte" Kriegsgefangene. An den deutschen Opfern der

---

312 Vgl. „Nach Hitler kommen wir." Dokumente zur Programmatik der Moskauer KPD-Führung 1944/45 für Nachkriegsdeutschland, hrsg. von Peter Erler/Horst Laude/Manfred Wilke, Berlin 1994.

„Säuberung" der 30er und späterer Jahre hatte – unabhängig davon, ob sie bekannt oder namenlos waren – niemand Interesse.

Seit 1944 wurde das notwendige Kaderreservoir formiert und mittels besonderer politischer Lektionen für den Einsatz im Nachkriegsdeutschland vorbereitet.[313] Mit der Entsendung der drei „Initiativgruppen" der KPD im Frühjahr 1945 – „Gruppe Ulbricht" in Berlin, „Gruppe Ackermann" in Sachsen, „Gruppe Sobottka" in Mecklenburg-Vorpommern – begann nicht nur die politische Umsetzung der KPD-Konzeption für Nachkriegsdeutschland, sondern auch die Rückkehr deutscher Exilanten aus der UdSSR.[314]

Der KPD nach galten als „Politemigranten" alle „Personen, die auf Beschluß der Partei während der Zeit des Faschismus in die UdSSR emigrierten". Anerkennung und damit bevorzugte Behandlung konnte auch eine „Anzahl Personen" erreichen, die vor oder nach 1933 als Vertragsarbeiter (Spezialisten) an der Industrialisierung der UdSSR teilnahm und aus politischen Gründen nicht nach Deutschland zurückkehren konnte, sowie eine „Anzahl Personen, die wegen Verfolgung aus ‚rassischen Gründen' […] in die UdSSR emigrierte".[315] Die Rückkehr aus dem sowjetischen Exil war wie einst die Einreise in die UdSSR der strengen Kontrolle von Partei- und Sicherheitsorganen unterworfen. Umfang und Zusammensetzung der für die Rückkehr vorgesehenen Exilanten korrespondierte in erster Linie mit den „kaderpolitischen" Anforderungen der KPD. Vor allem in der Sowjetischen Besatzungszone (SBZ) konnte die KPD-Führung ihr Konzept zielstrebig umsetzen und entwickelte einen enormen „Kaderbedarf", der sich vor allem aus der Entwicklung der eigenen Parteiorganisation wie der örtlichen Verwaltungen ergab.[316] Die unmittelbar nach Kriegsende oder mit der Sowjetarmee zurückkehrenden Exilanten nahmen meist exponierte Stellungen in der SBZ und späteren DDR ein, bestimmten auf lange Sicht die politische Entwicklung und nahmen maßgeblichen politischen Einfluß auf die nach 1945 sozialisierten SED-Mitglieder und Funktionäre.

Die Dominierung der Repatriierungspolitik und -praxis durch parteipolitische Prämissen schloß die Berücksichtigung humanitärer Kriterien weitgehend aus. Die Zahl der repatriierten Exilanten bzw. Spezialisten, einschließlich ihrer Angehörigen, läßt sich bislang nur ungenau bestimmen. Bis 1948 waren lediglich 500 ehemalige deutsche Exilanten aus der UdSSR ausgereist.[317] Der Prozeß der Rückkehr zog sich über Jahre hin und währte vom unmittelbaren Kriegsende bis in die

---

313 SAPMO im BArch Berlin, Bestand SED, NL 36/531. Vgl. Wolfgang Leonhard, Die Revolution entläßt ihre Kinder, Bd. 2, Leipzig 1990 (1955), S. 367 ff.

314 Wolfgang Leonhard, Die Gruppe Ulbricht und was danach geschah, in: ders., Spurensuche. Vierzig Jahre nach Die Revolution entläßt ihre Kinder, Köln 1992, S. 87 ff. Außerdem: „Gruppe Ulbricht" in Berlin. April bis Juni 1945. Eine Dokumentation mit historischer Einleitung, hrsg. von Gerhard Keiderling, Berlin 1992.

315 PAAA, Bestand MfAA, C 520/76.

316 Dietrich Staritz, Die Gründung der DDR. Von der sowjetischen Besatzungsherrschaft zum sozialistischen Staat, München 1984, S. 92.

317 SAPMO im BArch, Berlin, Bestand SED, IV 2/11/188.

sechziger Jahre hinein. Die Mehrheit der überlebenden GULag-Häftlinge – es waren einige Hundert – wurde über Jahre festgehalten und durfte erst nach Stalins Tod 1953 und dem XX. Parteitag der KPdSU von 1956 die UdSSR verlassen.

Die erste Phase der Remigration umfaßte diejenigen Frauen und Männer, die in unmittelbarer Folge des Kriegsendes nach Deutschland zurückkamen. Von 1945 bis 1953 verließen nach Aussagen des Leiters der Abteilung Politische Emigranten in der Gesellschaft des Roten Kreuzes und Roten Halbmondes der UdSSR, Scharanow, insgesamt 637 Deutsche die Sowjetunion, und zwar:[318]

1945	83 Personen
1946	197 Personen
1947	207 Personen
1948	60 Personen
1949	24 Personen
1950	25 Personen
1951	9 Personen
1952	22 Personen
1953	10 Personen

Die restriktive Praxis der Remigration nach 1947 traf in gleicher Weise verfolgte und nichtverfolgte Exilanten und verzögerte ihre Ausreise um Jahre. Unter den nach Kriegsende Zurückgekehrten befanden sich auch ca. 30 Opfer des stalinistischen Terrors, die nach mitunter mehr als zweijähriger Untersuchungshaft entlassen, als unschuldig und von der KPD-Führung als „rehabilitiert" anerkannt wurden. Langjährige GULag-Häftlinge waren nicht darunter. Von diesen gelang nur einigen wenigen eine vergleichsweise frühe Rückkehr. Julius Klepper, 1942–1947 im Lager, vermochte noch im Jahr 1947 die Ausreise in die SBZ zu erreichen.[319] 1948/49 erlaubten die sowjetischen Behörden die Ausreise von Susanne Leonhard und Mimi Brichmann sowie der Brüder Fridolin und Horst Seydewitz, vermutlich aufgrund besonderer Fürsprache exponierter Angehöriger.[320]

Auf deutscher Seite waren für den Prozeß der Repatriierung das Sekretariat des ZK der SED, namentlich Pieck, Ulbricht und Dahlem verantwortlich, die mit der Durchführung die „Allgemeine" bzw. die „Personal-Politische" später die „Kaderabteilung" des ZK der SED sowie nach Gründung der DDR 1949 auch das Ministerium für Auswärtige Angelegenheiten (MfAA) und die Botschaft in Moskau beauftragten. Vom März 1948 stammt eine erste überlieferte Liste, in der Namen von Personen zusammengefaßt sind, für die bei den sowjetischen Behörden die Über-

318 SAPMO im BArch, Berlin, Bestand SED, IV 2/11/188.
319 SAPMO im BArch, Berlin, Bestand SED, NL 287/1.
320 Max Seydewitz (1892–1987), der Vater von Fridolin und Horst Seydewitz, war 1947–52 Präsident des Landes Sachsen. Wolfgang Leonhard (geb. 1921), der Sohn von Susanne Leonhard, arbeitete nach Kriegsende u. a. als Funktionär des Zentralsekretariats der SED bzw. an der Parteihochschule „Karl Marx". Mimi Brichmann, ohne einflußreiche Angehörige, verdankt ihre frühe Ausreise nach Aktenlage liberalen Sowjetfunktionären vor Ort.

siedlung in die SBZ erwirkt werden sollte.[321] Das Dokument trug den Titel „Die Rückreise nach Deutschland beantragt" und enthielt 34 Namen, darunter einige Verfolgte. Weitere Verzeichnisse und Listen mit Exilanten wurden in den folgenden Monaten zusammengestellt und anschließend nach Moskau weitergeleitet.

Die SED-Führung und die beauftragten „Kaderorgane" unterschieden in ihren Listen den Antrag auf „Ausreise" und den Terminus der „Anfrage", denen die Exilanten entsprechend zugeordnet wurden. Bei einer „Anfrage" wollte man von den sowjetischen Instanzen lediglich wissen, ob eine Ausreise in Betracht käme. Damit waren von vornherein zwei Kategorien vorgegeben, nach denen die Exilanten eingeteilt wurden. Ab 1949 wurden die verschiedenen Kategorien noch prägnanter definiert. Auf „Anforderung" hieß, die SED-Führung hatte gegenüber dem Betreffenden „kaderpolitische Interessen". Bei „Rückreise" oder „Rückkehr" wünschte die SED die Übersiedlung der Genannten. Aus der „Anfrage" wurde „Auskunft über Verbleib" bzw. „Verbleib nachforschen", was bedeutete, man wollte zuerst Informationen. „Untersuchung und Rückkehr" bzw. „Rückkehr überprüfen" zielte auf die eventuelle Rückkehr, wenn die Überprüfung im Sinne der Auftraggeber positiv ausfiel.[322]

Diese Klassifikation hatte unmittelbaren Einfluß auf die Behandlung des einzelnen und seiner Repatriierung. Mit den gewählten Formulierungen und Kategorien offenbarten die SED-Kaderinstanzen ihr Verhältnis zu den in der UdSSR Verbliebenen, denen sie mit Vorbehalt und Mißtrauen begegneten. Bedenken hegte die SED-Führung besonders gegenüber den ehemaligen GULag-Häftlingen. Auch wenn unter den „Angeforderten" Opfer der „Säuberung" zu finden waren, hielt man sich alle Optionen offen. So war auf der Liste vom 27. Juli 1948 hinter sieben Namen notiert worden: „verhaftete Gen. Sollte man bitten, Nachforschungen einzustellen?" Handschriftliche Vermerke, wie etwa bei Anna Kerff, „war verurteilt" bzw. „Frau von Kippenberger", oder bei Else Knauthe „Mann verhaftet", „gute Genossin, für Pressedienst nehmen", deuten den Informationsstand der Kaderorgane an.[323]

Die letzte Entscheidungsgewalt lag während dieser Zeit in jedem Fall bei den sowjetischen Instanzen, d. h. zuerst bei den Ansprechpartnern in der KPdSU, dann im besonderen beim Ministerium für Staatssicherheit (MGB). Jahre nach Kriegsende verfügten die sowjetischen Instanzen nach wie vor über das Schicksal deutscher Exilanten und Spezialisten, und die SED-Führung machte sich deren Entscheidungen devot zu eigen. Zahlreichen Exilanten haben die „zuständigen Organe" der UdSSR die Ausreise direkt verweigert oder wider besseres Wissen die Antwort erteilt, ihnen sei über diese „nichts bekannt".[324] Auf einen anderen Teil der Anfragen reagierte die sowjetische Seite überhaupt nicht oder verschleppte die Antwort über Jahre.

321 SAPMO im BArch, Berlin, Bestand SED, IV 2/11/188.
322 Ebenda.
323 Ebenda.
324 Ebenda.

Nicht untypisch dürfte der Umgang mit Klara B. gewesen sein, deren Ehemann im GULag verhungerte. In ihrem Fall lag den sowjetischen Behörden, neben ihrem eigenen Antrag, immerhin ein Ersuchen Piecks auf Rückführung nach Deutschland vor. Eine daraufhin verfaßte „Vorlage" beinhaltete die biographischen Daten der Familie einschließlich der Inhaftierung ihrer Angehörigen während der „Säuberung". Schließlich lehnte die „Außenpolitische Kommission" des ZK der KPdSU ihren Antrag am 22. November 1949 mit folgender Begründung ab: „Unter Berücksichtigung der Existenz ernsthaften kompromittierenden Materials gegen Klara B. und eingedenk dessen, daß sie politisch für die SED keinen Wert darstellt, halte ich es für zweckmäßig, die Bitte zur ständigen Ausreise nach Deutschland abzulehnen."[325] Andere Anfragen wurden mit der Formulierung quittiert, „Ausreise in die sowj. Bes. Zone nicht möglich", „Rückkehr ist unmöglich" oder „soll vorläufig in der SU bleiben".[326]

Wenn die SED-Führung Aktivitäten entwickelte, dann basierten diese zu einem Gutteil auf dem Drängen und Hilfeersuchen der in Deutschland verbliebenen Angehörigen und waren nur selten auf eigene Initiative zurückzuführen. Selbst bekannte, ehemals exponierte Mitglieder und Funktionäre der KPD standen nicht auf den Anforderungslisten, als hätte es keine Erinnerungen und keine „Kaderunterlagen" gegeben. Fraglich bleibt auch, in welchem Umfang die „Kaderabteilung" auf die Kenntnisse bereits repatriierter Exilanten zurückgriff bzw. zurückgreifen wollte. Offiziell waren die Verfolgten und Verhafteten aus dem Parteigedächtnis gestrichen, besondere Aktivitäten erübrigten sich. Im Einzelfall und auf äußeren Druck hin verwendete man sich aber auch an höchster Stelle. Tatsächlich setzte sich Wilhelm Pieck persönlich für die Rückführung von Exilanten, auch von verfolgten, ein und übergab des öfteren die „Anforderungen" persönlich während seiner Besuche in Moskau. Nicht zu übersehen ist jedoch, daß es sich dabei vornehmlich um Personen handelte, die „für die Arbeit im Apparat des Parteivorstandes" oder in anderen Funktionen gebraucht wurden.[327] Die Rückkehr von Exilanten, besonders von Opfern der „Säuberung", ist von der SED-Führung allerdings auch aktiv vereitelt worden, wie im Fall von Kreszentia Mühsam.[328] Am 16. Oktober 1947 fragte Greta Keilson, Leiterin des „Referats für den Einsatz in der Partei" bei den führenden SED-Funktionären Pieck, Ulbricht und Dahlem an: „Ich erhielt durch die Gen. Heckert die Mitteilung, daß Z. Mühsam in Moskau ist und demnächst nach hier abreisen wird. Wir hatten seinerzeit doch telegrafiert, daß ihre Herreise nicht erwünscht ist. Sollten wir dieses Telegramm evtl. noch einmal erneuern?"[329]

325 RCCHIDNI Moskau, 495/205/4458.
326 SAPMO im BArch, Berlin, Bestand SED, IV 2/11/188.
327 Ebenda.
328 Vgl. Eberhard Schröder, Zenzl Mühsams Rückkehr unerwünscht, in: BzG 36 (1994), S. 93 ff. Reinhard Müller, Zenzl Mühsam und die stalinistische Inquisition, in: Frauen um Erich Mühsam. Zenzl Mühsam und Franziska zu Reventlow. Schriftenreihe der Erich-Mühsam-Gesellschaft, Heft 11, o. O. 1995, S. 80 ff.
329 SAPMO im BArch, Berlin, Bestand SED, V 2/11/v. 5032.

Die beauftragten Kaderinstanzen des SED-Apparates beschäftigten sich eher schwerfällig und teilnahmslos mit den Problemen der Rückkehrwilligen. Dies belegt ein Schreiben des Moskauer DDR-Botschafters Appelt an Pieck vom 11. Mai 1950. Darin mahnte Appelt, der zahlreiche Anfragen von deutschen Exilanten in der Sowjetunion erhielt, daß das ZK der SED „auf eine Reihe von Briefen, die Politemigranten betreffen, keine Antwort" erteilte.[330] Diese Intervention löste bei den Verantwortlichen der SED-„Kaderabteilung" lediglich einen Kompetenzenstreit aus, wer und in welcher Form die Briefe der Botschaft zu beantworten bzw. zu signieren habe.

Mitarbeiter der DDR-Botschaft in Moskau, konfrontiert mit den Problemen vor Ort, registrierten engagiert die Sorgen und Nöte der Verbliebenen und leiteten Informationen nach Berlin weiter. In einem Schreiben des Leiters der Konsularabteilung Schütz an den Botschafter Appelt hieß es am 28. Februar 1951: „Viele von den oben angeführten sind mittellos und bitten um baldige Rückführung in die DDR, um am Aufbau aktiv teilnehmen zu können. Die Lösung dieses Problems tut not."[331]

Durch eine Vielzahl teils mehrmals wiederholter Anfragen von Verwandten und Angehörigen, aber auch von Exilanten bzw. Spezialisten in der UdSSR, sah sich Anfang 1951 die SED-Führung veranlaßt, der Repatriierung eine größere Priorität zu verleihen. Die zuständigen Kaderinstanzen erarbeiteten eine Vorlage für das Sekretariat des ZK (13. Juni 1951) mit dem Titel „Betr.: Rückführung des Restes der deutschen Emigranten aus der Sowjet-Union".[332] Die „Kaderabteilung" schlug dem Sekretariat des ZK vor, zu beschließen, „daß das Zentralkomitee der SED mit der Rückkehr der in der Liste aufgeführten Emigranten einverstanden ist, falls das Zentralkomitee der KPdSU (B) ihre Ausreise aus der Sowjet-Union befürwortet". Restriktiv hieß es weiter: „Die Situation heute und Haltung in den vergangenen Jahren, des einzelnen in der Liste aufgeführten Emigranten, ist der Kaderabteilung nicht näher bekannt."[333] Die Liste enthielt, mit Ergänzungen vom 15. November 1951 und 13. Februar 1952, Namen von annähernd 180 Frauen und Männern und ihren Angehörigen, darunter 32 langjährigen GULag-Häftlingen sowie ermordeten Exilanten. Trotz erheblicher Mängel entsprach die „Global-Vorlage" den drängenden Bedürfnissen der Zurückgebliebenen und hätte sechs Jahre nach Kriegsende dem Repatriierungsprozeß von seiten der SED eine gewisse Dynamik verleihen können.

Im August 1951 wurde die ZK-Vorlage an den DDR-Botschafter in der UdSSR, wie es in einer handschriftlichen Notiz heißt, „zur Aufbewahrung und Information" weitergeleitet.[334] Ob das Dokument tatsächlich an die sowjetischen Instanzen übergeben wurde, ist eher fraglich. In einem Schreiben der ZK-„Kaderabtei-

---

330 SAPMO im BArch, Berlin, Bestand SED, IV 2/11/188.
331 Ebenda.
332 Ebenda.
333 Ebenda.
334 PAAA, Bestand MfAA, A 1065, Bd. 2.

lung" hieß es 1953 beiläufig, die „Global-Vorlage" sei von der SED „zurückgezogen" worden. Fraglich ist auch, ob sie überhaupt dem Zentralsekretariat des ZK
vorgelegt und dort diskutiert wurde.[335] Die konkreten Hintergründe dafür konnten aus Sicht der SED-Führung vielfältig sein: die Besinnung auf die unbequemen
öffentlichen Debatten während des Krawtschenko- und Buber-Neumann-Prozes-
ses von 1949 bzw. 1951, der publizistische und literarische Druck aus dem „Westen",
die Ideologie und Praxis der gerade in der SED laufenden „Parteiüberprüfung",
das reale Risiko, unbequeme Opfer und Zeugen in die deutsche Öffentlichkeit zu
entlassen, oder die Wirkungen der „Säuberungen" nach 1945 in der UdSSR und
anderen osteuropäischen Staaten. Auch eine befürchtete entschiedene Abfuhr
durch die sowjetische Seite wäre denkbar.

Am 29. Oktober 1951 antwortete Schön, der Leiter des Büros des Politbüros
und Mitglied des Sekretariats des ZK, auf eine Anfrage Ackermanns, Staatssekre-
tär im MfAA, daß „in der Angelegenheit der Rückführung ehemaliger deutscher
Emigranten von der Partei im Moment nichts unternommen werden kann, da wir
nicht in der Lage sind [zu sagen], bei welchen der infrage kommenden Antragsteller die sowjetischen Stellen mit der Einreise einverstanden sind".[336] Des weiteren,
so wurde Ackermann mitgeteilt, wäre die „Kaderabteilung [...] nicht in der Lage,
zu überprüfen, inwieweit wir für den einzelnen eintreten können, weil uns ihre
Haltung in der Sowjetunion in den letzten Jahren nicht bekannt ist". Ackermann
wurde aufgefordert, bei den „Freunden anzufragen, bei welchen der betreffenden
Antragsteller von ihrer Seite keine Bedenken gegen ihre Ausreise aus der Sowjetunion und Einreise in die DDR bestehen".[337]

Haltung der SED-Führung zu den Opfern
bis Mitte der 50er Jahre

Auch nach 1945 sah die SED-Führung in der politischen und strafrechtlichen Verfolgung von tatsächlichen und vermeintlichen politischen Opponenten, unter Ein-
schluß ihrer physischen Liquidierung, ein probates Mittel ihrer Politik.[338] Bis zum
XX. Parteitag der KPdSU 1956 orientierte sich die SED-Führung unter Ulbricht und

---

335 Die zeitlich in Frage kommenden Protokolle der Sekretariatssitzungen des ZK der SED verzeichnen
     einen derartigen Tagesordnungspunkt nicht.
336 SAPMO im BArch, Berlin, Bestand SED, IV 2/11/188.
337 Ebenda.
338 Vgl. Karl Wilhelm Fricke, Politik und Justiz in der DDR. Zur Geschichte der Politischen Verfol-
     gung 1945–1968. Bericht und Dokumentation. 2. Aufl. Köln 1990; ders., Warten auf Gerech-
     tigkeit. Kommunistische Säuberungen und Rehabilitierungen. Bericht und Dokumentation,
     Köln 1971. Christoph Kleßmann, Opposition und Dissidenz in der Geschichte der DDR, in:
     Das Parlament, B 5/91, 25. Januar 1991, S. 52 ff. Hermann Weber, „Weiße Flecken" in der DDR-
     Geschichtsschreibung, in: Das Parlament, B 11/90, 9. März 1990, S. 3 ff. Terror. Stalinistische
     Parteisäuberungen 1936–1953, hrsg. v. Hermann Weber/Ulrich Mählert, Paderborn/München/
     Wien/Zürich 1998.

Pieck in besonders ausgeprägter Weise an der Ideologie und Praxis der KPdSU –
niedergelegt im Kurzen Lehrgang der Geschichte der KPdSU – und damit auch an
der terroristischen „Säuberung" von 1936/38.

Bis Mitte der 50er Jahre befanden sich in der DDR vornehmlich nur solche
Opfer, die zwischen 1937 und 1940 aus der Untersuchungshaft des NKWD wieder
entlassen wurden und als „rehabilitiert" galten, sowie Personen, die zwischen
1936 und 1941 von der sowjetischen Seite an Deutschland ausgeliefert wurden
und nicht selten bis 1945 in Konzentrationslagern verbringen mußten.[339] Obgleich es sich um eine ausgesprochen kleine Personengruppe handelte, reagierte
die SED-Führung auf alle publizistischen und literarischen Versuche im „Westen",
das Schicksal dieser Verfolgten öffentlich zu machen, äußerst sensibel und konsequent. Am 9. Juli 1947 sandte Dahlem ein Schreiben an den SED-Vorsitzenden
Pieck mit der Aufschrift „Weitere Kampagne von seiten der Amerikaner gegen SU,
Kommunisten, SED". Unter Punkt zwei konstatierte er: „Jetzt erfolgt ein weiterer
Angriff im Zusammenhang mit den Verhaftungen ehemaliger kommunistischer
Agenten in der Sowjetunion, die nach Deutschland ausgeliefert wurden. [...] Es
muß die Linie besprochen werden, wie wir diesen Angriffen begegnen."[340] Ausgangspunkt war ein Vorabdruck aus den Erinnerungen von Margarete Buber-
Neumann über ihre Erfahrungen im GULag und im KZ in der New Yorker „Volks-
zeitung" vom 29. März 1947. Zunächst hüllte sich die SED-Führung in Schweigen,
auch gegenüber allen anderen Veröffentlichungen im Westen über deutsche Opfer
des Stalinschen Terrors.[341]

Die Erinnerungen von Viktor Krawtschenko „Ich wählte die Freiheit" führten 1949 in Paris zum sogenannten Krawtschenko-Prozeß, in dem erstmals die
Verbrechen des Terrorapparates vor einem demokratischen Gericht verhandelt
wurden.[342] Wenn dieser Prozeß auch eher die sowjetische Administration tangierte, so war die Wirkung des Prozesses um die Erinnerungen von Margarete
Buber-Neumann, der 1951/52 in der Bundesrepublik stattfand, für die SED-Führung geradezu ein Alarmsignal.[343] Am 11. Januar 1951 beschloß das Sekretariat
des ZK der SED, eine spezielle „Kampagne gegen den Buber-Neumann-Prozeß" zu

339 Hans Schafranek, Zwischen NKWD und Gestapo. Die Auslieferung deutscher und österrei-
    chischer Antifaschisten aus der Sowjetunion an Nazideutschland 1937–1941, Frankfurt a. M.
    1990.
340 SAPMO im BArch, Berlin, Bestand SED, NL 36/640.
341 Bis Anfang der 50er Jahre erschienen u. a.: Arthur Koestler, Darkness at Noon, London 1940.
    Victor Kravchenko, Ich wählte die Freiheit. Das private und politische Leben eines Sowjet-
    beamten, Hamburg o. J. Fritz Löwenthal, Ihr Schicksal in der Sowjetunion. Deutsche Kommu-
    nisten als Opfer der NKWD, Berlin 1948. Margarete Buber-Neumann, Als Gefangene bei Hitler
    und Stalin, München 1949. Rudolf Rocker, Der Leidensweg von Zensl Mühsam, Darmstadt
    1949. Elinor Lipper, Elf Jahre in sowjetischen Gefängnissen und Lagern, Zürich 1950. J. Ernest
    Salter, Der Untergang deutscher Kommunisten in der UdSSR. Teil I bis VII, in: Die Neue Zeitung
    (Berliner Ausgabe), Nr. 117 ff., 21. Mai–1. Juni 1950.
342 Nina Berberowa, Die Affäre Krawtschenko, Düsseldorf 1991. Boris Nossik, Der seltsame Pro-
    zeß oder Ein Moskauer Überläufer in Paris, Berlin 1992.
343 Zu den Hintergründen des Prozesses vgl. Schafranek, NKWD und Gestapo, S. 110 ff.

führen.[344] Beide Prozesse machten deutlich, daß nicht nur die Autoren der publizierten Erinnerungen, sondern auch andere Opfer des GULag bzw. an Nazideutschland Ausgelieferte gewillt waren, öffentlich Zeugnis von ihrem Schicksal abzulegen. Auf den Prozeß von Margarete Buber-Neumann gegen Emil Carlebach reagierte in der Manier der 30er Jahre ein redaktioneller Beitrag des „Neuen Deutschland" vom 13. Januar 1951. Zeugen wie beispielsweise Willi Pawera, die nach ihrer Verhaftung durch das NKWD an Nazideutschland ausgeliefert worden waren, diffamierte der Artikel als „faschistische Agenten" und erklärte ihre Verhaftung in der UdSSR als rechtens. Margarete Buber-Neumann verleumdete das „Neue Deutschland" als „abgegriffene und ausgelaugte trotzkistische Agentin der Nazis" und teilte mit, daß sie, „als sie 1940 die Sowjetunion verließ und sich nach Deutschland überstellen ließ, [...] keineswegs dazu gezwungen [war], sondern [...] aus freien Stücken einen entsprechenden Revers unterschrieben" habe. „Als zeitweise Lebensgefährtin des trotzkistischen Gestapo-Agenten Neumann war es ihr in der Sowjetunion nach den großen Prozessen gegen die Bande trotzkistischer Spione, Diversanten und Mörder Ende der dreißiger Jahre ungemütlich geworden."[345]

Dieser Umgang mit der Vergangenheit mußte, zumindest für die Gruppe von Exilanten, die schon aus der Sowjetunion in die DDR übersiedeln konnten und die ohne unmittelbare Haft davongekommen waren, davon aber wußten und sich insgeheim eine kritische Reflexion bewahrt hatten, eine ernste Warnung und möglicherweise Anlaß sein, ihre Erlebnisse im sowjetischen Exil neu zu durchdenken und zu bewerten, besser noch zu verdrängen und die Vergangenheit zu mystifizieren. Denn hier wurde unmißverständlich zum Ausdruck gebracht, daß die zahllosen Verhaftungen und Verfolgungen in der UdSSR zu Recht erfolgt waren und die Auslieferungen an Nazideutschland als „freiwillige Rückkehr" etikettiert wurden.

In das Blickfeld der Kontrollorgane der SED traten in dieser Zeit besonders jene Frauen und Männer, die ein ähnliches Schicksal wie Margarete Buber-Neumann hatten. Mehrere einst an Deutschland ausgelieferte Exilanten fielen der erneuten Verfolgung zum Opfer. Heinz Blume ist 1950 aus der SED ausgeschlossen worden, „weil er die Haft in der UdSSR und die Auslieferung verschwiegen hatte".[346] Adolf Holz wurde 1953 wegen Äußerungen, „die das Ansehen des Genossen Pieck und die Person des Genossen Stalin herabsetzen", aus der SED verbannt.[347] Gerhard Schneider, 1936 in der Sowjetunion verhaftet und 1938 an Deutschland ausgeliefert, hat ein sowjetisches Militärtribunal am 24. Dezember 1949 erneut zu zehn Jahren Freiheitsentzug verurteilt.[348] Charlotte Müller schloß die ZPKK

---

344 SAPMO im BArch, Berlin, Bestand SED, J IV 2/3/166.

345 Neues Deutschland, 13. Juni 1951. Margarete Buber-Neumann überwachte das Ministerium für Staatssicherheit auch in den folgenden Jahren. Vgl. „Operativer Vorgang" mit der Bezeichnung „Publizisten", BSTU AOP 285/56.

346 In den Fängen des NKWD, S. 39.

347 Ebenda, S. 101.

348 Ebenda, S. 206.

während der Parteiüberprüfung 1951 wegen „parteischädigenden Verhaltens" als „trotzkistisch-parteifeindliches Element" aus der SED aus, weil sie die Verhaftung ihres Mannes in der Sowjetunion als ungerechtfertigt bezeichnete.[349] Ebenso erging es Charlotte Grünberg, die „wegen antisowjetischer Einstellung im Zusammenhang mit ihrer Verhaftung und Ausweisung durch die Sowjetunion in den Jahren 1937/38" aus der Partei ausgeschlossen wurde.[350]

Eine andere Art permanenter Stigmatisierung, Diffamierung und Disziplinierung von an Deutschland Ausgelieferten bzw. unbequemen Remigranten war die Verweigerung der Anerkennung als „Verfolgte des Naziregimes", wie es das biographische Beispiel von Martha Kühne zeigt.[351] Die Kommunistin kehrte, nachdem ihr ehemaliger Ehemann wie auch ihr späterer Lebensgefährte in der UdSSR verhaftet worden waren und ihr selbst jegliche Grundlage zum Leben fehlte, 1940 zu ihrer Tochter nach Deutschland zurück. Beim Grenzübertritt wurde Martha Kühne sofort von der Gestapo verhaftet. Der Volksgerichtshof verurteilte sie 1941 „wegen Vorbereitung eines hochverräterischen Unternehmens" zu eineinhalb Jahren Gefängnis.[352] Nach Strafverbüßung deportierte sie die Gestapo in das Frauenkonzentrationslager Ravensbrück, wo sie bis 1945 inhaftiert war. Ihren Antrag auf Anerkennung als „Verfolgte des Naziregimes" lehnte die zuständige VdN-Behörde beim Rat der Stadt Leipzig „auf Grund eingezogener Ermittlungen", wie es in einem Schreiben vom 21. März 1946 hieß, ab. Dem ging ein Brief der KPD-Stadtleitung Leipzig voraus, in dem der städtischen VdN-Stelle mitgeteilt wurde, daß Martha Kühne „in der Illegalität vom Zentralkomitee aus der Partei wegen parteischädlichem Verhalten" ausgeschlossen wurde.[353] Die Fälle von Herrnstadt und Havemann belegen, daß auch andere Verstöße gegen die „Parteidisziplin" der SED die Aberkennung des Titels „Verfolgter des Naziregimes" zur Folge haben konnten.[354]

Diese exemplarische Übersicht verdeutlicht die besonderen Konditionen, denen die ehemaligen GULag-Häftlinge in der SBZ und späteren DDR ausgesetzt waren. Die Art des Umgangs zeugt vom ungebrochenen Willen der SED-Führung, sich einer Aufarbeitung der Vergangenheit mit allen Mitteln, selbst durch erneute Verfolgung der einstigen Opfer, zu verweigern und auf den überkommen Politikmustern zu beharren. Die Schicksale offenbaren aber auch, daß sich nicht alle Remigranten der Politik der SED unterwarfen, sondern nach Transparenz und Gerechtigkeit trachteten.

349 SAPMO im BArch, Berlin, Bestand SED, IV 2/4/461.

350 Ebenda.

351 Martha Kühne: am 6. März 1888 in Leipzig geboren, Textilarbeiterin, KPD-Funktionärin, 1932/33 Abgeordnete des Sächsischen Landtages, lebte nach 1945 in Leipzig.

352 BArch, Zwischenarchiv Dahlwitz-Hoppegarten, NJ 14527, Bl. 8. Die ebenfalls Martha Kühne betreffende Akte NJ 14743 (Reichsjustizministerium) trägt einen Aufkleber, der ihren Namen in kyrillischer Schrift wiedergibt.

353 Staatsarchiv Leipzig, Akt.-Z. 160 902.

354 Vgl. Rudolf Herrnstadt, Das Herrnstadtdokument. Das Politbüro und die Geschichte des 17. Juni 1953, hrsg. von Nadja Stulz-Herrnstadt, Reinbek 1991, S. 46.

Im Frühjahr 1953 erlangte die Verfolgungsmanie der SED-Führung in der Folge des Prozesses gegen Rudolf Slánský, Generalsekretär der Tschechoslowaki-
schen KP und bekannter Sowjetemigrant, einen neuen Höhepunkt.[355] Diesmal
sollte nicht nur zum wiederholten Mal die gesamte „Westemigration", sondern
auch die „Ostemigration" einer „Säuberung" unterworfen werden. Der Leit-
artikel des Junihefts der „Einheit" von 1953, der sich auf die 13. Tagung des ZK
vom Mai 1953 berief und unter der Überschrift „Die Partei wird stärker, wenn
sie ihre Reihen säubert!" erneut in eindringlicher Weise die Erfahrungen Stalins
beschwor, verteidigte die „rechtzeitig erfolgte Liquidierung der Agentengrup-
pen" in der Sowjetunion als „eine wichtige Voraussetzung für den grandiosen
Sieg der Sowjetunion im Zweiten Weltkrieg". Der Verfasser des Artikels behauptete erneut, daß auch im Exil in der Sowjetunion „Agenten" tätig gewesen seien:
„Auch dort war es ihnen gelungen, über ihre trotzkistisch-bucharinsche Agentur in die revolutionäre Bewegung einzudringen. So hatten sie solche Verräter
wie Remmele, Neumann, Schubert, Schulte und andere gewonnen. Aber mit der
Zerschlagung der trotzkistischen und bucharinschen Agentur wurden auch die
Verrätergruppen in den anderen kommunistischen Parteien zerschlagen und
die Reihen der kommunistischen Emigration weitgehend gesäubert."[356] Auf die
sich nun anbahnende Einbeziehung der „Ostemigration" in die Überprüfung im
Zuge des Slánský-Prozesses deutet die Tatsache hin, daß am 11. Februar 1953 genau die Akte des KPD-Archivs, die die Parteiausschlüsse während der „Säuberung" 1936/38 zum Inhalt hatte, aus dem „Büro Pieck" an die ZK-Abteilung
„Leitende Organe" überwechselte. In dem Begleitschreiben hieß es: „Im Auftrag des Genossen Wilhelm Pieck überreichen wir Dir Materialien über Parteiausschlüsse."[357] Auf einem nachfolgenden Blatt war u. a. eine „Numerierung der
Ausschlußgründe" aufgeführt: „1. trotzkistisch-sinowjewistische und andere
konterrevolutionäre Verbrechen gegen die Arbeiterklasse (im Zusammenhang
mit Verhaftung), Parteiverrat. 2. Verbindung mit partei- und klassenfeindlichen
Elementen und Begünstigung ihrer Verbrechen infolge mangelnder politischer
Wachsamkeit, politische Zersetzungsarbeit. 3. parteischädigendes Verhalten.
4. politische Unzuverlässigkeit. 5. Korrumpierung." Die Zusammenstellung der
Ausschlußlisten wie die Qualifizierung der angeblichen Vergehen gegen die Partei konnten nur dazu dienen, Nachforschungen über das deutsche Exil in der
UdSSR unter dem Paradigma des „Slánský-Beschlusses" zu beginnen. Die Untersuchungen hätten gerade solche SED-Funktionäre aus dem sowjetischen Exil zu
fürchten gehabt, die in der Vergangenheit in die Nähe mutmaßlicher „Verräter"

---

355 Vgl. Georg Hermann Hodos, Schauprozesse. Stalinistische Säuberungen in Osteuropa 1948–54,
     Berlin 1990, S. 124 ff.; sowie den Beschluß des ZK der SED vom 20. Dezember 1952 „Lehren aus
     dem Prozeß gegen das Verschwörerzentrum Slansky", in: Dokumente der SED. Beschlüsse und
     Erklärungen des Parteivorstandes, des Zentralsekretariats und des Politischen Büros, Bd. IV,
     Berlin 1954, S. 199 ff.
356 Einheit, 8. Jg., Juni 1953, Nr. 6, S. 761 ff.
357 SAPMO im BArch, Berlin, Bestand SED, I 2/3/82.

und „Agenten" geraten waren. Der Arbeiterprotest des 17. Juni 1953 verhinderte schließlich die groß angelegte Parteiuntersuchung und rettete vielleicht damit manchem eine makellose Parteikarriere.

„Die unbedingte Treue zu Stalin ist der beste Schutz"[358]

Neben der Durchsetzung einer autoritären Parteidisziplin sah die SED-Führung in der politischen Schulung und Erziehung der Gesamtmitgliedschaft eine wesentliche Voraussetzung und Bedingung ihrer Machtpolitik. Daß sich Disziplin und politische Erziehung im kommunistischen Parteiverständnis gegenseitig bedingten und förderten, verdeutlicht der Beschluß des Parteivorstandes der SED „Über die Verbesserung der Parteipropaganda" vom 3. Juni 1950. Dort heißt es: „Es ist eine der entscheidenden Lehren des Rajk-Prozesses in Ungarn und des Kostow-Prozesses in Bulgarien wie auch der verstärkten Sabotage- und Schädlingsarbeit der anglo-amerikanischen Kriegstreiber und ihrer Handlanger gegen die Deutsche Demokratische Republik, daß die ideologische Sorglosigkeit und die mangelhafte politische Wachsamkeit nur durch eine systematische ideologische Erziehungsarbeit der Mitglieder und Funktionäre überwunden werden kann."[359] Auf der Grundlage dieses Beschlusses ist ein flächendeckendes und differenziertes Parteischulungssystem errichtet worden, in das alle Mitglieder und Kandidaten der SED integriert wurden.[360] Die kritik- und bedingungslose Übernahme der stalinistischen Weltbilder und Erklärungsmuster sowie ihrer historiographischen Legitimierungsschriften – deren Hauptwerke gerade in der Zeit des offenen Terrors in der UdSSR entstanden sind – und ihre Zugrundelegung für jegliche politische Schulung und Erziehung innerhalb der SED verfehlte auf Dauer gerade bei der Formierung des Funktionärskorps nicht ihre Wirkung. Im Beschluß des ZK der SED „Zur Verbindung von Funktionären der SED mit amerikanischen Agenten" vom August 1950 sind die angestrebten Verhaltensmuster für die Parteimitglieder vorgegeben: „1. [...] Das Studium des Marxismus-Leninismus, die Lehre vom Klassenkampf, sind das sicherste Mittel, um Freund und Feind in diesem Kampf zu unterscheiden. 2. Der Prüfstein für jedes Mitglied und jeden Funktionär ist die Einstellung zur Sowjetunion. Das feste Vertrauen zur Sowjetunion, die unbedingte Treue zu Stalin sind der beste Schutz dagegen, den Imperialisten zum Opfer zu

---

358 In: Das ZK der SED zur Verbindung von Funktionären der SED mit amerikanischen Agenten, Neues Deutschland, 1. September 1950, S. 5.

359 Über die Verbesserung der Parteipropaganda, Beschluß des PV der SED vom 3. Juni 1950, in: Dokumente der SED, Bd. III, S. 46 f. Vgl. auch zahlreiche vorangegangene und nachfolgende Beschlüsse der SED-Führung zur politischen Bildungsarbeit und zur Verstärkung des Studiums der „Geschichte der KPdSU", in: Dokumente der SED, Bd. II ff.

360 Vgl. Ernst Richert, Agitation und Propaganda. Das System der publizistischen Massenführung in der Sowjetzone, in Zusammenarbeit mit Carola Stern/Peter Dietrich, Berlin/Frankfurt a. M. 1958. Eckard Förtsch, Parteischulung als System der Kaderbildung in der SBZ (1946–1963), Diss., Erlangen/Nürnberg 1964.

fallen. 3. Wenn etwas geschieht, was du nicht verstehst, wenn du einen Fehler gemacht hast, ein schlechtes Gefühl über eine deiner Handlungen hast – gehe zur
Partei. Sie hat für vieles Verständnis, wenn sie weiß, du bist ehrlich und verschweigst ihr nichts. 4. Der verdient nicht den Namen eines Genossen, der vor der
Partei etwas verbirgt, ihr die Aufklärung verweigert, die Auffindung der schwa-
chen und faulen Stellen erschwert. 5. [...] Es darf nichts ‚Unerklärliches' geben,
das wir auf sich beruhen lassen, statt es zu untersuchen. 6. Dabei müssen wir berücksichtigen, daß sich der Feind in erster Linie auf schwankende, kleinbürgerliche
Elemente konzentriert und sie auszunutzen versucht, auf Mitglieder, die schon einmal von der Parteilinie abgewichen sind oder parteifeindlichen Gruppen angehört
haben, auf ehemalige Trotzkisten, Fraktionäre, rechte Opportunisten, linke Sek-
tierer, besonders wenn sie längere Zeit in westlichen Ländern gelebt haben."[361]

Unter Stalins Losung „Der Leninismus ist der Marxismus der Epoche des Imperialismus und der proletarischen Revolution" verwarf die SED-Führung weitgehend die Erkenntnisse der deutschen Marxisten bzw. schloß sich ihrer rein pro-
pagandistischen Instrumentalisierung an. So konnte es auch für Pieck im 20. Jahrhundert „keinen Marxismus mehr geben, außer den Leninismus".[362] Entsprechend
kristallisierten sich alle Formen und Inhalte der Parteischulung vom Ende der 40er
bis Mitte der 50er Jahre um das Studium der Geschichte der KPdSU und der Biographie Stalins. „Im kurzen Lehrgang der Geschichte der KPdSU sind alle grundlegenden Leitsätze der marxistisch-leninistischen Lehre dargelegt und die großen
Erfahrungen der Kommunistischen Partei verallgemeinert", heißt es noch in einem
ZK-Bericht vom 6. Februar 1956.[363]

Die Schrift „Geschichte der Kommunistischen Partei der Sowjetunion (Bolschewiki). Kurzer Lehrgang" entstand offiziell unter der „Redaktion einer Kommission des Zentralkomitees der KPdSU (B)", deren Fassung vom ZK 1938 gebilligt
wurde. Tatsächlich ist sie unter maßgeblichem Diktat Stalins redigiert worden.[364]
Unmittelbar nach Kriegsende ist die Schrift vom KPD-Verlag „Neuer Weg" erstmals in Deutschland aufgelegt worden.[365] Ganz im Stil und der Terminologie der
30er Jahre ist hier der Kampf der „Bolschewiki" unter Lenins bzw. Stalins Führung gegen Andersdenkende und Abtrünnige innerhalb der russischen und sowjetischen Arbeiter- und Parteibewegung vom Ende des 19. Jahrhunderts bis 1938
beschrieben und deren politische und physische Vernichtung legitimiert worden.
Dabei spielen die Vorgänge der „Säuberung" der 30er Jahre eine zentrale Rolle.
Seitenweise wird die Liquidierung der „Volksfeinde" begründet, wie etwa unter

361   In: Das ZK der SED zur Verbindung von Funktionären der SED mit amerikanischen Agenten,
      Neues Deutschland, 1. September 1950, S. 5.
362   Wilhelm Pieck, Die welthistorische Bedeutung des Leninismus, in: Tägliche Rundschau, Berlin,
      26. April 1949.
363   SAPMO im BArch, Berlin, Bestand SED, IV 2/5/247.
364   Im Vorwort zu J. W. Stalin, Werke, Bd. 1, Berlin 1953, S. IX, wird unumwunden von „Stalins Werk
      ‚Geschichte der KPdSU (B), Kurzer Lehrgang'" gesprochen.
365   Geschichte der Kommunistischen Partei der Sowjetunion (Bolschewiki). Kurzer Lehrgang, Ber-
      lin 1945. Frühere Ausgaben in deutscher Sprache sind in Moskau verlegt worden.

den Überschriften „Die Entartung der Bucharinleute zu politischen Doppelzüng-
lern", „Die Entartung der trotzkistischen Doppelzüngler zu einer weißgardi-
stischen Bande von Mördern und Spionen" usw. Auffallend ist die begriffliche
Markierung, mit der die Verurteilten der Schauprozesse immer wieder versehen
wurden: „erbärmliche Überreste der Bucharin- und Trotzkileute", „jämmerliche,
vom Leben losgerissene und bis ins Mark verfaulte Fraktionsgruppe", „verruchte
Verbrecher", „Abschaum der Menschheit", „elendes Gewürm", „nutzloses Gerüm-
pel", „nichtswürdige Lakaien der Faschisten" u. a.[366] Neben dem „Kurzen Lehrgang" war besonders die Schrift „J. Stalin. Kurze Lebensbeschreibung", die ebenfalls noch 1945 in der SBZ verlegt wurde, Grundlage der Parteierziehung innerhalb der SED. Zentral erarbeitete Anleitungsmaterialien für „Propagandisten des
Parteilehrjahres" gaben Themen und Inhalte vor. Eine 1950 von der „Abteilung
Propaganda" der SED-Landesleitung Sachsen-Anhalt herausgegebene „Lektions-
disposition" stellte die Lektion VIII unter die Überschrift „Stalin, der Kampfgefährte Lenins im Kampf gegen Trotzkismus und andere parteifeindliche Elemente".[367] Hauptinhalt der Unterweisung war ein Überblick über den Kampf der
Bolschewiki gegen „Sozialdemokratismus", „Opportunismus" und „Trotzkismus". Im Abschnitt VII der Lektion wurde unter dem Titel „Der Trotzkismus –
eine Clique ideenloser, prinzipienloser Karrieristen, Doppelzüngler, Mörder und
Spione" nicht nur eine Rechtfertigung für deren Verfolgung in den 30er Jahren
gegeben, sondern die Notwendigkeit ihrer physischen Vernichtung begründet. Es
heißt dort: „Trotzki, Bucharin, Sinowjew usw. schlossen sich zu einem Block von
kriminellen Verschwörern, Spionen, Schädlingen, Mördern zusammen und nannten sich: ‚Block der Rechten und Trotzkisten‘. Sie organisierten planmäßige Spionagearbeit, Schädlingsakte, Terrorakte und Morde. (Mord an Kirow 1934, Mord
an Gorki, Mordversuch an Molotow, Stalin usw.) Trotzki entwickelte unter dem
Schutz der Imperialisten vom Ausland her eine Kampagne antisowjetischer Hetze. […] Die Trotzkisten nahmen Verbindung zu den deutschen Faschisten auf und
halfen ihnen, den Krieg vorzubereiten. (5. Kolonne, Henlein, de Goell, Quisling
usw.)"[368] Resümierend kommt die Schrift zu dem Schluß: „Die erfolgreiche Verwirklichung des Stalinschen Kampfplanes führte zur Ausrottung und Vernichtung des Trotzkismus in der Sowjetunion und der Entlarvung seines Wesens vor
der ganzen Welt."

366 Ebenda, S. 393 ff., 419 f.
367 J. W. Stalin, Zur Vorbereitung des 71. Geburtstages des Genossen Stalin. Für Propagandisten.
    Lektionsdispositionen, hrsg. von der Abteilung Propaganda der Landesleitung SED Sachsen-An-
    halt, Manuskript, Halle 1950. Zur weiteren Schulungsliteratur, die die „Säuberungen" in der
    UdSSR legitimierten, gehörten u. a.: 1. J. Stalin. Fragen des Leninismus (Die erste deutsche Ausga-
    be stammt von 1926. Unter wechselndem Titel „Probleme" oder „Fragen des Leninismus" wur-
    den zahlreiche Auflagen publiziert). 2. J. W. Stalin, Werke, Bde. 1–13, Berlin 1953–1955. 3. Wil-
    helm Pieck, Reden und Aufsätze, Bde. I–II, Berlin 1951. 4. Michael Sayers/Albert E. Kahn, Die
    große Verschwörung, Berlin 1949. 5. A. J. Wyschinski, Gerichtsreden, Berlin 1951. Die Schriften
    sind von der SED-Führung in Millionenauflagen verbreitet worden.
368 Lektionsdispositionen, S. 68 f.

Die SED-Schulung war in den 50er Jahren ein Ort kollektiver und organisierter Indoktrination, in der ausschließlich die verordneten Leitsätze des „Leninismus" thematisiert werden durften. Biographische Belege geben davon besonders anschaulich Zeugnis. Carola Stern berichtet über einen Lehrer, der von der Parteihochschule der SED relegiert wurde, „weil er in einer Lektion Zitate von Trotzki und Bucharin benutzt hatte, um ihre ‚parteifeindlichen Auffassungen' anschaulich zu machen".[369] Dem Versuch Valentin Sengers, die Behauptung eines Lehrers an einer Parteischule, nach der „Stalin das größte Genie der bisherigen Menschheitsgeschichte schlechthin sei", in die Formulierung „Stalin sei das größte politische Genie unserer Epoche" zu modifizieren, begegnete die Parteiorganisation mit einem Parteiverfahren; es endete für Senger mit einer „Rüge".[370] Auch für den Intellektuellen Robert Havemann war bis zum XX. Parteitag der KPdSU Stalin der „bedeutendste damals lebende Marxist". „Seine Worte", resümierte er, „waren unwiderleglich. Ich konnte mich nur bemühen, ihn zu verstehen. Wenn es mir nicht gelang, lag es nicht an Stalin, sondern an mir. [...] Damals war ich der Meinung, daß man einen guten Genossen daran erkennen kann, wie schnell er neue weise Einsichten der Partei verstehen und öffentlich für sie eintreten kann. Die schlechten, unsicheren Genossen andererseits waren daran zu erkennen, daß sie in unbescheidener Überheblichkeit Einwendungen machten und völlig abwegige Fragen stellten, die man am besten gar nicht beantwortete. Die schlechtesten Genossen aber, die schon mit einem Bein im Lager des Klassenfeindes standen, das waren jene Unglücklichen, die es wagten, Kritik an den führenden Genossen der Partei zu üben, gar Kritik an dem führenden Genossen."[371] Im Kontext der komplexen „Parteierziehung" der SED führte das System der politischen Schulung zu „Gewohnheitseffekten", „Reflexen und Reaktionen", so Eckard Förtsch, die es den „Parteimitgliedern und Funktionären ermöglichten, alle Erscheinungen automatisch in das kommunistische Alternativdenken einzuordnen."[372]

Remigration 1953 bis 1956

Auch nach Stalins Tod am 5. März 1953 änderte sich die Position der SED-Führung zur Repatriierung der zurückgebliebenen Exilanten nicht, im Gegenteil. Am 7. März 1953 hatte man der Moskauer DDR-Botschaft unmißverständlich mitgeteilt, „daß alle Polit-Emigranten, die in allen Gesichtspunkten als solche gelten, sich schon in der DDR befinden. Somit ist die Frage der Rückführung der Polit-Emigranten gelöst".[373] Der Versuch, das Problem einfach zu ignorieren, scheiterte jedoch.

---

369 Richert, Agitation, S. 313.

370 Valentin Senger, Kurzer Frühling. Erinnerungen, Hamburg/Zürich 1992, S. 223 ff.

371 Robert Havemann, Warum ich Stalinist war und Antistalinist wurde. Texte eines Unbequemen, hrsg. von Dieter Hoffmann/Hubert Laitko, Berlin 1990, S. 193 ff.

372 Förtsch, Parteischulung, S. 183 f.

373 PAAA, Bestand MfAA, A 1065, Bd. 2.

Gegenüber der liberalisierten Politik der KPdSU nach 1953 tritt die restriktive Haltung der SED-Führung in den folgenden Jahren besonders drastisch hervor. Allgemein sollten Nachforschungen über die Exilanten, wie aus einem Schreiben der „Kaderabteilung" vom 3. November 1953 hervorgeht, lediglich mit dem Ziel geführt werden, zu eruieren, „ob man heute ihre Rückkehr verantworten und veranlassen kann".[374]

Ab Mitte 1954 kam die Repatriierungsfrage auf sowjetischer Seite in Bewegung. Modifikationen der Justiz und Strafverfolgung während der „stillen Entstalinisierung" betrafen ab 1954 auch die Lebensbedingungen der Verbannten sowie aller unfreiwillig zurückgebliebenen Exilanten und Spezialisten.[375] Die einsetzenden Lockerungen bedeuteten für die meisten von ihnen die Aufhebung der Verbannung sowie der regelmäßigen Meldepflicht und räumten erstmals nach Jahren die Möglichkeit ein, das vorgeschriebene Territorium zu verlassen, nach Freunden und Leidensgefährten zu suchen oder gar eine Fahrt nach Moskau anzutreten. Die Gesellschaft des Roten Kreuzes und Roten Halbmondes der UdSSR, Abteilung Politische Emigranten, begann seit 1954/55 mit der Erfassung von Verbannten und Evakuierten sowie der Kontaktaufnahme mit der DDR-Botschaft. Mit der Aufhebung des Verbannungsregimes waren den Betroffenen mehr Möglichkeiten gegeben, sich selbst um die Ausreise zu bemühen. Ein einklagbares Recht auf Ausreise gab es jedoch nicht. Dieser Umstand gewann für die ehemaligen deutschen Exilanten und Spezialisten deshalb an Gewicht, da annähernd alle in den 30er Jahren die Staatsbürgerschaft der UdSSR angenommen hatten und demzufolge als Bürger der UdSSR galten.

Am 22. Juni 1954 teilte der Leiter der Abteilung Politische Emigranten des Roten Kreuzes der UdSSR der SED-Abteilung „Leitende Organe, Sektor Kaderregistratur" mit, „voraussichtlich" würden mehrere Personen von den „zuständigen Organen die Ausreise erhalten".[376] Die entsprechende Liste umfaßte 26 Namen, darunter einige langjährig Inhaftierte. Im Herbst 1954 übermittelten die sowjetischen Instanzen eine weitere Liste mit annähernd 50 Namen, darunter 14 ehemaligen GULag-Häftlingen, die „in den nächsten Monaten voraussichtlich" in die DDR zurückkehren würden.[377] Dies geschah auch. Weitere Listen aus Moskau folgten. Im März 1955 brachte die Abteilung Politische Emigranten des Roten Kreuzes der UdSSR gegenüber der DDR-Botschaft zum Ausdruck, daß „sobald als möglich [...] alle ehemaligen deutschen PE (Politemigranten, M. S.) [...] in die DDR zurückkehren" sollten.[378]

---

374 SAPMO im BArch, Berlin, Bestand SED, IV 2/11/188.

375 Vgl. Anne Herbst-Oltmanns, Entstalinisierung. Der Einzelne zählt wieder in der Sowjetunion, in: Entstalinisierung. Der XX. Parteitag der KPdSU und seine Folgen, hrsg. von Reinhard Crusius/ Manfred Wilke, Frankfurt a. M. 1977, S. 50 ff.

376 SAPMO im BArch, Berlin, Bestand SED, IV 2/11/188.

377 Ebenda.

378 PAAA, Bestand MfAA, B 3435.

Die SED-Verantwortlichen hingegen sahen sich auch nach Öffnung der sowjetischen Seite keineswegs veranlaßt, neue „Anforderungen" oder „Anfragen" über den Verbleib deutscher Exilanten in der Sowjetunion zu stellen und sich aktiv für deren Ausreise einzusetzen. Die Reserviertheit der SED-Führung spiegelte ein Antwortschreiben der DDR-Konsularabteilung in Moskau vom 18. März 1955 wider. Anders als in Berlin ging man dort von der Einstellung aus, daß „allen ehemaligen deutschen PE, die in die DDR zurückkehren wollen und von den zuständigen Sowjetbehörden die Ausreise aus der UdSSR erhalten" haben, die „Einreise in die DDR deutscherseits nicht ab[ge]lehnt" werden könne „und auch nicht sollte, auch wenn sie Sowjetpaß haben".[379] Die SED-Instanzen zeigten sich über die nun von der UdSSR initiierte Übersiedlung ehemaliger Exilanten in die DDR offensichtlich nicht erfreut. Die verantwortlichen SED-Organe verharrten in Passivität. Anders die DDR-Mission in Moskau; Botschaftsrat Schütz schrieb am 21. September 1955 an seinen Vorgesetzten in Berlin: „In Anbetracht der veränderten politischen Lage (politisch günstig!) wäre es erforderlich, daß die zuständigen Stellen im Ministerium sowie auch im ZK der Partei die Rückführungsanträge von ehemaligen Politemigranten etwas schneller bearbeiten und für die aufgeführten PE's die Einreisegenehmigung erteilen mögen. Es ist unserer Meinung nach unmöglich, die Genehmigung über die Einreise in die DDR für ehemalige PE auf die lange Bank zu schieben."[380] Schütz beklagte abschließend das Ausbleiben von Antworten sowohl des Ministeriums für Auswärtige Angelegenheiten als auch der SED-Kaderinstanz. Ende 1955 signalisierte schließlich das Ministerium zügigere Bearbeitung; am 24. Oktober war sogar die Rede vom „Abschluß der Aktion der Rückführung"![381] Ob unter „Abschluß" tatsächlich die Rückführung aller in der UdSSR unfreiwillig Verbliebenen oder einfach die Beendigung einer ungewünschten Einwanderung zu verstehen ist, offenbarte sich in den folgenden Jahren. Zunächst teilte man der DDR-Botschaft im März 1955 die konkreten Anforderungen mit, denen die Exilanten entsprechen sollten.[382] Neben der Übernahme der DDR-Staatsbürgerschaft stand an erster Stelle die Verpflichtung, sich am „politischen Leben in Deutschland zu beteiligen", was freilich im Interesse der SED meinte.

Erstmals seit Anfang der fünfziger Jahre wurde von der SED-„Kaderabteilung" im November 1955 eine neue Liste an die sowjetischen Instanzen übermittelt, die etwa zur Hälfte bereits früher genannte Namen enthielt.[383] Zehn Jahre nach Kriegsende schien sich nunmehr auch die SED-Führung der Sache aktiver angenommen zu haben. Die Moskauer DDR-Botschaft engagierte sich weiterhin für die Repatriierung der Verbliebenen. Sie setzte sich in den folgenden Jahren in zahlreichen und mühevollen Gesprächen mit Verantwortlichen des Roten Kreuzes,

---

379 PAAA, Bestand MfAA, A 1065, Bd. 55.
380 PAAA, Bestand MfAA, A 1065, Bd. 52.
381 PAAA, Bestand MfAA, A 1065, Bd. 55.
382 PAAA, Bestand MfAA, B 3435.
383 SAPMO im BArch, Berlin, Bestand SED, 2/11/188.

der Konsularverwaltung des sowjetischen Außenministeriums und der Abteilung Visa und Registrierung des Ministeriums des Innern (OVIR) auseinander. Fortan wurden vor allem in Moskau neue Listen zusammengestellt, Namen von Exilanten registriert und weitergemeldet. So gelang es, nach Angaben der Moskauer Botschaft, zwischen Juli 1954 und Dezember 1956 ca. 260 Exilanten und deren Angehörige zu repatriieren.[384]

Nach dem XX. Parteitag der KPdSU von 1956

Der XX. Parteitag der KPdSU bildete für die SED, und besonders ihre Führung, eine der größten politischen Erschütterungen zwischen dem 17. Juni 1953 und dem „Prager Frühling" von 1968. Die Parteiführung reagierte auf die Diskussionen, vor allem unter Intellektuellen, mit taktierenden und hinhaltenden Debatten. Sie beendete diese schließlich mit der exemplarischen Verfolgung und Verurteilung ihrer Kritiker 1957/58.[385]

Selbst die in der DDR stark abgeschwächte Stalinkritik des XX. Parteitages – die Geheimrede Chruschtschows war in der DDR praktisch nur über westliche Medien zugänglich – traf die Masse der SED-Mitglieder völlig überraschend und fand in breiten Teilen der an Stalin politisch sozialisierten „Kader" keinerlei Akzeptanz. Die anfangs diffusen Reaktionen der SED-Führung auf den XX. Parteitag führten in den folgenden Monaten zu einer für die SED unbekannt breiten und kontroversen Debatte, die Stalins „Verdienste" und „Fehler" thematisierte und zunehmend auch die Entwicklung der DDR, der SED und ihrer Führer einbezog. Zudem verwiesen SED-Mitglieder auch auf offene Fragen der Geschichte der kommunistischen Bewegung, insbesondere der SED, der KPdSU und des deutschen Exils in der Sowjetunion. Die SED-Bezirksleitung Erfurt brachte beispielsweise dem Politbüro der SED im April 1956 eine ganze Reihe derartiger Fragen ihrer Parteimitglieder zur Kenntnis, so etwa: „In den Jahren 1930–40 gab es in der SU Korruptionserscheinungen. Es wurden viele Menschen ausgewiesen. Die Reaktion schrieb zu jener Zeit, daß Stalin seine engsten Mitarbeiter entfernt. Kann man sagen, daß die Reaktion damals recht hatte?"; „Starb Max Hoelz eines natürlichen Todes?"; „Wie war es möglich, daß das ZK und die alten Bolschewiki nicht auftraten gegen die Verletzung der Parteiprinzipien und der Terrorakte?"; „Wenn Berija als Agent bezeichnet wird und als solcher überführt und abgeurteilt wurde, aber Stalin von seinen Schandtaten wußte und Berijas Terrorakte guthieß, ist Stalin dann nicht ebenfalls als Agent des Imperialismus und als Feind der sozialistischen Arbeiterbewegung

---

384 PAAA, Bestand MfAA, B 3435 (Bericht vom Juli 1958). Nach Angaben der SED-„Kaderabteilung" vom 13. November 1956 übersiedelten zwischen Mai 1955 und Oktober 1956 114 Familien mit 209 Personen in die DDR. PAAA, Bestand MfAA, A 1065, Bd. 55.

385 Vgl. die Erinnerungen Walter Janka, Spuren eines Lebens, Berlin 1991. Wolfgang Harich, Keine Schwierigkeiten mit der Wahrheit, Berlin 1993. Karl Schirdewan, Aufstand gegen Ulbricht, Berlin 1994.

anzusehen?"[386] In anderen Berichten hieß es: „Ein Genosse, der in der Emigration in der UdSSR war, sagte: ‚Was wird aus den Genossen, die dort in der Emigration waren und heute nicht mehr sind?'"[387] Auch auf Piecks und Ulbrichts Rolle während dieser Zeit gingen SED-Mitglieder ein: „Ulbricht und Pieck haben ihre Köpfe nur durch Verrat von deutschen Genossen an den sowjetischen Geheimdienst retten können", oder „Walter Ulbricht war doch selbst in der Emigration in der Sowjetunion, warum hat er damals Stalin nicht kritisiert, wenn es schon die anderen nicht getan haben?"[388] Diese unbequemen Fragen, vor allem aber die einsetzende Entstalinisierung in der UdSSR, zwangen die SED-Führer, von ihrer Zweckbehauptung der „zu Recht Verurteilten" intern abzugehen und sich gegenüber den Verfolgten neu zu positionieren. Nicht unbeträchtlich forciert wurde dieser Prozeß durch die Liberalisierung der Ausreisebedingungen aus der UdSSR und die einsetzende Rückkehr derjenigen deutschen Exilanten, Facharbeiter und ihrer Angehörigen, die Jahre im GULag und der Verbannung verbringen mußten.

Die Rückkehrenden sollten innerhalb der SED-Strukturen aufgefangen, ihre Loyalität gegenüber „der Partei" aktiviert und somit effektiv kontrolliert werden. Damit beauftragte die SED-Führung die Zentrale Parteikontrollkommission, die sich bereits seit September 1955 vereinzelt dieser „Fälle" annahm.[389] Das „Verhalten" im sowjetischen Exil wurde somit einer Prüfung durch die höchste Kontrollinstanz der SED unterzogen, und die Opfer von einst hatten gegenüber „der Partei" erneut Rechenschaft abzulegen. Auch nach dem XX. Parteitag der KPdSU sorgte die SED-Führung konsequent dafür, das Problem der deutschen Opfer des Stalinschen Terrors aus der Öffentlichkeit fernzuhalten. Offiziell wurde die Parteimitgliedschaft von der 3. Parteikonferenz darüber informiert, daß das ZK beschlossen habe, „zur Überprüfung von Angelegenheiten von Parteimitgliedern, die bestraft wurden, sowie von ehemaligen Parteimitgliedern eine Kommission einzusetzen".[390] Am 19. April 1956 tagte die Kommission, die unter der Leitung Ulbrichts (!) stand, erstmals. Im fünften Tagesordnungspunkt beschäftigte sich dieses Gremium mit „Angelegenheiten von KPD-Mitgliedern, die in der Sowjetunion verhaftet waren", und beschloß, über deren „Rehabilitierung" in Einzelprüfungen zu entscheiden.[391] Nachdem die Partei bis 1956 das Schicksal von Leidtragenden wie Willi Pawera und Margarete Buber-Neumann als „Hetze des Klassenfeindes" diffamiert, renitente Opfer erneuter Verfolgung unterzogen und die Verfolgungspraxis Andersdenkender kontinuierlich fortgeschrieben hatte, sah sich die SED-Führung nach den Veränderungen in der UdSSR genötigt, ihre Politik gegenüber den Opfern der „Säuberung" zu modifizieren.

386 SAPMO im BArch, Berlin, Bestand SED, IV 2/5/335.
387 Ebenda.
388 Ebenda.
389 SAPMO im BArch, Berlin, Bestand SED, IV 2/4/455.
390 Walter Ulbricht, Der zweite Fünfjahrplan und der Aufbau des Sozialismus in der DDR. Referat des Ersten Sekretärs des ZK auf der 3. Parteikonferenz der SED, Berlin, 24. bis 30. März 1956, Berlin 1956, S. 185.
391 SAPMO im BArch, Berlin, Bestand SED, J IV 2/2/473.

Auf der 28. ZK-Tagung vom 27. bis 29. Juli 1956 verkündete Ulbricht die neue Linie. In seinem Bericht hieß es dazu: „Die Kommission hat dem Politbüro vorgeschlagen, die ZPKK zu beauftragen, die Rehabilitierung von Genossen, die in der Sowjetunion verhaftet waren, auch wenn sie nicht mehr am Leben sein sollten, zu prüfen und zu entscheiden. Diese Maßnahme, die von besonderer Bedeutung ist, ergibt sich aus den Feststellungen des ZK der KPdSU über die verbrecherischen Umtriebe der Berija-Bande in der Sowjetunion. Bereits vor dem XX. Parteitag wurde begonnen, aus der Sowjetunion zurückkehrende ehemalige Mitglieder der KPD, die unschuldig in Prozesse verwickelt, respektive administrativ behandelt waren, voll zu rehabilitieren und ihre Mitgliedschaft in der Partei wieder herzustellen. Es ist eine selbstverständliche Pflicht, die Ehre der inzwischen verstorbenen und nicht zurückgekehrten Funktionäre und Parteimitglieder der KPD, die ebenfalls in solche Prozesse verwickelt waren, wiederherzustellen. [...] Gegenüber den Genossen, die die Partei rehabilitiert hat, ist ein genossenschaftliches Verhalten an den Tag zu legen, ohne jede Voreingenommenheit."[392]

Das ist vermutlich die einzige offizielle Stellungnahme der SED-Führung, in der das Schicksal der deutschen Verhafteten im sowjetischen Exil in die Nähe eines freilich vernebelten Unrechts gerückt wurde. Schon in diesem kurzen Text legte Ulbricht die wesentlichen Züge des später praktizierten Konzepts im Umgang mit den Opfern dar. Die Kontinuität des offiziellen Schweigens über die „Säuberung" kam schon darin zum Ausdruck, daß selbst diese wenigen Zeilen nur für die Ohren der Mitglieder des ZK der SED bestimmt waren und in der später veröffentlichten Tagungsbroschüre fehlten.[393] Unter „Rehabilitierung" verstand die SED-Führung die „Prüfung" jedes einzelnen und die endgültige „Entscheidung" über die Parteimitgliedschaft durch die ZPKK, mehr nicht. Ulbricht bezeichnete dies als „Maßnahme" von „besonderer Bedeutung". Die veränderte Linie begründete er, ohne mit einem Wort auf den bisherigen Umgang mit den Opfern einzugehen, nicht mit der Stalinkritik des XX. Parteitages, auch nicht mit seinem authentischen Wissen als Zeitzeuge des Geschehens, sondern mit dem Rückgriff auf „Feststellungen des ZK der KPdSU über die verbrecherischen Umtriebe der Berija-Bande". Allerdings stammten diese „Feststellungen" bereits aus dem Jahre 1953.[394] Seinerzeit waren

---

392 SAPMO im BArch, Berlin, Bestand SED, IV 2/1/81.

393 Vgl. Über die Arbeit der SED nach dem XX. Parteitag der KPdSU und die bisherige Durchführung der Beschlüsse der 3. Parteikonferenz. 28. Tagung des ZK der SED vom 27. bis 29. Juli 1956. Bericht des Politbüros, gegeben vom Ersten Sekretär des ZK, Genossen Walter Ulbricht. Beschluß, Berlin 1956.

394 Vgl. „Untersuchung gegen Verrätergruppe Berija abgeschlossen", in: Neues Deutschland, 18. Dezember 1953, sowie: „Verräter Berija und Komplicen zum Tode verurteilt und hingerichtet", in: Neues Deutschland, 25. Dezember 1953. Danach waren es ausschließlich Berija und seine Komplizen (Ende 1953 als „Agenten des ausländischen Kapitals" hingerichtet), die mittels „Terrormethoden mit Personen abrechneten" und „eine Reihe schwerster Verbrechen begingen, um ehrliche, der Sache der Kommunistischen Partei und der Sowjetmacht ergebene Kader auszurotten". Das entsprach genau dem Topos des XVIII. Parteitages der KPdSU von 1939, mit dem der Terror 1936/38 erklärt wurde.

diese für Ulbricht und seine Führung kein Anlaß, ihr Verhältnis zu den Opfern der „Säuberung" in irgendeiner Weise zu korrigieren. Auch danach blieben sie für die SED „Unpersonen". Der Rückgriff auf die „Berija-Version" als Erklärung der Massenverfolgungen der 30er Jahre war eine entschiedene Absage Ulbrichts an Chruschtschows Stalinkritik, der ja gerade in seiner Geheimrede Stalin als Initiator des Terrors präsentierte. Die tatsächlichen Verbrechen bagatellisierte und verfälschte Ulbricht selbst im Führungszirkel der SED mit Formulierungen wie „unschuldig in Prozesse verwickelt" oder „administrativ behandelt". Nach dieser Logik gab es demnach auch Personen, die „schuldig in Prozesse verwickelt" waren. Die Terminologie zerstreute kaum das verinnerlichte Mißtrauen gegenüber den Verfemten und suggerierte den Uneingeweihten, es würde sich lediglich um einzelne Fälle, um wenige Betroffene handeln. Zudem war nur die Rede von KPD-Mitgliedern, nicht von Unorganisierten, die ebenfalls Opfer der „Säuberung" waren.

Das Ausmaß der Verfolgungen gegenüber deutschen Emigranten und Spezialisten war Ulbricht und Pieck allemal bekannt. Zur Verantwortung der damaligen KPD-Führung in Moskau und den eigenen biographischen Verstrickungen äußerte sich Ulbricht auch vor dem ZK der SED nicht, Worte der Trauer und Anteilnahme kamen nicht über seine Lippen. Wohl wissend, wie weit die „Parteierziehung" in der SED bis Mitte der 50er Jahre gediehen war, versagte Ulbricht vorsorglich den „Kadern" jede „Voreingenommenheit" gegenüber den „Rehabilitierten" und ordnete ein „genossenschaftliches Verhalten" – was immer das sei – an. Für den kleinen Kreis derjenigen SED-Funktionäre, die diese Worte Ulbrichts hörten oder lasen, politisch mit den „Erkenntnissen" des „Kurzen Lehrgangs" geschult waren und meist wenig Interesse an der unbequemen Wahrheit hatten, bildeten diese dürftigen Zeilen kaum Anlaß, ihr bisheriges Stalin-Bild zu verwerfen oder gar systemkritische Gedanken zu entwickeln – wenn denn überhaupt den Zuhörern dieser Passus innerhalb des seitenlangen ZK-Berichts besonders aufgefallen war. Denn im Abschnitt „Kaderfragen" kamen die viel brisanteren Angelegenheiten der unmittelbaren Zeitgeschichte wie die Rehabilitierung Dahlems, Ackermanns und anderer SED-Funktionäre zur Sprache.[395]

Auf der 30. ZK-Tagung Anfang 1957 verteidigte Ulbricht erneut die Notwendigkeit der damaligen Verhaftungen in der Sowjetunion als „Sicherungsmaßnahmen im Innern und nach außen".[396] Dieses aus den 30er Jahren abgeleitete

395   Es ging dabei um die Aufhebung eines Teils früher verhängter Parteistrafen und Parteiausschlüsse (Dahlem, Ackermann, Walcher u. a.), die Aufhebung und Korrektur von Urteilen bzw. Haftentlassungen von als „Agenten" verurteilten SPD-Mitgliedern. Vgl. Mitteilung des Presseamtes beim Ministerrat und Alles für die Festigung der demokratischen Gesetzlichkeit, in: Neues Deutschland, 21. Juni 1956.

396   SAPMO im BArch, Berlin, Bestand SED, NL 182/517. In Abgrenzung zu Chruschtschows Geheimrede postulierte Ulbricht außerdem, daß „die damalige Politik des Zentralkomitees der KPdSU und die geschichtliche Rolle des Genossen Stalin [...] noch einer zusammenhängenden geschichtlichen Würdigung" bedürften. Die „marxistischen Arbeiten des Genossen Stalin" müßten auch weiterhin geachtet und aus ihnen gelernt werden, wenn auch „bestimmte Vereinfachungen und theoretisch falsche Anschauungen" korrigiert werden sollten.

Erklärungsmuster wurde von großen Teilen der Parteimitgliedschaft, mehr noch des Funktionärskorps als plausibles Argument akzeptiert und bis zum Schluß bewahrt. Ulbricht konstatierte zwar, daß „Genosse Stalin" dabei „in einer bestimmten Zeit die Sowjetgesetze verletzt" habe, stellte aber unmißverständlich klar, daß „wir als Deutsche [...] nicht das geringste Recht [haben], eine Diskussion über Fehler zu führen, die in der Sowjetunion geschehen sind, in der Zeit, wo die Sowjetunion vom faschistischen Deutschland bedroht wurde".[397] Eine öffentliche Thematisierung der Verfolgung deutscher Emigranten hat die Parteiführung unter Ulbricht und Pieck auch in der Folgezeit verhindert. Mehr noch, wenn über diese Zeit Verlautbarungen erschienen, ist das geschehene Unrecht bagatellisiert, als historisch erklärlich und notwendig beschrieben worden. Ulbricht stilisierte sich im nachhinein sogar zum Opfer, zum Kämpfer gegen den Stalinschen Terror, wie er es auf dem VI. Parteitag der SED (15.–21. Januar 1963) tat. Als Replik auf den XXII. Parteitag der KPdSU verstanden, führte Ulbricht öffentlich aus: „Auch wir, die Mitglieder und die Führung der KPD, haben unter dem Stalinschen Personenkult und seinen Terrormethoden gelitten. Und wenn es einige Leute genau wissen wollen: Unser Politbüro hat sich gegen die Stalinschen Methoden gewandt und fand dabei Verständnis und Unterstützung bei sowjetischen Genossen und beim Generalsekretär der Kommunistischen Internationale, Genossen Georgi Dimitroff. [...] Es war eine große Leistung, daß es gelang, auch unter den schweren Bedingungen des Hitlerkrieges und dazu noch der schädlichen Methoden Stalins, die Kollektivität des Politbüros und die Einheit der Parteiführung außerhalb und innerhalb des Landes zu sichern. (Lebhafter Beifall)."[398]

Die wenigen hundert Überlebenden der Verfolgung und des GULag verbrachten nach ihrer Übersiedlung in die DDR zwar in materieller Hinsicht ihre besten Jahre. Sie trafen Mitte der 50er Jahre jedoch auf eine Parteimitgliedschaft, die durch Stalin, den „Kurzen Lehrgang" und die „Partei neuen Typus" politisch sozialisiert war. Auch nach dem XX. Parteitag der KPdSU hatten die ehemaligen GULag-Häftlinge eher mit Argwohn und Mißtrauen, ja Feindschaft, als mit Nachdenklichkeit, Verständnis und Trauer über ihre erlebte Vergangenheit zu rechnen. Die Remigranten trafen auf eine Einheitspartei „neuen Typus", die weniger Erinnerungen an die alten deutschen Arbeiterparteien weckte als vielmehr an das bürokratische und restriktive Machtgebaren der KPdSU und ihrer Führung. Die Opfer stießen auf Funktionäre und Parteimitglieder, die kaum Wissen und noch weniger Verständnis für ihre Biographien haben konnten und wollten und die gewohnt waren, sich im Kampf gegen „Abweichungen" aller Art an den Erfahrungen der KPdSU zu orientieren. Sie begegneten Funktionären und Parteimitgliedern, die mit den gleichen Mechanismen „gesäubert" wurden und selbst „säuberten" wie sie einst im

397 Ebenda.
398 Protokoll der Verhandlungen des VI. Parteitages der SED, 15. bis 21. Januar 1963, Berlin 1963, S. 237. Vgl. auch Hermann Weber, Ulbricht als „Stalin-Gegner". Eine groteske Legende, in: Aufbau und Fall einer Diktatur. Kritische Beiträge zur Geschichte der DDR, Köln 1991, S. 59 ff. (Zuerst in: Dritter Weg. Diskussionsforum für modernen Sozialismus 5 [1963], Nr. 2/3.)

sowjetischen Exil. Sie trafen auf eine Partei, die alle Tendenzen einer wahrhaftigen Erörterung ihrer eigenen Geschichte verbot, diffamierte und verfolgte und statt dessen ein mystifiziertes Geschichtsbild konstruierte. In dieser Partei hatten sie es mit ehemaligen Bekannten und Freunden aus der Zeit des sowjetischen Exils zu tun, die ihre Erinnerungen überdacht, neu interpretiert und dem vorgegebenen Sowjetideal untergeordnet hatten. Sie trafen zudem auf Parteibürokraten und ehemalige Ostexilanten, für die sie nach wie vor Schuldige vor der Partei waren. Schließlich sahen sich die Verfolgten mit einer Parteiführung konfrontiert, die gewillt war, jegliche Diskreditierung ihrer offiziellen Geschichtsinterpretation zu verhindern und Übertritte mit erneuter Verfolgung zu ahnden. In der Öffentlichkeit der DDR blieb das Thema der Inhaftierung und Erschießung von deutschen Emigranten bzw. Spezialisten in der UdSSR auch nach dem XX. Parteitag der KPdSU unerwähnt. Offiziell war das Thema bis zum Schluß tabu.[399]

Remigration 1956 bis 1962

Dem Wandel der sowjetischen Ausreisepraxis und dem ungebeugten Drängen der Verbliebenen nach Repatriierung konnte sich die SED-Führung nach der Stalinkritik des XX. Parteitages der KPdSU vom Februar 1956 nicht länger verschließen.[400] Dennoch vergingen Monate, bis das Sekretariat des ZK der SED schließlich am 1. August 1956 den Beschluß zur „Beschleunigung der Rückführung der ehemaligen politischen Emigranten und ihrer Angehörigen aus der UdSSR" faßte.[401]

Das Ministerium für Auswärtige Angelegenheiten der DDR wurde beauftragt, „die Rückkehr der ehemaligen Politemigranten und ihrer Familien schnellstens abzuschließen".[402] Die SED-Kaderinstanzen gingen jedoch zu diesem Zeitpunkt von nur 137 ausreisewilligen Exilanten und Angehörigen aus.[403]

Offiziell und öffentlich fand die Repatriierung von Deutschen aus der UdSSR Eingang in die gemeinsame Regierungserklärung zwischen der DDR und der UdSSR vom 7. Januar 1957.[404] In nebulös gehaltener Sprache vermerkte das ansonsten sehr umfangreiche Dokument: „Entsprechend den von der Regierungsdelegation der Deutschen Demokratischen Republik geäußerten Wünschen verständigten sich die Seiten über die gegenseitige Hilfe bei der Lösung von Fragen im

---

399 Vgl. exemplarisch Gertraud Tescher, Zum 100. Geburtstag J. W. Stalins, in: Neues Deutschland, 21. Dezember 1979, S. 6., sowie Hanna Wolf/Wolfgang Schneider, Zur Geschichte der Komintern, in: Neues Deutschland, 6./7. Mai 1989.

400 Vgl. Die Geheimrede Chruschtschows. Über den Personenkult und seine Folgen, Berlin 1990.

401 SAPMO im BArch, Berlin, Bestand SED, J IV 2/3/522. Der Beschluß stand als zwanzigster Punkt auf der Tagesordnung der Sitzung des ZK-Sekretariats und galt als „Persönliche Verschlußsache".

402 Ebenda.

403 SAPMO im BArch, Berlin, Bestand SED, J IV 2/3/A-527. Vorlage zum Beschluß über die „Beschleunigung" vom 24. 7. 1956.

404 Gemeinsame Erklärung DDR – UdSSR, in: Neues Deutschland, 8. 1. 1957, S. 1 f.

Zusammenhang mit der Veränderung der Staatsangehörigkeit und der ständigen Ausreise von Personen, die nahe Verwandte in der DDR oder in der UdSSR haben, wobei diese Fragen im gegenseitigen Einvernehmen beider Seiten und im Interesse der in Frage kommenden Personen gelöst werden." Zwölf Jahre nach Kriegsende war dies die „erste zwischenstaatliche Vereinbarung, mit der beide Staaten die Wichtigkeit des Problems der Rückführung und Familienzusammenführung und die Notwendigkeit einer baldigen Lösung anerkannten", konstatierte die ZK-Abteilung „Internationale Verbindungen" Anfang 1957.[405] Die Vereinbarung betraf „alle diejenigen Personen, die durch die Kriegs- und Nachkriegsereignisse von ihren Familien getrennt wurden, auf irgendeine Weise in die UdSSR gelangten und sich seit Jahren um die Rückkehr zu ihren Familien bzw. um die Einreise in die DDR" bemühten. Neben deutschen Kriegsgefangenen, den nach Kriegsende verschleppten Zivilinternierten und Spezialisten gehörten ausdrücklich auch die „ehem. Politemigranten und Angehörige ehem. Politemigranten" zu diesem Personenkreis.[406]

Den Hintergrund für die Modifizierung der offiziellen Remigrationspolitik der SED bildete nicht zuletzt die Entwicklung der diplomatischen Beziehungen zwischen der Bundesrepublik Deutschland und der UdSSR seit Mitte der fünfziger Jahre.[407] Mit dem Adenauer-Besuch in Moskau und der gegenseitigen völkerrechtlichen Anerkennung im September 1955 waren die diplomatischen Bedingungen gegeben, unter denen die Repatriierung von Deutschen in der Sowjetunion seitens der Bundesrepublik betrieben werden konnte. Die zeitweilig großzügige Ausreisepraxis der sowjetischen Seite veranlaßte Ende 1955 das Auswärtige Amt in Bonn, auch in Konkurrenz zur DDR-Mission die Einrichtung der bundesdeutschen Vertretung in Moskau zu beschleunigen.[408] Am 8. April 1956 wurde eine gemeinsame „Repatriierungserklärung" der UdSSR und der Bundesrepublik Deutschland unterzeichnet.[409] Seit Jahren trafen im Auswärtigen Amt Anträge auf Repa-

405 SAPMO im BArch, Berlin, Bestand SED, IV 2/20/1.

406 Ebenda.

407 Das Ministerium für Auswärtige Angelegenheiten der DDR beobachtete von Anfang an mit Argusaugen die diplomatischen Aktivitäten des Auswärtigen Amtes der Bundesrepublik in der UdSSR. Zudem stimmte die sowjetische Seite ihre Schritte gegenüber der bundesdeutschen Seite insbesondere in Repatriierungsangelegenheiten mit der DDR ab. Vgl. PAAA, Bestand MfAA, C 520/76, A 1052, A 1053. SAPMO im BArch, Berlin, Bestand SED, J IV 2/202/61.

408 PAAA, Allgemeine politische Angelegenheiten der Sowjetunion. Kriegsgefangene – Flüchtlinge – Vertriebene – Emigranten. Bd. 1, 1953–1959, Abt. 7, Bd. 454. Handschriftliche Notiz auf der Information vom 13. Oktober 1955. Auch: PAAA, Deutsche in der Sowjetunion. Deutsche Spezialisten in Suchumi. 1955–1958, Abt. 7, Bd. 494, Schreiben vom 26. Mai 1956 „Betr.: Rückführung von Deutschen aus der Sowjetunion; hier: Personelle Verstärkung der Deutschen Botschaft in Moskau." Am 30. Mai 1956 meldete der Botschafter nach Bonn: „Heimschaffungsangelegenheiten weiter im Steigen begriffen. Täglich über 400 Posteingänge und meist über 60 Besucher aus allen Teilen der SU, die heimgeschafft werden wollen und Hunderte von Fragebogen anderer Deutscher aus ihren Wohngebieten mitbringen." Ebenda, Telegramm vom 30. Mai 1956.

409 In: PAAA, Rückführung von Deutschen aus der Sowjetunion, Abt. 704, Bd. 496. Dort befinden sich auch Berichte über die Repatriierungspraxis für Ende der fünfziger Jahre. Außerdem ein

triierung von Kriegsgefangenen, Zivilinternierten und verschleppten Spezialisten ein. Der Adenauer-Besuch, seine Bemühungen für die Repatriierung aller Deutschen und die Einrichtung der bundesdeutschen Vertretung in Moskau gingen auch an einem Teil der zurückgebliebenen Exilanten in der UdSSR, zumal den aus Westdeutschland stammenden, nicht vorbei.[410] Im Gesamtkontingent der noch in der UdSSR verbliebenen Deutschen spielten zwar die ehemaligen politischen Exilanten quantitativ eine ausgesprochen marginale, politisch jedoch eine äußerst brisante Rolle. Insofern beeinflußte dieser diplomatische Hintergrund mehr oder weniger beide deutschen Seiten.[411] Dies um so mehr, als sich die Adenauer-Regierung die Forderungen der Angehörigen öffentlich zu eigen machte, während die SED-Führung gegenüber der Sowjetunion Zurückhaltung übte und die Interessen der Angehörigen eher unzureichend vertrat.

Anfang Februar 1957 kritisierte die Moskauer DDR-Mission erneut die schleppende Bearbeitung der Übersiedlungsgesuche. Vor allem durch lokale sowjetische Dienststellen kam es auch nach 1956 zur Behinderung und Ablehnung einzelner Ausreiseanträge. So verweigerten Behörden die Adresse der Moskauer DDR-Botschaft, ließen Exilanten unterschreiben, sie wollten nicht nach Deutschland zurückkehren, oder versagten die Auszahlung von eingezahlten Staatsanleihen.[412] Zu dieser Zeit dauerte die Repatriierung eines Exilanten mindestens fünf bis sechs Monate.[413] Eine der Ursachen lag in der vorgegebenen und langwierigen Überprüfung jedes einzelnen Antrages. Das jahrelang gehegte Mißtrauen der SED-Kaderinstanzen gegenüber den Remigranten verlor sich auch nach 1956 nicht. In einem Schreiben vom 29. Juli 1958 mahnte ein verantwortlicher SED-Kaderinstrukteur die DDR-Botschaft, für „umfassende Lebensläufe" zu sorgen, die ein „allseitiges Bild über die betreffende Person geben". Zudem betonte der Schreiber ausdrücklich, nur Anträge solcher Personen anzunehmen, die die Übersiedlung in die DDR anstrebten.[414]

Im Januar 1958 beschloß der Ministerrat der UdSSR die „Beschleunigung der Übersiedlung von Personen aus der UdSSR in die DDR".[415] Schon zuvor sollte durch den erleichterten Austritt aus der sowjetischen Staatsbürgerschaft die Bearbeitungszeit der Ausreiseanträge vermindert werden. Nunmehr war nicht mehr das sowjetische Rote Kreuz für die Exilanten zuständig, sondern allein die Miliz-

---

Aide Mémoire der Bundesregierung vom 1. April 1960 über die schleppende Verfahrensweise der UdSSR.

410 Antonie Satzger, aus einem Dorf am Bodensee stammend, wurde allerdings von Angestellten der bundesdeutschen Vertretung in Moskau um 1956 als ehemalige Kommunistin abgewiesen und an die DDR-Botschaft verwiesen. Schließlich reiste sie in die DDR aus.

411 Die Konkurrenz beider Staaten wurde besonders bei der Repatriierung der Spezialistenkolonie in Suchumie deutlich, in der nach 1945 zwangsverpflichtete Deutsche arbeiteten. Vgl. PAAA, Deutsche in der Sowjetunion. Deutsche Spezialisten in Suchumi. 1955–1958, Abt. 7, Bd. 494.

412 PAAA, Bestand MfAA, B 3435.

413 PAAA, Bestand MfAA, A 1065, Bd. 55.

414 Ebenda.

415 PAAA, Bestand MfAA, B 3435.

behörden des Ministeriums des Innern, Abteilung Visa und Registrierung. Tatsächlich wirkte sich diese Umstrukturierung äußerst hemmend auf den Prozeß der Remigration aus, wie die DDR-Botschaft in einem Bericht über das erste Quartal 1958 konstatierte.[416] Nicht nur, daß der Milizapparat eher schwerfällig für diese neue Aufgabe instruiert werden konnte; seinen Angestellten fehlte meist – anders als denen des Roten Kreuzes – nicht nur der politische Wille, sondern auch menschliche Sensibilität gegenüber den rückkehrwilligen Exilanten. Die Schwächung der Entstalinisierungstendenzen in der UdSSR seit Ende der 50er Jahre verschlechterte die Ausreisebedingungen zunehmend. Nunmehr waren die Verbliebenen wieder dem Wohl und Wehe der örtlichen Behörden ausgesetzt, wenn sie auch mit der Hilfe der Moskauer DDR-Botschaft rechnen konnten.

Es waren vor allem die Exilanten selbst, die vor Ort ihre Ausreise aus der UdSSR betrieben und durchsetzten. Sie schufen die Kommunikation untereinander, reaktivierten bislang untersagte Kontakte, tauschten Informationen und Erfahrungen aus, transportierten Briefe und informierten Angehörige in der DDR. Die Ausreisewilligen wandten sich vorrangig an das Rote Kreuz der UdSSR oder die Botschaft der DDR. Das Rote Kreuz suchte auch von sich aus nach verschollen geglaubten Exilanten, half alsdann bei der Beschaffung der Ausreisegenehmigung, der Reisebilletts und anderen organisatorischen Angelegenheiten. Entscheidungsbefugnisse hatte es jedoch nicht.

Die Ausreisegenehmigung wurde letztlich durch das ZK der KPdSU und das Komitee für Staatssicherheit (KGB) entschieden. Der Antrag war jedoch bei der örtlichen Miliz zu stellen. Von dort gingen die Antragsformulare oft langwierige Wege durch die verschiedenen Instanzen. War in den Jahren 1955/56 von den sowjetischen Behörden eine relativ liberale Praxis und damit beschleunigte Bearbeitung zu verzeichnen, so verfiel die Bürokratie in den folgenden Jahren in die gewohnte Schwerfälligkeit und konnte im Einzelfall die Ausreise um Jahre verzögern oder gar die Exilanten vor der Ausreise zurückschrecken lassen.

Einen besonderen Konfliktpunkt bildete die Übersiedlung der meist halbwüchsigen oder erwachsenen Exilantenkinder. Einerseits verweigerten oder verzögerten auch sie selbst die Übersiedlung in ein für sie fremdes und vorerst ungeliebtes Land. Andererseits versuchten die sowjetischen Behörden, die Ausreise zu behindern oder das Konfliktpotential zwischen Eltern und Kindern für ihre Verzögerungstaktik zu nutzen. Schwierig gestaltete sich auch die Ausreise sowjetischer Ehepartner.

Für die Einreise in die DDR war offiziell eine Genehmigung des Ministeriums für Auswärtige Angelegenheiten der DDR notwendig, die über die Moskauer Botschaft beantragt werden mußte. Dort hatten die ehemaligen Exilanten bzw. Spezialisten einen formlosen Einreiseantrag, einen Lebenslauf, Paßfotos sowie den „Fragebogen für Einreisen" einzureichen. Die Antragsteller waren gegenüber den DDR-Behörden zu einer umfassenden Auskunftspflicht angehalten. Der Befund

416 Ebenda.

der Informationen entschied darüber, ob der betreffenden Person geholfen wurde oder nicht. Nach wie vor bildete die Vergangenheit des Antragstellers ein wesentliches Kriterium. Der Terminus „Politemigrant" fungierte hier als Schlüsselbegriff. Wer glaubhaft, wenn möglich durch Zeugen, nachweisen konnte, daß er anerkannter „Politemigrant" war, konnte in Fragen der Remigration ab Mitte der fünfziger Jahre mit dem Wohlwollen der SED-Führung rechnen. Unklare Fälle entschied die SED-Führung nach politischen Gesichtspunkten, ab 1956 oft zugunsten der Antragsteller.

Über die Moskauer Botschaft und das Ministerium für Auswärtige Angelegenheiten der DDR gelangten die Einreiseanträge zum ZK-Sekretariat, dessen Mitglieder bis zum Schluß über jeden einzelnen Antrag befanden.

Während eines Gespräches in der „Abteilung Kaderfragen" des ZK der SED am 7. Juni 1962 beschäftigte man sich mit dem „Abschluß der Rückführung ehem. PE aus der UdSSR in die DDR".[417] „Bis zum Jahre 1949/50 kehrte der größte Teil derjenigen Politemigranten zurück", so der Bericht, „der während der Zeit der Emigration in der UdSSR aktiv im politischen Leben stand bzw. in der UdSSR eine leitende politische Tätigkeit ausübte." Nach den oben zitierten Angaben betraf dies ca. 600 Personen. Nach 1949 seien vor allem „wirtschaftliche Emigranten" – so nannte das Dokument die einstigen Vertragsarbeiter und Spezialisten – repatriiert worden. Die Nennung von Zahlen versagte man sich, da es sich – so das Protokoll – „bei den Rückführungen ehem. PE nunmehr um ein abgeschlossenes Problem handelt". Anderen Dokumenten zufolge remigrierten zwischen 1951 und 1962 nochmals ca. 600 Personen, allein zwischen 1954 und 1957 etwa 400,[418] also weit mehr, als jemals von der SED-Führung erwartet und wohl gewünscht waren. Doch auch nach 1962 hatten einstige deutsche Exilanten oder Spezialisten unfreiwillig in der UdSSR zu verbleiben. Da man hinter dem von sowjetischer Seite wieder verhängten Ausreiseverbot „wichtige Gründe" sah, versagte die SED-Führung jenen Menschen weitere Hilfe. So heißt es: „Das ZK wird [...] der Empfehlung der Botschaft Moskau, nochmals Schritte beim ZK der KPdSU einzuleiten, nicht nachkommen." Resümierend stellten die Verantwortlichen der SED-„Kaderabteilung" fest: „Für das ZK selbst traten im Zusammenhang mit der gesamten Rückführung keine Probleme auf."[419]

Integration von „oben"

Die Aufnahme, Behandlung und Eingliederung der ehemaligen GULag-Häftlinge in der DDR war wesentlich von der Haltung der SED-Führung zu den Massenverhaftungen in der Sowjetunion geprägt. Die Integration von „oben" war ein sorgsam abgestimmtes und wirksames Verfahren von differenzierten politischen und

---

417 PAAA, Bestand MfAA, C 520/76.
418 Vgl. SAPMO im BArch, Berlin, Bestand SED, 2/11/188; PAAA, Bestand MfAA, B 3435 u. C 520/76.
419 PAAA, Bestand MfAA, C 520/76.

administrativen Maßnahmen, das langfristig auch auf die politische Loyalität der ehemaligen Kommunisten gegenüber der SED setzte. Das unausgesprochene Ziel war die „Neutralisation" dieser politischen Risikogruppe.[420] Art und Weise ihrer Behandlung diente vor allem der Versiegelung der lebensgeschichtlichen Erfahrungen in der UdSSR.

In den Tagen und Wochen unmittelbar nach der Übersiedlung waren die ehemaligen GULag-Häftlinge immer wieder gleichartigen Aufnahme- und Integrationsverfahren unter der Federführung der ZK-Abteilung „Leitende Organe, Sektor Kaderregistratur", d. h. der „Kaderabteilung" unterworfen. Einige Jahre existierte eine spezielle Arbeits- bzw. „Betreuungsgruppe für Politemigranten". Hier liefen alle Informationen über Aus- und Einreise zusammen, hier wurden die Remigranten registriert, vorübergehend untergebracht und betreut. Die „Kaderabteilung" organisierte Unterkunft, Lebensmittelkarten und den Empfang auf dem Bahnhof. Die Rückkehrenden wurden in jedem Fall von einem Vertreter dieser Abteilung auf dem Berliner Ostbahnhof in Empfang genommen und anschließend in einem parteieigenen Gästehaus (Große Seestraße, Wallstraße) oder auch Hotel (Karl-Liebknecht-Straße) untergebracht. Dabei vermied man es, die verunsicherten Gäste gegenseitig bekannt zu machen. Die von Anfang an betriebene, auf Isolation und Vereinzelung angelegte Umgangspraxis sollte vor allem informelle Kontakte und Solidarisierungen unter den Verfolgten wenn nicht ausschließen, so doch weitestgehend erschweren.

Die nächsten zwei bis drei Wochen blieben die Remigranten unter der direkten Obhut der ZK-Behörde. In den ersten Tagen nach der Ankunft erfolgte in der „Kaderabteilung" ein umfassendes Gespräch, in dessen Mittelpunkt die Parteibiographie, die Vergangenheit in der UdSSR, der gegenwärtige gesundheitliche Zustand sowie Vorstellungen über künftige Arbeit und den Wohnort standen. Was die Geschehnisse in der UdSSR betraf, so waren die SED-Funktionäre allenfalls an den Umständen der Verhaftung und der „Rehabilitierung" durch die sowjetischen „Organe" interessiert. Die Leiden und Qualen der Lagerhaft waren ebensowenig Thema der Unterredung wie die Ausstoßung der Inhaftierten durch die Moskauer KPD-Führung in den 30er Jahren.

Über ihre lebensgeschichtliche Vergangenheit hatten alle Frauen und Männer, unabhängig von ihrer Mitgliedschaft in der KPD, einen umfangreichen Fragebogen zu beantworten. Die verschiedenen Varianten von Fragebögen umfaßten zwischen 28 und 35 Hauptfragen, untergliederten sich in ca. 100 Unterfragen und beschäftigten sich mit dem gesamten privaten und politischen Leben der Remigranten.[421]

420 Peter Erler bezeichnete die ehemaligen GULag-Häftlinge als „unberechenbaren Risikofaktor" für die SED-Führung; vgl. Peter Erler, Rückführung, in: Kommunisten verfolgen Kommunisten, S. 424 ff.
421 Die verschiedenen Varianten der vorliegenden Fragebögen (1952–1959), die von Remigrantinnen ausgefüllt wurden, weisen nur marginale Unterschiede aus. Dabei ließen sich ein „Fragebogen", der annähernd 100 Einzelfragen enthielt, und ein „Fragebogen für Mitglieder und Kandidaten"

Die Fragen zu den Lebensdaten, der beruflichen Entwicklung oder der Parteibiographie verlangten Informationen ab, die einen späteren, umfassenden Zugriff
der Kaderorgane ermöglichten und „kaderpolitische" Parameter der SED deutlich
werden lassen. Unter der Rubrik Parteibiographie waren Fragen nach „Parteistrafen", Verwicklungen in innerparteiliche „Auseinandersetzungen", Zugehörigkeit zu „oppositionellen Gruppen" sowie „Beziehungen bzw. Verbindungen zu
Parteifeinden" – auch in bezug auf Angehörige – zu beantworten.[422] Der Perso-
nalbogen verlangte des weiteren eine „lückenlose Darstellung" aller Aufenthalts-
orte und beruflichen Tätigkeiten seit der Schulentlassung, also Auskunft über
Arbeitsstelle, Tätigkeit, Arbeitsdauer, Verdienst und den Grund des Ausscheidens
sowie über alle bisherigen Wohnadressen.[423] Zur Bestätigung aller Angaben sollten Zeugen angeführt werden. Im detaillierten Umfang und den stringenten Fragestellungen nahm der SED-Kaderbogen quasi die Form eines schriftlichen Verhörs an und ging über das bekannte Maß vergleichbarer Unterlagen der KPD bzw.
der Komintern noch hinaus.[424] Die Atmosphäre eines Verhörs war außerdem dadurch geschaffen, daß der Fragebogen praktisch unter Aufsicht der Kaderbeamten ausgefüllt werden mußte. Das Beispiel von Antonie Satzger zeigt die Ver-
nehmungssituation: Ein Kadermitarbeiter des ZK stellte die Fragen und füllte
selbst den Bogen aus, der schließlich, ohne Gelegenheit einer ausgiebigen Selbstkontrolle, zu unterschreiben war.[425] Zur weiteren biographischen Durchleuchtung gehörte die Abfassung eines formlosen, handgeschriebenen Lebenslaufes,
der in einige Fällen auch im ZK angefertigt werden mußte. Dem „kaderpolitischen" Diktum der SED gemäß, wonach die Partei „für vieles Verständnis [hat],
wenn sie weiß, du bist ehrlich und verschweigst ihr nichts",[426] forderten die Kaderbeamten die Remigranten auf, auch ihre Verfolgung in der UdSSR zu erwähnen.
„Ich kam nicht zur Besinnung. Das war alles wieder neu", entsinnt sich Antonie

unterscheiden, der lediglich die Hauptfragen aufführte. Die abgefragten biographischen Details
waren bei allen Kaderbögen ebenso präsent wie der inquisitorische Untersuchungsstil. Vgl.
SAPMO im BArch, Berlin, Bestand SED, IV 2/11/v. 4271, IV 2/11/v. 4827, IV 2/11/v. 4805, IV 2/11/v.
5007, IV 2/11/v. 5108.
422 Ebenda. Erna Kolbe vermerkte in den SED-Fragebögen am 15. Juni 1956 pflichtgemäß auf die
entsprechende Frage: „Meine Schwester Gertrud wurde 1929 (aus der KPD, M. S.) ausgeschlossen, wegen Zugehörigkeit zur Brandlerfraktion. Seit 1937 habe ich keine Verbindung. Sie lebt in
England." Vgl. SAPMO im BArch, Berlin, Bestand SED, IV 2/11/v. 4964.
423 Ebenda.
424 Vgl. RCCHIDNI 495/205/4458. Das in dieser Kaderakte enthaltene „Formular zwecks Besor-
gung des Parteiausweises von der Zentrale der KPD für den Eintritt in die WKP (B)" vom 9. November 1934 wollte 18 Fragen beantwortet haben, so „letzter Wohnort in Deutschland", „in
welchem Bezirk, Ort und Zelle zuletzt längere Zeit als Mitglied gemeldet", „mit wessen Zustimmung (Parteileitung) erfolgte die Abreise nach der Sowjetunion", „genaue Angaben (Name und
Adresse) von Genossen in Deutschland, die die Angaben bestätigen können oder nähere Auskünfte über politische Vergangenheit machen können". Zusätzlich mußte ein Lebenslauf abgegeben werden.
425 SAPMO im BArch, Berlin, Bestand SED, IV 2/11/v. 5108.
426 Das ZK der SED zur Verbindung von Funktionären der SED mit amerikanischen Agenten, in:
Neues Deutschland, 1. September 1950, S. 5.

Satzger, „ich mußte dann die Biographie schreiben. Wieder hatte ich Angst, die habe ich nie abgelegt. Ich hatte das Lager hinter mir, die Verbannung. Du hast geschrieben und darauf geachtet, daß ja alles richtig ist. Die kontrollierten das wieder und prüften nach, ob alles stimmt. Hast du nichts vergessen?" In oft mehrseitigen Lebensläufen haben die Frauen und Männer kurz über Verhaftung, Verurteilung, Lagerhaft und Verbannung im Stile eines Lebenslaufes sachlich, aber zurückhaltend berichtet. Eine eineinhalbseitige Ergänzung, die sich ausschließlich auf die Haft- und Lagerzeit bezog, wie sie Adele Schiffmann zusätzlich schrieb, war eine Ausnahme.[427]

Im weiteren zwangen die SED-Behörden die Remigranten direkt zur Urkundenfälschung: In einem zweiten Lebenslauf, der für den Umgang mit allen anderen staatlichen und politischen Institutionen bestimmt war, durften Verhaftung und Lagerzeit nicht erwähnt werden. In Erna Wengels' SED-Akte finden sich beide Varianten, geschrieben am gleichen Tag. Ihre Verhaftungsodyssee in der UdSSR beschrieb sie in einem ersten Lebenslauf so: „Anfang Januar 1938 wurde dort mein Mann verhaftet, ich Anfang März 1938. Von meinem Mann habe ich nie wieder etwas gehört. Ich selbst wurde für fünf Jahre nach Kasachstan verschickt, wo ich in der Stadt Pawlodar als Buchhalterin in einem Artell arbeitete. Im Mai 1940 wurde ich dort aufs neue verhaftet und auf fünf Jahre in ein Arbeitslager im Karagandinschen Kreis in die Abteilung Bidaik geschickt. Anfang Dezember 1946 entließ man mich und schickte mich in die Stadt Aktjubinsk, Nord-Kasachstan. Dort bekam ich ein Dokument für Staatenlose, begann in einem Textilartell zu arbeiten, mußte aber diese Arbeit wegen meines völlig zerrütteten Gesundheitszustandes aufgeben."[428] Zum Gebrauch in der Öffentlichkeit sollte folgende Legende dienen: „1937 gingen wir in die Emigration in die Sowjetunion, Moskau. Dort war ich tätig im Textilartell, Buchhalterin im Lebensmittelartell, Hausgehilfin. Am 11. November 1954 kehrte ich aus der Sowjet-Union in die DDR, Berlin zurück."[429]

Die verfälschte Variante der Autobiographie ist auch im weiteren Schriftverkehr mit Parteistellen, die unterhalb des ZK angesiedelt waren, mit dem Ziel verwendet worden, das offizielle SED-Geschichtsbild über die deutsche Emigration in der UdSSR nicht zu beschädigen und den Kreis derer, die die wahre Geschichte und das Ausmaß der Verbrechen annähernd kannten, so klein wie möglich zu halten. Diese Verfahrensweise wurde von Anbeginn praktiziert. Julius Klepper erwähnte 1948 beispielsweise seine Haftzeit in einem Lebenslauf gar nicht, und in einer mehrseitigen, wohl im Zuge der Überprüfung aller SED-Mitglieder 1951 verfaßten Autobiographie ließ er wissen: „Über die Zeit vom 23. Februar 1942 – 29. Mai 1947 kann ich nur berichten, wenn ich von Gen. Wilhelm Pieck dazu Erlaubnis erhalte."[430] Oft wurde die Lagerzeit mit Formulierungen wie „Arbeit in verschiedensten Gebieten der Sowjetunion" oder „getrennt von

427 SAPMO im BArch, Berlin, Bestand SED, IV 2/11/v. 5136.
428 SAPMO im BArch, Berlin, Bestand SED, IV 2/11/v. 5222.
429 Ebenda.
430 SAPMO im BArch, Berlin, Bestand SED, NL 287/1.

meiner Familie" verbrämt.[431] In der Öffentlichkeit verlangte man Stillschweigen über die Lagererfahrungen.

Im gleichen Atemzug konfiszierte die „Kaderabteilung" die Rehabilitierungsbescheinigungen sowjetischer Gerichte und Behörden – mit der Begründung, sie würden in der Öffentlichkeit nicht benötigt und demzufolge im ZK der SED aufbewahrt. Damit beschlagnahmte die Parteibürokratie das einzige Dokument, das das erlittene Unrecht der Verfolgten belegte. Wenige Tage nach der Ankunft der Repatriierten sorgte die „Kaderabteilung" des ZK-Apparates – in Abstimmung mit den sowjetischen Stellen – außerdem für den reibungslosen Wechsel der Staatsbürgerschaft.[432]

Organisierte Zukunft

Das fortgeschrittene Alter und das gesundheitliche Befinden behinderten die Frauen und Männer bei der Ausübung einer anspruchsvollen Berufstätigkeit nach der Übersiedlung in die DDR. Das schloß nicht aus, daß „Fachleute" in ihren Berufen, insbesondere Intellektuelle, erfolgreich arbeiten konnten und persönliche Befriedigung fanden.[433] Das traf auch auf ehemalige Parteiangestellte zu, die meist im SED-Apparat oder angeschlossenen Institutionen eine Beschäftigung erhielten.[434]

Ebenso wichtig war für die „Kaderorgane" die Festlegung des künftigen Wohnortes. Auch durch die differenzierte Verteilung der Remigranten in verschiedene Regionen der DDR versuchte die SED-Kaderpolitik, das politische Risiko zu minimieren. Zum einen war eine bestimmte Konzentration verfolgter KPD-Mitglieder in Berlin zu verzeichnen, mit deren besonderer Integrationsbereitschaft man rechnete. Andererseits bot Berlin in den Augen der SED-Führung, besonders „unsiche-

---

431 Vgl. Biographie von Erna Kolbe in privatem Besitz von 1964. Kopien in meinem Besitz.

432 Inwiefern dieser Vorgang mit den persönlichen Intentionen der Remigranten übereinstimmte oder gegen ihren Willen oktroyiert wurde, kann nicht mit Gewißheit gesagt werden. Bekannt ist, daß Gertrud Platais und ihr Ehemann erst Anfang der 60er Jahre die Pässe tauschten und Frieda Siebenaicher ihre sowjetische bzw. russische Staatsbürgerschaft bis 1993 innehatte. SAPMO im BArch, Berlin, Bestand SED, IV 2/11/v. 4805 und IV 2/11/v. 5007.

433 So Werner Schneidratus: ab 1956 Leiter der Hauptverwaltung Städtebau im Ministerium für Bauwesen; Nathan Steinberger: zuerst leitende Funktionen in der Staatlichen Plankommission, 1960 Professor in Meißen und seit 1964 in Berlin; Tatjana Beck: Arbeit als Übersetzerin im Deutschen Institut für Zeitgeschichte; Gabriel Lewin: Arbeit beim Rundfunk der DDR; Helmut Damerius: bis 1963 Künstlerischer Leiter der Konzert- und Gastspieldirektion der DDR; Lorenz Lochthofen: Werkleiter, 1963–67 Mitglied des ZK der SED.

434 So Marta Globig: 1956–63 wissenschaftliche Mitarbeiterin am Institut für Marxismus-Leninismus; Karl Dröll: Mitarbeiter der Auslandsabteilung des Allgemeinen Deutschen Nachrichtendienstes (ADN); Elisabeth Hemmerling: Arbeit im Dietz Verlag. Der Dietz Verlag hatte sich auch wegen Erna Kolbe an die „Kaderabteilung" gewandt: „Bitte notiere vor, daß wir sehr daran interessiert sind, sie in unserem Verlag zu beschäftigen. Bevor Du sie irgendwo anders hin vermittelst, verweise sie bitte an mich zur Rücksprache." SAPMO im BArch, Berlin, Bestand SED, IV 2/11/v. 4964.

ren Kandidaten" gegenüber, bessere Möglichkeiten für deren Kontrolle und nötigenfalls Disziplinierung als die Provinz. Als zweite Variante wählte man eine Dezentralisation in verschiedenen Teilen der DDR, vorrangig in Bezirksstädten. Zweifellos konnte den aus Berlin stammenden ehemaligen Exilanten kaum einleuchtend begründet werden, daß sie nun ihren Wohnsitz in einer anderen Stadt zu nehmen hätten. Jene Rückkehrer, die vorerst problemlos bei Angehörigen in anderen Städten unterkamen, die in bezug auf einen künftigen Wohnort gar nicht disponiert hatten oder sich der oktroyierten Entscheidung beugten, äußerten sich kaum kritisch dazu. Dennoch gibt es Belege, wie die SED-Kaderinstanzen über die Köpfe der ehemaligen GULag-Häftlinge hinweg die Festlegung des Wohnortes beeinflußten und bestimmten. Für den Arzt und Wissenschaftler Alfred Stern ordnete Ende 1955 die ZK-„Kaderabteilung" an: „Aufenthaltsort soll vom Gesundheitsministerium außerhalb Berlins, in einer Lungenheilstätte, festgelegt werden."[435]

Ausführlich sind die Erfahrungen von Dodo Garai in einem Briefwechsel mit Alfred Kurella Anfang der 60er Jahre dokumentiert.[436] Am 9. April 1963 schrieb die ehemalige Lagerfrau an Kurella: „Ich lebe hier völlig isoliert, Dresden ist eine mir fremde Stadt, ich bin aus Berlin emigriert. Aber man hat mir 1955 Berlin nicht erlaubt [...], obwohl ich rehabilitiert bin. So bin ich dazu verurteilt hier als Rentnerin zu leben, kein Verlag hat mir die Möglichkeit gegeben, meine alte (bis 1936) Arbeit wieder aufzunehmen."[437] In einem späteren Brief beschrieb sie ihre Bemühungen, im Oktober 1955 unter Umgehung der SED Arbeit und Wohnung in Berlin zu finden, und die „heftige Zurechtweisung" durch die SED-„Kaderabteilung", die ihr vorwarf: „Wie kannst du einfach so nach Berlin kommen ohne unsere Erlaubnis."[438] Kurella versprach Hilfe. Der SED-„Kaderabteilung" gegenüber bekundete er Verständnis; diese habe es nicht für ratsam und möglich gehalten, Dodo Garai wegen ihres psychischen Zustandes und der damit verbundenen Verbitterung in Berlin wohnen zu lassen. Er räumte ein, Dodo Garais „Verbitterung" habe auch eine „politische Färbung", aber er glaube nicht, „daß es ein ausreichender Grund [...] für ein ,–1'", d. h. „Hauptstadtverbot" sei.[439] Die „Kaderabteilung" teilte ihm darauf mit, für einen Umzug Dodo Garais nach Berlin gebe es „keinerlei Hindernisse". Dazu kam es jedoch nie. Dodo Garai starb am 14. Dezember 1982 in Dresden.[440]

---

435 SAPMO im BArch, Berlin, Bestand SED, IV 2/11/ v. 5175. Alfred Stern: 1901 in Simmern geboren, seit 1920 Mitglied der SPD, Arzt, 1935 Emigration über eine jüdische Hilfsorganisation nach Prag, 1936 nach Moskau, 1937 in Kriwoi-Rog verhaftet, 1940–50 Lagerhaft, anschließend Verbannung, 1955 Übersiedlung nach Berlin, am 12. August 1958 verstorben.

436 Dodo Garai – Alfred Kurella. Ein Briefwechsel, in: Sinn und Form 32 (1990), Heft 4, S. 737 ff.

437 Ebenda.

438 Ebenda, S. 746.

439 Ebenda, S. 742.

440 Ähnliche Verfahrensweisen schilderten Käte L. und Julie Bevern, die gegen ihren Willen in der Provinz angesiedelt worden sind. Ilse Münz und ihr Mann verweigerten die geplante Abschiebung in eine Bezirksstadt. Über eine ähnliche Vorgehensweise gegenüber West-Emigranten berichtet Herbert Crüger: „Die Kaderabteilung beim Zentralkomitee hatte Bedenken dagegen, die

Zum schnelleren Aufbau einer eigenen Existenz stellte das ZK der SED „Überbrückungsgelder" zur Verfügung, deren Höhe sich nach der Anzahl der übergesiedelten Familienmitglieder richtete und zwischen 2000 und 4000 Mark pro Person schwankte.[441] Die „Kaderabteilung" der SED sorgte sich auch um Wohnungen für die Remigranten, die meist nach einigen Wochen bezogen werden konnten.[442] Daß es sich hierbei nicht selten um kurz zuvor verlassene Wohnungen von „Republikflüchtigen" handelte, entsprach ebenso der allgemeinen Umgangspraxis der SED-Bürokraten wie das Angebot, den benötigten Hausrat, gegen ein geringes Entgelt, aus diesen Beständen zusammenzustellen.[443] Die nach Jahren des Lagers und der Verbannung angebotenen Wohnungen waren in den Augen der Rückkehrenden aufwendig und „luxuriös". Allein über ein oder zwei Zimmer und über Warmwasser verfügen zu können, war mehr als ungewohnt. Manche Familie bezog überhaupt die erste eigene Wohnung im Leben.

Lag der zukünftige Wohnort außerhalb Berlins, wurde die Ankunft der betreffenden Personen bei der zuständigen SED-Bezirksleitung avisiert; zunächst dem 1. Sekretär persönlich, dann beim „Büro der Bezirksleitung" und der zuständigen „Kaderabteilung". Bei Parteilosen, teils auch bei SED-Mitgliedern, brachte ein „Instrukteur" der Berliner „Kaderabteilung" die Repatriierten an ihren künftigen Wohnort und besprach „alles Notwendige" mit der örtlichen Parteileitung. Damit ging die unmittelbare Verantwortung für die Remigranten an die Bezirksleitung über, die der Zentrale rechenschaftspflichtig war. In der Korrespondenz der „Parteiorgane" ist die Lagerhaft meist gar nicht erwähnt oder nebulös umschrieben worden. Dem 1. Bezirkssekretär von Karl-Marx-Stadt teilte die „Kaderabteilung" des ZK beispielsweise am 31. März 1959 über Antonie Satzger mit: „Genossin Satzger emigrierte 1933 mit ihrem Mann mit Zustimmung der Partei in die Sowjetunion und kehrte am 27. März 1959 in die Deutsche Demokratische Republik zurück. Ihr Mann ist während der Emigration in der Sowjetunion verstorben."[444] Ähnliches stand in Mitteilungen über Käte L. und Elly B. an die SED-Bezirksleitungen Leipzig bzw. Dresden zu lesen.[445] Über Gertrud Platais teilte man dem SED-Be-

---

Genossen, die wegen ihrer Westemigration aus Westdeutschland gekommen waren, in Berlin zu konzentrieren. Sie wurden über die ganze DDR verstreut, nach Mecklenburg, nach Sachsen, nach Thüringen." Herbert Crüger, Verschwiegene Zeiten. Vom geheimen Apparat der KPD ins Gefängnis der Staatssicherheit, Berlin 1990, S. 145.

441 Die Summen schwankten bei Einzelpersonen nach meiner Aktenkenntnis zwischen 2000.– und 3900.– Mark. Tendenziell wurde 1957 mehr ausbezahlt als 1956. Eva B. erhielt für zwei Personen 4600.–, Irmgard Schünemann für drei Personen 5400.– und Käte L. mit ihrer Tochter 3800.– Mark.

442 Dazu ein Schreiben der ZK-Kaderabteilung an den Berliner Magistrat, Hauptwohnungsamt, vom 16. Juni 1956: „Frau Kolbe kehrte am 5. 6. 56 aus der sowjetischen Emigration in die DDR zurück. Sie wird in der nächsten Zeit ihre Arbeit in Berlin aufnehmen und wir bitten, ihr bei der Beschaffung einer Kleinstwohnung behilflich zu sein." SAPMO im BArch, Berlin, Bestand SED, IV 2/11/v. 4964.

443 Stark, Frauenbiographien, S. 241 f.

444 SAPMO im BArch, Berlin, Bestand SED, IV 2/11/v. 5108.

445 Ebenda, IV 2/11/v. 5007 und IV 2/11/v. 4827.

zirkssekretär von Erfurt mit: „Gertrud Platais ging 1932 mit ihrem späteren Mann […] in die Sowjetunion und kehrte am 7. 12. 1959 in die Deutsche Demokratische Republik zurück. […] Er ist in der Sowjetunion verstorben. […] Wir möchten darauf hinweisen, daß sie in der Sowjetunion zeitweilig unter sehr schweren Bedingungen leben mußte. Sie wurde in die Ereignisse der dreißiger Jahre mit hineingezogen."[446] Über Adele Schiffmann hieß es, sie mußte „in der Sowjetunion einige Jahre unter schwierigen Bedingungen, ohne eigene Schuld" leben. „Ihre Angelegenheit wurde von den sowjetischen Behörden vor ihrer Ausreise in Ordnung gebracht, sie wurde rehabilitiert."[447] Die SED-Bezirksleitungen sind verpflichtet worden, die Betreffenden umgehend mit Wohnung und Arbeit zu versorgen. Die ehemaligen GULag-Häftlinge belehrte man, sich in allen Dingen, vor allem bei allen auftretenden Problemen und Schwierigkeiten, direkt an die „Kaderabteilung" des ZK der SED zu wenden.

Annähernd alle Remigranten, einschließlich der Verfolgten und Inhaftierten, sind nach ihrer Übersiedlung in die DDR von der SED-Führung zu „Verfolgten des Naziregimes" erklärt worden, was sie nach den NS-Fahndungslisten in der Tat auch waren.[448] Dazu dürften auch alle diejenigen Frauen und Männer gezählt werden, die Ende der 20er oder Anfang der 30er Jahre als Spezialisten in die UdSSR ausgewandert sind und wegen ihrer politischen Anschauungen – insbesondere bei aktiver Mitgliedschaft in der KPD – Verhaftung oder Konzentrationslager in Deutschland zu erwarten hatten. Doppelter Bedrohung waren alle jüdischen politischen Emigranten ausgesetzt. Zahlreiche jüdische Angehörige von Adele Schiffmann, Eva Schneider und Ruth Z. wurden in deutschen Konzentrationslagern ermordet. Dieser Verfolgung trugen auch die in der DDR gültigen „Richtlinien für die Anerkennung als Verfolgte des Naziregimes" vom 10. Februar 1950 Rechnung.[449] Diese Bestimmungen treffen auch auf die Menschen zu, die während ihrer Emigration in der Sowjetunion massiven Verfolgungen ausgesetzt waren, jahrelang im GULag interniert und über Jahre an der Rückkehr nach Deutschland gehindert wurden. Natürlich sind sie „Verfolgte des Naziregimes", vor allem aber sind sie „Verfolgte des Stalinismus". Die Designation der in der Sowjetunion Verhafteten ausschließlich als „Verfolgte des Naziregimes" kann nur als ein be-

446 Ebenda, IV 2/11/v. 5057.
447 Ebenda, IV 2/11/v. 5136.
448 Vgl. BArch, Berlin, Bestand Dahlwitz-Hoppegarten 69/211, Sonderfahndungsliste UdSSR (1941). Darin sind unter 5000 „festzunehmenden" Personen auch Erna Kolbe, Eva B., Irmgard Schünemann, Dagmar Horstmann und Eva Schneider verzeichnet. Als Faksimile mit Kommentaren hrsg. von Werner Röder, Sonderfahndungsliste UdSSR, Erlangen 1976. Käte L. wurde im „Verzeichnis der flüchtig gegangenen Kommunisten", Stand: 31. Mai 1935, vom Geheimen Staatspolizeiamt registriert; BArch, Berlin, Bestand Dahlwitz-Hoppegarten 1284/1. Außerdem spezielle Listen des RSHA über „in der S.U. verhaftete" bzw. „aufhältliche Reichsdeutsche, welche auf Grund ihrer kommunistischen und staatsfeindlichen Betätigung im In- und Auslande zur Ausbürgerung vorgeschlagen werden" vom 14. und 15. Oktober 1937; BArch, Berlin, Bestand Dahlwitz-Hoppegarten ZC 19816.
449 Richtlinien für die Anerkennung als Verfolgte des Naziregimes. Vom 10. Februar 1950, in: Gesetzblatt der DDR, Nr. 14, 18. Februar 1950, S. 93.

sonders bizarres Kapitel der SED-Kaderpolitik bezeichnet werden, das auf eine
formale Beschwichtigung der Opfer und die Versiegelung ihrer Biographien hinauslief. Hinzu kam die Logik der SED-Führung, nach der das Aufkommen des Nationalsozialismus in Deutschland zur „Verschärfung des Klassenkampfes" in der
UdSSR und mehr oder weniger zwangsläufig zur „Verletzung der innerparteilichen
Demokratie und der sozialistischen Gesetzlichkeit" unter Stalin geführt habe.
Insofern definierte die SED als ursprünglichen Verursacher der Verfolgung in der
UdSSR nicht die Stalinführung, das NKWD und die KPdSU, sondern das Nazire-
gime in Deutschland.

„... ihre Mitgliedschaft wieder in Ordnung bringen"

Das Integrationskonzept der SED-Führung sah von Anfang an die Eingliederung
der ehemaligen KPD-Mitglieder in die SED bzw. in das politische System der DDR
vor. In einer Aussprache zwischen dem Vorsitzenden der Zentralen Parteikontrollkommission (ZPKK) Matern und Mitarbeitern der „Kaderabteilung" des ZK, die
am 21. Januar 1955 stattfand, stand die „Klärung des Parteiverhältnisses" der ehemaligen „Polit-Emigranten aus der SU" auf der Tagesordnung.[450] Als Handlungs-
maxime wurde Materns Auffassung folgendermaßen zusammengefaßt: „Alle, die
bisher Mitglied der Partei oder des Komsomol waren, sollen ohne erneut eine Vorlage zu machen ihre Mitgliedschaft wieder in Ordnung bringen, wenn nicht etwas
besonders außerordentliches vorliegt."[451] Nach dieser Lesart hatte nicht etwa die
SED ihr „Verhältnis" zu den Rückkehrenden zu „klären", sondern die Remigranten selbst hatten es zu tun. Die gewählten Formulierungen intendierten von vornherein Beweispflicht, verbale Unterwerfung der Antragsteller und verdrehten erneut die historischen Tatsachen.

Den Protokollen nach hat die ZPKK auf ihrer 122. Sitzung am 21. September
1955 erstmals über Remigranten unter dem Tagesordnungspunkt „Überprüfung
der Angelegenheit von Genossen, die früher in der SU waren", verhandelt. Es wurde beschlossen, eine Kommission zur „Bearbeitung der Angelegenheiten" zu bilden, damit „in jedem Fall konkret entschieden werden kann".[452] Auf der folgenden Sitzung gab es erstmals eine „Beschlußfassung über Genossen, die jetzt aus
der Sowjetunion zurückgekehrt sind". Im Falle von 17 Frauen und Männern, vorwiegend Verhafteten und langjährigen GULag-Häftlingen, ist „Einverständnis"
erzielt worden.[453] Die ZPKK schlug dem Sekretariat des ZK vor, die Genannten in
die SED aufzunehmen. Die gleiche Prozedur erfolgte auf den ZPKK-Sitzungen am

---

450 SAPMO im BArch, Berlin, Bestand SED, IV 2/11/188, Schreiben vom 24. Januar 1955.
451 Ebenda.
452 SAPMO im BArch, Berlin, Bestand SED, IV 2/4/455.
453 Ebenda. Eine namentliche Liste aller durch die ZPKK „überprüften" Remigranten von November 1955 bis Juli 1962 ist publiziert in: SED und Stalinismus. Dokumente der SED aus dem Jahre
1956, Berlin 1990, S. 149 ff.

30. Dezember 1955 und am 15. Februar 1956. Das Resultat lautete in allen Fällen: „Mitgliedschaft wird durchgehend ab …" anerkannt und „Aushändigung des Parteidokuments mit Ausstellungsdatum ab" – es folgten die entsprechenden Termine. Die Verhaftung wurde in diesen Dokumenten nicht erwähnt.[454]

Die schon erwähnte, nach dem XX. Parteitag der KPdSU gebildete „Kommission zur Überprüfung von Angelegenheiten von Parteimitgliedern und ehemaligen Parteimitgliedern" unter Vorsitz von Ulbricht führte die bisherige Praxis fort. Wenn auch als Orientierung für die untergeordneten Parteistrukturen bestimmt, dürfte die „Direktive an die Bezirks- und Kreisleitungen über die Aufhebung von Parteiverfahren, Einsprüche gegen Parteiverfahren und Beschwerden" des Politbüros vom 22. Mai 1956 den atmosphärischen Hintergrund auch der „Überprüfung" der zurückkehrenden Politemigranten und Spezialisten verdeutlichen. Darin hieß es: Die „Bearbeitung solcher Angelegenheiten […] darf jedoch nicht dazu führen, daß jetzt in der Beurteilung von nicht parteimäßigem Verhalten von Parteimitgliedern Versöhnlertum Platz greift. Nach wie vor müssen die Parteiorganisationen sich mit dem nicht parteimäßigem Verhalten von Parteimitgliedern ernsthaft auseinandersetzen. Bei diesen Auseinandersetzungen muß jedoch im Vordergrund das Prinzip der Parteierziehung stehen."[455]

Am 19. Juni 1956 stellte die Kommission unter Ulbricht formal ihre Arbeit ein. Ulbricht erklärte abschließend: „Die Kommission des Zentralkomitees wird nur noch zur Aufarbeitung von kleineren Fragen zusammentreten. Alle neuen Fragen gehen an die zuständigen Organe."[456] „Zuständiges Organ" blieb danach die ZPKK. Deren Vorschläge waren Grundlage der Entscheidungen, die schließlich im Sekretariat des ZK der SED getroffen wurden. Insofern behielt auch dieser Vorgang höchste Priorität und beschränkte sich auf wenige informierte Stellen und Parteimitglieder. Der „Überprüfung" von 29 Remigranten bis zum XX. Parteitag der KPdSU folgten bis 1962 weitere 228. Insgesamt sind 257 Fälle dokumentiert, darunter die ehemaliger KPD-Mitglieder, die postum zu Parteimitgliedern ernannt wurden.[457] Die postume „Wiederherstellung" der Parteimitgliedschaft – hier gebrauchte die ZPKK den Begriff „rehabilitiert" – war allgemeine Praxis, erfolgte allerdings nur auf Antrag von Angehörigen der Toten. Von sich aus nahm die ZPKK keine Untersuchungen vor. Diese Verfahrensweise verhinderte bewußt, die brisanten Fälle solch prominenter KPD-Funktionäre wie Hugo Eberlein, Heinz Neumann, Hermann Remmele, Fritz Schulte, Hermann Schubert u. a. aufrollen zu müssen.

Der Prozeß der „Wieder"- bzw. der „Herstellung" der Parteimitgliedschaft war immanenter Bestandteil des Integrierungskonzeptes der SED-Führung und begann mit einem sondierenden Gespräch im ZK der SED in den ersten Tagen nach der Übersiedlung. Die verordnete Prozedur forderte, daß sich formell der oder die Be-

454 SAPMO im BArch, Berlin, Bestand SED, IV 2/4/456.
455 SAPMO im BArch, Berlin, Bestand SED, J IV 2/2/478.
456 Ebenda, J IV 2/2/483.
457 Vgl. SED und Stalinismus, S. 147 ff.

troffene an die SED wenden und um die „Wiederherstellung" der Parteimitgliedschaft bitten mußte. Gegenüber der ZPKK hatten die Remigranten ihre Vergangenheit und ihr „Verhalten" in der UdSSR zu „erklären". In den verfaßten Protokollen dieser Gespräche wurden die Verfolgungen in der UdSSR, ohne in Einzelheiten zu verfallen, benannt. Dazu gehörte mitunter auch die Abgabe einer Versicherung, sich tatsächlich keines Verbrechens gegenüber der UdSSR schuldig
gemacht zu haben, oder die Verbürgung der Tatsache, der oder die Befragte mache
einen „ehrlichen" oder „glaubwürdigen" Eindruck bzw. bringe eine „positive
Einstellung zur Politik der Sowjetunion zum Ausdruck".[458] Bei Antonie Satzger
gelangte die Kommission beispielsweise zu der Auffassung, sie habe zu „jenem
Personenkreis" gehört, der „unter falschen Voraussetzungen zu Freiheitsstrafen
verurteilt wurde".[459] Daraufhin faßte die ZPKK den Beschluß, die alte Parteimitgliedschaft durchgehend anzuerkennen, einschließlich der Lagerzeit, und einen
Ausweis der SED mit Ausstellungsdatum der Übersiedlung auszuhändigen.

Im Konzept der SED-Kaderbürokratie lag auch die Option, parteilosen Opfern
bzw. deren nunmehr erwachsenen Kindern die SED-Mitgliedschaft anzutragen.
Die „Herstellung" der Mitgliedschaft erfolgte in solchen Fällen, bar jeglicher sta-
tuarischer Regeln, durch einen Beschluß des Sekretariats des ZK innerhalb kürzester Frist. Eine entsprechende Vorlage lieferte die „Kaderabteilung". Bei Irmgard
Schünemann hieß es beispielsweise, sie besitze „genügend politische- und Lebenserfahrung", um unter Umgehung des SED-Statuts ohne Kandidatenzeit und Bürgen Mitglied der SED zu werden.[460]

Die Protokolle der ZPKK bezeichneten die „Wiederherstellung" der Parteimitgliedschaft dem Duktus nach in allen Fällen gleichartig, etwa „Überprüfung der
Angelegenheiten, von Genossen, die früher in der SU waren" (21. September 1955),
„Beschlußfassung über durchgeführte Untersuchungen bei Genossen, die jetzt aus
der SU zurückgekehrt sind" (1. August 1956) oder „Überprüfung von Genossen, die
erst jetzt aus der SU zurückkehrten, resp. nach ihrem Tode rehabilitiert wurden"
(27. Januar 1960).[461] Nicht nur die Terminologie, vor allem der bürokratisierte
Ablauf, die Verweigerung humanitärer Zuwendung, die erneute Rechenschafts-
pflicht der Opfer und die Entscheidungsgewalt der Parteibürokratie waren symptomatisch für den Umgang der SED mit den KPD-Mitgliedern, die während der
„Großen Säuberung" verfolgt und verhaftet wurden. Sie hatten ihre Unschuld,
wenn nicht zu beweisen, so doch zu beteuern und wurden gezwungen, eine ergebene Haltung gegenüber der SED einzunehmen. In der inszenierten Wiederaufnahme
der einst Verstoßenen und ihrer Integrierung in die festgefügte und disziplinierte
Kaderpartei sah die SED-Führung die beste Gewähr für eine diskrete und erfolg-
versprechende Neutralisierung der betreffenden Remigranten. Diesen Prozeß als

---

458 SAPMO im BArch, Berlin, Bestand SED, IV 2/11/v. 5175, IV 2/11/v. 5136, IV 2/11/v. 4827, IV 2/11/v.
    5108, IV 2/11/v. 5222.
459 Ebenda, IV 2/11/v. 5108.
460 Ebenda, IV 2/11/v. 5162.
461 Ebenda, IV 2/4/455, IV 2/4/457, IV 2/4/475.

„Wiederherstellung der Parteiehre" oder gar als politische „Rehabilitierung" der Opfer zu interpretieren, ist abwegig. Zudem waren nicht nur die Protokolle der Sitzungen der ZPKK „Vertrauliche Verschlußsache". Die „Überprüften" selbst erhielten nur mündlichen Bescheid. Niemand innerhalb der SED erfuhr von diesen „Rehabilitierungen". Mehr noch, das Wissen über die politischen und lebensgeschichtlichen Erfahrungen der in der Sowjetunion Verfolgten und Ermordeten war innerhalb der SED tabu, war offiziell „Feindhetze". Wie sollte jemand „rehabilitiert" sein, der nicht darüber reden durfte, wessen er beschuldigt war, welche Leiden er zu tragen hatte. Die ganze Art und Weise der Prozedur, das politische Kalkül der SED-Führung eingeschlossen, lassen die Verwendung des Begriffes „Rehabilitierung" nicht zu. Dies empfand 1963 auch Dodo Garai: „Rehabilitiert! Ist es Rehabilitation, wenn man – nach einer qualerfüllten Kontrollkommission hier mich mit meinem Parteistash[462] wieder aufnahm? Wer hat auch nur einen Finger gerührt, auch nur einen Gedanken, ein Wort gefunden, mich zurückzuführen – ach, nicht zu führen, nur selber zurück zu lassen – in die Welt, aus der ich so ungerecht herausgerissen wurde? Ich verstehe unter Rehabilitieren etwas anderes. Das heißt, den Menschen in die Mitte zu verpflanzen, wo er das Begonnene und gewaltsam Unterbrochene wieder aufnehmen, fortsetzen kann. Aber – nichts davon. Nichts. Knüppel zwischen die Füße, die vergeblich umherirrten."[463]

Langfristige Betreuung und Kontrolle

Das Konzept der SED-Führung zur Integration der Verfolgten sah eine langfristige Betreuung und Kontrolle vor.[464] In mehreren Einzelfällen, vorwiegend aus der Provinz, ist über die Zuteilung persönlicher Betreuer von SED-Kreis- bzw. Bezirksleitungen berichtet worden. In Berlin nahm diese Aufgabe direkt die ZK-„Kaderabteilung" wahr. Die Betreuung hatte den problemlosen Verlauf der Integration der Remigranten zu sichern. Auftretende Widrigkeiten des DDR-Alltags und Probleme aller Art, die zu Konfliktsituationen hätten führen können und entsprechend zu Ausbrüchen aus dem vorgezeichneten Rahmen, sollten frühzeitig erkannt und beseitigt werden. Das schloß die Option für die Betroffenen ein, sich im Konfliktfall jederzeit unmittelbar an das ZK der SED wenden zu können, was sie auch nutzten. Vor allem für die wirtschaftlichen Starthilfen waren die Repatriierten – gewöhnt an Lager und Verbannung und bar jeglicher Vergleichsmöglichkei-

---

462 Gemeint ist die Zeit der Parteizugehörigkeit.

463 Garai – Kurella, Briefwechsel, S. 741. Helmut Damerius erinnerte sich des Satzes eines „leitenden Genossen", den dieser ihm bei seiner Rückkehr 1956 gesagt hatte: „Wenn man dich verhaftet hat, wirst du auch nicht ohne Schuld gewesen sein." Werner Mittenzwei/Helmut Damerius. Porträt eines Mannes vor dem Hintergrund des Jahrhunderts, in: Sinn und Form 39 (1987), Heft 4, S. 739.

464 Entgegen der sonst üblichen Praxis führte die „Kaderabteilung" des ZK über alle Remigranten, unabhängig davon, ob sie SED-Mitglied waren, eine „Kaderakte". Neben Einreisedokumenten,

ten – meist dankbar und fühlten sich der SED gegenüber verpflichtet. Nicht die Partei empfanden sie als Schuldner, sondern oft sich selbst.

Die direkte Betreuung durch Beauftragte des Parteiapparates verlor nach Jahren der Übersiedlung an Bedeutung und ist im Laufe der Zeit, wie bei allen „Verfolgten des Naziregimes", durch das Betreuungssystem des „Komitees der Antifaschistischen Widerstandskämpfer" ersetzt worden. Vielfach betreuten in späteren Jahren ehemalige GULag-Häftlinge selbst Antifaschisten und KZ-Häftlinge bzw. wurden von diesen betreut.

Bestandteil der Integration war neben der Sicherung und Schaffung der privaten Existenzgrundlage die Einbeziehung in das „massenpolitische System" der DDR. Außer der Mitgliedschaft in der SED war ein mehr oder weniger freiwilliger Eintritt in politische Massenorganisationen wie die „Gesellschaft für Deutsch-Sowjetische-Freundschaft", „Volkssolidarität", „Demokratischer Frauenbund Deutschlands", „Freier-Deutscher-Gewerkschaftsbund" oder die Wohnbezirksausschüsse der „Nationalen Front" vorgesehen. Die Zurückgekehrten fanden in den Basisgruppen dieser Organisationen nicht selten ein soziales Umfeld, das ihnen Vertrautheit und eine nützliche Betätigung bot, sie aber auch im Sinne der SED politisch integrierte und kontrollierte.

Die Repatriierten versuchten, die im Lager oder in der Verbannung entstandenen Kontakte zu Leidensgefährten auch in der DDR weiter zu pflegen. Doch schon die Festlegung der Wohnorte durch die SED-„Kaderabteilung" deutete darauf hin, daß man Kontakte unter den ehemaligen GULag-Häftlingen wenn möglich gar nicht erst aufkommen lassen oder zumindest behindern wollte. Antonie Satzger beispielsweise verweigerte man Adressen von Leidensgefährtinnen, mit denen sie Kontakt aufnehmen wollte. Besonders die Remigranten in der Provinz waren isoliert und mit ihren emotionalen Problemen allein. Dessenungeachtet gab es informelle Netze zwischen den ehemaligen Häftlingen, die besonders in den ersten Jahren die sozialen Defizite der meist Alleinstehenden auszugleichen vermochten. Vor allem der gemeinsame Erfahrungshintergrund des sowjetischen Exils und des Lagers wie die aktuellen Probleme der Integration band die Leidensgefährtinnen aneinander. Solcher Erfahrungen erinnert sich Irmgard Schünemann: „Wir waren mit vielen zusammen, die auch aus der Sowjetunion zurückgekommen sind. Das hat das ZK gar nicht so gerne gesehen. Wir sollten hier unter den Deutschen sein und nicht immer bloß unter uns. Aber wir fühlten uns so zusammengehörig und haben uns immer besucht."

Die verantwortlichen Stellen der SED beargwöhnten und störten derartige Kontakte. Die Exilantin Dagmar Horstmann berichtet, daß gewöhnliche Treffen von Opfern und Angehörigen bei Kreszentia Mühsam Ende der 50er

Fragebögen, Autobiographien, Beschlüssen der ZPKK oder des Sekretariats des ZK archivierte man dort weitere personenbezogene Unterlagen wie den Briefverkehr mit der SED über individuelle Probleme sowie Protokolle von Aussprachen u. ä. Dokumente. Der Zugriff auf diese Akten durch die „ZK-Kaderabteilung" liegt lt. Begleitkarten schwerpunktmäßig in den ersten fünf Jahren nach der Übersiedlung und verliert sich ab Mitte der 60er Jahre.

bzw. Anfang der 60er Jahre durch SED-Stellen als „Fraktionismus" diffamiert wurden.[465]

Eine besonders diffizile Angelegenheit war – aus Sicht der SED-Führung – das berechtigte Ansinnen der Opfer, eine Haftentschädigung bei den sowjetischen Behörden einzuklagen. Nach sowjetischen Verordnungen standen den Opfern neben der Rückerstattung konfiszierten Eigentums zwei Monatsgehälter Haftentschädigung zu. Julie Bevern bemühte sich nach ihrer Übersiedlung in die DDR um die Auszahlung der Entschädigung. Ihre berechtigte Forderung führte schließlich zu einer „Aussprache" mit Mitarbeitern der ZK-„Kaderabteilung" und der SED- Bezirksleitung. Selbstzufrieden resümierte die ZK-Mitarbeiterin das Gespräch: „Auf ihr nicht richtiges Verhalten gegenüber der Sowjetunion hin, was sie schon vor einiger Zeit einsah, machte sich trotzdem eine Aussprache [...] notwendig. Die Aussprache ergab, daß Genn. Bevern sich einverstanden erklärte, noch weitere Schritte über gestellte Forderungen an die Sowjetunion einzustellen, was sie inzwischen auch getan hat. Meine Meinung ist, daß trotz alledem ihre Bescheidenheit zum Ausdruck kommt."[466]

Unter besonderer Kontrolle des SED-Apparats standen die Beziehungen der Remigranten zur Bundesrepublik Deutschland. Für die SED-Führung galten jegliche Kontakte der ehemaligen GULag-Häftlinge in die Bundesrepublik, und waren sie auch nur verwandtschaftlicher Natur, als unerwünscht und mußten gegebenenfalls unterbunden wurden. Antragstellung und Genehmigung erfolgte, wie bei allen politisch brisanten Angelegenheiten, direkt über den ZK-Apparat.

Julie Bevern wollte unmittelbar nach ihrer Übersiedlung Ende 1956 zu ihrer Mutter nach München reisen, die sie mehr als 20 Jahre nicht gesehen hatte. Sie stellte einen Antrag bei der ZK-„Kaderabteilung". Diese wandte sich direkt an den zuständigen ZK-Sekretär Schirdewan: „Frau Bevern bittet, ihr zu erlauben, daß sie über Weihnachten ihre Eltern in München besuchen kann. Trotz aller unserer Bemühungen, war es uns nicht möglich, sie von ihrem Vorhaben abzubringen, wobei sie wiederum nicht ohne Einwilligung der Partei fahren will. Sie beabsichtigt, bis zum 4. oder 5. Januar 1957 in München zu bleiben und dann wieder in die DDR zu kommen und hier eine Tätigkeit aufzunehmen."[467] Schirdewan vermerkte handschriftlich auf dem Schreiben: „Da sie nicht Parteimitglied ist, geht das die Partei nichts an."[468] Diese Meinung entsprach keineswegs der allgemeinen Auffassung der SED-Führung und des Parteiapparates, zumal nach dem vorläufigen Ende der Entstalinisierung 1957/58. In dieser Zeit wandte sich Julie Bevern über ihre zuständige SED-Bezirksleitung erneut mit einem Reisegesuch an die „Kader-

---

465 Interview mit Dagmar Horstmann am 15. Juli 1991.

466 SAPMO im BArch, Berlin, Bestand SED, IV 2/11/v. 4805. Obgleich Julie Bevern hier als „Genossin" angesprochen wurde, war sie nicht Mitglied der SED. Auch die Bemühungen der Mutter von Irmgard Schünemann um Haftentschädigung wurden auf diese Art abgewiesen. Vgl. SAPMO im BArch, Berlin, Bestand SED, IV 2/11/v. 5161.

467 Ebenda, IV 2/11/v. 4805.

468 Ebenda.

abteilung" des ZK. Schon die örtliche Parteibehörde monierte, daß „in der letzten Zeit [...] eine Reihe parteiloser Rückkehrer aus der Sowjetunion zu ihren Verwandten nach Westdeutschland reisen".[469] Die Bezirksleitung teilte dem ZK mit, der Antrag von Julie Bevern sei „aus politischen Erwägungen heraus und zum Schutz ihrer eigenen Person" abgelehnt worden.[470]

Nicht minder aufgeregt reagierte der Parteiapparat auf den Empfang eines Lebensmittelpakets aus Westdeutschland, wie es Eva B. am 27. Dezember 1957 erhalten und sofort der SED-Bezirksleitung gemeldet hatte.[471] Noch am gleichen Tag wurde durch den 2. Sekretär der Bezirksleitung darüber die „Kaderabteilung" des ZK informiert und die Meinung geäußert, hier hätte eine „Agentenzentrale ihre Hand im Spiel", die sehr „interessiert an der Genossin B. als Polit-Emigrantin ist". Handschriftlich war auf dem Schreiben notiert: „Z.P.K.K. und Gen. Honecker informieren".[472] Die „Kaderabteilung" übermittelte die Nachricht kurze Zeit später an Schirdewan mit der Bemerkung, es habe den „Anschein, als ob man ersucht, an die ehemaligen Politemigranten heranzukommen".[473] Abschriften des Vorgangs gingen daraufhin vorsorglich an Honecker und die ZK-„Abteilung Sicherheitsfragen".[474]

Noch durchgreifender agierte der Partei- und Sicherheitsapparat bei vermeintlicher oder tatsächlicher „Republikflucht" von ehemaligen Politemigranten. Aktenkundig sind Fälle, nach denen ehemalige jüdische Politemigranten nach der Übersiedlung in die DDR das Land illegal verlassen mußten, um bei ihren Angehörigen in Israel leben zu können – so Lea Pels (Pelz), deren Mann in der NKWD-Haft starb, oder die Politemigranten Goldschmidt und Schein.[475] Auch im Vorfeld vermeintlicher „Republikflucht" machte der Partei- und Sicherheitsapparat mobil. Dokumentiert sind hier die Vorgänge um die Tochter und den Bruder von Hans Kippenberger, der 1937 in der UdSSR erschossen wurde.[476] Beklemmend wirkt dabei der Umstand, daß sich an der Verdächtigung und Bespitzelung gleichfalls ehemalige Politemigranten beteiligten.[477] Einer Meldung der „Abteilung Sicherheitsfragen" des ZK vom 1. Dezember 1958 ist zu entnehmen, daß das Ministerium für Staatssicherheit mit der Bearbeitung derartiger Vorfälle betraut wurde.[478] Danach war die Rede von mehreren „Meldungen über republikflüchtige, ehemalige Politemigranten aus der Sowjetunion", die an das MfS abgingen. Im Falle von Lea

---

469 Ebenda.
470 Ebenda.
471 Ebenda, IV 2/11/v. 4810.
472 Ebenda.
473 Ebenda.
474 Ebenda. Ähnlich waren die Reaktionen auf einen Brief mit „Hetzschriften" aus der BRD an die Familie Schimanski 1958. Von der ZK-Abteilung „Sicherheitsfragen" erwartete man, das „Nötige" zu veranlassen. Vgl. SAPMO im BArch, Berlin, Bestand SED, IV 2/12/110.
475 Ebenda, IV 2/12/110.
476 Ebenda.
477 Ebenda.
478 Ebenda.

Pels, die am 19. November 1956 die DDR verließ, wurden noch am 1. Dezember 1958 Informationen an das MfS nachgeliefert, was für eine permanente Bearbeitung ihres Falles durch das MfS spricht.[479]

In welcher Art und Weise die SED-Führung mittels ihrer Sicherheitsinstitutionen, speziell dem Ministerium für Staatssicherheit, gegenüber den ehemaligen Sowjetemigranten tätig wurde, die sich nicht dem verordneten Schweigen beugen wollten, zeigt der Umgang mit Hedwig Remmele.[480] Sie war die Tochter von Hermann Remmele, der einst Mitglied des Politbüros der KPD sowie des EKKI war und 1937 in der UdSSR verhaftet und wie sein Sohn Helmut vom NKWD ermordet wurde.

Am 17. April 1963 setzte das Ministerium für Staatssicherheit seine Kreisdienststelle Berlin-Mitte über den Bericht eines ihrer Inoffiziellen Mitarbeiter (IM) in Kenntnis. Danach war Hedwig Remmeles „Einstellung zu deutschen Genossen" als „sehr geringschätzig" beurteilt worden. Der Bericht fuhr fort: „Diese Meinung kommt bei ihr folgendermaßen zum Ausdruck. Nicht die sowjetischen Genossen und die Verräter um Stalin sind Schuld, daß mein Vater und viele Genossen sterben mußten, sondern damals unsere deutschen Genossen in der SU. Unsere Genossen haben Berichte geschrieben, als die Massenverhaftungen 1937 begannen. Sehr geringschätzig spricht sie von den Genossen Wilhelm Pieck und Gen. Fritz Heckert (drei weitere Namen geschwärzt, M. S.). […] Ihre Äußerungen sind vom tiefen Haß durchdrungen."[481]

Bis 1965 observierte das MfS Hedwig Remmele. Der sich auf sie beziehenden „Operativen Personenkontrolle" gab man den bezeichnenden Namen „Ideologie". Selbst Mielke ließ sich über den Fortgang der Überwachung regelmäßig informieren. In mehreren „Operativplänen" sind die Maßnahmen zusammengefaßt worden, die aus Sicht des MfS zur „allseitigen Aufklärung und operativen Überprüfung der bereits bekannten negativen Einstellung der Remmele" erforderlich waren. Dazu gehörten u. a.: zielgerichtete Observierung mit mehreren IM, die „Schaffung eines allseitigen Überprüfungs- und Kontrollsystems", die „Aufklärung" des Wohnhauses und der beiden Töchter, die Kontrolle der Postsendungen sowie das Abhören der Wohnung (letzteres konnte aus „operativen" Gründen nicht erfolgen).[482] Im Frühjahr 1965 wurde Hedwig Remmele auf Veranlassung

---

479 Ebenda.
480 Vgl. ebenda, IV 2/11/v. 3127. Hedwig Remmele, geboren 20. Oktober 1907 in Ludwigshafen (Rhein), Volks- und Handelsschule, seit 1927 Mitglied der KPD, Arbeit als Stenotypistin im Parteiapparat, August 1933 Emigration in die UdSSR, bis 1936 Tätigkeit in der MOPR und Besuch der KUNMS, 15. Mai bzw. 19. Juli 1937 Verhaftung ihres Vaters Hermann Remmele und ihrer Mutter Anna Remmele (16. Januar 1939 wieder entlassen), am 19. Januar 1938 wurde ihr Bruder verhaftet, Vater und Bruder 1938/39 erschossen, 1941 Evakuierung nach Tomsk, 1947 starb dort die Mutter, 1956 Übersiedlung von Hedwig Remmele mit ihren beiden Töchtern Ilona (geb. 1934) und Ruth (geb. 1938) in die DDR, Eintritt in die SED, Anerkennung als VdN, Arbeit als Archivarin beim Berliner Magistrat, 17. April 1984 verstorben. Freundlicherweise erteilte mir Hedwig Remmeles Tochter die Vollmacht, die SED-Kaderakte bzw. die BStU-Akte auszuwerten.
481 BStU, AOP 12311/65.
482 Ebenda.

des MfS von ihrer bisherigen Arbeitsstelle mit der Maßgabe versetzt, sie überhaupt aus der staatlichen Verwaltung zu entfernen (was letztlich nicht geschah).[483] Die Ergebnisse der Stasi-„Aufklärung" sind direkt dem ZK der SED übermittelt worden. Der zuständigen „Betreuergruppe" im ZK der SED hat das MfS geraten, Hedwig Remmele dort zum „Einsatz" zu bringen, „wo sie nicht im Mittelpunkt einer öffentlichen Dienststelle steht und negativ auf andere Bürger der DDR einwirken kann".[484] Am 27. August 1965 wurde die Akte „Ideologie" durch die MfS-Verwaltung Groß-Berlin, Abteilung VII, geschlossen. Die Äußerungen Hedwig Remmeles qualifizierte das MfS als „politisch-ideologische Diversion". Die Einstellung der „Personenkontrolle" begründete der verantwortliche MfS-Agent wie folgt: „Person wurde allseitig aufgeklärt und arbeitsmäßig umbesetzt. […] Der negative Einfluß der Person auf andere Bürger wurde dahingehend unterbunden, indem sich die BPO (Betriebsparteiorganisation, M. S.) und Parteigruppe mehrmals mit ihr auseinandersetzten und den Einfluß der Person innerhalb der Abteilung Innere Angelegenheiten (des Berliner Magistrats, M. S.) auf andere Mitarbeiter zerschlug."[485]

Am 17. April 1984 starb Hedwig Remmele. Die Traueranzeige, die am 1. Juni 1984 im „Neuen Deutschland" erschien, nannte die Verstorbene eine „stets klassenbewußte, der Partei der Arbeiterklasse treu ergebene Genossin, die sich mit ihrer ganzen Kraft für den Aufbau und die Stärkung" des „sozialistischen Staates" einsetzte. Der Text endete mit den Worten: „Wir werden ihr Andenken stets in Ehren halten." Mit dieser Anzeige wurde ihre Kaderakte der SED geschlossen. Neben der abgehefteten Traueranzeige war vermerkt worden: „Sondermappe", „Sperren".[486]

---

483 Ebenda.
484 Ebenda.
485 Ebenda.
486 SAPMO im BArch, Berlin, Bestand SED, IV 2/11/v. 3127.

Erfahrungen in der DDR

„Wir kamen nachts in Berlin an. Das erste, was ich mir kaufen wollte, war 'ne Bockwurst und 'ne Semmel. Und da war tatsächlich auf dem Bahnsteig ein Kiosk auf. Ich ging hin und fragte: ‚Haben Sie 'ne Warme mit 'ner Semmel?' ‚Nein', sagte sie, ‚ich habe bloß Buletten.' ‚Dann geben sie mir mal für'n Julius und mich eine Bulette und ein Stückchen Brot dazu.' ‚Brot brauchen Sie nicht', sagte sie, ‚Brot ist genug da drin.' Ich weiß noch, da hab' ich mich damals so amüsiert. Dann ging's gleich los zum ZK, und von dort aus wurden wir in irgendeinem Heim untergebracht."[487] So schildert Gertrud Platais ihre Ankunft mit ihrem Lebensgefährten in Berlin im Herbst 1959.

Mehr als zwei Jahrzehnte lebten die verfolgten Frauen in der UdSSR. Sie verließen Deutschland 20- bis 30jährig und erreichten die DDR nach Jahren des Lagers und der Verbannung als 40- bis 50jährige Frauen. Ihre nachfolgenden Erfahrungen in der DDR sind nicht nur Teil der Lebensgeschichte, sondern auch eine Verständigungsinstanz für vorhergehende biographische Erzählungen. Vor allem ist es das Leben nach dem Trauma und mit dem Trauma. Es ist die Zeit eines erneuten biographischen Umbruchs und der Anpassung an einen gesellschaftspolitischen Kontext, der von deutscher Vergangenheit ebenso geprägt war wie von der zeitgenössischen Politik der SED-Führung.

Aber nicht nur die äußeren Umstände waren für das weitere Leben der Verfolgten von Bedeutung, sondern ebenso ihre erfahrungsgeschichtliche Verfassung. Willkürliche Verhaftungen und U-Haft, Rechtlosigkeit und Ohnmacht, aber auch ein erfolgreicher Überlebenskampf im Lager und in der Verbannung hatten die Frauen verändert. Sie sind vorsichtig geworden und beobachten genau. Die Hierarchien, Gesetze und Gefahren in und außerhalb der „Zone" kannten die verfolgten Frauen und wußten, daß sie sich auch in der Zukunft in erster Linie auf sich selbst verlassen müßten.

Die jahrzehntelange Abwesenheit von Deutschland bildete nicht nur ein zeit- und erfahrungsgeschichtliches Defizit gegenüber ihren wiedergefundenen Landsleuten, sondern verursachte auch kulturelle Unterschiede, die die Frauen in alltägliche Unsicherheiten versetzte. Gerade in den ersten Jahren des DDR-Alltags war daher der Rückgriff auf biographische Erfahrungen aus der Sowjetunion nicht gering. Hinzu kam, daß die Familien der Frauen zerstört waren. Ihre Ehemänner sind ermordet worden oder starben im Lager. Die Kinder wuchsen in einer anderen

487 Stark, Frauenbiographien, S. 239.

Abb. 38
Antonie Satzger während
des Interviews 1992.

Kultur, getrennt von ihren Eltern auf. Die Folgen waren für die Kinder nicht nur die Identifizierung mit allem Russischen bzw. Sowjetischen und die Ablehnung alles Deutschen bis hin zur Sprache, sondern meist auch die Zurückweisung der Verfolgungsgeschichte der Mütter. Die Vernichtung gemeinschaftlicher Lebenszeit und die Wiederbegegnung nach Jahren der Trennung mußte bei den Müttern wie den Kindern zu traumatischen Enttäuschungen führen. In Begleitung der übersiedelnden Frauen befanden sich meist junge, fremde Erwachsene, mit denen nicht nur Sprachschwierigkeiten bestanden. Manche lehnten die gemeinsame Übersiedlung von vornherein ab, verzögerten sie oder kehrten später auf der Suche nach ihrer eigenen Identität in die UdSSR zurück. Dieses Konfliktpotential wurde neben Einsamkeit und Unverstandensein für fast alle Frauen zur dauernden Realität. In dieser Situation konnten die Remigrantinnen auch kaum auf ihre Herkunftsfamilien zurückgreifen. Die Eltern waren meist verstorben, andere Familienangehörige mehr oder weniger entfremdet.

Die Gesundheit der Frauen, besonders der älteren, war meist so angeschlagen, daß sie nach ihrer Übersiedlung eine überdurchschnittliche medizinische Betreuung in Anspruch nehmen mußten und in manchen Fällen immer wieder an Krankenhäuser und Sanatorien gebunden waren.

Diese lebensgeschichtliche Situation, in der sich die verfolgten Frauen bei ihrer Rückkehr befanden, bestimmte nicht nur die künftigen Reaktionen und Handlungen, sondern ebenso die Wahrnehmung und Bewertung dessen, womit die Frauen nach ihrer Übersiedlung in die DDR konfrontiert waren. Ihre Meßlatte künftigen Lebens war die der vergangenen Jahrzehnte, eben die Lebenszeit, die sie im Lager und in der Verbannung verbracht hatten.

„Als ich ankam", konstatierte Antonie Satzger, „war die DDR für mich das Paradies. Ich hatte meine Arbeit, ich konnte frei herumgehen, ich brauchte mich nirgends zu melden, ich hatte meine Kinder. So habe ich das gesehen. Ich hab' das

Abb. 39
Mimi Brichmann während des Interviews
1993.

als Anfang der Verwirklichung meiner Vorstellungen von Sozialismus betrachtet. Heute klingt das alles simpel. Denn es kann sich niemand vorstellen, wie traurig, wie schwierig es ist, wenn du auf einmal alle und alles, wirklich alles, verlierst. Du bist nur noch das eigene ‚Ich' und auch das hast du noch verleugnet. Da kann sich niemand reinfühlen. Und aus dem ‚Nichts' wieder ein ‚Ich' zu werden oder zu sein, das ist auch ein unheimlicher Kampf, eine Kraftprobe."

„Welcher Partei willst du dann angehören?"

Aufgrund des Integrierungskonzeptes der SED-Führung kamen die verfolgten Frauen nicht umhin, ihr persönliches Verhältnis zur Partei zu überdenken und zu gestalten. Von den 17 Interviewpartnerinnen waren acht vor 1933 Mitglied der KPD. Von ihnen traten sieben Frauen nach der Übersiedlung in die SED ein.

Mimi Brichmann, die als einzige Interviewpartnerin nach achtjähriger GULag-Haft im August 1948 nach Berlin ausreisen durfte, hatte sich im Lager innerlich von der KPD abgewandt: „Wenn du jemals hier rauskommst, einer Organisation wirst du dich im Leben nie mehr anschließen. Ich war so enttäuscht, einerseits, und andererseits glaubte ich." Der Glaube an die Notwendigkeit einer sozial gerechten Welt war durch das Lagertrauma keineswegs aufgehoben, sondern angesichts eigener Erfahrungen mit den Herrschaftsstrukturen in der UdSSR wohl noch verstärkt worden.

Nach ihrer Rückkehr in die SBZ traf Mimi Brichmann auf Mitarbeiter im SED-Parteivorstand, die ihr noch nicht mit Mißtrauen, sondern mit Herzlichkeit begegneten. Und sie traf auf nahe Angehörige und Bekannte, die wie in der Weimarer Zeit Mitglied der Partei waren. „Ich dachte", so Mimi Brichmann, „wenn die drin sind, kannst du nicht abseits stehen." Diese personelle Kontinuität dürfte für

Abb. 40
*Erna Kolbe während des
Interviews 1990.*

sie eine nicht unwesentliche Versicherung der Redlichkeit für einen politischen
Neubeginn gewesen sein. Nach sechs Wochen ging sie zu der Parteiorganisation
in Berlin-Neukölln, in der sie einst als KPD-Mitglied organisiert war, und stellte
ihren Aufnahmeantrag. „Es war aus innerer Überzeugung heraus, damit ich an
der richtigen Stelle mithelfen kann."

Ihre Erfahrungen in der sich ab Ende der 40er Jahre zur „Partei neuen Typus"
entwickelnden SED waren äußerst ambivalent. Sie war deren stringenter Disziplinierung und Politisierung ausgesetzt und konnte sich deren Wirkung nur schwer
entziehen. Obgleich sie beispielsweise mit einem Bekannten intern über die eigenständige Entwicklung Jugoslawiens gelöst debattieren konnte, „spürte" sie die
politische Brisanz einer Postsendung aus dem inkriminierten Jugoslawien: „Ich
wollte damit nichts zu tun haben. Ich distanzierte mich davon. Ich kriegte noch
mal eine solche Streifbandsendung. Die hab' ich wieder bei der Partei abgegeben
und dann erfolgte nichts mehr. Das war doch konterrevolutionäres Material. Das
konnte doch nur etwas gegen uns sein, so habe ich das aufgefaßt."

Wenig später, während der Parteiüberprüfung 1951, wurde ihr von der SED-
Kreisleitung erstmals ihre Haft in der UdSSR vorgeworfen. Ihre Grundorgani-
sation hatte sie ursprünglich für eine der „Grundkommissionen" vorgeschlagen,
die die „Überprüfung" der Parteibasis vornehmen sollten. Zuvor mußte sie selbst
evaluiert werden: „Ich wurde eines Tages zur Kreisleitung bestellt und da passier-
te Folgendes: Gute zwei Stunden hat ein Parteimitarbeiter sich mit mir auseinandergesetzt und mir zu erklären versucht, daß ich als ehemalige Inhaftierte in der
Sowjetunion nicht würdig sei, über andere Genossen zu befinden. Zuerst hab' ich
versucht einzuwenden und zu sagen, ‚aber immerhin, ich bin als VdN anerkannt
usw. und ich bin doch unschuldig inhaftiert worden'. Aber zum Schluß hatte man
aus mir buchstäblich Kleinholz gemacht, und ich sah ein, ich bin auch wirklich
nicht würdig."

Erst mit den Jahren war Mimi Brichmann in der Lage, ihr Verhältnis zur SED intellektuell zu „kontrollieren" und weitgehend nach eigenem Ermessen zu regulieren. Nach der Inkriminierung und Absetzung von qualifizierten Mitarbeitern in einem Verlag, in dem sie Anfang der 50er Jahre arbeitete, zog sich Mimi Brichmann innerlich zurück und definierte ihre Tätigkeit als Redakteurin bzw. Übersetzerin eher formal als Beitrag zum „Aufbau des Sozialismus". In Konfliktsituationen wie dem 17. Juni 1953, dem 13. August 1961 oder dem August 1968 hielt sie jedoch im Inneren zur SED. Gleichwohl bestimmten Realismus und Hoffnung auf Veränderungen ihr politisches Denken. Fähig, ihre wachsende innerliche Kritik auch nach außen zu vertreten, war sie nicht.

Im Gegensatz dazu führten bei den verfolgten KPD-Mitgliedern, die Mitte der 50er Jahre oder noch später in die DDR kamen, nicht selten schon die Begegnungen und Gespräche im ZK der SED zu einer gewissen politischen Ernüchterung.[488] Daß die Betreuung unmittelbar durch das Zentralkomitee erfolgte, beschwichtigte allerdings auch die Repatriierten, die es bislang eher mit stupiden Bürokraten in der sowjetischen Provinz zu tun hatten. In dieser Situation hatten die Frauen über ihre weitere politische Biographie nachzudenken und sich zu entscheiden. Mit den Worten „Ich weiß, wo ich hingehöre", beschreibt Erna Kolbe ihre damalige Gedankenwelt. Sie stellte wie andere aus dem GULag kommende Kommunisten die Utopie einer sozial gerechteren Welt über die Realität der selbst erlebten Verfolgung.[489] Hoffnungen, in der DDR einen von Stalin „befreiten" Weg zum Sozialismus zu gehen, schienen ihr und anderen nach dem XX. Parteitag der KPdSU nicht unbegründet. Das schloß jedoch oft die verinnerlichte Akzeptanz der Überhöhung der Partei gegenüber dem einzelnen und der Gesellschaft ein. Alternativen waren für sie kaum denkbar. „Na, welcher Partei willst du dann angehören?", fragte sich Erna Kolbe. Ein Abrücken oder gar ein Bruch mit der SED und deren Ideologie war für sie nicht denkbar, zumal unter Berücksichtigung der politischen Situation in der Bundesrepublik der 50er Jahre.[490]
Nicht nur das fortgeschrittene Lebensalter behinderte zudem politische Alternativen oder gar den Weggang aus der DDR. Für Erna Kolbe, seit frühester Jugend in der kommunistischen Bewegung, war die Partei auch nach ihrer Rückkehr der

---

488 Ebenda, S. 145 ff.

489 Vgl. auch Erler, Rückführung, S. 435.

490 Vgl. die Sicht des späteren Dissidenten Erich Loest auf die Bundesrepublik 1956/57: „Eine Alternative wußte er nicht, undenkbar wäre es für ihn gewesen, nach Westdeutschland zu gehen. Das galt ihm als Adenauers kapitalistischer, revanchistischer Staat, dorthin verschwanden ehemalige Nazistudienräte und bezogen fette Pensionen, dort saßen Blutrichter Freislers im Amt, dort erschienen die Bücher von Dwinger und Skorzeny. Zunächst hätte er die Spionagebüros der Amerikaner, Briten und Franzosen durchlaufen müssen, ehe er aufgenommen worden wäre – unzumutbar. Die kalten Krieger vom RIAS und vom Ostbüro der SPD hätten nach ihm gegriffen – hätten sie etwa nicht? Was drei Millionen Bewohner der DDR als den lebenswerteren Weg sahen, hielt er für sich für unmöglich. Ihm galt ein noch so strapaziöser Sozialismus immer noch moralischer und zukunftsträchtiger als das perfekteste Wirtschaftswunder." Erich Loest, Durch die Erde ein Riß. Ein Lebenslauf, Hamburg 1981, S. 307.

einzige „Halt", die einzige Orientierung, und nicht nur, aber auch, weil sie ohne Mann und Tochter in ihre Heimatstadt Berlin zurückkehrte. Wenn sie die Partei nicht auch noch verlieren wollte, waren Kompromisse, Zugeständnisse unausweichlich. In einem bürokratischem Akt erhielt sie ihre alte Parteimitgliedschaft aus dem Jahre 1923 zurück. Für sie reichte das als Anerkennung ihrer Unschuld aus. Weder die Frage nach öffentlicher politischer und gesellschaftlicher Aufarbeitung der Vergangenheit noch nach moralischer Rehabilitierung stellte sich ihr zwingend. Gleichwohl versuchte sie, ihre eigenen Erfahrungen im Kreis von Parteimitgliedern zu thematisieren: „Immer hast du versucht, das Thema, daß du verhaftet und verbannt warst, anzusprechen. Das hat dich hier anrüchig gemacht. Da war ein Mißtrauen, weil die SED-Mitglieder die jahrelange Beeinflussung und Darstellung der Persönlichkeit von Stalin so schnell gar nicht überwinden konnten. In allem habe ich persönlich immer ein gewisses Mißtrauen gespürt, etwa in der Weise, ‚vielleicht hat sie persönlich nichts gemacht, aber durch Verbindungen, durch Freunde, durch Denunziation' ist sie hineingeraten. Weil ich mich vollständig unschuldig fühlte, hab' ich nie einen Hehl daraus gemacht. Wer mich gefragt hat, dem hab' ich auch gesagt, daß ich unter Stalin in der Sowjetunion gesessen habe."

Erna Kolbe mußte bald erkennen, daß es vorteilhafter war, ihre Geschichte für sich zu behalten. Schließlich gab sie Frieda Siebenaicher, nach ihrer Übersiedlung Mitte der 60er Jahre, den Rat, in der DDR über die Lager- und Verbannungszeit nicht zu sprechen.

Sobald sie gesundheitlich in der Lage war, nahm sie an der Parteiarbeit in ihrem Wohngebiet teil. Daß sie dabei auch in ihren ehrenamtlichen Funktionen auf andere Menschen fordernd und bedrückend wirkte, ist ihr wohl kaum bewußt. Dazu zählte die „Absicherung" der Wahlbeteiligung und der „Beflaggung" an offiziellen Feiertagen ebenso wie die unterschwellige Höherbewertung von Parteimitgliedern. Ernas unumschränkte Anerkennung der SED und damit zwangsläufig die Infragestellung ihrer eigenen Persönlichkeit macht folgende Schilderung deutlich: „Um meinen 60. oder 65. Geburtstag herum wurde ich vom ZK vorgeladen. Ich sollte mich in der Zentralen Parteikontrollkommission melden. Die ganzen Nächte davor, das war'n noch drei Tage, habe ich nicht schlafen können. Ich fragte mich, ‚hast du irgendwo gequatscht, hast du die Sache irgendwo mies gemacht?' Ich hab' ja immer die Schuld bei mir gesucht, weil ich dachte, jetzt hast du irgendwie einen Fehler gemacht und nun werden sie dir eine Predigt halten.[491] Und da sagt der Genosse zu mir: ‚Ich möchte dir gratulieren, das ZK hat dir als Belobigung für deine Verdienste in der Illegalität eine Reise nach Sotschi in die Sowjetunion geschenkt.' Ich bin beinahe in Ohnmacht vor Freude gefallen. Da war'n mir drei Zentner von der Seele."

Die Idee einer sozial gerechten Welt hatte in Erna Kolbes Augen einst die KPD, nunmehr die SED vertreten. Außerhalb der Partei schien ein Handeln für eine an-

---

491 Die gleichen Schuldgefühle bohren in der Kommunistin auch während der Moskauer Untersuchungshaft: „Ich habe immer im Kopf gehabt: ‚Warum hat's dich betroffen, wo hast du dich schuldig gemacht?'" Stark, Frauenbiographien, S. 111.

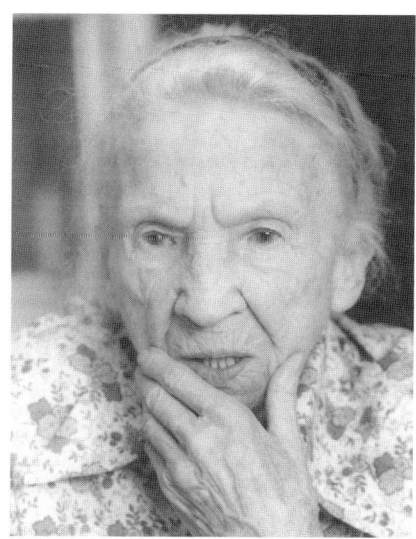

Abb. 41
Klara D. während des Interviews 1991.

dere Art von Sozialismus undenkbar. Dies in Kauf nehmend, lebte Erna wie andere Kommunisten und ehemalige GULag-Häftlinge in der Illusion, mit und in der SED an der Verwirklichung sozialistischer Ideen teilzuhaben.

Auch Anna Etterer war „sicher", daß ihre Ideale in der DDR verwirklicht würden. Sie organisierte nach ihrer Übersiedlung in die DDR „Freundschaftszüge" in die Sowjetunion, stand als Sanitäterin am 13. August 1961 hinter dem Brandenburger Tor[492] und arbeitete als Rentnerin in der Veteranenkommission der SED-Kreisleitung. Von sich sagt sie: „Ich hab immer meine Pflicht getan, sozusagen als Kommunist. Nehme ich an."

Klara D. war durch ihre Verhaftung in der Sowjetunion politisch desillusioniert. Der Partei wollte sie sich nie mehr zuwenden. Dennoch trat sie nach ihrer Übersiedlung 1956 in die SED ein. Als Motive nennt sie die „Sorge", die sich die SED um sie machte, und die unerwartete Anerkennung ihrer seit 1921 währenden Parteimitgliedschaft. Lediglich zahlendes Mitglied wollte Klara D. jedoch nicht sein. Ob aus Dankbarkeit, Gewohnheit, der Erinnerung an ihre frühere KPD-Zeit oder aus dem Gefühl, nichts schuldig bleiben zu dürfen, nahm die 53jährige anfangs aktiv an der Parteiarbeit im Wohngebiet teil. Ihr Eifer führte jedoch bald zur Ernüchterung: „Am Anfang habe ich immer in der ‚Nationalen Front' gearbeitet. Da mögen die Leute in der Berliner Straße über mich gelacht haben. ‚Die Alte rennt da rum, denkt Wunder was.' Ich bin ehrlich gegangen mit den Sammlungen und dem ‚Nationalen Aufbauwerk'. Und viele haben mir geantwortet: ‚Solange hier solch eine Unordnung ist, zahle ich nichts.' Was die Partei gemacht hat, soviel Dummheit und soviel Ärger. Nein, das hat mich dann nachher auch nicht mehr richtig gereizt. Als ich mehr und mehr dahinter kam, da dachte ich, nein, das lohnt nicht. Dann hab' ich mich zurückgezogen."

492 Vgl. die Reportage über diese Tage in: Für Dich. Illustrierte Wochenzeitung für die Frau, Nr. 32, 1981, S. 6 ff.

Antonie Satzger hatte sich nach der Verhaftung ihres Mannes 1938 in Moskau und der eigenen Verfolgung innerlich von der KPD abgewandt. Nach ihrer Übersiedlung in die DDR wollte sie deshalb zunächst nicht in die SED eintreten. Während eines Gesprächs in der „Kaderabteilung" des ZK der SED unmittelbar nach ihrer Ankunft gab sie ihre frühere Mitgliedschaft in der KPD nicht an, was sie auch in den Fragebogen eintragen ließ. Daraufhin erinnerte sie der Kadermitarbeiter an ihre Parteimitgliedschaft aus dem Jahr 1930 und nötigte Antonie, sich der „Wiederherstellung" der Parteimitgliedschaft „von oben" zu beugen.[493] Allerdings vermutete sie in der SED-Führung diejenigen, denen sie ihre Übersiedlung in die DDR und die gebotene materielle Sicherheit zu verdanken hatte. Vor diesem Hintergrund wurde aus anfänglicher Zurückhaltung schließlich Hinwendung, jedoch keine Unterwerfung gegenüber der Partei. Besonders in den 60er Jahren hatte Antonie fortwährende Auseinandersetzungen mit der örtlichen SED-Kreisleitung. Schon wenige Monate nach ihrer Übersiedlung verbreitete ein ehemaliger Sowjetexilant, der nicht verfolgt war, Gerüchte über ihre Verhaftung in der UdSSR. Daraufhin wurde sie vor die Parteikontrollkommission ihres Kreises gerufen und dahingehend verwarnt, über ihre Haftzeit in der UdSSR Stillschweigen zu bewahren. Während der Aussprache versuchte sie vergebens, ihre Lebensgeschichte und die Ursachen, die zur Haft führten, zu erklären.

Anfang der 60er Jahre verhinderte Antonie Satzger an ihrer Arbeitsstelle, einem örtlichen Krankenhaus, die Übergabe eines unfertigen Neubaus. Darüber entbrannte ein Streit mit den Bauingenieuren und der SED-Kreisleitung, die den Plan als erfüllt ansahen. In denunziatorischer Absicht warf man ihr vor, in der Sowjetunion inhaftiert gewesen zu sein. Um sich zu verteidigen, erklärte sie erregt den zuständigen SED-Funktionären die Situation, die seinerzeit zu ihrer Verhaftung geführt hatte: „Weißt du, wofür ich im Gefängnis war?' Das habe ich laut vor dem ganzen Gremium gesagt. Ich hab' genau gesagt, warum ich im Gefängnis war: ‚Ich habe nicht geklaut, ich habe niemand beraubt. Ich bin für meine Gesinnung ins Gefängnis gekommen, und weil ich meine Meinung gesagt hab', was mir nicht gepaßt hat. Damals wurde gesagt, das ist antisowjetische Agitation, anstatt die Fehler aufzurollen.' Dafür habe ich später einen Verweis bekommen, weil ich das gesagt habe. Der Hauptvorwurf der Kreiskontrollkommission war meine Erklärung, daß ich im Gefängnis war und in der Sowjetunion als politischer Häftling gesessen habe."

Weitere Auseinandersetzungen folgten in den nächsten Jahren. Antonie Satzger wehrte sich gegen Vorwürfe unerlaubten Konsums von „Westfernsehen", deckte einen örtlichen Korruptionsfall auf, der gerichtsnotorisch wurde, und setzte

493 Schon in ihrem Übersiedlungsgesuch von 1958 hatte Antonie Satzger ihre KPD-Mitgliedschaft nicht erwähnt. In ihrem SED-Fragebogen, den ein Kaderbeamter des ZK ausfüllte, ist in die Spalte „Seit wann gehören Sie der Arbeiterbewegung an?" die Antwort „nein" eingetragen und später „(7. 11. 1930)" hinzugesetzt worden. Nach „Klärung" dieser Unstimmigkeit trug man in die Spalte Parteimitgliedschaft „seit 7. 11. 30" ein. SAPMO im BArch, Berlin, Bestand SED, IV 2/11/v. 5108.

ihre Anerkennung als „Kämpfer gegen den Faschismus"[494] durch, nicht um des Titels, sondern der Gerechtigkeit willen. „Ich habe keine Angst vor der Parteikontrollkommission gehabt", resümiert sie, „ich hab' das Gefängnis von innen gesehen in der Sowjetunion. ‚Gut, dann guck ich an, wie es hier aussieht.' Das hab' ich in der Parteikontrollkommission gesagt. In der Beziehung hatte ich keine Angst mehr."

Nachdem Antonie Satzger in den 70er und 80er Jahren von den örtlichen Parteibehörden propagandistisch zunehmend in das Klischee der „Sowjetemigrantin" und „Arbeiterveteranin" gekleidet worden war, erschienen gelegentlich öffentliche Beiträge über sie, in denen ihre Lebensgeschichte geglättet und verfälscht wurde.[495]

Im Frühsommer 1989 publizierte die SED-Zeitschrift „Beiträge zur Geschichte der Arbeiterbewegung" die schon erwähnte Dokumentation von Briefen des Moskauer KPD-Führers Pieck, in denen er sich 1938/39 gegenüber den Kominternfunktionären Dimitroff und Manuilski für die Freilassung einiger deutscher Exilanten eingesetzt hatte. Darin fand auch der Ehemann von Antonie, Magnus Satzger, erstmals öffentliche Erwähnung, allerdings nur in einer Fußnote. Ein örtlicher Parteisekretär stieß auf den Namen und machte zuerst Antonie Satzgers Tochter, die in der SED-Kreisleitung als Putzfrau arbeitete, darauf aufmerksam. Während die SED-Kreisleitung die Aushändigung der Zeitschrift verwehrte, gestattete ein anderer Parteifunktionär zumindest Einblick. Obgleich bei Antonie Satzger Ratlosigkeit über die Herkunft der Dokumentation aufkam, empfand sie doch auch Genugtuung. Ganz anders hingegen war die Reaktion der örtlichen Kreisleitung, die noch 1989 den politischen Vorgaben der SED-Führung gegenüber den Opfern des Terrors in der UdSSR nahtlos folgte. Antonie Satzger: „Die Funktionäre der SED-Kreisleitung waren schockiert. Ausgerechnet bei ihnen! Sie wurden sozusagen aus der Ruhe aufgeschreckt. Die haben gar nicht darauf reagiert. Bloß hintenrum, auf der Straße, brachte mir ein ehemaliger SED-Funktionär sein Mitgefühl zum Ausdruck. Sonst absolut nichts. Keiner von denen hat sich entschuldigt, bis zum heutigen Tag."

494 Die SED-Führung unterschied seit 1958 zwischen „Verfolgten des Naziregimes" und „Kämpfern gegen den Faschismus". Obgleich dies positive finanzielle und moralische Gratifikationen bedeutete, wollte Antonie Satzger einzig ihren legalen und illegalen Kampf gegen das Naziregime anerkannt wissen. Vgl. Verordnung über die Stiftung der „Medaille für Kämpfer gegen den Faschismus 1933–1945" vom 22. Februar 1958, in: Gesetzblatt der DDR, Nr. 16, 8. März 1958, S. 198.

495 Exemplarisch dafür: „Während des Großen Vaterländischen Krieges war sie in der Sowjetunion in der Rüstungsindustrie mit tätig und half so als deutsche Antifaschistin mit, die faschistischen Aggressoren zu besiegen. Nach vielen Jahren führte sie der Weg aus der Emigration in ihre neue Wahlheimat nach Zwickau. Hier mußte sie erst Fuß fassen, denn sie stand nun mit ihren 4 Kindern allein da, der Mann war gefallen." Freie Presse, 10. August 1978, Lokalseite Zwickau-Stadt. Zu ihrem 75. Geburtstag erhielt sie ein Schreiben der SED-Kreisleitung, dem folgender Text entnommen wurde: „Der faschistischen Barbarei und Verfolgung ausgesetzt, emigriertest Du im Jahre 1933 in die Sowjetunion. Mit hoher Aktivität hast Du im Lande Lenins gearbeitet und standhaft gegen den Hitlerfaschismus gekämpft. Nach Deiner Rückkehr aus der Sowjetunion wurde von Dir mit großer Einsatzbereitschaft eine pflichtbewußte und fleißige Arbeit geleistet." 3. September 1986. Kopie in meinem Besitz.

Abb. 42
*Irmgard Schünemann während des
Interviews 1991.*

Organisatorisch hat sich Antonie Satzger nie von der SED gelöst. Innerlich entfernte sie sich jedoch immer mehr von der Funktionärspartei. Die Hoffnung auf
Verwirklichung ihrer Ideale und Vorstellungen wollte sie nicht aufgeben: „Ich
hatte wirkliche Ideale vom Sozialismus: Gleichberechtigung ganz besonders, vor
allem Ehrlichkeit zur Sache. Ich wollte jede Art von Gleichberechtigung. Das war
mein Ideal vom Sozialismus. Ich hab' mir einen reinen Sozialismus vorgestellt,
ohne diese Machenschaften."

Ihre ethische Gesinnung stieß jedoch immer wieder an die Grenzen des „realen
Sozialismus", die Antonie Satzger in ihrem persönlichen Umfeld zur Disposition
stellte. Die systemimmanenten Fehlkonstruktionen blieben ihr jedoch verschlossen. Um so mehr sah sie in den Handlungsweisen von Personen, vor allem von
politischen und Wirtschafts-Funktionären, die Ursachen für das bestehende Dilemma. Eingedenk der Misere jedoch blieb für sie die DDR, wie einst die Sowjetunion, die einzig denkbare, freilich verbesserungswürdige Alternative zu dem von
ihr verworfenen Kapitalismus. Abkehr kam für sie nicht in Frage: „Ich wäre nicht
mit mir zufrieden gewesen. Ich hätte mir dann gesagt, ‚jetzt hast du versagt'."

„Ich habe mich verpflichtet gefühlt"

Bei ehemaligen GULag-Häftlingen, die zuvor nicht Mitglied der KPD waren, spielte Dankbarkeit das bedeutendste Motiv für den Eintritt in die SED. Irmgard Schünemann stellte sechs Monate nach ihrer Übersiedlung einen Aufnahmeantrag.[496]
Auf die Frage, wie es zu ihrer Mitgliedschaft in der SED gekommen sei, antwortete sie: „Zwang war es keiner, das muß ich sagen. Ich weiß noch, ich bin mit einer

---

496 SAPMO im BArch, Berlin, Bestand SED, IV 2/11/v. 5162.

Abb. 43
Brunhilde Hebel Mitte der 60er Jahre.

anderen Rückkehrerin früh zur Arbeit gegangen. Da sagte sie: ‚Weißt du, wir müssen jetzt eigentlich in die Partei eintreten. Die haben hier soviel für uns getan, haben uns Wohnungen gegeben und haben uns geholfen, erstmal hier Fuß zu fassen.‘ Und da sind wir im ZK aufgenommen worden. Es hat keiner gesagt, ich soll eintreten, ich hätte es nicht gebraucht. Aber ich habe mich verpflichtet gefühlt.“

Ruth Z. wollte dagegen schon Mitte der 30er Jahre in der UdSSR in die KPD bzw. KPdSU eintreten. Ihr sowjetischer Lebensgefährte riet ihr damals ab. In der DDR realisierte sie ihr damaliges Vorhaben. Bald nach ihrer Übersiedlung stellte sie einen Aufnahmeantrag für die SED. Über ihre Motive sagt sie: „Ich wollte unbedingt! Trotz der negativen Erfahrungen, die ich mit meinem Schicksal in der Sowjetunion machen mußte, war ich für den Sozialismus und für den Kommunismus. Ganz einfach, weil ich das richtig fand.“ Ruth nahm die Verfolgung von deutschen Exilanten in der UdSSR als Einzel- oder Gruppenschicksal wahr, nicht als Massenphänomen. Dieser Umstand schien für sie die Diskreditierung der kommunistischen Bewegung und Idee in Grenzen zu halten. Das Massenphänomen des Terrors wurde ihr erst 1991 bewußt, als sie das Buch „In den Fängen des NKWD“ in die Hand bekam und in einem Zug die annähernd 1100 Kurzbiographien von Opfern las. „Ich habe einen richtigen Schreck bekommen“, erinnert sie sich ihres ersten Eindrucks, „damals habe ich das gar nicht so gesehen.“

„Ich werde nicht eintreten“

Brunhilde Hebel wandte sich als einzige vor 1933 organisierte Kommunistin nach 1945 von der KPD bzw. SED ab. Bereits nach ihrer ungewollten Rückkehr aus der UdSSR und der Auslieferung ihres Mannes an Deutschland 1941 begannen die Kontroversen mit ehemaligen KPD-Genossen. Ihre Erlebnisse in der Sowjetunion,

das Erfahrungswissen über den Terror und die Haltung der Moskauer KPD-Funktionäre sowie die späteren Geschehnisse in der SBZ bzw. DDR ließen es ihr ratsam
erscheinen, nicht der SED beizutreten. Zu ihren nach 1945 wahrgenommenen Erfahrungen zählten unbegründete Verhaftungen von unbescholtenen Nachbarn
durch den sowjetischen Geheimdienst in der SBZ ebenso wie die unverkennbare
Ausrichtung der SED an der politischen Linie der KPdSU. Derartige Erlebnisse zer-
störten Brunhilde Hebels Hoffnungen auf eine veränderte Partei, verfestigten ihre
Skepsis und legitimierten die Abkehr von der SED. Auch der Mitarbeit in politischen Massenorganisationen stand sie anfangs nicht nur wegen ihrer zwei heranwachsenden Kinder passiv gegenüber, was ihr 1955 folgende Denunziation ein-
brachte: „Ich bitte eine Aussprache mit der oben genannten Kameradin (Brunhilde Hebel, M. S.) herbeizuführen, und sie zu veranlassen, daß sie sich in die Gemeinschaft einfügt. Es wird darüber Klage geführt, daß sie keine Versammlung
besucht, sich aus der Hausgemeinschaft heraushält, […] und so ein schlechtes Beispiel abgibt. Die Hausgemeinschaft steht auf dem Standpunkt, daß Menschen, die
von der Gesellschaft etwas nehmen, gemeint ist damit die VdN-Rente, […] auch
verpflichtet [sind] der Gesellschaft etwas zu geben."[497]

Die weitere Entwicklung in der DDR und der SED beobachtete Brunhilde
Hebel mit Aufmerksamkeit. Ihre kritische Wahrnehmung bestätigte sie auch in
späteren Jahren in ihrer Abkehr von der SED: „Ich erkannte die Politik. Ich kannte auch einen Ulbricht. Ich kannte das doch. Und die vielen Verhaftungen, die hier
auch waren: Merker, Lex Ende, Wollenberger. Alle, die ich als gute Genossen
kannte. Und die wirklich gute Genossen waren, die blieben völlig im Hintergrund, die kamen nicht an die Macht. Die anderen, die kannte ich ja gar nicht. Alles, was getan wurde, das mißfiel mir. Und vor allen Dingen hatte das soviel Ähn-
lichkeit mit dem, was ich in der Sowjetunion erlebt habe. Es sind ja hier auch wer
weiß wie viele Genossen verhaftet worden, die heute alle rehabilitiert sind. Und
das habe ich gewußt. Was hätte ich noch in die Partei gehen sollen?"

Sieben Frauen blieben auch nach der Übersiedlung parteilos. Zumindest Frieda Siebenaicher und Julie Bevern erinnern sich subtiler oder offener Nötigungen
durch lokale SED-Funktionäre, Mitglied der SED zu werden. Frieda Siebenaicher
behielt nicht zuletzt aus diesem Grund die Staatsbürgerschaft der UdSSR bis Anfang der 90er Jahre bei und entzog sich so der Parteimitgliedschaft.

Besonders durch Parteifunktionäre und -mitglieder ihres Wohngebietes fühlte sich Frieda Siebenaicher wiederholt gedemütigt und bevormundet: „Hier im
Wohngebiet war ein alter Genosse, Vorsitzender der ‚Nationalen Front'. Der hat
mich gleich an die Hand genommen und herumkommandiert. Ich hab' nichts
mehr selbständig gemacht. Das haben die alles gemacht und gesagt, was ich
machen soll. Ich mußte überall eintreten und die ganzen Beiträge zahlen. Nach einem halben Jahr hab' ich die Altstoffannahme hier übernommen. Da hab' ich den
ganzen Altstoff gemacht. Später habe ich als Übersetzer der Deutsch-Sowjeti-

497 LVA-EB, Akt.-Z. A 5401.

Abb. 44
Frieda Siebenaicher während
des Interviews 1990.

schen Freundschaft gearbeitet. Ich bin mit denen überall rumgefahren. Etwa zwei
oder drei Jahre. Das war eine sehr schöne Zeit. Aber dann war mir das auch zuviel. Ich sollte politisch was sagen. Da hab' ich ‚nein' gesagt, ich übersetze keine
politischen Reden."

Und an anderer Stelle antwortet Frieda Siebenaicher auf die Frage, warum
sie beinahe alle Instruktionen befolgte: „Ich konnte nicht nein sagen. Ich war das
nicht gewöhnt, gar nicht." Julie Bevern antwortete hingegen den auf ihre Parteimitgliedschaft drängenden Funktionären: „‚Bitte schön', hab' ich gesagt, ‚ihr
könnt mir die Wohnung nehmen, ihr könnt mir das VdN-Buch nehmen.[498] Wenn
ich fühle, daß ich was bewußt machen kann, tue ich das von alleine. Da braucht
man mich nicht zu überreden, aber so nicht, ich werde nicht eintreten. Mein
Mann ist kaputt gegangen. Ich habe 18 Jahre in der Taiga verlebt.' Das haben sie
auch akzeptiert. Aber man hat mich diese Entscheidung in verschiedener Beziehung spüren lassen, man hat mich kürzer gehalten als solche, die in die Partei eingetreten sind."

Auch die übrigen Frauen betonen in den Interviews ihre parteipolitische Un-
abhängigkeit. Dennoch ließen sie kaum Zweifel darüber aufkommen, daß sie mit
der SED-Politik sympathisierten, ohne ihr freilich in allem zu folgen.

Es fragt sich, wie weit bei den in der SED organisierten wie auch bei den unorganisierten Frauen die „mentale Interaktion" mit der SED ging. Das Unbehagen
war auf beiden Seiten latent und verlor sich, wenn überhaupt, erst spät. Eine Neuorientierung, wie sie bei Intellektuellen gerade nach dem XX. Parteitag der KPdSU
erfolgte, war für die interviewten Frauen kaum möglich. Ihre gesundheitlichen
und psychischen Schädigungen und vor allem ihre biographischen Erfahrungen
versetzten sie nicht in die Lage, eigenständige Entwürfe zu gestalten und zu ver-

498 Gemeint ist die Streichung als „Verfolgte des Naziregimes", was mit dem Wegfall einer Ehrenrente verbunden wäre.

Abb. 45
Julie Bevern während eines Interviews 1991.

folgen. Der umfassenden Umklammerung der SED konnten sie sich nicht entziehen, gerade weil ihre künftige Existenz von ihr abhängig und der „Westen" in
ihren Augen diskreditiert war. Zudem verbanden sie ihre Hoffnungen auf eine
sozial gerechte Welt – unabhängig vom eigenen Schicksal – nach wie vor mit dem
„realen Sozialismus", wie er sich in der DDR und im Osten Europas entwickelte.
Zuversicht auf substantielle Veränderungen der Sozialismuskonzeption und der
bestehenden Machtstrukturen können ebenso unterstellt werden wie verpflich-
tende Dankbarkeit gegenüber der Partei. Auch in der Jugend bzw. im Sowjetsystem verinnerlichte Verhaltensweisen wie Autoritätsgläubigkeit, Disziplin,
Fleiß, aber auch Glaube und Zukunftshoffnung wirkten fort. Augenscheinlich für
das parteipolitische Engagement der Remigrantinnen war ihr ehrliches und unei-
gennütziges Handeln, das der SED-Apparat für seine Zwecke instrumentalisierte.
Intern blieben aber auch Zweifel am praktizierten Sozialismusmodell bestehen.
Intellektuelle Barrieren, die Vereinzelung eigenen biographischen Erlebens, vor
allem aber der von der SED-Führung verhinderte öffentliche Diskurs gestatteten
den Rückkehrerinnen nicht, die Fehlkonstruktion des Systems durch eine Ver-
knüpfung der wahrgenommenen Probleme mit den eigenen biographischen Erfahrungen zu erkennen. In der Anpassungsphase der ersten Jahre kam es jedoch
immer wieder zu kleineren und größeren Konflikten mit der bestehenden politischen Ordnung, die offen oder intern ausgetragen wurden. Erst nach diesen
Erfahrungen, die meist mit Zurechtweisungen endeten, und eingedenk des fort-
schreitenden Lebensalters zogen sich die Interviewpartnerinnen mehr und mehr
in die Privatheit zurück, ohne der SED den Rücken zu kehren.
    Die Öffnung der Verfolgten gegenüber der SED hatte sicher sehr viel stärker
soziale als politische Gründe. Der einzige soziale Raum, der sich den Betroffenen
scheinbar wie von selbst öffnete, war zunächst die SED, und er blieb für die meisten sehr wichtig. Die Frauen knüpften dort an, wo Anfang der 30er Jahre der

Faden gerissen war. Damals wie später fungierten sie als, wie Brunhilde Hebel es nannte, „Treppenterrier", sammelten Geld und Altstoffe, sorgten für hohe Wahlbeteiligung und betrieben Agitation und Propaganda im kleinen. Ihr Betätigungsfeld war die Parteigruppe oder die „Nationale Front" des Wohngebietes. Politisch gestalten konnten sie auch dort nur selten. Dennoch fühlten sich die Frauen aufgehoben und meist gebraucht. Ohne die Partei schien ihnen ihr Leben sinnentleert.

„In der Vergangenheit treu und aktiv gekämpft"

Anfang der 6oer bzw. 7oer Jahre versuchte das Ministerium für Staatssicherheit (MfS) der DDR, einige Interviewpartnerinnen für konspirative Tätigkeiten zu gewinnen. Mimi Brichmann und Erna Kolbe sprachen über diese Erfahrungen von sich aus und gaben, wie andere Frauen auch, ihre Zustimmung für entsprechende Recherchen beim Bundesbeauftragten für die Unterlagen des Staatssicherheitsdienstes. Mit Bedrückung erinnert sich Mimi Brichmann an diese Zeit. Der absolute Zugriff des MfS auf alle sie und ihren Mann betreffenden Informationen ernüchterte sie ebenso wie die Ohnmacht einer Institution gegenüber, die vorbei an regulären Gesetzen gegen jeden aktiv werden konnte. Unter diesem Druck erklärte sie sich 1961 gemeinsam mit ihrem Mann bereit, zeitweilig konspirative Treffen von MfS-Mitarbeitern in ihrer Wohnung zu gestatten.[499] Auch Erna Kolbe und Adele Schiffmann fungierten für das MfS einige Jahre als Inhaber „konspirativer Wohnungen".[500] Die Frauen sind wie andere Personen über eine zielgerichtete Einsichtnahme und Auswertung unterschiedlichster Personalakten in den Auswahlkreis der Stasi gekommen.[501] Bevor die Stasi-Agenten die Kandidatinnen „anzuwerben" versuchten, betrieben sie eine intensive „Aufklärung" der Personen und ihrer Wohnungen. Mimi Brichmanns „Vorlaufakte" begann beispielsweise am 27. Dezember 1960 und wurde mit dem „Anwerbungsbericht" vom 15. September 1961 abgeschlossen. Die Akte beinhaltet auf annähernd 30 Blatt Unterlagen ihrer Personalakte und der ihres Mannes, Lebensläufe, Paßfotos, „Ermittlungsberichte" und „Aufklärungsergebnisse" über die vorgesehene Wohnung.[502]

Gerade aus dem Kreis der „Verfolgten des Naziregimes" glaubte das MfS, neue Helfer für seine geheimdienstliche Tätigkeit erfolgversprechend rekrutieren zu können. Die langjährige Mitgliedschaft in der KPD bzw. SED und der eingeübte Verhaltenskodex aus „Zuverlässigkeit und Ehrlichkeit" prädestinierten die Frauen

---

499 BStU, AP 4060/61 und BStU AIM 12434/66.

500 BStU AIM 12/65 u. BStU, Suhl AIM 132/79. Ein Anwerbungsversuch gegenüber Brunhilde Hebel als Betreiberin einer „Konspirativen Wohnung" ist vom MfS aus „operativen" Gründen 1961 eingestellt worden. Vgl. BStU AIM 8684/62.

501 BStU AP 4060/61 und BStU AIM 12434/66.

502 BStU AIM 12434/66.

in den Augen des MfS. Während der „Anwerbungsgespräche" hoben die Stasi-
Agenten die KPD-Vergangenheit ihrer Opfer hervor und köderten sie meist mit
ideologischen Schlagwörtern vom „Friedens- und Klassenkampf". Die „Basis
der Werbung", so die Terminologie des MfS, erfolgte bei allen „ideologisch" oder
„durch Überzeugung".[503]

Der Zeitpunkt der Anwerbung bzw. „Verpflichtungserklärung" war das Jahr
1958 bei Erna Kolbe, 1961 bei Mimi Brichmann und 1972 bei Adele Schiffmann.
Die Nutzung ihrer Wohnung als „konspirativer Treff" währte zwischen zwei und
sechs Jahren, bis ein MfS-Dekret die Maßnahmen wegen unterschiedlicher „Umstände" aufhob.

Während der Anwerbung bzw. der Zusammenarbeit spielte auch die Lager-
vergangenheit eine Rolle. Erna Kolbe ließ anfangs gegenüber dem Führungsoffizier nichts über ihre GULag-Haft verlauten. Erst im November 1961 weihte sie ihn
ein, und er schrieb sogleich einen Bericht an seine vorgesetzte Stelle. Darin heißt
es: „Die KW-Inhaberin setzte voraus, daß ich über ihre Vergangenheit eingehend
unterrichtet bin, während in Wirklichkeit all das, was sie mir berichtete, vollkommen neu war. Sie erzählte mir, daß sie von 1937 bis 1947 in der Sowjetunion wegen
konterrevolutionärer Tätigkeit in Haft war."[504] Der Führungsoffizier machte auf
eventuell auftretende Gefahren aufmerksam, da die „KW-Inhaberin häufig – auch
aus ehemaligen Emigrantenkreisen – Besuch in ihrer Wohnung hat". In diesem
Zusammenhang wies der Berichterstatter darauf hin, daß die in England lebende
Schwester „wegen ihrer Zugehörigkeit zur Brandler-Fraktion aus der KPD ausgeschlossen wurde" und vor kurzem bei Erna Kolbe zu Besuch war. Das aufgekom-
mene Mißtrauen verflüchtigte sich jedoch nach wenigen Monaten.[505]

In einem „Aussprachebericht" über Adele Schiffmann hieß es am 7. September
1972: „Daß sie 16 Jahre ihres Lebens in einem sowjetischen Arbeitslager verbracht
habe, führte Genn. Sch.[iffmann] lediglich auf Stalins falsche Handlungsweise zurück und ist nach wie vor ein Freund der Sowjetunion. Diese Freundschaft drücke
sich auch darin aus, daß sie […] gegenüber anderen Personen über ihr Mißgeschick nichts verlauten ließe."[506]

Bei den MfS-Recherchen über Mimi Brichmann ist die Lagerzeit ebenfalls aufmerksam registriert worden. Der „Vorschlag zur Werbung als KW"[507] vom 12. Juli
1961 machte darauf aufmerksam, daß sie als Angehörige ihres Mannes, der „ohne
ihr Wissen" einer „oppositionellen Gruppe" angehörte, 1937 verhaftet wurde.
Man schätze die ehemalige Inhaftierte als „durchaus politisch zuverlässig" ein, da
sie „aus der Verhaftung […] keine Schlußfolgerungen negativer Art zog. Sie sieht,

---

503 BStU AIM 12434/66, BStU AIM 12/65, BStU, Suhl AIM 132/79.
504 BStU AIM 12/65.
505 Ebenda. In einer „Einschätzung" vom 20. August 1962 heißt es: „An der politischen und per-
    sönlichen Zuverlässigkeit der KW-Inhaberin besteht kein Zweifel. Sie ist eine der Partei treu er-
    gebene Genossin, die stets ihre persönlichen Belange hintanstellt."
506 BStU, Suhl AIM 132/79.
507 Gemeint ist „konspirative Wohnung".

entsprechend der damaligen Verhältnisse, die Internierung als gerechtfertigt an, auch wenn durch den XX. Parteitag eine Revision der Politik unter Stalin vorgenommen wurde".[508] Diese Aussagen unterstellten Mimi Brichmann, die Verfolgung ihres Mannes und ihre eigene als „gerechtfertigt" anzuerkennen – was Mimi Brichmann freilich nie getan hat –, und das zu einem Zeitpunkt, als selbst die KPdSU-Führung die Verbrechen Stalins kritisiert hatte.

Die jahrelange Verfolgung der Frauen in der UdSSR interessierte die MfS-Agenten nur als Aspekt in der politischen Biographie, der als persönliches „Mißgeschick" und „fehlerhafte Handlungsweise Stalins" interpretiert, dennoch aber aufmerksam behandelt wurde. Ob in den zitierten MfS-Berichten, die ja in den Dienststuben des MfS im nachhinein produziert wurden, tatsächlich die Worte der ehemaligen GULag-Frauen wiedergegeben worden sind, ist eher fraglich. Zumindest dürften sie tendenziell der politischen Linie der SED bzw. den Erwartungen der Vorgesetzten angepaßt worden sein. Viel wichtiger als der „biographische Makel" waren für das MfS Verschwiegenheit und Zuverlässigkeit, die sie bei den Frauen meist vorfanden. Solche Eigenschaften konnten der Erziehung und Disziplinierung innerhalb der KPD und des GULag ebenso entstammen wie der Angst vor neuer Herabsetzung oder Verfolgung. Mimi Brichmann versuchte dennoch von Anfang an, die Kontrolle über ihre ungewollte Beziehung zur Staatssicherheit zu behalten. Konspirative Treffen während ihrer Abwesenheit versagte sie den Agenten. Daher funktionierte das MfS nach weniger als zwei Jahren die „Konspirative Wohnung" in eine „Deckadresse" um. „Die KW-Inhaber" gehörten zu den Menschen, ließ der zuständige Stasi-Mitarbeiter 1966 in seinem Abschlußbericht wissen, „die wohl in der Vergangenheit treu und aktiv gekämpft haben, jetzt aber langsam verbürgerlichen".[509]

Schweigen und Erinnern

Mimi Brichmann fand nach ihrer vergleichsweise frühen Rückkehr im Sommer 1948 besonders in ihren Eltern und Bekannten aufmerksame und unvoreingenommene Zuhörer für ihre biographischen Erzählungen. Über alles berichtete die 39jährige: die hoffnungsvolle Zeit der jungen Eheleute in Engels, die Verhaftung ihres Mannes, die Fehlgeburt, das Verschweigen dieser Ereignisse in den Briefen an die Eltern, die eigene Verhaftung und die Lagerzeit. „Ich habe absolut keine Hemmungen gehabt, dort zu erzählen, was wirklich war, was ich erlebt hatte in den Jahren", erinnert sich Mimi Brichmann. Der Vater zeigte sich jedoch als kritischer Zuhörer. Auf Mimis Versuch, ihrem Aufenthalt in der UdSSR im nachhinein einen Sinn zu geben – „in der Zeit habe ich gut Russisch gelernt" – reagierte der Vater mit der Erwiderung: „Dafür hast du aber zu teuer bezahlt."

---

508 BStU AIM 12434/66.
509 Ebenda.

Die Rückkehrerin nutzte die Gelegenheit des biographischen Austausches mit
Angehörigen und Freunden unbelastet und ausgiebig. Selbst während der Gespräche mit SED-Funktionären hatte sie nach anfänglicher Zurückhaltung über
ihre Lagerzeit gesprochen und den Eindruck gewonnen, man würde ihr nicht mit
Mißtrauen begegnen. Auch als sie 1949 ihre Arbeit als Redakteurin für russische
bzw. sowjetische Literatur im Verlagswesen begann, schilderte sie vor den Mitgliedern der „SED-Betriebsorganisation" in groben Zügen ihre Erlebnisse in der
UdSSR, Verhaftung und Lagerzeit nicht ausgenommen. Daß niemand vertiefende
Fragen stellte, kam ihr keineswegs ungelegen. „Es war immer noch ein Gefühl in
mir drin, wenn du diese Scheußlichkeiten, die dir zugestoßen sind, jetzt darlegst,
kompromittierst du damit die Sowjetunion. Ich hab' mich geschämt für die Sowjetunion, nicht für mich." Damit fand der öffentliche Umgang mit der biographischen Erfahrung mehr oder weniger seinen Abschluß. Besonders die Verstän-
digungen in der Privatsphäre, das entgegengebrachte Interesse und Verständnis
für die körperlichen und seelischen Deformationen nahmen Mimi Brichmann die
Angst vor der Erinnerung. Ihre drängendsten Bedürfnisse nach Mitteilung schienen damit befriedigt worden zu sein. Mit dem Einstieg in eine anspruchsvolle und
fordernde Berufskarriere sowie einer neuen Partnerschaft Anfang der 50er Jahre
verlor das Vergangene an Gewicht. „Ich hab' sie verdrängt", konstatiert Mimi
Brichmann, „ich wollte sie nicht und ich brauchte sie nicht mehr." Sie selbst teilt
ihre Biographie in „drei Leben" ein; in die Zeit vor dem Lager, die des Lagers und
die darauf folgende. In diesem Zusammenhang resümiert sie: „Als ich zurückkam
in die Heimat, besonders nachdem ich wieder geheiratet hatte, konnte ich mir gar
nicht mehr vorstellen, daß ich das selber mal alles durchgemacht habe. Es war so,
als wäre es jemand anderes gewesen oder als hätte ich irgendwann einmal gelebt
und sei jetzt wieder zum Leben auferstanden."

Aber nicht nur das Verdrängen der traumatischen Erinnerungen um psychischer Entspannung willen zeigte sich bei Mimi Brichmann. Auch das schon ange-
deutete Schweigen aus politischer Loyalität gegenüber der UdSSR entwickelte sich
im Laufe der Zeit fort und wurde nicht zuletzt durch gesellschaftspolitische Entwicklungen in der DDR gefördert. Als Mimi 1956 an der Übersetzung von Ilja Eh-
renburgs „Tauwetter" im Berliner „Verlag Kultur und Fortschritt" mitarbeitete,
verband sie mit diesem Roman noch Hoffnungen auf eine Liberalisierung nicht
nur in der UdSSR.[510] Anfang der 60er Jahre bekam sie als Verlagsmitarbeiterin den
Auftrag, ein internes Gutachten über Solschenizyns Erzählung „Ein Tag im Leben
des Iwan Denissowitsch" zu verfassen. Zunächst war sie von dem Text sehr beeindruckt und fand ihr eigenes Leben „literarisch gestaltet". Dennoch fiel ihr Gutachten negativ aus: „Ich habe mir gesagt, was nützt das, wenn man das jetzt der
deutschen Bevölkerung präsentiert, was für Lehren kann sie daraus ziehen? Es
kann nur eine Abkehr von der Sowjetunion bewirken. Aber schließlich waren
die Lager nicht die ganze Sowjetunion, und entsprechend hab' ich dann meine Be-

---

510 Ilja Ehrenburg, Tauwetter. Roman, Berlin 1957.

Abb. 46
Adele Schiffmann während des
Interviews 1991.

urteilung abgefaßt. Ich hab' es für künstlerisch gut gehalten und für die Sowjetunion sicher wertvoll, dort veröffentlicht zu werden. Aber ich hab' erklärt, ich
würde darin keinen Nutzen für die deutsche Bevölkerung sehen. Zum damaligen
Zeitpunkt, davon war ich fest überzeugt, hatte das keinen Sinn. Die Lagerzeit ist
vergangen, warum soll man das aufrühren?"

Dekretiertes Schweigen

Die verfolgten Frauen, die erst Mitte der 50er Jahre in die DDR kamen, trafen auf
andere gesellschaftliche und familiäre Verhältnisse als Mimi Brichmann. Alle Interviewpartnerinnen erinnern sich des durch die SED-„Kaderabteilung" ausgesprochenen Redeverbots. Gegenüber den ehemaligen KPD-Mitgliedern schlug
man einen eher kameradschaftlichen Ton an, der auf politisches „Verständnis",
Disziplin und Loyalität gegenüber der Partei baute. Der scheinbar versöhnlichen
und interessierten Einladung – „erzähl' alles, du brauchst keine Angst haben" –
folgte das deprimierende „das kommt alles in den Panzerschrank". Gegenüber
Adele Schiffmann begründeten die Kaderbeamten das Redeverbot mit der ihnen
eigenen politischen Logik: „Das würden die Menschen in der DDR nicht verstehen. Die Russen, die Sowjetbürger sind ja unsere Freunde. Und deshalb soll darüber nicht gesprochen werden. Wir sollten sagen, wir waren im Ausland, in der
Emigration und aus. Das war ganz streng. Darauf wurde geachtet. Hier hat das
auch lange niemand gewußt."

Gegenüber den unorganisierten Frauen gebrauchten die ZK-Angestellten die
Belehrung und das offene Verbot. Sie schreckten aber auch vor drohenden Gebär-
den nicht zurück. Ruth Z. mußte erfahren: „Das sollte nicht publik gemacht werden mit der Begründung: Das würde dem Aufbau des Sozialismus schaden, wenn

Abb. 47
Eva Schneider Mitte der 80er Jahre.

ich das jetzt groß austratschen würde. Es sind große Fehler gemacht worden, aber wir sind jetzt dabei aufzubauen, und jede Kraft wird zum Aufbau benutzt. Da brauchen wir nicht erst über das sprechen, was war. Das wissen wir, und die Gegenwart ist die Hauptsache."

Julie Bevern verängstigte die Weisung so sehr, daß sie selbst im privaten Familienkreis kaum wagte, über ihr Schicksal zu sprechen: „Als ich meine Eltern und Angehörigen das erste Mal sah, haben die sich sehr über meine Stummheit und Ängstlichkeit gewundert. Ich habe mir kaum was zu sagen getraut, weder drüben (in der Bundesrepublik, M. S.), wenn ich zu Besuch war, noch in Leipzig. Man hat immer geschaut, hoffentlich ist niemand mehr hinter dir. Man hat immer Angst gehabt, man hat sich nicht getraut, mit fremden Menschen oder mit Menschen, mit denen man gut bekannt war, darüber ein Wort zu verlieren. Ich hatte Angst, obwohl ich nicht in der Partei war, oder vielleicht gerade deshalb."

Julie Bevern knüpfte bei ihrem Umgang mit dem Redeverbot direkt an ihre Erfahrungen in der UdSSR während der „Säuberungen" an. „Es existierte eine Ungewißheit: ‚Was steht mir noch bevor?' Wenn man das erlebt hat, man wird willkürlich aus seiner Lebensbahn herausgerissen. Schon die Sache mit meinem Mann und dann mit mir. Danach kann man nur in Angst leben. Das waren ja alles Wunder, Wundergeschichten, Dinge, die man nicht für möglich gehalten hat."

Frieda Siebenaicher, die 1966 in die DDR übersiedelte, hatte noch in Moskau an der zeitweiligen Öffentlichkeit von Lagererinnerungen teilhaben können. Unter Leidensgefährtinnen gab es vielfältige Kontakte, bei denen auch die Lagerzeit verschiedentlich eine Rolle spielte.

Allerdings rieten ihr auch ehemalige Häftlinge ab, über ihre Lagerzeit in der UdSSR zu sprechen. Noch unmißverständlicher wurde ein Parteifunktionär ihres Wohngebietes, der sie kurz nach ihrer Übersiedlung aufsuchte: „Der G. hat mir gleich gesagt: ‚Verliere darüber kein Wort, daß du drüben gesessen hast, bei Stalin

Abb. 48
Ruth Z. während des Interviews 1991.

und was alles passiert ist. Darüber wird bei uns nicht gesprochen.' Ich konnte das überhaupt nicht verstehen. ,Ich denke, ich …' Er fuhr mir über den Mund: ,Frag nicht, ich kann dir das alles nicht so erklären, aber ich möchte dir nur sagen, wenn du deine Ruhe haben willst, schweige. Man kann das ganz falsch auffassen, daß du gesessen hast, 20 Jahre.' Ist doch so: Wer nichts weiß von der Stalinzeit, und ich hab' 20 Jahre im Lager gesessen! Da muß ich doch was gemacht haben. Umsonst sperrt man mich doch nicht 20 Jahre ein. Und dann habe ich geschwiegen. Niemand wußte hier, daß ich bei Stalin gesessen habe."

„Ich träume immer denselben Traum"

Für alle Frauen spielte der Umgang mit den Erinnerungen an die Verfolgung eine außerordentliche Rolle. Nicht jeder ehemalige GULag-Häftling will sich der Vergangenheit erinnern oder ist in der Lage, darüber zu reden. Gleichwohl ist es den Frauen schwer gefallen zu verdrängen und zu vergessen. Erst im Laufe vieler Jahre gelang es ihnen – nicht allen – ihre Erlebnisse zu verarbeiten und psychische Entspannung zu finden, auch wenn Alpträume und „Erinnerungsblitze" die folgenschwere Vergangenheit bis heute oft genug ins Leben zurückrufen. Das dekretierte Redeverbot und die gesellschaftspolitische Situation in der DDR beeinflußten maßgeblich den persönlichen Umgang mit der eigenen Lebensgeschichte. Die Handhabung der traumatischen Erinnerungen war für jede Interviewpartnerin ein beschwerlicher und differenzierter Vorgang, der aus unterschiedlichen, sich überlagernden, ablösenden und widersprechenden Umgangsformen bestand. Zugleich weisen diese individuellen Verarbeitungsmuster durchaus gleichartige Elemente auf.
    Besonders in den ersten Jahren nach der Übersiedlung bemühten sich alle Frauen mehr oder weniger stark, das Erlittene weitestgehend aus eigenem Antrieb

Abb. 49
Käte L. während des Interviews 1991.

zu verdrängen. Zu stark waren die emotionalen Belastungen der Leiden im Lager, der Zerstörung von Lebenszeit, des Verlustes von Kindern und Lebensgefährten. Eva Schneider berichtet: „Ich muß offen gestehen, daß ich mich an und für sich bemühte, über diese 20 verlorenen Jahre so gut wie nicht nachzudenken."

Drastischer drückte es Julie Bevern aus: „Ich konnte das gar nicht verkraften, dieses ganze Leben. Das war ja nur noch ein luftleerer Raum mit Qualen. Ich habe mich immer gewehrt. Ich hab' gesagt, ich will nicht mehr dran denken und ich will nicht mehr daran erinnert werden."

Auch Ruth Z. versuchte zu vergessen: „Das Lagerthema war bei mir nicht mehr akut. Was gibt mir denn das? Wozu soll ich daran denken? Was gäbe mir das, wenn ich immer daran denken würde und mir sozusagen dauernd der Kaffee hochkommt. Was habe ich denn davon? Oder andere Leute damit belästige, weil ich dauernd nur an sowas denke."

Antonie Satzger versuchte, sich ganz bewußt der Erinnerung durch angespannte Arbeit zu entziehen: „Ich hatte keine Zeit, darüber nachzudenken, oder ich habe mir die Zeit nicht genommen, weil ich mir immer wieder gesagt habe, du grübelst über irgendwas nach, was du nicht ändern kannst. Das macht dich dann verrückt, wenn du immer wieder darüber nachdenkst. Du kannst nichts mehr ändern. Die Zeit ist weg. Du könntest dich erinnern, aber jede Erinnerung tut weh."

Dem „vergessen wollen" stand jedoch das „nicht vergessen können" im Wege. Ganz unterschiedliche Dinge des Alltags oder Begegnungen mit Menschen förderten Erinnerungsbilder, die die Gedanken zur Verhaftung oder zum Lager zurückführten. Auch ein Übermaß an selbst auferlegter Arbeit und Beschäftigung konnte die bedrückenden „Erinnerungsblitze", die sich meist in weiterem Grübeln fortsetzten, nicht ausschließen. Gegenüber den Träumen der Nacht waren die Frauen überhaupt machtlos. Käte L. erinnert sich: „Ich hatte immer einen Traum, daß ich auf einmal irgendwo war und fast keine Klamotten mehr besaß. Man hatte mir wieder alles abgenommen, und ich hatte nichts mehr und mußte weg. Das war alles so verworren. Ich wußte bloß, daß ich nichts mehr hatte, nichts mehr zum Anziehen und so. Jetzt ist es nicht mehr so schlimm wie die erste Zeit. Da bin ich dann manchmal wach geworden vor Angst."

Irmgard Schünemann kann, wie andere Frauen auch, oft nur mit Schlaftabletten zu Bett gehen. Sie sagt selbst, die Erinnerungen seien „Gift", und dennoch kann sie sich bis heute nicht von ihnen trennen: „Ich kann schlecht schlafen. Ich muß immer eine halbe Tablette einnehmen. Das ist nicht gut, aber wenn ich das nicht mache, dann kommen mir diese Gedanken. Nur solche Gedanken kommen mir in den Kopf. Ich will nicht daran denken, aber es kommt immer wieder. Ich denke oft an meinen Mann, an den Vater und Bruder. Wie wurden sie damit fertig? Im Gefängnis, wie sie auf dem Fußboden lagen und geschlagen wurden. Was sie bloß gedacht haben, denk' ich immer."

Wenn Frieda Siebenaicher ein Auto mit Kohle sah, den Kohlenträger, der die schwarzen Steine in die Häuser trug, waren ihre Gedanken augenblicklich im Verbannungsort Karaganda, wo sie unter Tage selbst Kohle förderte. An den Hunger des Lagers erinnert bis heute ein häufig wiederkehrender Traum: „Ich träume immer denselben Traum, immer vom Lager. Ich weiß nur, daß wir auf den Brettern gesessen haben, und es geht ums Essen, um irgendein Stück Brot. Irgendwas haben wir geschachert. Es geht immer ums Essen. Und ich wache auf und ich hab' Hunger. Ich muß dann aufstehen und etwas essen, nachts, heute. Ich denke, mein Gott, was hab' ich denn wieder geträumt. Mir ist richtig schlecht. Ich muß dann ganz schnell aufstehen und etwas essen, und wenn's ein paar Bonbons sind. Die nehm' ich in den Mund und geh' wieder ins Bett. Dann ist's schon wieder gut. Das nimmt mich so mit. Du bist den ganzen Tag wieder damit beschäftigt und hast alles vor dir, das ganze Lager."

Auch Antonie Satzger konnte die ungerechtfertigte Verhaftung, den Verlust des Mannes und das Lagertrauma niemals vergessen: „Was mich am meisten und bis zum heutigen Tag bedrückt, ist, daß ich die acht Jahre und die Verbannungszeit unschuldig verbracht habe. Das ist wahnsinnig beklemmend. Darüber komme ich nicht weg. Ich möchte es verdrängen, aber es geht nicht. Und es passiert oft, daß dir Gedanken von der damaligen Zeit kommen. Das kann ich nicht einfach aus dem Gedächtnis herausstreichen. Schon ein kleiner Anlaß genügt, da hast du das wieder im Kopf. Es ist noch kein Monat vergangen in all den 33 Jahren, in denen ich jetzt hier bin, daß ich das irgendwie vergessen hätte. Ich muß damit fertig werden. Einmal mehr, einmal weniger. Manchmal drücken die Erinnerungen, bis ich einen Koller bekomme. Es fällt dir irgendwas ein, das dich soweit bringt. Innerlich preßt sich alles zusammen, es drückt und ich bekomme keine Luft. Die Erlösung kommt erst, wenn ich mich richtig ausheule. Einen richtigen Schüttelkrampf krieg' ich und muß alles herausweinen. Und das passiert oft."

Der Verständigung, dem Gespräch mit anderen Menschen stand das Redeverbot entgegen. Die Frauen hatten nun nicht nur das Lagertrauma zu bewältigen, sondern auch den Konflikt auszutragen, sprechen zu wollen, aber nicht zu dürfen.

Abb. 50
*Gertrud Platais während des
Interviews 1990.*

Nicht einmal zur Selbstverteidigung, wie Antonie Satzger berichtete, durfte die
lebensgeschichtliche Erfahrung herangezogen werden. Eine biographische Annäherung oder Öffnung gegenüber Fremden war riskant und wurde meist ver-
mieden. Nur mit Leidensgefährtinnen oder guten Freundinnen konnten sie über
die Lagerzeit sprechen. Oft begannen die Frauen während einer als angemessen
eingeschätzten Gesprächssituation vorsichtig und kontrolliert den Gesprächsfa-
den über die Erfahrungen in der UdSSR aufzunehmen. Aufmerksam beobachteten
sie die Reaktionen der Gesprächspartner, um über die Fortführung der Erzählung
zu entscheiden.

Der Erzählstau konnte aber auch so groß sein, daß er nicht mehr beherrschbar
war, wie dies Klara D. schildert: „Anfangs habe ich meinen Freunden immer nur
stückweise über meine Zeit in der Sowjetunion erzählt; daß ich da gearbeitet habe
und durch den Krieg bleiben mußte usw. Ich habe mich sehr vorgesehen. Über das
andere wollte ich nicht sprechen. Ich sagte mir, um Gottes willen, ich kann diese
Menschen – sie waren sehr gute, sehr ehrliche Genossen – nicht damit erschrek-
ken. Und eines Abends, ich weiß nicht, wie das kam, da fing ich an zu erzählen.
Und ich erzählte, wie alles war; wie ich dahin gekommen bin und daß ich nicht
wieder zurückfahren durfte usw., wie die ‚Tschistka‘ war, ich danach Landwirtschaft studierte und daß ich 1938 für gar nichts verhaftet wurde. Ich habe aber
alles nur ganz kurz, ganz schnell erzählt. Das war für den Mann schrecklich.
Dann hab' ich noch ein bißchen weiter erzählt. Als ich dann zu Hause war, da hab'
ich überlegt, was ich gemacht habe. Der Mann sagte mir später, er hat die ganze
Nacht nicht schlafen können. Er konnte damit nicht fertig werden, wie ein
Mensch, der gar nichts gemacht hat, der ein guter aufrechter Genosse ist, wie der
verhaftet werden kann. Er war krank. Er war ein bißchen schwach, herzschwach.
Das hätte ich gar nicht machen dürfen. Und da hab' ich mich vorgesehen und nie
wieder etwas erzählt."

Oft trafen die verfolgten Frauen auf Menschen, die ihren Erzählungen ungläu-
big und verschlossen gegenüberstanden. Brunhilde Hebels Erlebnisberichte sind
schon bald nach ihrer Rückkehr im Oktober 1940 auf Verständnislosigkeit ehemaliger KPD-Mitglieder, ja selbst eigener Angehöriger, gestoßen: „Als ich zurückkam,
hat sich für unser Schicksal keiner interessiert. Im Gegenteil, unsere eigenen Leute,
selbst meine Geschwister glaubten, wir hätten was getan. Denn, daß man Unschuldige verhaftet, glaubten die einfach nicht. Meine Geschwister sagten: ‚Ihr werdet
schon etwas gemacht haben.‘ Das ist wörtlich. Mein Bruder hat zu mir gesagt:
‚Unschuldige verhaftet man dort nicht.‘ Das glaubten die alle nicht. Viele Genossen
zogen sich vor mir mit der Meinung zurück, ‚na, die ist nicht ganz in Ordnung‘.“

Solche Zurückweisungen wirkten enttäuschend und hemmten eine weitere
biographische Öffnung. Adele Schiffmann erzählte befreundeten SED-Mitgliedern über ihr Leben und ihre Verfolgung in der UdSSR. Die Reaktion ernüchterte:
„Die haben sich das angehört. Ob sie mir geglaubt haben, weiß ich nicht. Gesagt
haben sie gar nichts, nicht ein Wort.“ Für die an Stalin und dem „Kurzen Lehrgang“ sozialisierten SED-Mitglieder hatten die Lebensgeschichten der Verfolgten
kaum eine Chance, besondere Glaubwürdigkeit zu erlangen. Zu sehr widerspra-
chen sie den von der SED gemachten geschichtlichen Vorgaben und eigenen politischen Leitbildern. Nach solchen Erfahrungen hüllten sich die Frauen fortan lieber in Schweigen, als ihr Leben als „Wundergeschichte“ oder gar als Lüge zurück-
weisen zu lassen.[511]

Dem bestehenden Bedürfnis nach biographischer Verständigung entsprach
auch die heimliche Beschäftigung mit Erinnerungsliteratur über sowjetische
Lager. Klara D. hatte schon in den 50er Jahren über eine westliche Radiostation
interessiert die Lesung von Margarete Buber-Neumanns Bericht „Als Gefangene
bei Stalin und Hitler“ verfolgt. Antonie Satzger und Gertrud Platais kauften in
den 70er Jahren im Westen Solschenizyns Buch „Archipel GULAG“ und schmuggelten es unter Gefahren in die DDR. Vor der Kontrolle der Grenzer hatte Antonie
Satzger keine Angst mehr: „Ich hätte klipp und klar gesagt, ich wollte überprüfen,
ob das Buch mit meinen Erfahrungen übereinstimmt. Dann hätte ich ausgepackt.
Da hätten sie mich sozusagen auf die Palme gebracht.“

---

511 Tatsächlich war die Aufnahme von Berichten stalinistisch Verfolgter selbst bei später dissiden-
     tischen Intellektuellen vor allem bis 1956 eher ablehnend. Dieter Borkowski las in den 50er Jah-
     ren Koestlers „Sonnenfinsternis“ sowie die Erinnerungen von Margarete Buber-Neumann und
     Susanne Leonhard, wie er heute bekennt, „etwas ungläubig“ und von „Zweifeln erfüllt“, in:
     Dieter Borkowski, Für jeden kommt der Tag … Stationen einer Jugend in der DDR, Berlin 1990,
     S. 24. „Alles Verleumdung, gemeine raffinierte Lügen von Renegaten“ war das Fazit Robert
     Havemanns über Koestlers Buch „Sonnenfinsternis“, das er bereits 1945 las. Havemann, Stali-
     nist und Antistalinist, S. 194. Karl-Heinz Jakobs schildert ein Gespräch mit Dodo Garai Mitte
     der 70er Jahre so: „Sie hatte mir Stunden und Stunden von ihrem Sibirien erzählt, aber begriffen
     hatte ich nicht viel. Schließlich faßte ich mir ein Herz und fragte, was haben Sie denn getan, daß
     man Sie nach Sibirien verschickte? Ich?, fragte sie erstaunt, na, nichts. Man kommt nicht ohne
     Grund ins Lager, sagte ich.“ Karl-Heinz Jakobs, Das endlose Jahr. Begegnungen mit MÄD, Ber-
     lin 1990, S. 17.

Obgleich der biographische Austausch mit Menschen und Büchern oft gesucht und gewollt war, verbanden sich damit auch seelische Belastungen und Schmerzen. Gertrud Platais schilderte 1993 in einem Brief, wie sie in ihrer Erfurter Wohnung den „Archipel GULAG" las: „Zu Hause habe ich immer verstohlen gelesen und bin auch nur bis zur Hälfte gekommen; bis dahin sind Striche und Anmerkungen. Es hat mich immer alles so aufgeregt, daß ich schließlich das Buch nahm, es hinter den anderen Büchern versteckte und nicht wieder vorholte."

„Das würde unserem Staat bloß schaden"

Das verordnete Schweigen versetzte die ehemaligen GULag-Häftlinge immer wieder in diffizile Situationen, die sie zur Umdeutung und Selbstverleugnung, schließlich zum Verfälschen und Lügen nötigten. Aber auch von sich aus schwiegen Verfolgte, um politischen „Schaden" von der Sowjetunion und der Partei abzuwenden oder dem „Klassengegner" nicht leichtfertig „Munition" zu liefern. Mit dem Schweigen aus politischer Loyalität gegenüber der Sowjetunion oder der DDR stellte man erneut das eigene Ego hinter das der Partei. Allerdings war mit dieser mentalen Übereinkunft intern auch die Hoffnung verbunden, die Partei würde doch irgendwann selbst den kritischen Diskurs über die Vergangenheit einleiten.[512] Obgleich gesundheitlich stark angeschlagen, bemühte sich Erna Kolbe beispielsweise nach ihrer Übersiedlung 1956 um eine parteiinterne Erörterung ihrer lebensgeschichtlichen Erfahrungen: „Ich hätte in der Parteiversammlung manchmal gerne was gesagt, aber du hast gar keine Chance gehabt. Sofort ist das von der Parteileitung abgeschoben worden. Ich kam gar nicht durch. Die Leitung hat überhaupt nicht gern kritische Bemerkungen gehört. Da waren die allergisch. ‚Stalin hat doch auch seine Verdienste' und ‚der Stalin hat doch die UdSSR zum Sieg geführt' und was die mir entgegnet haben, schon im persönlichen Gespräch."

Solange die Verfolgungen in der UdSSR nicht in der SED selbst kritisch aufgearbeitet wurden, verbot sich allerdings nicht nur für Erna Kolbe das Thema gegenüber Parteilosen von selbst: „Wir haben in unserem Kreis darüber gesprochen. Wir trafen uns bei Geburtstagen oder haben uns eingeladen, und da stand immer das Thema. Aber nicht, wenn Fremde dabei waren. Besonders waren wir der Meinung, man darf das nie der Jugend erzählen, die könnte das überhaupt nicht be-

---

512 Julius Klepper reflektierte darüber in einem Brief an Pieck bereits Ende 1948, unmittelbar nach seiner Ankunft in der SBZ. Der Brief war von einer gewissen Hoffnung auf eine innerparteiliche Erörterung gekennzeichnet. Klepper resümierte, daß es „unsere Fehler und Schwächen [sind], die wir zu bekämpfen das Recht und die Pflicht haben. Wir und kein anderer!" SAPMO im BArch, Berlin, Bestand SED, NL 36/663. Auf eine selbstausgelöste Debatte hoffte auch Helmut Damerius, der Anfang der 8oer Jahre verfügte, seine Erinnerungen „müssen zuerst in der DDR erscheinen und nirgend sonst". Gleichermaßen distanzierte sich Damerius von „Abtrünnigen" und „Totschweigern". Vgl. Werner Mittenzwei, Lebensverlauf und Geschichtsverlauf, in: Helmut Damerius, Unter falscher Anschuldigung. 18 Jahre in Taiga und Steppe, Berlin/Weimar 1990, S. 363 ff.

greifen. Weil die Jugend überhaupt kein Verständnis dafür hätte, bei der Erziehung durch die Kinderorganisation, den Jugendverband und die Partei. Die hätte das überhaupt nicht verstehen können. Das haben wir ausgeklammert, um der Partei nicht zu schaden. Ich war doch kein Feind der Sowjetunion. Im Gegenteil, ich bin gern in die Sowjetunion gefahren, nicht bloß, weil meine Tochter da war. Die Sowjetunion, das war überhaupt kein Punkt für mich, wo ich Kritik ansetzen konnte, weil ich die Menschen von unten bis oben kannte."

Generell sind Frauen im parteiinternen Raum offensiver und ehrlicher als Männer mit ihrer Verfolgung in der UdSSR umgegangen. Schon ab Anfang der 60er Jahre benannten einige Frauen in Lebenserinnerungen, die sie für die SED verfaßten, nicht nur kritisch ihre Verfolgung in der UdSSR, sondern beschrieben diese auch seitenweise.[513] In der Öffentlichkeit dagegen schwiegen auch die meisten Frauen. Obwohl Gertrud Platais nicht in der SED organisiert war, verfuhr sie ähnlich mit ihren biographischen Erfahrungen: „In den ganzen Jahren hab' ich mir gedacht, wenn solche Sachen veröffentlicht würden, was wir alles erlebt haben, das würde unserem Staat bloß schaden. Das sind Verbrechen, Mißstände usw. gewesen, die leider Gottes im Sozialismus geschehen sind, in einem Staat, der sich für das gehalten hat. Und wir wollten auch ein solcher Staat sein, und soll man dann solche Schändlichkeiten breittreten?"

Auch für Irmgard Schünemann galt es lange Zeit, jedwede Kritik von der UdSSR abzuwenden. Als sie anläßlich ihrer SED-Aufnahme im Jahr 1958 vor der Parteimitgliedschaft des Betriebes ihren Lebensweg schildern sollte, geriet sie erstmals in den Konflikt zwischen Realität, Mythos und Parteiauftrag: „Ich mußte vor der ganzen Mitgliedschaft meinen Lebenslauf erzählen. Ich hatte mir nichts aufgeschrieben. Einer Genossin, der hatte ich mal alles erzählt, die wußte von mir, daß wir alle verhaftet waren. Ich hatte nun vor dem Gremium alles erzählt, wie wir in die Sowjetunion gekommen sind und dann ging's bis 1937. Dann hatte ich den Faden verloren. Ich habe eine Weile geschwiegen, ich wußte nicht, was ich sagen sollte. Ich habe aber nichts von den Verhaftungen gesagt, sondern wir wären zum Arbeiten woanders hingeschickt worden."

Anfang der 60er Jahre kamen in ihrem Betrieb Informationen über Verhaftungen unter deutschen Exilanten in der UdSSR auf. Studenten hatten vom Schicksal eines Betroffenen gehört und sprachen darüber. Die SED-Leitung holte Irmgard Schünemann als authentische Zeugin. „Ich habe das widerlegt. ,Nein', sagte ich, ,sowas hab' ich da nie getroffen'. Ich habe immer die Sowjetunion verteidigt." Auch später antwortete sie auf Fragen der Enkelin nach dem Verbleib des Großvaters, er sei an Lungenentzündung gestorben. Sie wollte und konnte öffentlich nicht eingestehen, was passiert war, nicht bekennen, dies sei in der Sowjetunion passiert, sie wollte nicht, „daß man schlecht von da redet".

---

513 Vgl. Meinhard Stark, Das Trauma erinnern. Biographische Erfahrungen von in der Sowjetunion verfolgten deutschen EmigrantInnen im Umgang mit ihren Lebensgeschichten, in: Geschichte – Klasse – Ethnizität, hrsg. von Gabriella Hauch, Wien/Zürich 1993, S. 143 ff.

„Die ersten zwei Jahre habe ich nur geheult"

Mit diesen Worten beginnt Julie Bevern über ihr Alltagsleben in Leipzig zu erzählen: „Ich habe einfach so geheult. Ich konnte die Umstellung nicht verkraften. Und dieses Alleinsein, ich hatte noch keinen Bekanntenkreis. Wenn man
mich in Berlin gelassen hätte, wäre das ganz anders gewesen." Es folgt die liebevolle Schilderung ihrer Nachbarn, die der 51jährigen Fremden im Frühjahr 1957
gleich mit einem Eimer Kohlen und einigem Hausrat aushalfen. Nicht alle waren so nett, für andere war sie lange einfach nur die „Russin". Die 3000 Mark,
die Julie Bevern als Überbrückungsgeld von der SED bekam, hat sie in einem Ge-
brauchtwarenladen innerhalb von 20 Minuten ausgegeben. Mehr Zeit brauchte sie nicht, um nach Jahren des Lebens auf der Pritsche eine leere Wohnung mit
Inventar auszustatten. Die Gedanken in der neuen Umgebung kreisten aber
immer wieder um die Vergangenheit und suchten dort Halt zu finden. Nachts
waren es Alpträume, die Julie beschäftigten, am Tage liebevolle Erinnerungen
an Leidensgefährtinnen: „Man hat oft an die Menschen gedacht, mit denen man
zusammengekommen ist, an die tragischen Ereignisse, an die schönen Momente, die man gemeinsam in dem Leid, aber füreinander erlebt hat. Das waren Erlebnisse, diese Menschlichkeit, die man einander entgegengebracht hat. So ein
Leben verbindet ja ganz anders."

Es dauerte einige Zeit, sich in das unbekannte Land DDR einzuleben, Menschen kennenzulernen und den Alltag zu organisieren. Wie Julie Bevern hatten
fast alle Frauen in den ersten Jahren unter Einsamkeit zu leiden. Ihre eigenen
Familien waren zerstört. Nur Eva Schneider konnte die frühere Partnerschaft im
Verbannungsort ihres Mannes fortsetzen und blieb bis zu seinem Tod Mitte der
70er Jahre in der UdSSR. Lediglich vier Frauen konnten noch einmal neue Part-
nerschaften eingehen, die ihnen Vertrautheit und ein Stück Erfüllung brachten.
Für die meisten Frauen waren deshalb die eigenen Kinder der wichtigste soziale
Bezugspunkt. Doch die Beziehungen zwischen den verfolgten Frauen und ihren
Kindern waren durch die traumatische und jahrelange Trennung emotional belastet. Die Kinder fühlten sich nicht nur als Sowjetbürger, sondern haßten als
Kinder des Krieges alles Deutsche, meist auch die Sprache. Für sie saßen „Volksfeinde" und „Spione" zu Recht im Lager. Ihre plötzlich aufgetauchten Mütter
betrachteten sie eher als Eindringlinge in ein gewohntes Leben und kaum als Erfüllung einer ungestillten Sehnsucht. Das Trauma über den Verlust von Vater
und Mutter saß tief. Der Schmerz der Mütter war groß. Schließlich gelang es fast
allen Frauen unter Mühen, ihre Kinder zur Übersiedlung in die DDR zu bewe-
gen. Lediglich Erna Kolbes Tochter blieb bei ihren russischen Adoptiveltern in
Moskau.

Auch in der DDR nahmen die Konflikte zwischen Müttern und Kindern kaum
ab, obgleich die Mütter großen Anteil an der beruflichen Entwicklung der erwachsenen Kinder durch gemeinsame Haushaltung und Übernahme der Kinder-
betreuung hatten. Die kulturellen Anpassungsleistungen der verfolgten Frauen,

Abb. 51
*Eva B. während des Interviews
1991.*

aber auch der jungen Erwachsenen bezüglich Sprache, Beruf und Lebensweise
förderten immer wieder Konflikte und belasteten die familiären Beziehungen. Erst
im Laufe vieler Jahre und der Trennung der gemeinsamen Haushalte entspannte
sich das Verhältnis zwischen den Kindern und Müttern allmählich. Es blieb aber
stets belastet. Erst zu den Enkeln konnten die Frauen offene und entspannte Beziehungen gestalten; sie übernahmen, da die Kinder noch studierten oder schon
berufstätig waren, meist eine typische Mutterrolle.[514] Eva B. resümiert: „Das Verhältnis zu meinen Enkeln war so, wie ich mir ein gutes Familienleben mit meinen
Kindern gewünscht hatte."

Der anfängliche Mangel an sozialer Einbindung konnte selten durch die Re-
aktivierung von Beziehungen zu früheren Familienangehörigen ausgeglichen werden. Die Verwandten trennten meist nicht nur Hunderte Kilometer Eisenbahn-
linie, oft auch die innerdeutsche Grenze, vor allem trennten sie unterschiedliche
Erfahrungswelten. Bombenkrieg, Gefangenschaft und Wirtschaftswunder waren
oft Gesprächsthemen der Deutschen, die kaum Interesse an den Lagergeschichten
aus Rußland zeigten. Und immer stand der unausgesprochene Vorwurf „warum
bist du überhaupt erst da hin gegangen?" im Raum. Hinzu kamen verwandt-
schaftliche Querelen, die eine anteilnehmende Verständigung über gegenseitig
Erlebtes behinderten. Julie Bevern traf ihre hochbetagte Mutter noch in ihrer Heimatstadt München an. Ihre brieflich versprochene finanzielle Unterstützung blieb
aus, bei der Schwester konnte sie nicht unterkommen, ein Bruder wollte Julie
Beverns Wissen an einen westlichen Geheimdienst verkaufen und mit der „Ab-
findung" sein Geschäft sanieren. „Und da habe ich den Braten gerochen", so Julie
Bevern; sie kehrte in ihre leere Wohnung nach Leipzig zurück. Wie ihr gelang es

514 Vgl. Meinhard Stark, Opfer des Stalinismus. Verfolgte Generationen, in: Biographien in Deutschland, hrsg. von Wolfram Fischer-Rosenthal/Peter Alheit, Opladen 1995, S. 398 ff.

schließlich den meisten Frauen im Laufe der folgenden Jahre, eine eigene Existenz, zu der auch ein entsprechendes soziales Umfeld gehörte, aufzubauen. Julie Bevern knüpfte Kontakte zu jungen Leuten in ihrem Wohnhaus, die ihre Kinder hätten sein können. In ihnen fand die einstige Kinderschwester eine neue Familie: „Wir hatten gute Freundschaften im Haus. Wirklich gute Menschen habe ich kennengelernt. Mit meinen Nachbarn habe ich Weihnachten zusammen gefeiert, wir haben die Hochzeiten von den Kindern gefeiert, wir haben unsere Geburtstage gefeiert. Es war wirklich ein harmonisches Leben. Ich habe oft gekocht für die jungen Leute. Sie haben gerne bei mir gegessen, weil ich gut gekocht habe. Wir haben nette Stunden verbracht, Canasta gespielt und ein bißchen Wein getrunken. Es war schön. Die Jugend ist gern zu mir gekommen, die haben sich ganz wunderbar und wohl gefühlt. Und auch, als dann die Kinder gekommen sind. Zuerst waren sie noch jung, dann haben sie geheiratet und dann kam ein Kind, ein zweites. Diejenigen, die Parterre wohnten, haben dann gleich drei gehabt. Ich habe immer gesagt, ‚wenn ihr fortgeht ins Theater oder so, laßt aber bitte die Kinder nicht alleine'. Ich habe immer Angst gehabt um die Kleinen, daß da was passieren kann."

Um fremde Kinder haben sich auch andere Frauen gekümmert. Adele Schiffmann adoptierte, unterstützt von den örtlichen Institutionen, ein Heimmädchen.

Obgleich Antonie Satzger selbst vier eigene Kinder und Enkel hatte, ließ sie es sich nicht nehmen, in ihrer knappen Freizeit Heimkinder zu betreuen. Um private Kontakte zu vietnamesischen Studenten in der DDR kümmerte sich Erna Kolbe ebenso wie um Beziehungen zu einer Berliner Oberschule. Den meisten Frauen gelang es im Laufe der Jahre, sich durch vielfältige private Kontakte oder anderweitiges soziales Engagement, von dem Frieda Siebenaicher berichtet, sozial zu integrieren: „Wenn irgendetwas ist, brauchst du nur die Frieda anzurufen. Die Frieda kommt schon. Und bis jetzt hab' ich die Grete, die Erna, wenn etwas ist, kommt sie natürlich auch, die Hilde. Ich sage, solange wie ich das kann, mach' ich das gerne. Wird auch der Tag kommen, wo das nicht mehr geht. Und dann sitzt du alleine, denn zu mir kommt niemand. Können ja gar nicht, sind alle älter als ich. Manchmal denke ich, ich kann das nicht mehr schaffen. Ich möchte manchmal ins Bett gehen, die Zudecke übern Kopf ziehen und nichts sehen und nichts hören. Vierundzwanzig Stunden im Bett liegen und schlafen. Aber, ich halt' das nicht aus. Ich liege eine halbe Stunde, dann bin ich wieder da."

Anhaltende Einsamkeit blieb der Einzelfall. Bei Klara D. kam jedoch zum Alleinsein im Laufe der Zeit noch eine gewisse Menschenscheu. Bewußt ging sie in Parks und Ausstellungen am frühen Morgen, „wenn noch wenig Leute da waren".

Die Arbeitswelt spielte nur noch für jene eine wichtige Rolle, die gesundheitlich in der Lage waren, überhaupt eine Tätigkeit auszuüben und darin persönliche Befriedigung und gesellschaftliche Anerkennung zu finden. Das traf zu bei Ruth Z. als Arbeitstherapeutin, Brunhilde Hebel als Lehrerin, Adele Schiffmann als Kurheimleiterin und Elly B. als Personalchefin. Die Zuteilung der Arbeit erfolgte in der Regel nach der vorhandenen beruflichen Qualifikation, die allerdings vor allem Frauen fehlte. Klara D. verstörte angesichts ihrer beinahe zwanzigjährigen Lager-

und Verbannungszeit die Frage der SED-„Kaderbeamten", wie sie in der UdSSR be-
ruflich eingesetzt worden sei. Hinzu kam, daß manche Qualifikation nicht anerkannt wurde, wie das Lehrerstudium von Antonie Satzger. Vor allem Frauen mit
Volksschulabschluß sind daher von den Kaderinstanzen in verschiedenen Wirt-
schaftsbetrieben eingesetzt worden. Dort mußten sie wie Irmgard Schünemann als
Lagerarbeiterin oder Käte L. als Näherin körperliche Arbeit verrichten.

Andere Verfolgte waren aus gesundheitlichen und Altersgründen überhaupt
nicht mehr in der Lage, eine Arbeit aufzunehmen, und wurden sofort pensioniert
wie Erna Kolbe, Klara D., Gertrud Platais und Eva B.

Nach Jahren fühlten sich die Frauen irgendwie in der DDR „angekommen"
und schufen sich ihre kleine Welt. Wohnung, Arbeit, Pension und Ehrenrente nahmen sie mit Dankbarkeit an, ohne daß sie die Partei als eigentlichen Schuldner betrachtet hätten. Dem Staat DDR, der ihnen und ihren Familien eine neue Existenz
ermöglichte, waren die Frauen meist dankbar, auch wenn der Preis dafür Schweigen hieß. Nicht zuletzt wollten auch sie über das Vergessen zu einem neuen Leben
nach dem Lager gelangen. Und sie wollten, soweit es ihre verbliebenen Kräfte erlaubten, Anteil nehmen an der Entwicklung ihrer neuen Heimat. „Ich war ja nicht
gleichgültig", bekannte nicht nur die parteilose Julie Bevern, „ich habe mich immer für den Aufbau interessiert und begeistert."

Insofern ist es nicht verwunderlich, daß der Zusammenbruch der DDR – weniger der Sturz des Honecker-Regimes – bei den verfolgten und nunmehr betagten
Frauen Unruhe und Ängste ausgelöst hat. Nur Brunhilde Hebel bekannte im Interview 1991, daß sie „froh war" über die „Wende" 1989. Eva B., parteilos, brachte die Ursachen des Zusammenbruchs in einem Gespräch im Oktober 1991 auf die
bündige Formel: „Der Sozialismus ist an der ungelösten Schuh- und Jeansfrage
gescheitert." Andere äußerten ihren Unmut über die SED-Führer, die sich borniert
über die Reformbestrebungen in der UdSSR unter Gorbatschow hinwegsetzten
und stur bei ihrer Linie blieben. Die Enttäuschungen über den Verlauf der Wiedervereinigung Deutschlands wurden einhellig von allen Interviewpartnerinnen
geteilt. „So haben wir uns die Wiedervereinigung nicht vorgestellt", resümierte
Julie Bevern Ende 1991. Arbeitslosigkeit und Sozialabbau empörten die Frauen
ebenso wie die undifferenzierte Handhabung der DDR-Geschichte und die massenhafte Evaluierung der DDR-Bürger. Aber auch die Veränderungen, die in den
Menschen um sie herum vor sich gingen, registrierten die Frauen. Schon im Sommer 1991 bemerkte Eva Schneider: „Man spricht jetzt furchtbar viel von Geld und
Geld und nochmal Geld." Die Zunahme der wirtschaftlichen und sozialen Probleme, vor allem der Arbeitslosigkeit, seit Anfang der 90er Jahre förderte einerseits die Entstehung eines weitgehend positiven Erinnerungsbildes der DDR, des
Landes, in dem die verfolgten Frauen materiell gesehen die besten Jahre ihres Lebens verbracht haben. Andererseits riefen die wachsenden sozialen Probleme in
den neuen Bundesländern bedrückende Erinnerungen an die eigene Jugend Ende
der 20er Jahre zurück und festigten den Wunsch nach einer sozial gerechteren und
harmonischeren Welt.

Nachwort

Die Vorzüge des Asyls auf sowjetischem Boden sind in der einschlägigen Ausgabe der sechsbändigen Darstellung „Kunst und Literatur im antifaschistischen Exil 1933–1945" beschrieben. Im Zusammenwirken der Akademie der Wissenschaften und der Akademie der Künste der DDR war, von einem Autorenkollektiv verantwortet, 1979 die offizielle und gültige Lesart festgestellt worden, wie die „Heimstatt der internationalen revolutionären Bewegung" Emigranten aus Deutschland und Österreich aufgenommen und behandelt hat: „Die sowjetische Regierung verfuhr durchweg entsprechend der gesetzlichen Festlegungen großzügig. Die Ausfüllung sowjetischer Gesetzlichkeit war jedoch alles andere als ein bloßer staatsbürgerlicher Akt, dahinter standen menschliche Beziehungen, menschliche Verhältnisse. So hatten die Emigranten, die in der Sowjetunion Asyl gefunden hatten, ein anderes Verhältnis zu ihrem Gastland als die meisten der Emigranten in der kapitalistischen Welt. Ihnen war von vornherein das, was in der neuen Heimat vor sich ging, nicht gleichgültig, sie brachten diesem Land gegenüber bereits eine große emotionale Aufgeschlossenheit mit, sie fühlten sich mit dem Land der sozialistischen Revolution innig verbunden."

Bestätigt wird diese Erwartungshaltung durch Zitate aus parteikonformen Lebenserinnerungen wie denen der Literaturwissenschaftlerin Trude Richter, die 1934 auf Beschluß der illegalen KPD-Leitung und der Komintern in die Sowjetunion einreiste: „Ich hatte bisher nur die faulige Luft der untergehenden Weimarer ‚Demokratie‘ geatmet und dann den Blutgeruch des Hitlerstaates. Endlich war ich jenem verhaßten Bereich entronnen und sah zum ersten Mal die Werktätigen nicht als Erniedrigte und Verfolgte, sondern als Herren ihres eigenen Landes [...]. Das verlieh mir ein bisher gänzlich fremdes Daseinsgefühl, nämlich das der machtgeschützten Sicherheit."

Die Realität des Exils in der Sowjetunion entsprach für manche keineswegs solchen Hoffnungen. Ihr Aufenthalt wurde zu neuer Verfolgung, deren Ende war keine Befreiung, sondern unterlag Sprachregelungen und Beschränkungen. Was unterscheidet die Frauen des GULag von anderen Verfolgten, von Holocaust-Überlebenden, befreiten Häftlingen aus den nationalsozialistischen Konzentrationslagern, von anderen Rückkehrern aus der Emigration? Sie sind vielfach traumatisiert. Jede einzelne Station ihres Lebensweges hätte ausgereicht, die Person zu beschädigen: die Emigration aus Deutschland, um dem Nationalsozialismus zu entkommen, Verhaftung und Gefangenschaft in der Sowjetunion, dem vermeintlich rettenden Asylland, Verbannung nach der Haft und Zwangsarbeit, verordnetes Schweigen nach der Übersiedlung in die DDR – sie waren immer in der Minderheit, als Sozialistinnen oder als Gefährtinnen von Kommunisten in der Weimarer Republik und in Hitler-Deutschland, als Deutsche in der Sowjetunion, als Remigranten ohne vorzeigbares Schicksal in der DDR. Eine unbeachtete Minorität mit einer kollektiven Erfahrung, die ebensowenig zum Heroentum wie zum späten Triumph von Märtyrern geeignet war. Diese Erfahrung, die als Lehrstück über politische Ideale und deren Mißbrauch, über politische Pressionen und deren Folgen geeignet ist, macht die Frauen des GULag zu exemplarischen Gestalten. Die Wirkung von Diskriminierung und Ausgrenzung, Rehabilitation und Traumatisierung ist in den Erfahrungen der Frauen fokussiert: Strukturen im Verhältnis von Minderheit und Mehrheit werden in diesen Lebensschicksalen deutlich. Deshalb finden sie sich in dieser Buchreihe, die der Antisemitismus- und Holocaustforschung und Themen der deutsch-jüdischen Geschichte gewidmet ist.

Wolfgang Benz

ANHANG

Kurzbiographien der Gesprächspartnerinnen

Frieda Siebenaicher

Geboren am 25. Dezember 1908 in einem niederschlesischen Dorf. Ihre Eltern hatten eine kleine Landwirtschaft, die die karge Existenzgrundlage der fünfköpfigen Familie bildete. Nach dem Besuch der Gemeindeschule arbeitete Frieda Siebenaicher in verschiedenen Stellungen als Haus- und Kindermädchen, anfangs in Nachbardörfern, dann in kleinen Städten. 17jährig wurde sie schwanger. Arbeitskolleginnen vermittelten ihr 1925 eine Adresse in Berlin, wo sie einen illegalen Abbruch hätte vornehmen lassen können. Dazu kam es jedoch nicht. Frieda Siebenaicher blieb in Berlin und arbeitete als Hilfsschwester und Reinigungskraft in einem privaten Sanatorium. Am 14. Dezember 1926, kurz vor ihrem 18. Geburtstag, entband sie ihre Tochter. Weil sie berufstätig war, wuchs das Kind bei Friedas Eltern auf. Während eines Genesungsaufenthaltes des sowjetischen Außenministers Tschitscherin in Berlin lernte sie dessen Begleiter kennen, einen diplomatischen Kurier und Mitarbeiter der sowjetischen Geheimpolizei GPU. Mit ihm zog sie 1928 nach Moskau. Frieda fühlte sich ohne Sprachkenntnisse und Freundeskreis in Moskau besonders einsam. Mitte der 30er Jahre mußte sie die sowjetische Staatsbürgerschaft annehmen. Ihr Mann wurde im November 1937 arretiert. Am 26. April 1938 wurde Frieda Siebenaicher vom NKWD verhaftet und in das Moskauer Butyrka-Gefängnis eingeliefert. Die „Sonderberatung" des NKWD verurteilte sie am 22. Mai 1938 „als Familienangehörige eines Feindes des Volkes" zu acht Jahren Lager. Diese verbrachte Frieda Siebenaicher im „Spez.-Lager" Postkasten 26 im Gebiet Akmolinsk, KAR-Lag (Kasachstan). Sie arbeitete vorrangig in der landwirtschaftlichen Produktion. Nach ihrer Entlassung Ende 1946 wurde sie „auf ewig" nach Karaganda verbannt. Die ersten Jahre arbeitete sie unter Tage im Kohleschacht, dann auf verschiedenen anderen Stellen. 1956 wurde sie, ebenso wie ihr vom NKWD erschossener Mann, „rehabilitiert". Mitte der 50er Jahre besuchte sie ihre Tochter in der DDR. Sie entschloß sich jedoch, in der UdSSR zu bleiben, und zog nach Moskau. Anschließend arbeitete sie als technische Arbeitskraft in einer Galerie und fand einen kleinen Freundeskreis ehemaliger Leidensgefährtinnen. Mitte der 60er Jahre übersiedelte sie nach Berlin. Frieda Siebenaicher wurde als „Verfolgte des Naziregimes" anerkannt, erhielt Wohnung und Pension. Das Interview fand zwischen dem 16. November 1989 und dem 13. März 1990 statt.

Erna Kolbe

Am 7. Januar 1904 in Berlin geboren. Der Vater war gelernter Metallarbeiter und Mitglied der SPD. Die Mutter arbeitete als Hausfrau und Gelegenheitsarbeiterin. Über Freunde gelangte Erna Kolbe zur proletarischen Jugendbewegung. 1919 trat sie der Freien Sozialistischen Jugend, dem späteren KJVD bei. Seit 1921 war Erna Kolbe als Schreibkraft im Zentralkomitee ihres Jugendverbandes tätig. 1923 wurde sie Mitglied der KPD. 1927/28 arbeitete sie im Klub der deutschen Arbeiter in Moskau, nach ihrer Rückkehr als Sekretärin im ZK der KPD. 1928 heiratete sie Ernst Kolbe, der ebenfalls Mitglied der KPD war. 1930 entband sie einen Sohn. Von Januar bis September 1933 arbeitete sie illegal gegen das NS-Regime. Ihr Mann war verhaftet, ihr Sohn litt an einer schweren Krankheit, der er im September 1933 erlag. Im gleichen Monat emigrierte Erna Kolbe in die UdSSR. In Moskau arbeitete sie als Sekretärin in der Deutschen Vertretung der Komintern. Nach kurzem Aufenthalt im Hotel „Lux" wohnte sie mit ihrem Ehemann in einem Zimmer eines Arbeiterwohnheims im Moskauer Vorort Kunzewo. 1936 kam ihre Tochter Elli zur Welt. Nach dem ersten Schauprozeß vom August 1936 wurde Erna Kolbe wegen der „Verbindung" zu ihrer Schwester – sie war Mitglied der KPO – von ihrer Arbeit in der KI suspendiert. Noch vor ihrem Ehemann verhaftete das NKWD am 9. September 1937 Erna Kolbe und bezichtigte sie der „Spionage". Es folgte eine monatelange U-Haft im Moskauer Butyrka-Gefängnis. Die „Sonderberatung" des NKWD verurteilte die deutsche Exilantin wegen „konterrevolutionärer Tätigkeit" zu zehn Jahren Lagerhaft. Nach der Verhaftung ihres Mannes im November 1937 wurde ihre kleine Tochter zur Adoption freigegeben und wuchs in einer russischen Familie auf. Zwischen 1938 und 1940 war Erna Kolbe in verschiedenen Lagern Sibiriens interniert und arbeitete dort in der Landwirtschaft und der Ziegelproduktion. 1940 verbrachte sie Monate in einer „Spez.-Kammer" der Moskauer Butyrka, da sie wie andere Antifaschisten zur Auslieferung nach Deutschland vorgesehen war. Dazu kam es jedoch nicht. Bis 1947 verrichtete Erna Kolbe im Lager von Temnikov (Mordwinische ASSR) Zwangsarbeit. Anschließend kam sie nach Pawlodar (Kasachstan) in die Verbannung „auf ewig". Dort arbeitete sie als Näherin, zuletzt als Rechnungsführerin in einem Nähartell. Ende 1955 wurde sie „wegen nichtvorhandenen Straftatbestands" juristisch „rehabilitiert". Auch ihr Mann hatte das Lager überlebt, sich aber in der Internierung mit einer anderen Lebensgefährtin verbunden. Allein übersiedelte Erna Kolbe 1956 in die DDR. Sie wurde Mitglied der SED und als „Verfolgte des Naziregimes" anerkannt. Das Interview fand vom 3. April bis 7. Juni 1990 statt.

Gertrud Platais

Geboren am 24. August 1910, wuchs Gertrud Platais im kleinstädtischen Milieu Niederschlesiens auf. Der Vater war bis Kriegsende Landjäger der örtlichen Gendarmerie und wurde nach 1923 invalidisiert. Die Mutter war Hausfrau und starb 1926. Nach einer zehnjährigen Schulbildung begann Gertrud 1925 eine Lehre als Lithographin, die sie nach vier Jahren erfolgreich abschloß. Sie war politisch interessiert und sympathisierte mit der Arbeiterbewegung. Zeitweilig war sie Hörerin an der Kunstgewerbeschule in Breslau. Später arbeitete sie als Lithographin in Köthen. Dort lernte sie unter den Studenten einen Sowjetbürger kennen, dem sie im Dezember 1932 nach Moskau folgte. Im März 1933 nahm sie die sowjetische Staatsbürgerschaft an. Anfangs arbeitete sie als Retuscheurin in der „1. Vorbildlichen Druckerei Moskau", ab Ende 1933 freischaffend. Ihr Ehemann wurde im Februar 1938 verhaftet, Gertrud Platais am 13. Mai 1938. Die ersten Tage verbrachte sie im „Inneren Gefängnis" des NKWD in der Lubjanka, später verlegte man sie in die Butyrka. Am 4. Juni 1938 wurde sie von der „Sonderberatung" des NKWD als „Familienangehörige eines Feindes des Volkes" zu fünf Jahren Besserungsarbeitslager verurteilt und in das „Spez.-Lager" Postkasten 26 im Gebiet Akmolinsk, KAR-Lag (Kasachstan) gebracht. Nachdem sie anfangs schwere körperliche Arbeiten zu verrichten hatte, arbeitete sie längere Zeit als Stickerin. Erst im Juli 1946 wurde Gertrud Platais aufgrund „besonderer Verordnungen" nach acht Jahren aus dem Lager entlassen. Wie andere Häftlinge wurde sie „auf ewig" nach Karaganda verbannt. Anfangs arbeitete sie in einem Nähartell, aus dem sie nach zwei Jahren wegen gesundheitlicher Probleme ausschied; von nun an stickte sie in Heimarbeit. Ein ehemaliger deutscher Lagerhäftling wurde ihr Lebensgefährte. 1956 erhielt sie ihre „Rehabilitierung". Das Militärtribunal des Moskauer Militärbezirkes teilte ihr mit: „Der Beschluß des Sondergerichts beim NKWD der UdSSR vom 4. Juni 1936 in bezug auf Platais, Gertrud wurde aufgehoben und das Verfahren gegen sie wegen nichtvorhandenen Straftatbestands eingestellt." Von Mai 1957 bis Dezember 1959 dauerten ihre Bemühungen, die Ausreise aus der UdSSR bzw. die Einreise in die DDR für sich und ihren Ehemann zu erwirken. Gemeinsam wurden sie in Thüringen angesiedelt. Wegen ihrer Arbeitsunfähigkeit wurde sie pensioniert. Gertrud Platais erhielt die Anerkennung als „Verfolgte des Naziregimes". Nach dem Zusammenbruch der DDR übersiedelte sie zu ihrer Schwester nach Westdeutschland. Das Interview fand vom 9. bis 11. Dezember 1990 statt.

Käte L.

Kam am 12. Februar 1910 im Rheinland zur Welt. Als erstgeborene Tochter eines kleinen Möbelfabrikanten wuchs sie mit drei weiteren Geschwistern auf. Das Geschäft des Vaters überstand Krieg und Inflation; die Familie gehörte zu den angesehenen Bürgern der Kleinstadt. Nach dem achtjährigen Besuch einer Mittelschule ging Käte L. für ein Jahr auf die Kaufmännische Handelsschule. Eine anschließende Schneiderlehre blieb unvollendet. Statt im väterlichen Betrieb zu arbeiten, nahm die junge Frau eine Anstellung als Kontorarbeiterin in einem örtlichen Unternehmen an. Dieser Umstand und die Freundschaft mit einem jungen

Kommunisten vertieften die Konflikte zwischen ihr und dem Elternhaus. Ende 1932 ging ihr Freund in die UdSSR. Im Juni 1933 wurde Käte L. wegen „politischer Unzuverlässigkeit" aus ihrem Betrieb entlassen und im Juli 1933 von der Gestapo verhaftet. Bis zu ihrer Entlassung am 23. Dezember 1933 hielt man sie in strenger Einzelhaft. Kurz darauf floh sie nach Holland und emigrierte von dort im April 1934 per Schiff zu ihrem Lebensgefährten in die UdSSR. Bis zur Geburt ihrer Tochter Tanja 1936 lernte und arbeitete Käte L. in verschiedenen Textilbetrieben. Ihr Mann war als Metallarbeiter in einer Nadelfabrik tätig. Gemeinsam hatten sie ein Zimmer in Kunzewo, einem Moskauer Vorort. Am 3. August 1937 wurde ihr Mann verhaftet. Käte L. kam im Februar 1938 in Haft. Eine „Troika" des NKWD verurteilte sie wegen „konterrevolutionärer Tätigkeit" zu acht Jahren Besserungsarbeitslager, die sie in verschiedenen westsibirischen Lagern des Gebietes Kemerowo verbüßte. Am 13. Januar 1946 wurde Käte L. aus der Haft entlassen und „auf ewig" zum Sowchos Nr. 301 in der Nähe von Nowosibirsk (Sibirien) verbannt. Kurze Zeit später durfte ihre Tochter aus einem Kinderheim in den Verbannungsort nachkommen. Käte L. arbeitete im Sommer auf dem Feld und im Winter als Schneiderin. Das Moskauer Gebietsgericht stellte am 26. Oktober 1957 ihr Verfahren „wegen nichtbewiesener Anklage" ein. Auskunft über das Schicksal ihres Mannes erhielt sie in Form eines Totenscheins, wonach er am 28. Januar 1942 an einem unbekannten Ort verstorben sei. Nach der Akteneinsicht im Mai 1992 erwies sich jedoch, daß er bereits am 24. Dezember 1937 in Butowo bei Moskau erschossen wurde. Im Februar 1957 Käte L. mit ihrer Tochter in die DDR und wurde in einer sächsischen Industriestadt angesiedelt, wo sie eine Arbeit in einer Textilfirma aufnahm und später als Pförtnerin arbeitete. Sie wurde als „Verfolgte des Naziregimes" anerkannt. Anfang der 60er Jahre heiratete sie wieder. Nach dem Ableben ihres Mannes und dem Zusammenbruch der DDR zog Käte L. in den Wohnort ihrer Tochter. Das Interview fand vom 15. bis 17. April 1991 statt.

Anna Etterer

Am 14. Mai 1913 in München geboren und zusammen mit sechs Geschwistern aufgewachsen. Der Vater starb 1919 an einer Kriegsverletzung. Die Mutter konnte die große Familie mit Aufwartungen kaum versorgen. Von frühester Kindheit an war Anna Etterer mit wirtschaftlicher Not konfrontiert und mußte durch eigene Erwerbsarbeit zum Unterhalt der Familie beitragen. Nach der Volksschule begann sie eine Lehre als Kontoristin, die sie 1930 als Kaufmannsgehilfin abschloß. Mit 16 Jahren trat sie einer Jugendgruppe des Zentralverbandes der Angestellten bei. Anfang 1931 begann Anna Etterer eine Tätigkeit als Schreibkraft bei der Revolutionären Gewerkschaftsopposition (RGO) in München; bald danach wurde sie Mitglied der KPD. In dieser Zeit lernte sie ihren späteren Mann Franz Schwarzmüller, einen Funktionär der KPD, kennen. Gemeinsam arbeiteten sie im illegalen Widerstand gegen die nationalsozialistische Diktatur. 1933 emigrierte ihr Mann

in die UdSSR. Anna Etterer war von April 1933 bis März 1934 als Geisel für ihren
Mann im Gefängnis München-Stadelheim in NS-Haft. Nach ihrer Entlassung
schloß sie sich erneut Widerstandskreisen um die verbotene KPD an. Im Jahr 1935
emigrierte sie über Prag in die UdSSR. Ihr Mann studierte an der Leninschule und
arbeitete später als Maurer und Kraftfahrer. Sie selbst war am Internationalen
Agrarinstitut in Moskau tätig. 1936 kam ihre Tochter Käthe zu Welt. Am 9. März
1938 wurde Anna Etterer vom NKWD verhaftet, zu fünf Jahren Lager verurteilt
und im Kargapol-Lag (Gebiet Archangelsk) interniert. Kurze Zeit darauf verstarb
ihr Kind. Franz Schwarzmüller hatte sich mit zahlreichen Eingaben und Beschwerden an die höchsten Repräsentanten der UdSSR und der Komintern vehement für
die Freilassung seiner Frau eingesetzt. Am 20. März 1940 wurde Anna Etterer aus
dem Lager entlassen. Am 11. September 1941 verhaftete das NKWD ihren Mann.
Wochen zuvor war Anna Etterer mit ihrer am 16. Juni 1941 geborenen Tochter
Erika im Gebiet Karaganda zwangsangesiedelt worden. Dort arbeitete sie in der
Landwirtschaft und als Stickerin. Offiziell teilte man Anna Etterer mit, ihr Mann
sei am 5. Juni 1942 in Tschistopol (Tatarische ASSR) gestorben. Anfang 1946
konnte Anna mit ihrer Tochter nach Deutschland zurückkehren. Seit April 1946
arbeitete sie hauptamtlich für die KPD-Organisation in München. 1952 übersiedelte sie mit ihrem zweiten Ehemann in die DDR, wurde Mitglied der SED und als
„Verfolgte des Naziregimes" anerkannt. Bis zu ihrer Pensionierung im Jahr 1965
arbeitete Anna Etterer im Zentralvorstand der Gesellschaft für Deutsch-Sowjetische-Freundschaft. Sie verstarb 1992 in Berlin. Das Interview fand am 28. September 1990 und am 30. September 1991 statt.

Ruth Z.

Geboren am 27. September 1905 in Berlin und in einer jüdischen Familie des Mittelstandes als Zweitgeborene von drei Geschwistern aufgewachsen. Der Vater
arbeitete als Handelsvertreter, die Mutter war Hausfrau. Nach einer fehlgeschla-
genen Lehre als Buchhändlerin arbeitete Ruth Z. als Büroangestellte. Immer wieder wurde sie von Arbeitslosigkeit betroffen. Als Jugendliche lernte sie kommunistisch orientierte Frauen kennen, deren Lebensentwürfe und Welterklärungen
ihr im Vergleich zur kleinbürgerlichen Enge ihres Elternhauses als überaus
attraktive Alternativen erschienen. Ohne sich selbst in der KPD zu organisieren,
sympathisierte Ruth Z. mit kommunistischen Ideen und der Entwicklung in der
UdSSR. Zeitweilig war sie Mitglied der kommunistischen Revolutionären Gewerkschaftsopposition (RGO). Ende der 20er Jahre lernte sie einen an der Technischen Hochschule Berlin studierenden sowjetischen Studenten kennen, dessen
Einladung nach Moskau sie 1932 folgte. Während ihre Geschwister sich vor den
Nationalsozialisten durch Emigration nach Übersee retten konnten, kam ihre
Mutter 1943 im KZ Theresienstadt um; der Vater war bereits 1935 gestorben. In
Moskau arbeitete Ruth zunächst als literarische Redakteurin bei der Deutschen
Zentral-Zeitung. 1935 begann sie ein Studium zur Ausbildung von Deutsch-

lehrern. Nach dessen Abschluß arbeitete sie von 1936 bis 1941 an verschiedenen Moskauer Mittelschulen. Seit 1935 besaß sie die sowjetische Staatsbürgerschaft. Von ihrem Mann hatte sie sich kurz vor dessen Verhaftung 1937 aus privaten Gründen getrennt. Sie selbst wurde am 9. September 1941 in Moskau wegen „Spionage für Deutschland" verhaftet. Am 25. März 1942 verurteilte sie die „Sonderberatung" des NKWD wegen „antisowjetischer Agitation" zu acht Jahren Lager, die sie im Temnikowsker Lagersystem (Mordwinische ASSR) verbrachte. Nach der Entlassung 1949 verbannte man sie „auf ewig" nach Sary Agatsch (Südkasachstan). Dort konnte sie als Krankenschwester arbeiten und sich im Laufe der Jahre zur Physiotherapeutin qualifizieren. Im Juli 1958 stellte sie bei der DDR-Botschaft in Moskau den schriftlichen Antrag auf Übersiedlung in die DDR. Ein Jahr später traf sie in Berlin ein. Ruth Z. wurde als „Verfolgte des Naziregimes" anerkannt und trat der SED bei. Erfolgreich arbeitete sie bis zu ihrer Pensionierung im Jahr 1973 in ihrem Beruf an der Berliner Charité und im Krankenhaus Buch. Seit 1990 lebt Ruth in einem Altenheim. Das Interview fand vom 24. Juni bis 16. Juli 1991 statt.

Eva Schneider

Geboren am 21. November 1912 in Reval (Estland), verbrachte Eva Schneider ihre Kindheit und Jugend in Berlin. Der Vater arbeitete als Lumpensammler und konnte die 15köpfige Familie kaum ernähren. Als eines der jüngeren Geschwister erlebte Eva Schneider zwar nicht mehr den Tiefstand sozialer Not, wohl aber die Verrohung des Vaters und seine brutalen Erziehungsmethoden. Besonders ihre Mutter versuchte durch unermüdlichen Einfallsreichtum, die materiellen Nöte erträglicher zu machen. Wegen guter Lernleistungen erhielt Eva Schneider einen Freiplatz an einer Mittelschule. Anschließend besuchte sie die Handelsschule und war als kaufmännische Angestellte tätig. Der jüdische Hintergrund der Familie spielte, ausgenommen an wenigen hohen Feiertagen, kaum eine Rolle. Religion und Politik hatten für Eva Schneider keine Bedeutung. Die Errichtung der nationalsozialistischen Herrschaft nahm sie als existentielle Gefährdung wahr und folgte kurzerhand der Einladung eines Freundes nach Moskau. Ihre in Deutschland zurückgebliebenen Familienangehörigen wurden in den folgenden Jahren Opfer der nationalsozialistischen Judenverfolgung. Als offizielle Politemigrantin wurde Eva Schneider in Moskau nicht anerkannt. Nach der Heirat mit einem jugoslawischen Politemigranten entspannten sich ihre materiellen Probleme. Während ihres Aufenthaltes in Moskau arbeitete sie am Institut für Fremdsprachen. Am 11. September 1937 ist Eva Schneider vom NKWD verhaftet worden. Sie erhielt zehn Jahre Lager, die sie in verschiedenen Gebieten Kasachstans verbringen mußte. Vorrangig arbeitete sie in der Landwirtschaft oder beim Eisenbahnbau. Am 11. September 1947 wurde sie entlassen und erhielt die Genehmigung, in den Verbannungsort ihres Mannes Workuta, jenseits des Polarkreises (Komi ASSR), zu übersiedeln. 1957 kehrte Eva Schneider mit ihrem Mann nach Moskau zurück.

Beide beschlossen, in der UdSSR zu bleiben. Eva Schneider arbeitete als Journa-
listin für eine deutschsprachige Zeitung und besuchte häufig die DDR. Nach dem
Tod ihres Mannes übersiedelte sie schließlich 1977, nach über 40jährigem Aufenthalt in der UdSSR, in die DDR. Sie wurde als „Verfolgte des Naziregimes" anerkannt und lebte bis zu ihrem Tod im Oktober 1991 als Rentnerin in Berlin. Das
Interview fand am 25. Juni und 15. August 1991 statt.

Irmgard Schünemann

Am 17. August 1913 in Berlin geboren. Ihr Vater war gelernter Dreher und seit
1913 Mitglied der SPD, seit 1919 der KPD. Irmgard Schünemann wuchs in vergleichsweise gesicherten materiellen Verhältnissen auf. Frühzeitig nahm sie an
der Vorstellungswelt, den politischen Gedanken und Handlungen ihrer Eltern
Anteil. Sie wurde Mitglied im Arbeiterturnverein „Fichte" und erlebte dort das
kollektive Gefühl einer proletarischen Solidargemeinschaft. Nach der achtklassigen Volksschule absolvierte sie eine Lehre als Friseusin. Ihr Vater, seit 1929 arbeitslos, ging 1930 als Vertragsarbeiter nach Rybinsk in der Nähe von Moskau,
und die Familie folgte ihm ein Jahr später. Vater und Bruder arbeiteten in der Flugzeugwerft, Irmgard frisierte die Frauen der deutschen Spezialisten und russischen
Arbeiter. Nach 1933 wurden die deutschen Arbeiter in das Traktorenwerk von
Tscheljabinsk (Ural) abkommandiert. 1934 heiratete Irmgard Schünemann den
jugoslawischen Politemigranten Konstantin Raitsch, 1936 kam ihre Tochter Elvi-
ra zur Welt. Die sowjetische Staatsbürgerschaft nahmen alle Familienangehörigen
1935 an. Zwischen Dezember 1937 und Februar 1938 verhaftete das NKWD nacheinander ihren Bruder, ihren Ehemann und ihren Vater. Alle drei wurden wenige
Monate darauf erschossen. Irmgard Schünemann, ihre Tochter und die Mutter
mußten die Betriebswohnung räumen und sich privat einmieten. Die Versorgung
der verbliebenen Familie sicherte Irmgard mit ihrer Arbeit als Friseuse. Nach dem
Überfall Deutschlands auf die UdSSR wurde sie zuerst arbeitslos, am 16. November 1941 schließlich vom NKWD verhaftet. Die Anklage lautete „antisowjetische
Agitation", das Urteil zehn Jahre Lager. Im Lager Nischnij Tagil (Gebiet Swerd-
lowsk) verrichtete sie schwerste körperliche Arbeiten, vor allem beim Industrie-
und Eisenbahnbau. Ihre Mutter und Tochter wurden im Frühjahr 1942 in das
westsibirische Dorf Prosekowa (Gebiet Kurgan) verbannt, auch Irmgard Schünemann brachte man 1951 nach ihrer Entlassung aus dem Lager unter Bewachung
dorthin. Den Frauen war es nur gestattet, als Reinemachkräfte der Schule zu
arbeiten. Anfang 1957 stellten sie den Antrag auf Übersiedlung in die DDR; im
Februar 1958 trafen sie in Berlin ein. Irmgard Schünemann wurde als Angehörige
eines „Verfolgten des Naziregimes" anerkannt und trat in die SED ein. Bis zu ihrer
Pensionierung 1965 war sie als Lagerarbeiterin in einem Berliner Großbetrieb
tätig. 1959 wurde sie vom Obersten Gericht der UdSSR „wegen Fehlens eines
Verbrechens" juristisch „rehabilitiert". Nach der „Wende" 1989/90 trat sie aus der
SED bzw. PDS aus. Das Interview fand vom 28. Juni bis 17. Juli 1991 statt.

Brunhilde Hebel

Am 2. September 1908 in Berlin geboren, wuchs Brunhilde Hebel als jüngste von
zehn Geschwistern im großstädtischen Arbeitermilieu auf. Der Vater war Rohrleger, die Mutter Haus- und Aufwartefrau. Nach vier Jahren Volksschule erhielt
Brunhilde eine Freistelle an einer Mittelschule, die sie 1924 mit der zehnten Klasse abschloß. Danach besuchte sie eine Handelsschule. Seit 1925 war Brunhilde
Hebel in verschiedenen Berliner Firmen als kaufmännische Angestellte tätig. Ende
der 20er Jahre wurde sie arbeitslos. Auf der Suche nach politischer Sinngebung,
Gemeinschaft und Aktivität trat sie 1928 als 19jährige in die KPD ein. Dort lernte
sie auch ihren späteren Mann, Rudolf Hebel, kennen, der als Leiter des Berliner
Unterbezirks Süd-West hauptamtlicher Funktionär der KPD war. Im Dezember
1932 wurde ihr Lebensgefährte zur Genesung in die UdSSR geschickt. Brunhilde
Hebel nahm trotz Schwangerschaft am illegalen Widerstand gegen das NS-Regime teil. Am 3. Juli 1933 kam ihre Tochter Jutta zur Welt. Der drohenden Verhaftung entging sie durch Flucht in die UdSSR am 4. November des gleichen Jahres.
1933/34 lebte und arbeitete die Familie in Odessa. Der Mann war im Internationalen Seemannsklub tätig, Brunhilde studierte am dortigen Pädagogischen Institut, 1935/36 dann in Moskau. Ende 1936 kam die Familie nach Engels, der Hauptstadt der ASSR der Wolgadeutschen. Dort arbeitete Rudolf Hebel als Lehrer für
Geschichte, Brunhilde als Lehrerin für deutsche Sprache am Handelstechnikum.
Am 6. Februar 1938 wurde ihr Mann, am 17. Juni 1938 sie selbst vom NKWD verhaftet. Am 7. April 1939 entließ man Brunhilde Hebel wieder aus der Untersuchungshaft und verbannte sie in ein abgelegenes Dorf bei Engels. 1940 entschloß
sie sich, nach Deutschland zurückzukehren, um wenigstens ihr Kind, ein zweites
war unterwegs, vor den anhaltenden Schwierigkeiten in der UdSSR zu bewahren.
Rudolf Hebel wurde im Mai 1941 vom NKWD an die Gestapo ausgeliefert, die ihn
in ein KZ verbrachte; er ist seit 1945 verschollen. Während der Kriegszeit arbeitete
Brunhilde Hebel als Büroangestellte in einer staatlichen Behörde, nach 1945 als
Russischlehrerin. Sie wurde als Angehörige eines „Verfolgten des Naziregimes"
anerkannt. 1963 legte sie gegenüber den verantwortlichen Institutionen ihre wahre Geschichte offen und forderte die eigene Anerkennung als „Verfolgte des Naziregimes", die ihr schließlich intern zugebilligt wurde. Brunhilde Hebel verweigerte sich, nach anfänglichem Interesse, der SED und ihrer Politik. Das Interview fand
vom 1. Juli bis 11. November 1991 statt.

Adele Schiffmann

Geboren am 28. Juli 1905 in Prag und gemeinsam mit zwei Brüdern in einer jüdischen Familie aufgewachsen. Der Vater war als Kapellmeister, später als Pächter
eines Restaurants in Berlin tätig. Die Mutter schneiderte in Heimarbeit, die Kinder lieferten die fertigen Arbeiten aus. Nach dem Besuch der achtklassigen Volksschule und der zweijährigen Ausbildung an einer kaufmännischen Handelsschule

arbeitete sie als Büroangestellte in verschiedenen Berliner Firmen. 1925 heiratete sie Julius Schiffmann, einen politischen Emigranten aus Polen. Im gleichen Jahr kam ihr Sohn Gerhard zur Welt. Mit einer Schneiderwerkstatt für Sportbekleidung versuchte die junge Familie mehr schlecht als recht, ihr materielles Auskommen zu finden. Gemeinsam mit ihrem Mann trat Adele Schiffmann 1930 der KPD bei. Von Anfang an arbeiteten sie aktiv in der Straßenzelle Savignyplatz, produzierten Flugblätter und Betriebszeitungen; in ihrer Wohnung fanden Beratungen von Parteigremien statt. Nach der Machtübernahme der Nationalsozialisten setzten sie diese Arbeit bis zu ihrer Emigration nach Prag im April 1933 illegal fort. Adeles Mutter kam Anfang der 40er Jahre in Theresienstadt um. Der Vater war bereits verstorben. Ihre Geschwister überlebten die KZ-Haft. Von 1933 bis Dezember 1935 war Adele Schiffmann als Sekretärin in der Redaktion der „Arbeiter-Illustrierten-Zeitung" in Prag tätig. Im Januar 1936 Übersiedlung nach Smolensk in der UdSSR. Julius Schiffmann arbeitete als Schneider in einem großen Textilwerk, Adele erteilte privat Deutschunterricht. Am 10. Februar 1938 wurden Adele, Julius und Sohn Gerhard vom NKWD verhaftet und der „Spionage" bezichtigt. Ein Gericht verurteilte Adele Schiffmann zu zehn Jahren Lagerhaft, ihren Ehemann Julius zum Tode. Am 2. November 1938 wurde er erschossen. Gerhard Schiffmann kam in ein Kinderheim und ist seitdem verschollen. Adele wurde zuerst im Wjat-Lag, Gebiet Kirow, später im Temnikowske Lager (Mordwinische ASSR) interniert. Die geplante Auslieferung an Deutschland wurde 1940 annuliert. Am 15. Februar 1948 erhielt Adele ihre Entlassung. Sie arbeitete dann als Viehhirtin im Kolchos „S. M. Kirow", Gebiet Saporoshje (Ukraine). Am 10. Februar 1949 verhaftete man sie erneut und verbannte sie „auf ewig" nach Turuchansk am Jenissej (Sibirien), dem einstigen Verbannungsort Stalins. Dort war sie in verschiedenen unteren Verwaltungsstellen beschäftigt. Mitte der 50er Jahre wurde sie in der UdSSR juristisch „rehabilitiert". Anfang 1958 siedelte sie zu ihrer Schwester nach Prag über, 1959 in die DDR. Sie trat der SED bei, wurde als „Verfolgte des Naziregimes" anerkannt und arbeitete jahrelang als Leiterin eines Kurheimes in Thüringen. Das Interview fand vom 8. bis 10. Juli 1991 statt.

Klara D.

Am 1. Mai 1903 in Meiningen geboren, wuchs Klara D. gemeinsam mit drei Geschwistern auf. Der Vater arbeitete erfolglos als Schneider; die Mutter versuchte mit Heimarbeit und Aufwartungen das schmale Haushaltsbudget aufzubessern. Dennoch war die soziale Situation der Familie äußerst desolat. 1906 wurde die Familie als Sozialfall von der Mannheimer Stadtverwaltung nach Danzig abgeschoben. Auch dort verbesserte sich die Situation nicht wesentlich. Klara D. erlebte eine äußerst bedrückende und gewalttätige Kindheit. Von 1909 bis 1916 besuchte sie die Volksschule, anschließend für ein Jahr die Handelsschule. Danach arbeitete und lernte sie zwei Jahre als Elevin auf einem Rittergut. Klaras Mutter ließ sich 1919 scheiden und trat zunächst einer religiösen Sekte, später der USPD und 1921 der KPD bei. Klara wurde in die kulturelle und politische Umorientierung der Mutter unmittelbar einbezogen. Seit 1921 war sie als Schreibkraft im Sekretariat des KPD-Bezirkes Danzig tätig und trat der KPD bei. Von 1923 bis 1930 arbeitete sie als Schreibkraft im Berliner Büro der Internationalen Arbeiterhilfe (IAH), der Botschaft der UdSSR und zuletzt in der Sowjetischen Handelsvertretung. Im März 1930 ging sie nach Moskau und begann eine Tätigkeit in einer Filiale des Volkskommissariats für Außenhandel der UdSSR. Im Juni 1930 wurde sie Mitglied der KPdSU. Seit Herbst 1933 studierte sie an der Deutschen Landwirtschaftlichen Schule in Engels. Das NKWD verhaftete Klara D. am 7. Februar 1938. Wegen „konterrevolutionärer Tätigkeit" wurde sie zu fünf Jahren Lagerhaft verurteilt. Über das Lager Karabas (Kasachstan) kam sie in das Lager Balchasch, wo sie schließlich bis 1946 interniert war. Klara D. hatte schwere körperliche Arbeit beim Eisenbahnbau und in der Landwirtschaft zu verrichten. Nach ihrer Entlassung wurde sie „auf ewig" in die Stadt Karaganda verbannt. Dort arbeitete sie als Reinigungskraft und Aufräumerin in einem Bauunternehmen, die letzten Jahre als Sanitätsgehilfin im städtischen Krankenhaus. Bewußt verzichtete Klara auf ein juristisches Berufungsverfahren und die „Rehabilitation" in der UdSSR. Mitte 1955 stellte sie bei der Botschaft der DDR in Moskau einen Repatriierungsantrag; im Mai 1956 traf sie in der DDR ein. Sie wurde zur „Verfolgten des Naziregimes" erklärt und Mitglied der SED. Aufgrund ihres schlechten Gesundheitszustandes wurde Klara D. frühzeitig pensioniert. Das Interview fand am 10. Juni, 26. und 27. August 1991 statt.

Julie Bevern

Geboren am 28. Oktober 1905 in München. Ihr Vater war Kunstmaler, die Mutter Hausfrau. Nach der Scheidung der Eltern wuchs sie wechselnd bei Pflegeeltern oder in Kinderheimen auf. Nach Beendigung der Schulzeit arbeitete sie zunächst als Dienstmädchen. 1922/23 absolvierte sie eine Ausbildung zur Kinderschwester in einem Säuglingsheim in Nürnberg und war anschließend in diesem Beruf tätig. 1927 ging sie nach Bukarest und arbeitete dort in einer wohlhabenden Familie als Kinderschwester. In Bukarest lernte sie auch ihren späteren Mann kennen, den italienischen Kommunisten Arnoldo Silva-Monotow, der im Auftrag der Komintern in verschiedenen Ländern Europas tätig war. Ab Ende 1928 begleitete Julie Bevern ihren Mann bei seinen Reisen. 1931 übersiedelten sie nach Moskau. Dort arbeitete die junge Frau anfangs in der Deutschen Zentral-Zeitung, später in ihrem Beruf als Kinder- und Krankenschwester. Ihr Mann war weiter in einem ihr unbekannten Auftrag der Kommunistischen Internationale tätig. Im September 1937 wurde er zunächst verbannt, später verhaftet. In der Nacht vom 8. zum 9. Februar 1938 wurde Julie Bevern selbst vom NKWD verhaftet und von der „Sonderberatung" des NKWD wegen „konterrevolutionärer Tätigkeit" zu fünf Jahren Haft in einem Besserungsarbeitslager verurteilt. Letztlich war sie bis zum 24. Juni 1946 in verschiedenen Lagern der ASSR der Komi interniert. Nach der

Entlassung setzte sie als „Freie" ihre Arbeit im Lazarett des Lagers fort. 1949 wurde sie zu „lebenslanger Verbannung" verurteilt, die aber durch Bürgschaften russischer Freunde aufgehoben werden konnte. Von 1951 bis 1956 lebte sie in Knjaschpogost (ASSR der Komi) und arbeitete weiter in ihrem Beruf als Krankenschwester. Am 24. August 1956 hob das Militärkollegium des Obersten Gerichts der UdSSR das Urteil gegen Julie Bevern auf und stellte das Verfahren wegen „nichtvorhandenen Straftatbestands" ein. Im Dezember 1956 übersiedelte sie in die DDR. Eine geplante Übersiedlung in die BRD wurde durch familiäre Konflikte verhindert. In Leipzig baute sich Julie Bevern eine eigene Existenz auf; sie arbeitete als Sachbearbeiterin, betreute in ihrer Freizeit Kinder und schuf sich einen kleinen Bekanntenkreis. Sie wurde als „Verfolgte des Naziregimes" anerkannt und erhielt eine entsprechende Pension. Den Eintritt in die SED verweigerte sie. Mitte der 60er Jahre wurde sie pensioniert. Julie Bevern lebt seit Jahren in einem Altenheim. Das Interview fand vom 9. bis 11. September 1991 statt.

Eva B.

Geboren am 16. November 1898 als Tochter eines Arztes in Stallupönen (Ostpreußen), wuchs Eva B. mit zwei älteren Brüdern auf. Der Vater starb bereits 1900. Die Mutter konnte mit Hilfe der Großeltern und erheblicher eigener Anstrengungen als Klavierlehrerin die soziale Stellung innerhalb der kleinstädtischen Gesellschaft erhalten. Vor den Einwirkungen des Ersten Weltkrieges floh die Familie nach Berlin. Dort setzte Eva ihre schulische Ausbildung an einem Lyzeum fort. Es schlossen sich sozialpädagogische Studien und die Erwerbstätigkeit als Erzieherin in reformpädagogischen Einrichtungen der Kinder- und Jugendfürsorge an, zuletzt als Heimleiterin. Nach der Heirat mit dem Ingenieur Karl B. 1930 wurde Eva entlassen und widmete sich ausschließlich der Familie. Ihr Mann, Mitglied der KPD, weckte Evas Sympathien für die kommunistische Bewegung. Wegen anhaltender Arbeitslosigkeit folgte Karl mit seiner Familie 1931 einer Einladung der Sowjetischen Handelsvertretung, als Spezialist in einem Moskauer Großbetrieb zu arbeiten. 1932 kam dort Tochter Gerda zur Welt, 1935 Sohn Alfred. Karl arbeitete als Konstrukteur im Moskauer Automobilwerk „Stalin", Eva als Hausfrau. 1935 wurden sie vor die Wahl gestellt, entweder die sowjetische Staatsbürgerschaft zu übernehmen oder nach Deutschland auszureisen. Sie entschieden sich zu bleiben. Am 26. Januar 1936 verhaftete das NKWD Evas Ehemann Karl. Er wurde am 2. Oktober 1936 zum Tode verurteilt und hingerichtet. Daraufhin verbannte man Eva B. mit ihren Kindern nach Kasachstan. Dort wurde sie im Herbst 1937 vom NKWD als „Familienangehörige eines Feindes des Volkes" verhaftet und zu acht Jahren Lager verurteilt. Sie war im „Spez.-Lager" Postkasten 26 im Gebiet Akmolinsk, KAR-Lag (Kasachstan) interniert. Nach annähernd neun Jahren ist sie 1946 entlassen und „auf ewig" nach Karaganda verbannt worden. Ihren Lebensunterhalt verdiente sich Eva B. als Schneiderin, später als technische Angestellte eines Krankenhauses. Die Kinder wurden nach ihrer Verhaftung in einem Kinderheim untergebracht. Die Tochter konnte im Anschluß an ihre Schulausbildung ein Medizinstudium aufnehmen, der Sohn wurde Traktorist. Anfang der 50er Jahre sahen sie ihre Mutter im Verbannungsort wieder. Im August 1956 stellte Eva B. einen Antrag zur Übersiedlung in die DDR, und im Frühjahr 1957 konnte sie ausreisen. Die Familie wurde in einer sächsischen Bezirksstadt angesiedelt. Eva erhielt die Anerkennung als „Verfolgte des Naziregimes" und wurde pensioniert. Sie starb 1996. Das Interview fand am 7. und 8. Oktober 1991 statt.

Elly B.

Am 28. Mai 1909 in Dresden geboren und mit fünf Geschwistern aufgewachsen. Die Mutter arbeitete als Hausfrau, der Vater war Buchhalter. Durch seine Teilnahme am Ersten Weltkrieg desillusioniert, trat er aus der Kirche aus und wechselte von der SPD zur KPD. Nach dem Besuch der Volks- und Mittelschule lernte Elly Stenographie und Maschineschreiben und erhielt eine Stelle als Schreibkraft in der Redaktion der Dresdener KPD-Zeitung „Arbeiterstimme", deren Hauptbuchhalter ihr Vater war. Frühzeitig wurde Elly Mitglied in verschiedenen kommunistischen Kinder- und Jugendorganisationen wie dem Jungspartakusbund, der Kommunistischen Jugend, dem Arbeiterturn- und Sportbund und dem Roten Frauen- und Mädchenbund. 1927 bis 1929 weilte sie in der UdSSR und arbeitete als Sekretärin der Kommunistischen Jugendinternationale in Moskau. Nach ihrer Rückkehr war Elly als Stenotypistin und Sekretärin in verschiedenen Gremien der KPD tätig, so im Rot-Front-Kämpferbund Dresden, im ZK der KPD und zuletzt in der Sowjetischen Handelsvertretung. Ende 1932 ging sie in die UdSSR und erhielt eine Stellung als Sekretärin in der Kommunistischen Internationale. Im Zuge des ersten Moskauer Prozesses im August 1936 wurden ihr mehrere „politische Fehler" vorgeworfen, die Ende 1936 zur Entlassung aus der Komintern führten. 1937/38 wurden ihr Lebensgefährte Willy Delvendahl, ihr Bruder Heinz und ihr Vater Hermann vom NKWD verhaftet und erschossen bzw. interniert. Nach ihrer Entlassung arbeitete Elly als Näherin und Serviererin. 1942 wurde sie mit ihrer 1935 geborenen Tochter und ihrer Mutter nach Kasachstan evakuiert. Bis 1949 arbeitete die Exilantin dort als Bäuerin und Arbeiterin an verschiedenen Arbeitsstellen, zuletzt als Instrukteurin am Produktionsband einer Textilfabrik in Andishan (Usbekische SSR). 1949 wurde sie in ein Wirtschaftsverfahren verwickelt und wegen angeblicher Unterschlagung und Veruntreuung sozialistischen Eigentums inhaftiert und zu zehn Jahren Lager verurteilt. Das Lager befand sich in Sing Ata (Usbekische SSR), die letzten Monate arbeitete sie in Taschkent. Nach einer Eingabe an den Vorsitzenden des Präsidiums des Obersten Sowjets Woroschilow wurde sie 1956 aus der Haft entlassen und übersiedelte noch im gleichen Jahr in die DDR. Sie wurde als „Verfolgte des Naziregimes" anerkannt und trat der SED bei. Bis 1969 arbeitete sie als „Kaderinstrukteurin" eines Betriebes und war für Personalangelegenheiten zuständig. Das Interview fand am 23. und 24. März 1992 statt.

Antonie Satzger

Am 3. September 1911 geboren und aufgewachsen in einer Landgemeinde am Bodensee. Der Vater war Tagelöhner, später Bahnarbeiter, und hatte eine Familie mit zwölf Kindern zu ernähren. Die Mutter arbeitete als Hausfrau und Tagelöhnerin. Antonie Satzger besuchte die Gemeindeschule und erhielt einen Freiplatz am städtischen Lyzeum. Nach einer neunjährigen Schulzeit arbeitete sie in verschiedenen Stellungen als Hilfskraft. Die Kirche bezichtigte sie als 16jährige sexueller Kontakte mit einem neun Jahre älteren Mann. Die Vorwürfe erzwangen die frühe Eheschließung mit Magnus Satzger, den sie im Alter von 17 Jahren heiratete. Ihr Mann war Flugzeugklempner und seit 1929 Mitglied der KPD. Antonie Satzger trat der KPD 1930 bei. Im gleichen Jahr kam der Sohn Josef zur Welt. Wegen anhaltender Arbeitslosigkeit ging Magnus Satzger im Dezember 1932 als Spezialist in die UdSSR. Nach der Machtübernahme der Nationalsozialisten beteiligte sich Antonie am illegalen Widerstand. Im Frühjahr 1933 folgte sie ihrem Mann nach Moskau. Anfangs arbeitete sie in einem Findlingsheim für Kinder. Später studierte sie an einem Pädagogischen Institut in Rostow und arbeitete zeitweilig als Deutschlehrerin. 1936 und 1938 gebar Antonie Satzger die Mädchen Liselotte und Gertrud. Ihr Ehemann wurde am 18. März 1938 vom NKWD verhaftet, jedoch am 10. Dezember 1939 wieder freigelassen. Nach dem Überfall Deutschlands auf die UdSSR wurde sie mit ihren Kindern in die ASSR der Tataren, Gebiet Kasan, evakuiert. Dort arbeitete sie als Landarbeiterin in einem Kolchos. Im Dezember 1942 wurde sie nach Kasan in die „Arbeitsarmee" einberufen. Ihre Kinder kamen ins Heim. Am 31. Januar 1944 verhaftete sie das NKWD wegen „antisowjetischer Agitation". Im Tschid-Lag (Burjätische ASSR) verbüßte Antonie acht Jahre Lager. Magnus Satzger kam erneut in Haft und ist offiziellen Angaben zufolge im Gefängnis von Kasan gestorben. Nach ihrer Entlassung im Februar 1952 wurde Antonie „auf ewig" nach Tschernogorsk (Gebiet Krasnojarsk) verbannt. Dort kam wenige Monate später ihre Tochter Rita zur Welt. Anfangs arbeitete Antonie Satzer als Dienstmagd bei einem örtlichen Wirtschaftsfunktionär, später jahrelang als Ziegelbrennerin. Ihre juristische „Rehabilitierung" bekam sie erst nach mehreren Einsprüchen im Jahr 1960. Sie lebt seit 1959 in einer sächsischen Industriestadt. Antonie wurde Mitglied der SED und als „Verfolgte des Naziregimes" anerkannt. Mehrfach wurde sie Anfang der 60er Jahre von der örtlichen Parteiorganisation wegen ihres renitenten Auftretens gemaßregelt. Dennoch blieb Antonie Satzger Mitglied der SED. Das Interview fand am 15. und 16. Juni sowie am 25. September 1992 statt.

Mimi Brichmann

Geboren am 5. Juni 1909 in Berlin, wuchs Mimi Brichmann gemeinsam mit ihrer jüngeren Schwester in einem Beamtenhaushalt auf. Der Vater war seit Gründung 1919 Mitglied der KPD. Mimi genoß eine ausgiebige musische und freigeistige Erziehung. Nach dem Besuch des Lyzeums begann sie ein naturwissenschaftliches Studium an der Berliner Humboldt-Universität. 1931 trat sie dem Sozialistischen Studentenbund, ein Jahr später der KPD bei. Das Studium brach sie aus wirtschaftlichen Gründen ab. Aktiv in einer Straßenzelle der KPD tätig, fertigte sie Flugblätter und Straßenzeitungen. Während der politischen Arbeit lernte sie ihren späteren Lebensgefährten Fritz Wirgien kennen. Nach illegaler Agitationsarbeit gegen die NS-Diktatur bis zum Herbst 1933 emigrierte Wirgien in die UdSSR. Anfang 1934 übersiedelte auch Mimi in die UdSSR. Gemeinsam arbeiteten und lebten sie in Engels. Mimi Brichmann arbeitete als Korrektorin in einem deutschsprachigen Verlag. Ihr Mann war als Schweißer tätig und einer der ersten „Stachanov-Arbeiter" in Engels. Am 23. Februar 1936 wurde Fritz Wirgien verhaftet, Monate später erschossen. Mimi Brichmann wird von ihrer Arbeitsstelle entlassen, am 8. September 1937 vom NKWD verhaftet und als „Familienangehörige eines Feindes des Volkes" zu fünf Jahren Lager verurteilt. Insgesamt verbrachte sie annähernd neun Jahre im „Spez.-Lager" Postkasten 26 im Gebiet Akmolinsk, KAR-Lag (Kasachstan). Nach ihrer Entlassung 1946 wurde sie mit anderen deutschen Häftlingen in Karaganda angesiedelt. Durch Briefkontakte zu ihren Angehörigen in Deutschland und zum Roten Kreuz gelang es ihr als einer der wenigen langjährig Inhaftierten, bereits 1948 die Ausreise aus der UdSSR zu erreichen. Nach ihrer Ankunft in der SBZ wurde sie „Verfolgte des Naziregimes" und Mitglied der SED. Mitte der 50er Jahre heiratete Mimi Brichmann wieder. Bis 1965 arbeitete sie als Redakteurin und Übersetzerin im Verlagswesen. Danach war sie in ihrem Wohngebiet politisch und sozial engagiert. Das Interview fand zwischen dem 18. Dezember 1992 und dem 15. Februar 1993 statt.

Alice S.

Geboren 1914 in Kiskunhalas bei Budapest in Ungarn. Der Vater war Ungar, die Mutter Deutsche. 1917 trennten sich die Eltern, und die Mutter ging mit ihren beiden Kindern nach Berlin. Alice besuchte nach der Mittelschule eine „Frauenschule" und lernte Hauswirtschaft und Kindererziehung mit dem Ziel, Kindergärtnerin zu werden. 1930 freundete sie sich mit dem jungen Kommunisten Paul S. an, der sich nach 1933 am illegalen Widerstandskampf gegen die Nazidiktatur beteiligte. Zunehmend wird Alice zur Sympathisantin der kommunistischen Bewegung. 1934 flieht Paul nach Engels in die UdSSR. 1935 folgt Alice und nimmt die sowjetische Staatsbürgerschaft an. Ihre 1935 und 1936 geborenen Kinder sterben nach wenigen Monaten. Sie selbst erkrankt schwer. Später arbeitet Alice als Kindergärtnerin, ihr Mann als Korrektor bei der deutschen Zeitung „Nachrichten". Im Mai 1936 verhaftet das NKWD Paul. Sie selbst wird im September 1937 arretiert und zu fünf Jahren Besserungsarbeitslager verurteilt, die sie im „Spez.-Lager" Postkasten 26 im Gebiet Akmolinsk, KAR-Lag (Kasachstan), zubringen muß. Doch erst nach neun Jahren, 1946, kommt sie „frei" und wird „auf ewig" nach Karaganda verbannt. Alice beginnt eine neue Partnerschaft mit einem Verbannten. 1947, 1949 und 1956 bringt sie drei Kinder zur Welt. 1958 übersiedelt die 44jährige Frau mit ihren Kindern in die DDR, nachdem sie in der UdSSR juristisch rehabilitiert worden war. Sie arbeitet als Übersetzerin technischer Fachzeitschriften für die Industrie. Seit Anfang der 60er Jahre lebt Alice mit einem neuen Partner zusammen. 1965 wurde sie pensioniert. Das Interview fand vom 13. bis 17. Januar 1997 statt.

Dokumente

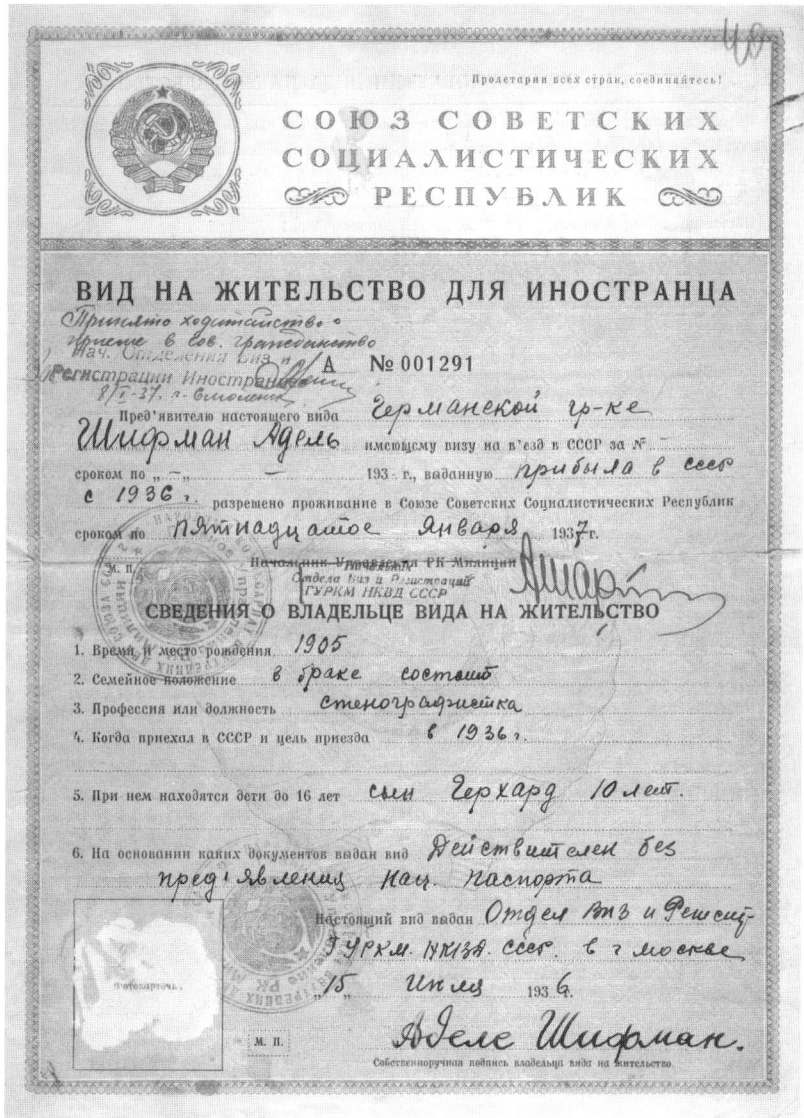

Dok. 1
*Aufenthaltsbewilligung für Adele Schiffmann in der UdSSR, gültig vom 15. Juli
1936 bis zum 15. Januar 1937. Am 10. Februar 1938 wurde sie, ihr Mann und
ihr zwölfjähriger Sohn vom NKWD in Smolensk verhaftet. Julius Schiffmann ist
erschossen worden, der Sohn Gerhard verschollen. (MSRF)*

Bestätige
Volkskommissariat für Innere Angelegenheiten. der ASSRdWD
Hauptmann der Staatssicherheit
RESSIN
14.06.1938

Die Verhaftung der Hebel Br. B. sanktioniere ich,
Stellvertreter des Staatsanwalts der ASSRdWD
14.06.38
[Siegel und unleserliche Unterschrift]

BESCHLUSS
über Bestimmung der Vorbeugungsmaßregel und über Anklagung

Engels, ASSRdWD Juni 1938

Ich, der Operative Bevollmächtigte der 3. Abteilung des NKWD der ASSRdWD,
Sergeant der Staatssicherheit KEILMAN des NKWD der ASSRdWD, habe nachdem
ich das Untersuchungsmaterial in der Sache durchgesehen, und in Betracht zie-
hend, daß HEBEL Brunhilde Bertramowna, geboren 1908 in Berlin, Deutschland,
Deutsche, deutscher Herkunft, 1933 in die UdSSR eingereist, ihr Ehemann HOLZ,
Rudolf von den Organen des NKWD wegen konterrevolutionärer Arbeit festgenommen wurde, in Engels in der Petrowskaja Straße Nr. 82 ohne bestimmte Beschäftigung lebt, zur Genüge darin überführt ist, daß sie Mitglied einer in Engels existierenden faschistischen Gruppe ist, aktive konterrevolutionäre Arbeit gegen die Sowjetmacht durchführt und die Bevölkerung im faschistischen Geiste bearbeitet.

Entsprechend der § der 145 und 158 der Strafprozeßordnung der RSFSR habe ich
beschlossen:

Bürgerin HEBEL Brunhilde Bertramowna als Angeklagte nach den § 58. 10 und
11 des Strafgesetzbuches heranzuziehen und sie, als Vorbeugemaßregel gegen
Ausweichung vor der Untersuchung und dem Gericht unter Arrest zu stellen.

Operativer Bevollmächtigter der 3. Abteilung des NKWD der ASSRdWD
Sergeant der Staatssicherheit   /KEILMAN/

„Einverstanden" Chef der 3. Abteilung des NKWD der ASSRdWD
Unterleutnant der Staatssicherheit   /GAMAJUNOW/

Mit diesem Beschluß wurde ich bekannt gemacht am 19. Juni 1938
Unterschrift des Angeklagten: B. Hebel

Dok. 2 [Übersetzung aus dem Russischen]
Haftbefehl und Anklageerhebung für Brunhilde Hebel vom 14. Juni 1938. Der
Sprachstil ist durch das teils in Deutsch gefaßte Original vorgegeben. (MSRF)

Vernehmungsprotokoll
19. Mai 1938

Frage: Wann und woher sind sie in die Sowjetunion gekommen?

Anwort: In die Sowjetunion bin ich 1932 aus Deutschland gekommen, nachdem ich meinen Mann Platais, K. E., Bürger der UdSSR, kennengelernt hatte.

Frage: Berichten sie, was ihnen über die antisowjetische Tätigkeit ihres Mannes Platais, Karl Eduardowitsch bekannt ist?

Antwort: Darüber ist mir nichts bekannt.

Frage: Sie sprechen die Unwahrheit. Ihr Mann Platais hat seine antisowjetische Spionagearbeit, die er in der UdSSR durchführte, vollständig gestanden. Warum verbergen sie dies?

Antwort: Ich verberge nichts und ich wiederhole, daß mir über eine kriminelle Tätigkeit meines Mannes Platais nichts bekannt ist.

Frage: Im Fragebogen haben sie angeführt, daß ihr Vater in der deutschen Polizei gedient hat. Erzählen sie, ab welchem und bis zu welchem Jahr er in der Polizei diente und welches seine letzte Dienststellung war?

Antwort: In welcher Dienststellung mein Vater in der Polizei arbeitete, weiß ich nicht. 12 bis 15 Jahre hat er in der Polizei gearbeitet, genau weiß ich es nicht.

Frage: Wann haben sie Platais K. E. geheiratet?

Antwort: Platais, Karl Eduardowitsch habe ich Anfang 1933 geheiratet und ich lebte mit ihm bis zu seiner Verhaftung zusammen.

Nach meinen Worten richtig niedergeschrieben und von mir durchgelesen, wofür ich unterschreibe.

– Unterschrift Platais –

Dok. 3 [Übersetzung aus dem Russischen]
Aufgrund dieses Verhörs ist Gertrud Platais am 4. Juni 1938 als „Familienmitglied eines Verräters der Heimat" zu fünf Jahren Lager verurteilt worden. Ihr Ehemann wurde erschossen. (MSRF)

18

ВЫПИСКА ИЗ ПРОТОКОЛА

:ооого Совещания при Народном Комиссаре Внутренних Дел СССР

от „_27_" _декабря_ 193 7г.

СЛУШАЛИ	ПОСТАНОВИЛИ
..Дело № 212/МО о ДАЛЛЕ Эрне Генриховне,1904 г.р. она же КОЛЬБЕ Эрна,б.чл. КПГ	Д.1. ДАЛЛЕ Эрну Генриховну, она же КОЛЬБИ Эрна за к.р.деятельность заключить в исправтрудлагерь сроком на ДЕСЯТЬ лет,сч.срок со дня ареста. Дело сдать в архив.

Отв. Секретарь Особого Совещания

AUSZUGSWEISE ABSCHRIFT AUS DEM PROTOKOLL
der Sonderberatung beim Volkskommissar für Innere Angelegenheiten der
UdSSR
vom „27" Dezember 1937

ANGEHÖRT	BESCHLOSSEN
Verfahren Nr. 212/Mosk.Gebiet. gegen DALLE Erna Genrichowa geb. 1904 alias KOLBE Erna, ehem. Mitglied der KPD	DALLE Erna Genrichowa, alias KOLBE Erna wegen konterrev. Tätigkeit für ZEHN Jahre in ein Erziehungs- und Arbeitslager zu internieren, die Frist beginnend mit dem Tag der Festnahme. Die Akten sind ins Archiv zu übergeben.

– Dienstsiegel des NKWD –

Verantwortlicher Sekretär der Sonderberatung

– Unterschrift –

Dok. 4 [Übersetzung aus dem Russischen]
NKWD-Urteil für Erna Kolbe, 27. Dezember 1937. (MSRF)

Народному Комиссару   25. VII. 1940

Внутренних Дел

   г. Берия   З/к Шифман

                     Адели Гуговны

          Заявление.

Ich wurde am 10. II. 1938 in Smolensk verhaftet.

Die Untersuchung beschuldigte mich der Spionage, ohne mir aber konkrete Tatsachen zur Last zu legen. Ich wurde von der Smolensker Тройка zu 10 Jahren Lager und Konfiskation des Vermögens verurteilt.

Trotzdem ich zur Zeit der Untersuchung die russische Sprache sehr wenig beherrschte, sodass ich nicht einmal in der Lage war, die Protokolle selbständig zu lesen und zu verstehen, wurde meine Bitte, mir einen Übersetzer zu stellen abgelehnt. Ich wurde mit dem Material der Anklage nicht bekannt gemacht, trotz meiner wiederholten Bitten, ebenso erhielt ich keine Mitteilung über die Beendigung meiner Untersuchung, ungeachtet dessen, dass der Untersuchungs-

Dok. 5

Erstes Blatt einer der wiederholten Eingaben Adele Schiffmanns an das NKWD,
25. Juli 1940. (MSRF)

Dok. 6

Anna Etterer wurde aufgrund vieler Eingaben ihres Mannes unter dem neuen Volkskommissar für Innere Angelegenheiten Berija am 19. März 1940 aus dem Lager entlassen. Dieses Dokument bescheinigt ihre Haftzeit vom 9. März 1938 bis 19. März 1940. Nach Kriegsausbruch 1941 wurde ihr Mann verhaftet und sie gen Osten evakuiert. 1946 konnte Anna Etterer mit ihrer Tochter die UdSSR verlassen. (Private Leihgabe)

UdSSR   *Gilt nicht als Aufenthaltserlaubnis*
Volkskommissariat für   *Bei Verlust kein Ersatz*
Innere Angelegenheiten
Verwaltung des Erziehungs- und Arbeitslagers

24. Juni 1946
Nr. 63/23858

BESCHEINIGUNG Nr. A-1042

Der Bürgerin Bevern, Julie Germanowna, geb. 1905 in München, Deutschland,
Staatsangehörigkeit UdSSR, Nationalität Deutsch, verurteilt im Verfahren des
NKWD der UdSSR vom 14. Mai 1938 zu 5 Jahren Freiheitsentzug, Vorstrafen unbekannt, wird hiermit bescheinigt, daß sie das Strafmaß vom 10. Februar 1938
bis zum 10. Februar 1943 verbüßt hat und nach Ablauf der Frist unter Anwen-
dung des § 39 der Paßordnung aus dem Eisenbahn-Lager am 24. Juni 1946 entlassen wurde und sich auf dem Wege zur Zwangsansiedlung in ein Landwirt-
schaftsgebiet der Komi-ASSR befindet.

[Fingerabdruck des Daumens
der rechten Hand]

Diese Bescheinigung wurde am 24. Juni 1946 ausgehändigt.

Stellvertreter des Leiters der Verwaltung
Bau der Nordeisenbahn des NKWD
– Unterschrift – Oberstleutnant [unleserlich]

Dok. 7 [Übersetzung aus dem Russischen]
Julie Beverns Entlassungs- und Transportschein aus dem Lager, 24. Juni 1946.
Wie die meisten politischen Häftlinge wurde sie während des Krieges, obwohl
ihre Frist abgelaufen war, nicht entlassen. Der Weg aus dem Lager führte auch
für Julie Bevern in die Zwangsansiedlung. (MSRF)

441

5

Контрольный лист

явок на регистрацию спецпоселенцев

Платайс Гертруда Вильгельмовна 1910
(Фамилия, имя и отчество)

Буденного 83
(адрес)

обязан явиться

числа каждого месяца

(подпись с/п)

Контрольная дата явки на регистрацию	Фактическая дата явки	Расписка	Контрольная дата явки на регистрацию	Фактическая дата явки	Расписка
7/II 49	9/II 49	Любор	17 августа	17/VIII-49	Платайс
7/III 49	7/III	Платайс	9 сентября	9/IX-49	Платайс
7/IV	7/IV	Платайс	8 октября	8/X-49	Платайс
7/V 49	8/V	Платайс	5 ноября	5/XI 49	Платайс
8/V	7 мая	Платайс	10/XII 49	10/XII-49	Платайс
11 июля	10/VI-49	Платайс	6/I-1950	6/I	Платайс
18 июля	18/VII-49	Платайс	6/II	6/II	Платайс
			6/III	6/III	Платайс
			4/IV	4/IV	Платайс

Dok. 8

Regelmäßig mußten die Verbannten in der Kommandantur ihre Anwesenheit per Unterschrift nachweisen. Kontrolliste von Gertrud Platais, Karaganda, Kasachstan, 1949. (Archiv des KAR-Lag)

Tatarische ASSR

Oberstes Gericht

24.November 1959

Nr. W-214

Adresse: Kasan,Leninstr. 12/20

Bescheinigung

Die Anklage gegeh Frau Satzger-Schuler,Antonie,geboren 1911 in

Deutschland,bis zur Verhaftung als Werkbankarbeiterin im Werk

Nr. 144 in Kasan tätig,wurde am 29.10.1959 vom Präsidium des O-

bersten Gerichts der TASSR überprüft.

Der Beschluß der Spezialkommission des NKWD vom 10.Juni 1944,

in Sache der Frau Satzger-Schuler,Antonie wurde aufgehoben.

Die Anklage gegen Frau Satzger-Schuler,Antonie ist wegen Nicht-

vorhandenseins des Tatbestandes eingestellt.

Stellvertretender Vorsitzender

des Obersten Gerichts der TASSR

Konuschin

Dok. 9

Antonie Satzger hatte in einer Eingabe an den Generalstaatsanwalt der UdSSR gefordert, „ein neues Verfahren gegen mich einzuleiten, bei dem ich anwesend sein und mich verteidigen kann, das steht mir gesetzlich zu". Als Antwort erhielt sie dieses Schreiben, das als „Rehabilitierung" galt. (Private Leihgabe)

Antrag für Einreise in die DDR

26

Eine ordnungsgemäße Bearbeitung ist nur
möglich, wenn alle Fragen in Blockschrift
oder mit Schreibmaschine beantwortet und
die Fotos fest aufgeklebt werden!

1. Name (Frauen auch Geburtsname): *Schünemann*   Vorname: *Irmgard*

2. Geburtstag: *17. August 1913* Geburtsort: *Berlin*   Geburtsland: *Deutschland*

3. Staatsangehörigkeit jetzt: *russische*   früher: *deutsche*   Nationalität: *Deutsche*

4. Wo wohnen Sie? Ort: *Prozekowa*   Straße und Nr.: *in der Schule*

   Land: *Sowjet-Union*

5. Erlernter Beruf: *Friseuse*   jetzige Tätigkeit: *Reinemachefrau*

6. In welchem Betrieb arbeiten Sie? *Schule*

   Genaue Anschrift des Betriebes: *Prozekowa Schule*

7. Familienstand: *verheiratet*   Name und Tätigkeit des Ehegatten: *vermißt*

8. Waren Sie schon in Deutschland? Wann? *ich bin dort geboren*

   Wo? *Berlin*   Weshalb?

9. Wann und weshalb haben Sie Deutschland verlassen? *am 19. Oktober 1931 mit meinen Eltern*

10. Haben Sie Besitz oder Vermögen in Deutschland oder im Ausland? Art des Vermögens: —

    Wo? —   Wert? —

11. Zu wem wollen Sie reisen? Verwandtschaftsverhältnis:

    Name: Wohnadresse:

    Ort: Kreis: Bezirk:

12. Zweck der Reise: *Wohnort für immer*

13. Dauer des Aufenthaltes in der DDR: vom: —   — bis zum: —

    Wohnort für immer

Dok. 10
Antrag auf Einreise in die DDR von Irmgard Schünemann, 1958.
(SAPMO im BArch)

Железные дороги Союза ССР
Eisenbahnen der UdSSR

„ИНТУРИСТ UdSSR" № 3

„INTURIST UdSSR"
Дата 5/XII

Плацкарта
для лежания
Bettkarte

A № 008294

к билету-купону №31844
zum Streckenfahrschein

Поезд № 3   вагон № 3   место № 9
Zug   Wagen   Platz

Класс и категория вагона
Wagenklasse und Wagenkategorie   1/1

Отправление поезда 5. XII 195 г. в час. мин. с вокзала
Abfahrt des Zuges   Std   Min   vom Bahnhof

От станции Москва-пасс. Смоленская   до станции Берлин
Von   nach

через Брест—Тересполь—Слубице—Франкфурт
über

БЮРО ПУТЕШ...

| | В рублях
In Rubel | В валюте страны
выдачи—In Währung
des Ausgabelandes |
|---|---|---|
| Стоимость плацкарты
Preis | 90,40 | |
| Комиссионный сбор
Vormerkgebühr | 3.— | |
| И т о г о
S u m m e | 93.40 | |

(Штемпель организации,выдавшей плацкарту—
Stempel der Ausgabestelle)

Подпись кассира/проводника
Unterschrift des Kassierers/Schaffners

(Фамилия—Name)

Дата выдачи   195   г.
Ausgabetag   (число, месяц, год—
                          Tag, Monat, Jahr)

Плацкарта действительна для проезда в спальном вагоне железных дорог
Die Bettkarte ist gültig zur Fahrt im Schlafwagen der Eisenbahnen

(Заполняется при выдаче—
Auszufüllen bei der Ausgabe)

Плацкарта была использована в спальном вагоне железных дорог
Benutzt wurde im Schlafwagen der Eisenbahnen

(Заполняет проводник спального вагона—
Auszufüllen vom Schlafwagenschaffner)

Dok. 11

*Gertrud Platais hat ihre Bahnkarte für die Übersiedlung in die DDR von 1959
bis heute aufbewahrt. (Private Leihgabe)*

Abt. für Kaderfragen

Begründung 3.06 - 629 - 21/85
v. 31.7.58

Berlin, den 21. Juli 1958
Ka/Pt

_13_ Exemplare fü _1_ Blatt
_13_ Exemplar _1_ Blatt

V o r l a g e

an das Sekretariat des Zentralkomitees

#173

Betreff: Irmgard S o h ü n e m a n n , geb. 17. 8. 1913 in Berlin
- Aufnahme als Mitglied in die SED -

Das Sekretariat des ZK beschließt:

Dem Antrag von Irmgard S o h ü n e m a n n auf
Aufnahme als Mitglied in die SED wird zugestimmt.

Begründung:

Irmgard S o h ü n e m a n n ist die Tochter des Genossen
Hermann Schünemann; er war Mitglied der KPD, ging 1930 als Spezia-
list (Dreher) in die Sowjetunion und holte 1931 seine Familie nach.
Genosse Sch. und sein Sohn wurden 1937 bzw. 1938 verhaftet, zu 10
Jahren verurteilt und ist während der Haftzeit verstorben. Genossin
Sch. wohnte bis 1941 in Tscheljabinsk-Ural und arbeitete in einem
Friseurgeschäft. 1941 wurde sie verhaftet und zu 10 Jahren verur-
teilt. Nach ihrer Entlassung, 1951, fuhr sie zur Mutter und ihrer
Tochter (1936 geb.), die inzwischen verschickt wurden nach
Prozekona-Dorf, war sie als Arbeiterin bis zur Rückkehr 1958 tätig.
Sie gehörte, außer der Sportbewegung, keiner Arbeiterorganisation
an. Jetzt arbeitet sie als Arbeiterin im VEB Elektro-Apparate-Werke
"J. W. Stalin", Berlin-Treptow.

Irmgard Schünemann hat genügend politische und Lebenserfahrung,
um Mitglied unserer Partei zu werden.

Wieland

/ Wieland /

13 Exemplare
1-12 Sekretariat
13 Abt. - Abl.

Dok. 12
Per Beschluß des Sekretariats der SED wird Irmgard Schünemann 1958 auf-
grund „genügender politischer und Lebenserfahrung" in die SED aufgenom-
men. (SAPMO im BArch)

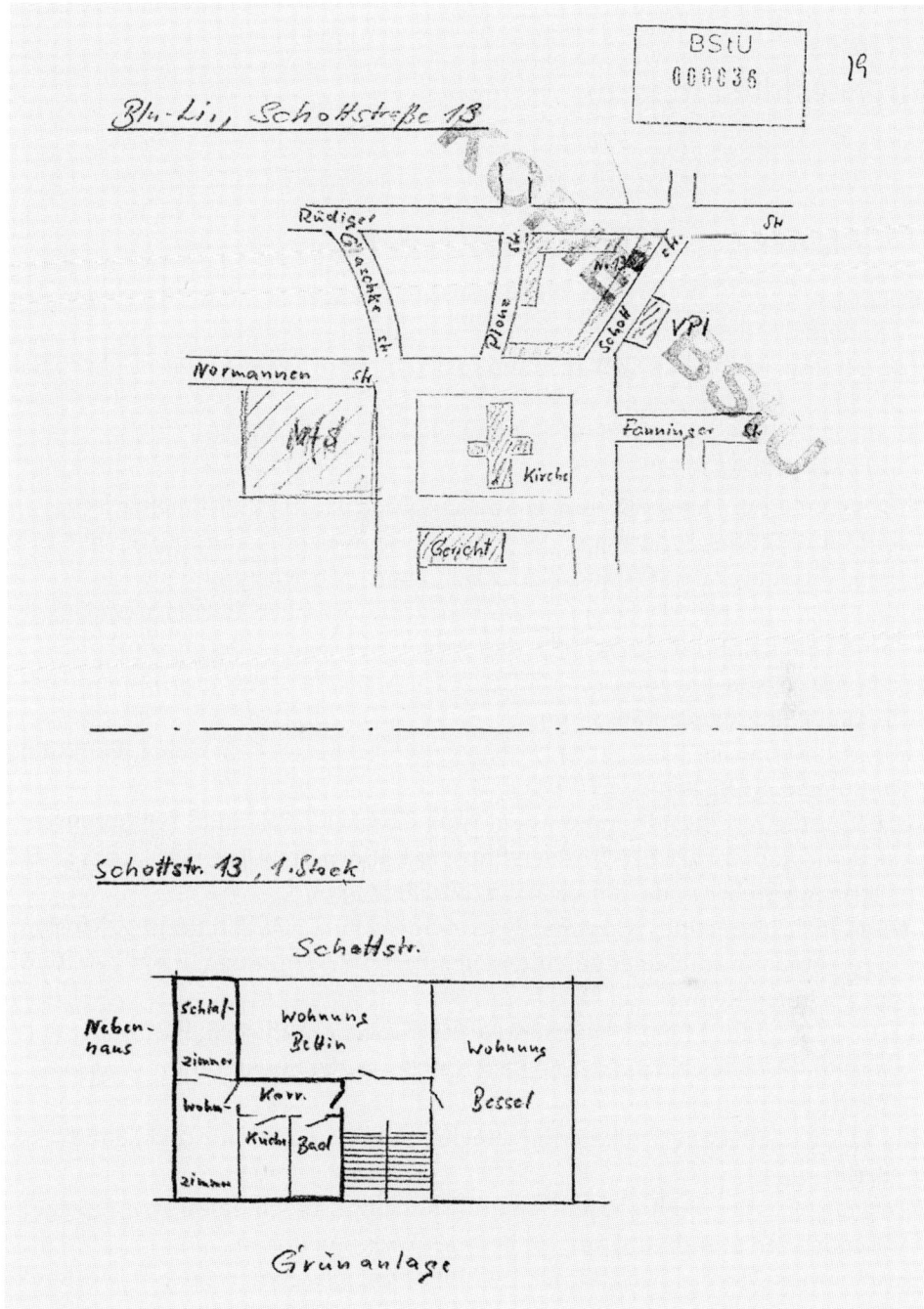

Dok. 13
*„Aufklärung" der Wohnung von Mimi Brichmann durch das Ministerium für
Staatssicherheit der DDR, inwiefern ihre Wohnung als konspirativer Treff ge-
eignet ist. (BStU)*

Ausgewählte Literatur

Darstellungen

Gerhard Armanski, Maschinen des Terrors. Das Lager (KZ und GULAG) in der Moderne, Münster 1993.

Edwin Bacon, The Gulag at War. Stalin's Forced Labor System in the Light of the Archives, London 1994.

Martha Chyz, Women and Child in the Modern System of Slavery – USSR, Toronto/New York 1962.

Robert Conquest, Der große Terror. Sowjetunion 1934–1938, München 1992.

Peter Huber, Stalins Schatten in der Schweiz. Schweizer Kommunisten in Moskau: Verteidiger und Gefangene der Komintern, Zürich 1994.

In den Fängen des NKWD. Deutsche Opfer des stalinistischen Terrors in der UdSSR, hrsg. vom Institut für Geschichte der Arbeiterbewegung, Berlin 1991.

Michael Jakobson, Origins of the GULAG. The Soviet Prison Camp System 1917–1934, Lexington/Kentucky 1993.

Andrzej J. Kaminski, Konzentrationslager 1896 bis heute. Geschichte, Funktion, Typologie. München 1990 (1982).

Kommunisten verfolgen Kommunisten. Stalinistischer Terror und „Säuberungen" in den kommunistischen Parteien Europas seit den dreißiger Jahren, hrsg. von Hermann Weber und Dietrich Staritz, Berlin 1993.

Georg Lukács, Johannes R. Becher, Friedrich Wolf u.a., Die Säuberung. Moskau 1936: Stenogramm einer geschlossenen Parteiversammlung, hrsg. von Reinhard Müller, Reinbek bei Hamburg 1991.

Barry McLoughlin, Hans Schafranek, Walter Szevera, Aufbruch, Hoffnung, Endstation. Österreicherinnen und Österreicher in der Sowjetunion 1925–1945, Wien 1996.

Roy Medwedew, Das Urteil der Geschichte. Stalin und Stalinismus. Band 1–3, Berlin 1992.

Wolfgang Metzger, Bibliographie deutschsprachiger Sowjetunion-Reiseberichte, -Reportagen und -Bildbände 1917–1990, Wiesbaden 1991.

Ernstheinrich Meyer-Stiens, Opfer – wofür? Deutsche Emigranten in Moskau – ihr Leben und Schicksal, Worpswede 1996.

Reinhard Müller, Die Akte Wehner. Moskau 1937 bis 1941, Berlin 1993.

Reinhard Müller, Natalija Mussijenko, „Wir kommen alle dran". Säuberungen unter den deutschen Politemigranten in der Sowjetunion (1934–1938), in: Terror. Stalinistische Parteisäuberungen 1936–1953, hrsg. von Hermann Weber u. Ulrich Mählert, Paderborn/München/Wien/Zürich 1998, S. 129–166.

Michael Rohrwasser, Der Stalinismus und die Renegaten. Die Literatur der Ex-kommunisten, Stuttgart 1991.

Jacques Rossi, The GULAG-Handbook, New York 1989.

Hand Schafranek, Zwischen NKWD und Gestapo. Die Auslieferung deutscher und österreichischer Antifaschisten aus der Sowjetunion an Nazideutschland, 1937–1941, Frankfurt a.M. 1990.

Achim Siegel, Die Dynamik des Terrors im Stalinismus. Ein strukturtheoretischer Erklärungsversuch, Pfaffenweiler 1992.

Sistema Isprawitelno-trudowych Lagerej w SSSR 1923–1960, Sprawotschnik, Obschtschestwo „Memorial", Gosudarstwennyi Archiw Rossiiskoi Federazii, Moskwa 1998.

Alexander Solschenizyn, Der Archipel GULAG, Bern 1974.

Ralf Stettner, „Archipel GULag": Stalins Zwangslager. Terrorinstrument und Wirtschaftsgigant, Paderborn/München/Wien/Zürich 1996.

Strategie des Überlebens. Häftlingsgesellschaften in KZ und Gulag, hrsg. von Robert Streibel, Wien 1996.

Carola Tischler, Flucht in die Verfolgung. Deutsche Emigranten im sowjetischen Exil 1933–1945, Münster 1996.

Hermann Weber, „Weiße Flecken" in der Geschichte. Die KPD-Opfer der Stalinschen Säuberungen und ihre Rehabilitierung, Frankfurt a. M. 1990.

Hermann Weber/Ulrich Mählert, Terror. Stalinistische Parteisäuberungen 1936–1953, Paderborn/München/Wien/Zürich 1998.

Libushe Zorin, Soviet Prisons and Concentration Camps. A Annotated Bibliography 1917–1980, Newtonville, Mass. 1980.

Erinnerungen von bzw. über Frauen

A. Anzerowa, Aus dem Land der Stummen, Breslau 1936.

Wanda Bronska-Pampuch, Ohne Maß und ohne Ende, München 1963.

Margarete Buber-Neumann, Als Gefangene bei Stalin und Hitler. Eine Welt im Dunkel, München 1949.

Anna Larina Bucharina, Nun bin ich schon weit über zwanzig. Erinnerungen, Göttingen 1989.

Irene Cordes, … laßt alle Hoffnung fahren, Berlin 1942 (= Waltraud Nicolas, Die Kraft das Ärgste zu ertragen. Frauenschicksale in Sowjetgefängnissen, 3. Aufl., Bonn 1958.).

The Dark Side of The Moon, London 1946.

Dodnes Tjagoteet, Moskau 1989.

Jewgenia Ginsburg, Marschroute eines Lebens, München/Zürich 1989 (zuerst 1967).

Jewgenia Ginsburg, Gratwanderung, München/Zürich 1991 (zuerst 1979).

Martha Globig, 1936/1937. Eine schwere Zeit in Moskau, in BZG, 1990, H.4, S. 521–526.

Helene Golnipa, Im Angesicht des Todesengel Stalin, Mattersburg/Katzendorf 1989.

Gut angekommen – Moskau. Das Exil der Gabriele Stammberger. Aufgeschrieben und hrsg. von Michael Peschke, Berlin 1998.

Jefrosinija Kersnowskaja, „Ach Herr, wenn unsre Sünden uns verklagen." Eine Bildchronik aus dem GULAG, Kiel 1991.

Christina Kjossewa, Als Lebensgefährtin Hans Kippenbergers in Moskau verhaftet, in BZG, 1990, H. 3, S. 379–389.

Lästige Zeugen? Tonbandgespräche mit Opfern der Stalinzeit, hrsg. von Elfriede Brüning, Halle/Leipzig o. J. (1990)

Susanne Leonhard, Gestohlenes Leben. Schicksal einer politischen Emigrantin in der Sowjetunion, Frankfurt a. M. 1956.

Elinor Lipper, Elf Jahre in sowjetischen Gefängnissen und Lagern, Zürich 1950.

Ruth von Mayenburg, Hotel Lux, München 1978.

Gertrud Meyer, Die Frau mit den grünen Haaren, Hamburg 1978.

Ulla Plener, Leben mit Hoffnung in Pein. Frauenschicksale unter Stalin, Frankfurt/Oder 1997.

Trude Richter, Tot-Gesagt. Erinnerungen, Halle/Leipzig 1990.

Marta Rudzka, Workuta. Weg zur Knechtschaft, Zürich 1948.

Hilda Vitzthum, Mit der Wurzel ausrotten. Erinnerungen einer ehemaligen Kommunistin, München 1984.

Wenn Du willst Deine Ruhe haben, schweige. Deutsche Frauenbiographien des Stalinismus, hrsg. von Meinhard Stark, Essen 1991.

Margaretha Witschel, Und dennoch überlebt. Acht Jahre in russischer Gefangenschaft, Wien/Köln/Graz 1985.

Abkürzungen

ASSR	Autonome Sozialistische Sowjetrepublik
ASSRdWD	Autonome Sozialistische Sowjetrepublik der Wolgadeutschen
BArch	Bundesarchiv
BMI, ASB	Archiv des Bundesministers des Innern, Außenstelle Berlin
BStU	Der Bundesbeauftragte für die Unterlagen des Staatssicherheitsdienstes der ehemaligen DDR
BzG	Beiträge zur Geschichte der Arbeiterbewegung
DZZ	Deutsche Zentral-Zeitung
DSF	Gesellschaft für Deutsch-Sowjetische Freundschaft
DFD	Demokratischer Frauenbund Deutschlands
EKKI	Exekutivkomitee der Kommunistischen Internationale
FSJ	Freie Sozialistische Jugend
GPU	Staatliche Politische Verwaltung
GULag	Hauptverwaltung der Lager, zugleich Synonym für die sowjetischen Lager
IAH	Internationale Arbeiterhilfe
IfGA	Institut für Geschichte der Arbeiterbewegung
IKK	Internationale Kontrollkommission der Komintern
IM	Inoffizieller Mitarbeiter
IML	Institut für Marxismus-Leninismus
KGB	Komitee für Staatssicherheit
KI	Kommunistische Internationale
Komintern	Kommunistische Internationale
KJVD	Kommunistischer Jugendverband Deutschlands
Kolchos	Landwirtschaftliche Produktionsgenossenschaft in der UdSSR
Komsomol	Kommunistischer Jugendverband der UdSSR
KPD	Kommunistische Partei Deutschlands
KPO	Kommunistische Partei Opposition
KPdSU	Kommunistische Partei der Sowjetunion
KUNMS	Kommunistische Universität der Nationalen Minderheiten des Westens
KZ	Konzentrationslager
LAB/STA	Landesarchiv Berlin, Stadtarchiv
LVA-EB	Landesverwaltungsamt Berlin, Entschädigungsbehörde
MfAA	Ministerium für Auswärtige Angelegenheiten der DDR
MfS	Ministerium für Staatssicherheit (der DDR)

MGB	Ministerium für Staatssicherheit (der UdSSR)
MOPR	Internationale Organisation zur Unterstützung von Kämpfern der Revolution
MSRF	Archiv des Ministeriums für Sicherheit der Russischen Föderation
MWD	Ministerium für Innere Angelegenheiten der UdSSR
ND	Neues Deutschland
NKWD	Volkskommissariat für Innere Angelegenheiten
OGPU	Vereinigte Staatliche Politische Verwaltung
OMS	Abteilung für Internationale Verbindungen der Komintern
OSO	Sonderberatung (des NKWD)
PAAA	Politisches Archiv des Auswärtigen Amtes
PDS	Partei des Demokratischen Sozialismus
PE	Politemigrantin, Politemigrant
PKK	Parteikontrollkommission
Politbüro	Politisches Büro
Profintern	Revolutionäre Gewerkschaftsinternationale
RGO	Revolutionäre Gewerkschaftsopposition
RCCHIDNI	Russisches Zentrum für die Aufbewahrung und das Studium von Dokumenten der neuen Geschichte
SAP	Sozialistische Arbeiterpartei
SAPMO	Stiftung Archiv der Parteien und Massenorganisationen der DDR im Bundesarchiv
SBZ	Sowjetische Besatzungszone
SED	Sozialistische Einheitspartei Deutschlands
SMAD	Sowjetische Militäradministration in Deutschland
Sowchos	Landwirtschaftliches Staatsgut in der UdSSR
SSR	Sozialistische Sowjetrepublik
SU	Sowjetunion
UdSSR	Union der Sozialistischen Sowjetrepubliken
USPD	Unabhängige Sozialdemokratische Partei Deutschlands
VdN	Verfolgter des Naziregimes
VEGAAR	Verlagsgenossenschaft ausländischer Arbeiter in der UdSSR
VVN	Vereinigung der Verfolgten des Naziregimes
ZK	Zentralkomitee
ZPA	Zentrales Parteiarchiv
ZPKK	Zentrale Parteikontrollkommission

Bildnachweis

Private Leihgaben: Abb. 1–16, 18, 26–37, 43, 47
Manfred Hahn: Abb. 38–42, 44–46, 48–51
SAPMO, BArch: Abb. 17, 19, 20
MSRF: Abb. 121–25, 27, 28

DOKUMENTE · TEXTE · MATERIALIEN

Veröffentlicht vom Zentrum für Antisemitismusforschung

METROPOL VERLAG

Kurfürstenstraße 135 · 10785 Berlin · Telefon (030) 2 61 84 60 · Fax (030) 2 65 05 18 · e-mail: veitl@metropol-verlag.de